Katerin Katerinov

Maria Clotilde Boriosi Katerinov

bravissimo!

corso multimediale
di lingua e civiltà italiana
per stranieri

livello elementare e intermedio

Edizioni Scolastiche Bruno Mondadori

bravissimo!

è un corso **multimediale** pensato per studenti che, partendo dal livello principianti, vogliano acquisire una competenza d'uso per scopi comunicativi a livello intermedio sia nell'ambito di corsi istituzionalizzati, sia attraverso situazioni di autoapprendimento.
Il corso costituisce un efficace strumento per la preparazione agli esami di **certificazione di conoscenza della lingua italiana** a livello elementare e intermedio.
Ciascuna delle 20 unità di cui si compone il corso è così suddivisa:

bravissimo!

is a **multimedia** course designed for students who are beginners and wish to arrive at an intermediate level of communicative competence in the language.
It can be used either within the context of an institutional course or by students working alone.
The course is an effective means of preparing for examination of **certificazione di conoscenza della lingua italiana** at elementary and intermediate levels.
Each of the 20 units which make up the course is sub-divided as follows:

cosa succede ...	un dialogo presenta in situazione le strutture e le funzioni linguistiche dell'unità	a dialogue provides a context for the structures and linguistic functions of the unit
impariamo ...	attività precomunicative, mirate all'acquisizione degli aspetti pragmatici dell'uso della lingua e all'arricchimento lessicale	pre-communicative activities aimed at acquiring the pragmatic use of the language and vocabulary enrichment
e ora la grammatica ...	schemi grammaticali corredati da note esplicative e seguiti da esercizi di rinforzo su ogni singola struttura	grammatical tables with explanatory notes followed by back-up exercises for each individual structure
ditelo in italiano	testi autentici orali e scritti per lo sviluppo delle abilità ricettive e produttive	authentic oral and written texts to develop receptive and productive skills
alla scoperta ...	testi di cultura e civiltà italiana	texts concerning Italian society and culture
facciamo il punto	test di verifica e autovalutazione delle nuove acquisizioni organizzato per singole abilità e per abilità integrate, per competenze grammaticali e lessicali	tests and self-check controls of newly acquired language organized according to individual skills, integrated skills, vocabulary and grammatical competence

bravissimo! ist ein **multimedialer** Kurs, entworfen für Lernende, die, als Anfänger, eine kommunikative Sprachkompetenz auf mittlerem Niveau erwerben wollen, sei es im Bereich institutionalisierter Sprachkurse sowie beim autodidaktischen Spracherwerb. Der Kurs kann auch zur Vorbereitung auf die Prüfung der **certificazione di conoscenza della lingua italiana** bezüglich der Grund- und Mittelstufe dienen. Jede der 20 Einheiten, aus denen der Kurs besteht, ist wie folgt aufgegliedert:

bravissimo! es un curso **multimedial** ideado para estudiantes que, partiendo del nivel initial, quieran adquirir una competencia de uso para fines de comunicación a nivel intermedio, tanto en el ámbito de cursos institucionalizados, como a través de situaciones de autoaprendizaje. El curso constituye un eficaz instrumento para la preparación a los exámenes de **certificazione di conoscenza della lingua italiana** a nivel elemental e intermedio. Cada una de las 20 unidades que componen el curso comprende las siguientes secciones:

bravissimo! est une méthode **multimédia** conçue pour des étudiants qui, partant d'un niveau débutants, souhaitent acquérir une compétence orientée vers des objectifs communicatifs d'un niveau intermédiaire, aussi bien dans le cadre de cours institutionnalisés que dans des situations d'auto-apprentissage. Le cours constitue un instrument efficace en vue de préparer les examens de la **certificazione di conoscenza della lingua italiana** de niveau élémentaire et intermédiaire. Chacune des 20 unités du cours comporte les parties suivantes:

die Strukturen und sprachlichen Funktionen der Einheit werden jeweils durch einen situativ eingebetteten Dialog vorgestellt	un diálogo presenta, en contexto, las estructuras y las funciones linguísticas de la unidad	un dialogue présente en situation les structures et les fonctions linguistiques de l'unité
präkommunikative Aktivitäten mit dem Ziel, die pragmatischen Aspekte des Sprachgebrauchs zu erlernen, sowie den Wortschatz zu erweitern	actividades precomunicativas, dirigidas a la adquisición de los aspectos pragmáticos del uso de la lengua y al enriquecimiento del léxico	des activités pré-communicatives, en vue de l'acquisition des aspects pragmatiques de l'usage de la langue et de l'enrichissement du vocabulaire
grammatikalische Paradigmata, versehen mit Erklärungen und Übungen zur Festigung jeder einzelnen Grammatikstruktur	esquemas gramaticales acompañados de explicaciones y ejercicios de renfuerzo de cada una de las estructuras	des schémas grammaticaux, pourvus de notes explicatives et suivis d'exercices de renforcement pour chacune des structures
authentische Hör- und Lesetexte zur Forderung der rezeptiven und produktiven Sprachfertigkeiten	textos auténticos orales y escritos para el desarrollo de las habilidades de comprensión y producción	des textes oraux et écrits authentiques pour développer les habiletés de compréhension et de production
Texte und Bilder zur italienischen Landeskunde	textos sobre cultura y civilización italiana	des textes sur les traits distinctifs de la société italienne
ein Test, der der Eigenüberprüfung der neuerworbenen Sprachkenntnisse und der Kontrolle dient. Dieser Test is sowohl nach den einzelnen Fertigkeiten als auch nach den integrierten Fertigkeiten und nach grammatikalischen und lexikalischen Kompetenzen gegliedert	test de comprobación y autoevaluación de conocimientos por cada una de las habilidades y por habilidades integradas, por competencias gramaticales y léxicas	un test de contrôle et d'auto-évaluation des nouvelles acquisitions organisé autour de chacune des habiletés, autour les habiletés intégrées et autour les compétences grammaticales et lexicales

Unità 5 — In giro per la città — pag. 79

Unità 6 — In albergo — pag. 93

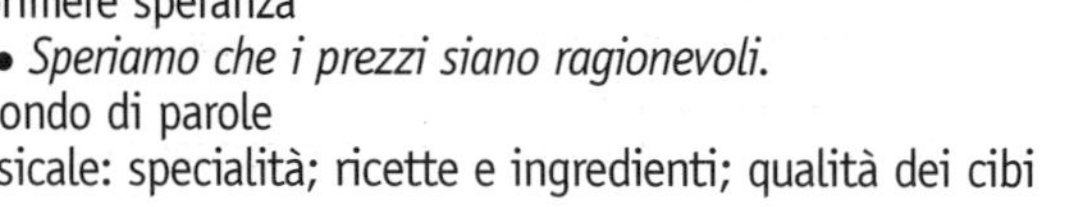

Progetto editoriale
Adriana Massari

Progetto grafico
Silvia Razzini

Redazione e coordinamento
Nadia Castagnino

Impaginazione
Renata Cortese

Ricerca iconografica
Elena Bauer e *Beatrice Valli*

Disegni
Federica Orsi

I fumetti della sezione "Cosa succede..." sono di
Alberto Bonanni e *Lorenzo Sartori*

Controllo qualità
Massimiliano Martino

Stampato per conto della casa editrice presso Arti Grafiche Battaia

Ristampa	Anno
7 8 9 10 11	03 04

benvenuti!

L'ITALIA È ...

▶ ... la sua arte

La pittura:
Leonardo da Vinci, *Ultima cena*

L'architettura:
Venezia, *Palazzo Ducale*

La scultura
Michelangelo, *David*

▶ ... la sua cultura

La letteratura:
Dante Alighieri

La musica:
Giuseppe Verdi

Il cinema:
Federico Fellini

▶ ... i suoi prodotti

L'artigianato

▶ ... i suoi paesaggi

GLI ITALIANI SONO...

... un misto di popoli diversi

Latini

Greci

Etruschi

Germani

Francesi (Galli)

Normanni

Arabi

Spagnoli

Gli italiani oggi sono alti, bassi, biondi, bruni, grassi, magri

Con l'aiuto dell'insegnante, scoprite ora cosa imparerete a fare in questa unità.

Scopi comunicativi: salutare e presentarsi (1), ringraziare; indicare l'ora, il giorno, il mese; indicare l'età

Grammatica: • alfabeto • numeri (1) cardinali e ordinali: da 0 a 50 • indicativo presente di *essere* (1) e *avere* (1)

IL PRIMO CONTATTO...

▶ ... salutare e presentarci, ringraziare

1 • Abbinate i dialoghi (1-7) alle immagini corrispondenti (A-G).

D

A 

E

B

F

C

G

1. – Ciao, sono Carlo.
   – Ciao, io sono Pietro.
2. – Sono il signor Bianchi. Piacere.
   – Piacere, io sono la signorina Bassi.
3. – Buongiorno, signor Rossi!
   – Buongiorno, signora!
4. – Buonasera, signora.
   – Buonasera, signor Busi.
5. – Ciao, a presto.
   – Ciao.
6. – Arrivederci a presto.
   – Arrivederci.
7. – Grazie mille.
   – Prego.

2 • Ascoltate la cassetta e verificate le vostre risposte.

3 • Ora dite in quali dialoghi le persone si presentano, in quali si salutano e in quali ringraziano.

I PRIMI STRUMENTI...

... l'alfabeto

LETTERA	NOME		PRONUNCIA
A, a	(a)	*come*	**A**ncona
B, b	(bi)		**B**ari
C, c	(ci)		**C**omo
D, d	(di)		**D**omodossola
E, e	(e)		**E**mpoli
F, f	(effe)		**F**irenze
G, g	(gi)		**G**enova
H, h	(acca)		**h**otel
I, i	(i)		**I**mola
L, l	(elle)		**L**ivorno
M, m	(emme)		**M**ilano
N, n	(enne)		**N**apoli
O, o	(o)		**O**tranto
P, p	(pi)		**P**ompei
Q, q	(qu)		**q**uadro
R, r	(erre)		**R**oma
S, s	(esse)		**S**iena
T, t	(ti)		**T**orino
U, u	(u)		**U**dine
V, v	(vu/vi)		**V**enezia
Z, z	(zeta)		**Z**ara

4 • Ascoltate la cassetta e identificate i cognomi che vengono compitati.

a. Sassi ☐
b. Bianchi ☐
c. Di Giovanni ☐
d. Mazzini ☐
e. Zanette ☐
f. Raggi ☐

5 • Adesso compitate il vostro cognome.

6 • Ascoltate la cassetta e identificate le targhe, poi leggetele ad alta voce.

RC 53704R — A ☐

NP 927 SZ — B ☐

TO • 77478P — C ☐

MI • 8A6724 — D ☐

GE 42157L — E ☐

AR 162 BC — F ☐

... i numeri

CARDINALI	ORDINALI	CARDINALI	ORDINALI
0 zero	-		
1 uno	1° primo	19 diciannove	19° diciannovesimo
2 due	2° secondo	20 venti	20° ventesimo
3 tre	3° terzo	21 ventuno	21° ventunesimo
4 quattro	4° quarto	22 ventidue	22° ventiduesimo
5 cinque	5° quinto	23 ventitré	23° ventitreesimo
6 sei	6° sesto	24 ventiquattro	24° ventiquattresimo
7 sette	7° settimo	25 venticinque	25° venticinquesimo
8 otto	8° ottavo	26 ventisei	26° ventiseiesimo
9 nove	9° nono	27 ventisette	27° ventisettesimo
10 dieci	10° decimo	28 ventotto	28° ventottesimo
11 undici	11° undicesimo	29 ventinove	29° ventinovesimo
12 dodici	12° dodicesimo	30 trenta	30° trentesimo
13 tredici	13° tredicesimo	31 trentuno	31° trentunesimo
14 quattordici	14° quattordicesimo	....	....
15 quindici	15° quindicesimo	40 quaranta	40° quarantesimo
16 sedici	16° sedicesimo	....	....
17 diciassette	17° diciassettesimo	50 cinquanta	50° cinquantesimo
18 diciotto	18° diciottesimo	....	....

7 • Ascoltate le presentazioni e abbinatele ai biglietti da visita corrispondenti.

A ☐ B ☐ C ☐

Elementi utili: *Sig.* = signor; *Sig.ra* = signora; *Sig.na* = signorina; *cap* = codice postale

IMPARIAMO...

... a indicare l'ora

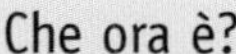

Che ora è?

È mezzogiorno

È l'una

È mezzanotte

Che ore sono?

02:00 *Sono le due* 14:00

07:30 *Sono le sette e mezza* 19:30

05:10 *Sono le cinque e dieci* 17:10

09:55 *Sono le dieci meno cinque* 21:55

08:15 *Sono le otto e un quarto* 20:15

03:50 *Sono le quattro meno dieci* 15:50

8 • Guardate gli orologi e dite che ora segnano.

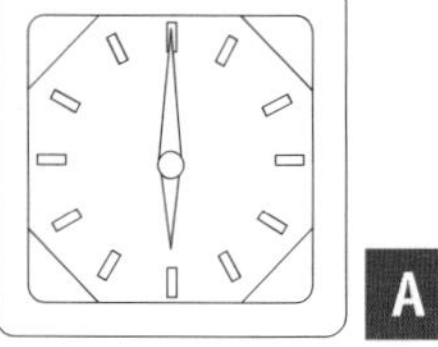

A

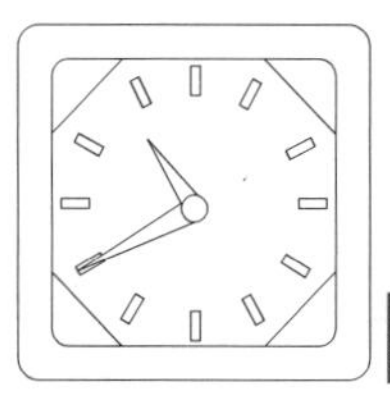

B

C

D

9 • Ascoltate la cassetta e disegnate le lancette negli orologi.

A

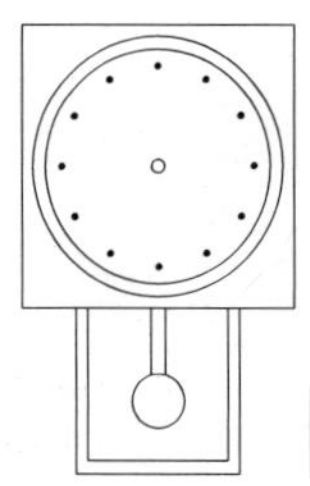

B

C

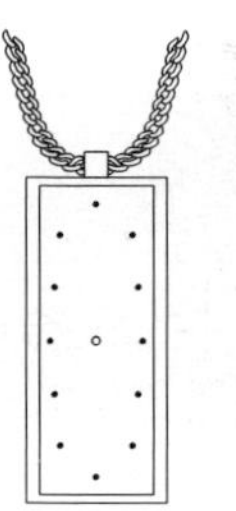

D

... a indicare il giorno e il mese

Che giorno è?

GENNAIO

- da *januariu(m) mense(m)*: il mese di Giano.

Mese

- dal latino *mensis*, parola fondamentale del vocabolario indoeuropeo, nel quale rappresentava l'unità principale. Dalla radice *Me* (misurare).

1 Giovedì Capodanno
2 Venerdì
3 Sabato
4 Domenica
5 Lunedì
6 Martedì Epifania
7 Mercoledì
8 Giovedì
9 Venerdì
10 Sabato
11 Domenica
12 Lunedì
13 Martedì
14 Mercoledì
15 Giovedì
16 Venerdì
17 Sabato
18 Domenica
19 Lunedì
20 Ma...

I giorni della settimana

FEBBRAIO
- in latino *Februarius*, dal verbo *februari*. Indicava le cerimonie di purificazione .

MARZO
- da *Martius (mensis)*. Dedicato al dio Marte.

APRILE
- *Aprilis*, dal verbo *aperire*, suggerisce l'idea dei germogli che si aprono.

MAGGIO
- dal latino *Maius (mensis)*, il mese dedicato alla dea Maia, madre di Mercurio.

GIUGNO
- *(mensis) Junius*, mese dedicato alla dea Giunone.

LUGLIO
- *Luliu(m) mense(m)*, dalla *gens* a cui apparteneva Giulio Cesare.

AGOSTO
- dal latino *Augustus (mensis)*, mese augusto, in onore dell'imperatore Augusto.

SETTEMBRE
- da *September, sept(umo-m) ens*, che appartiene al settimo mese.

OTTOBRE
- da *(mensis) October (octo=otto)*. L'ottavo mese del calendario romano arcaico.

NOVEMBRE
- dal latino *November (mensis)*. Deriva da *novem* (nove) poiché era il nono mese dell'anno.

DICEMBRE
- da *December (mensis)*. Era il decimo mese del calendario romano arcaico (*decem*=dieci).

I mesi dell'anno

10 • Guardate il calendario e decidete se le seguenti affermazioni sono vere (V) o false (F).

1. Il *primo* gennaio è un giovedì. ☐ V ☐ F
2. Il *due* gennaio è una domenica. ☐ V ☐ F
3. L'*otto* gennaio è un sabato. ☐ V ☐ F
4. Il *primo* giorno della settimana è lunedì. ☐ V ☐ F

11 • Le stagioni dell'anno: completate il quadro.

la primavera	21 marzo - 21 giugno
l'estate	22 giugno - 22 settembre
l'autunno	23 settembre - 22 dicembre
l'inverno	23 dicembre - 20 marzo

12 • Lavorate in coppia (A e B). Con l'aiuto di un calendario dell'anno in corso, fate mini-conversazioni come nel modello.

A Che giorno è il 30 aprile?
B Il 30 aprile è un sabato.

A Che giorno è oggi?
B Oggi è mercoledì. È l'8 luglio.

13 • Dite quand'è

1. il vostro compleanno
2. la festa nazionale del vostro paese
3. la vostra festa religiosa più importante
4. la data più importante della storia del vostro paese
5. la data più importante della vostra vita

... a indicare l'età

Quanti anni **hai**	Paolo / Anna?

Ho	diciotto diciannove vent' quarant'	anni

Io	**ho**	diciassette	anni,	quindi	**sono**	minorenne
Marco / Carla	**ha**	diciotto			**è**	maggiorenne

14 • Ascoltate la cassetta e abbinate ciascuna delle due conversazioni all'immagine corrispondente.

A □

B □

15 • Riascoltate le conversazioni e scrivete i numeri che sentite.

16 • Completate le frasi con i verbi appropriati (*essere* o *avere*).

1. (Io) _____ ventun anni.
2. Anna _____ minorenne.
3. John _____ vent'anni.
4. Quanti anni _____ , Peter?
5. (Io) _____ maggiorenne: _____ diciannove anni.
6. Marco, tu _____ la macchina?
7. Il compleanno di Anna _____ il 16 febbraio.
8. Gennaio _____ il primo mese dell' anno.
9. Le stagioni dell'anno _____ quattro.
10. Aldo _____ una Fiat e io _____ un'Alfa Romeo.

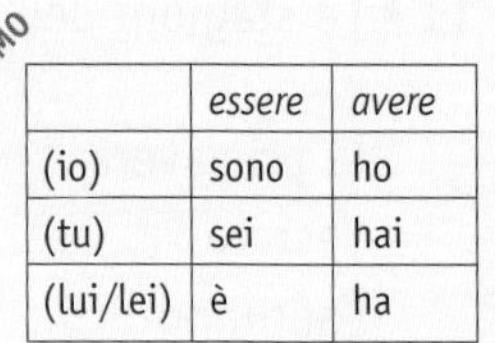

MEMO

	essere	*avere*
(io)	sono	ho
(tu)	sei	hai
(lui/lei)	è	ha

unità 1

italiani e no

- **Osservate le fotografie e completate le frasi con il nome appropriato.**

Sting / Beatles / Tom Cruise / Emma Thompson / Luciano Pavarotti / Madonna

1. Luciano Pavarotti è italiano.
2. Tom Cruise è americano.
3. Madonna è americana.
4. Sting è inglese.
5. Emma Thompson è inglese.
6. Beatles sono inglesi.

Con l'aiuto dell'insegnante, scoprite ora cosa imparerete a fare in questa unità.

Scopi comunicativi:	presentarsi (2); informarsi su nazionalità, identità (1) e provenienza
Grammatica:	• pronomi personali soggetto e indicativo presente di *essere* (2) • aggettivi in *-o, -a, -e*: accordo • aggettivi in *-co, -ca* • interrogativi (1): *chi?* • articolo determinativo (1) • articolo indeterminativo (1)
Area lessicale:	nazionalità, parentela (1)

COSA SUCCEDE...

▶ ... a una festa di giovani

• Ascoltate il dialogo fra il signor Rossi e Bruno e dite chi è il signor Rossi.

1 • Riascoltate il dialogo e decidete se le seguenti affermazioni sono vere (V) o false (F).

1. Tutte le ragazze sono straniere V F
2. Tre ragazzi sono italiani V F
3. Betty è l'amica di Giorgio V F

2 • Riascoltate il dialogo leggendo il testo, poi indicate qual è lo scopo comunicativo nei seguenti casi.

1. Il signor Rossi domanda a Bruno chi è Betty
   a. per sapere perché Giorgio parla con lei ☐
   b. per sapere se è italiana ☐
   c. per sapere se è la ragazza di Giorgio ☐

2. Bruno domanda al signor Rossi chi è
   a. per parlare con lui ☐
   b. per sapere perché fa tante domande ☐
   c. per sapere perché è anche lui alla festa ☐

3 • Per la pronuncia e l'intonazione, ascoltate e ripetete.

4 • Ora riascoltate la cassetta e parlate voi con il signor Rossi.

IMPARIAMO...

... a presentarci

5 • Lavorate in coppia (A e B). Ciascuno sceglie un nome italiano fra quelli dati, poi vi presentate in modo informale, come nel modello.

Franco / Luigi / Gianni / Anna / Paola / Maria

A Scusa, tu sei Silvia?
B Sì, ma tu chi sei?
A Ciao, sono Elisa.

6 • Lavorate in coppia (A e B). Ciascuno sceglie un nome italiano fra quelli dati, poi vi presentate in modo formale, come nel modello.

A Scusi, è Lei la signora Rossetti?
B Sì, ma Lei chi è?
A Piacere, sono Bruno Sarti.

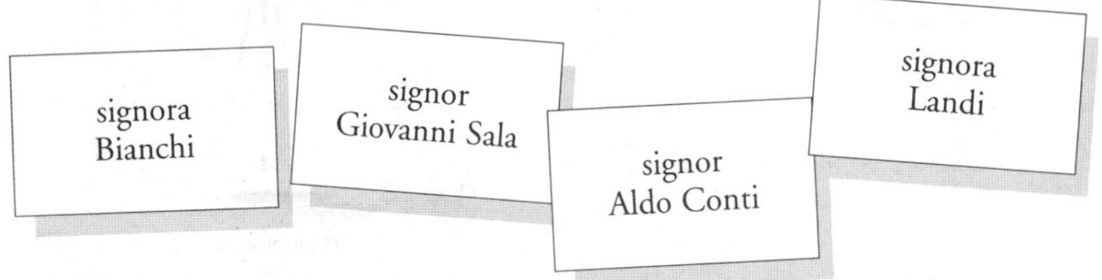

... a informarci su nazionalità

7 • Scegliete il nome giusto per ciascun paese.

1. USA ☐ 2. Cina ☐ 3. Francia ☐ 4. Germania ☐ 5. Italia ☐ 6. Danimarca ☐ 7. Inghilterra ☐

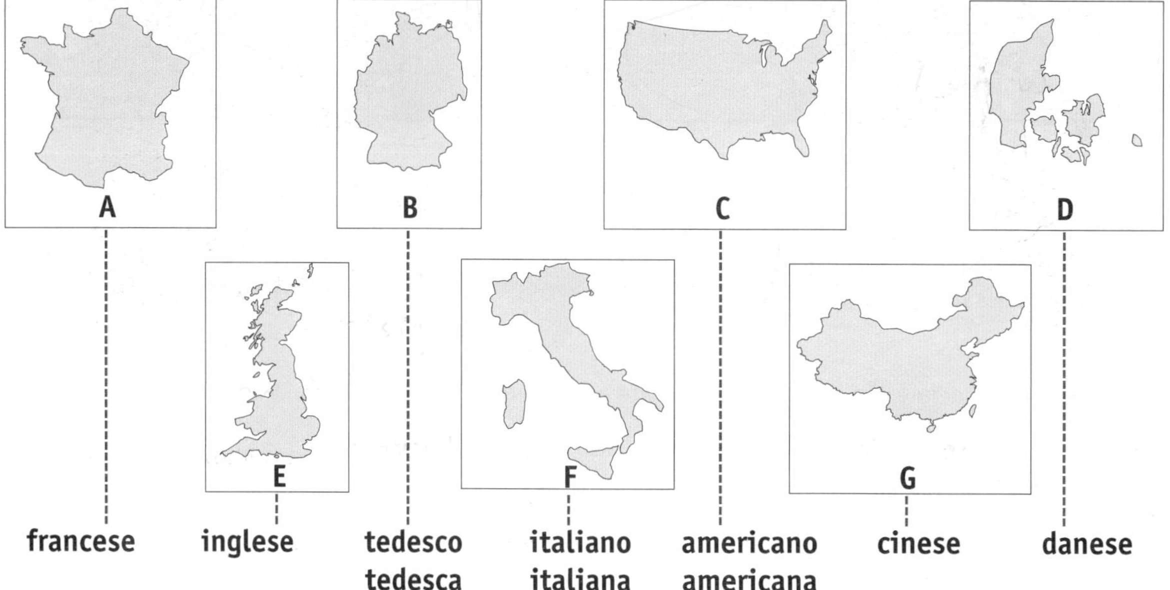

8 • Lavorate in gruppi di tre (A, B, C). Ciascuno sceglie una nazionalità tra quelle dell'esercizio 7. Chiedete e rispondete in modo informale, come nel modello.

A Sei inglese?
B Sì, sono inglese.

A Anche tu sei inglese?
C No, sono danese.

9 • Lavorate in gruppi di tre (A, B, C). Ciascuno sceglie una nazionalità tra quelle dell'esercizio 7. Chiedete e rispondete in modo formale, come nel modello.

A Lei, signore, è tedesco?
B No, sono inglese.

A ...e Lei, signora?
C Io sono italiana.

▶ ... a informarci su identità

10 • Lavorate in coppia (A e B) come nel modello. A chiede il nome di questi ragazzi e B risponde consultando in fondo al libro la sezione "Attività".

A Chi è il ragazzo americano?
B È ...

A E la ragazza cinese chi è?
B È ...

▶ ... a informarci su provenienza

Pechino

New York

Venezia

Parigi

Londra

Atene

11 • Lavorate in coppia (A e B). Ciascuno sceglie una città di provenienza fra quelle date, poi chiedete e date informazioni in modo informale come nel modello.

A **Sei greco?**
B **Sì, sono di Atene... e tu di dove sei?**
A **Sono italiano, di Roma.**

12 • Lavorate in coppia (A e B). Ciascuno sceglie una città di provenienza fra quelle date, poi chiedete e date informazioni in modo formale come nel modello.

A **Lei è spagnolo?**
B **Sì, sono spagnolo.**
A **Di dove?**
B **Di Siviglia.**

13 • Completate la conversazione seguente con le parole date.

invece / signore / Lei / sono

A Lei è di Bologna, ___signore___ ?
B Sì, e Lei?
A ___sono___ anch'io di Bologna.
B E ___lei___ , signora?
C Io, ___invece___ , sono di Napoli.

14 • Lavorate a gruppi di tre (A, B, C). Ciascuno sceglie una città di provenienza, poi eseguite una conversazione simile a quella dell'esercizio 13.

... un mondo di parole

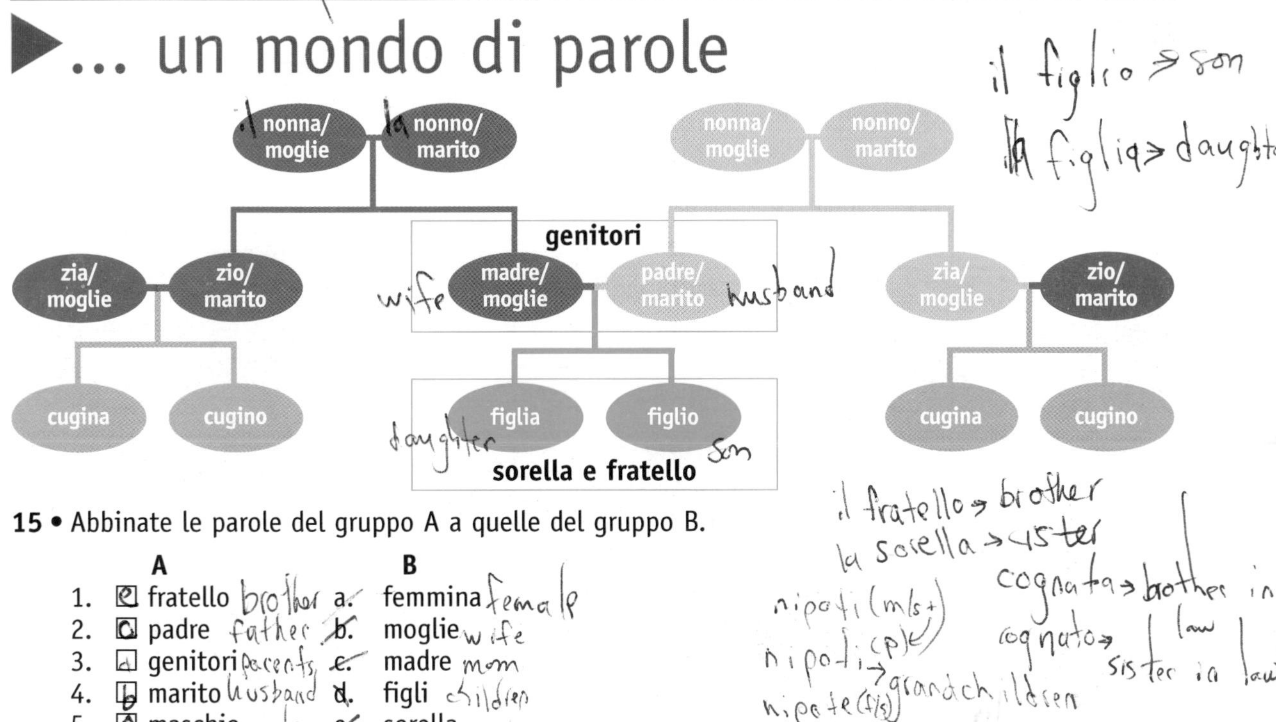

15 • Abbinate le parole del gruppo A a quelle del gruppo B.

	A		**B**
1.	☐ fratello	a.	femmina
2.	☐ padre	b.	moglie
3.	☐ genitori	c.	madre
4.	☐ marito	d.	figli
5.	☐ maschio	e.	sorella

16 • Scrivete i nomi corrispondenti alle definizioni date.

1. fratello del padre o della madre _______
2. figlia dello zio o della zia _______
3. padre del padre o della madre _______
4. sorella del padre o della madre _______
5. padre e madre _______
6. madre del padre o della madre _______

17 • Abbinate le seguenti parole alle immagini corrispondenti.

1. uomo ☐ 2. donna ☐ 3. bambina ☐ 4. bambino ☐ 5. signore ☐ 6. signora ☐

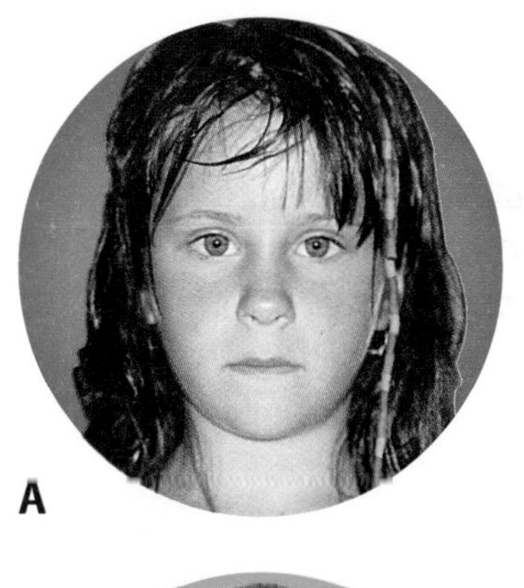
A

B

C

D

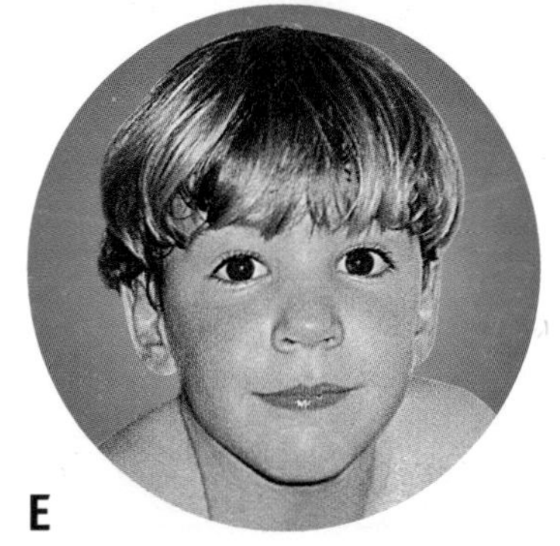
E

F

E ORA LA GRAMMATICA...

indicativo presente di **essere**

(io)	**sono**	il padre di Giorgio
(tu)	**sei**	di Londra?
(lui) /Paul	**è**	americano
(lei) /Ann		americana
(Lei) Signore / Signora		inglese?
(noi)	**siamo**	italiani
(voi)	**siete**	inglesi?
(loro)	**sono**	americani?

(tu)	**Di dove**	sei?
(Lei)		è?

Sono **di**	Roma Boston Parigi

- Il verbo *essere* è irregolare. La 3ª persona singolare ha l'accento (è) e si pronuncia aperta, mentre la congiunzione *e* si pronuncia chiusa.
- Il pronome personale soggetto non è obbligatorio.
- *Tu* si usa per parlare in modo *informale*; *Lei* si usa per parlare in modo *formale*; *voi* è il plurale di *tu* e *Lei*.

18 • Completate i dialoghi con la forma corretta del verbo *essere*.

1. Qui solo noi ______ italiani?
   No, ______ italiano anch'io.
2. Tu ______ inglese o americano?
   ______ inglese, di Liverpool.
3. Voi, ragazzi, di dove ______ ?
   ______ di Torino.
4. Le ragazze ______ tutte straniere, vero?
   No, Marta ______ italiana.
5. Scusi, Lei chi ______ ?
   ______ il padre di Laura.

19 • Come l'esercizio precedente.

1. Voi ______ americani?
   No, ______ inglesi.
2. Loro ______ giapponesi?
   No, ______ cinesi.
3. Lei ______ francese, signorina?
   No, ______ olandese.
4. Lei ______ danese, signore?
   No, ______ svedese.
5. Tu ______ italiana?
   No, ______ spagnola.

aggettivi in **-o**, **-a**, **-e**: accordo

	SINGOLARE			
MASCHILE	Fred	è	american**o**	ingles**e**
FEMMINILE	Betty		american**a**	

	PLURALE			
MASCHILE	Fred e David	sono	americani	inglesi
FEMMINILE	Betty e Sally		americane	
MASCHILE E FEMMINILE	Fred e Betty		americani	

- L'aggettivo si accorda in genere (m/f) e numero (sing./pl.) con il nome a cui si riferisce.
- Gli aggettivi che al singolare terminano in *-e*, al plurale escono sempre in *-i*.

aggettivi in **-co, -ca**

	SINGOLARE			PLURALE		
MASCHILE	Dimitri	è	greco	Dimitri e Christos	sono	greci
	Klaus		tedesco	Klaus e Thomas		tedeschi
FEMMINILE	Eleni	è	greca	Eleni e Voula	sono	greche
	Ulrike		tedesca	Ulrike e Greta		tedesche

- Gli aggettivi che al maschile singolare terminano in *-co*, al plurale possono avere due uscite: *-chi* o *-ci*.

20 • Mettete al plurale le seguenti frasi.

1. Ann è inglese.
   Ann e Carol sono inglesi
2. Johannis è greco.
   Johannis e Alexandros sono greci
3. Bob è americano.
   Bob e Susan sono americani
4. Petra è tedesca.
   Petra e Inge sono tedeschi
5. Lei non è americana, ma canadese.
   ____
6. Paola è italiana.
   Paola e Silvia sono italiane

interrogativi: **chi?**

Chi	**è**	quel ragazzo? quella ragazza?	**È**	Paul Betty
Chi	**sono**	quei ragazzi? quelle ragazze?	**Sono**	Paul e Betty Betty e Ann

- *Chi?* si usa per il maschile e per il femminile, sia singolare sia plurale.

articolo determinativo

	SINGOLARE			
MASCHILE	Pedro La lingua di Pedro	è	**il** l' lo	ragazzo spagnolo amico di Bruno spagnolo
FEMMINILE	Britt	è	**la** l'	ragazza svedese amica di Marco

PLURALE			
Karl e Frank Mark e Steve	sono	**i** gli	ragazzi tedeschi amici di Andrea
Ann e Marylin	sono	**le** **le**	ragazze americane amiche di Giorgio

- Per il maschile si usa: *il* / *i* davanti a consonante semplice (eccetto *z*) o a gruppi di consonanti che non siano *gn*, *pn*, *ps*, e *s* + consonante; *lo* / *gli* davanti a *s* + consonante o a *z*, *gn*, *pn*, *ps*; *l'* / *gli* davanti a vocale.
- Per il femminile si usa: *la* / *le* davanti a consonante; *l'* / *le* davanti a vocale.

21 • Completate le frasi con l'articolo determinativo, scegliendo fra *il*, *lo*, *la*, *l'*, *le*, *i*, *gli*.

1. ______ Sicilia è un'isola.
2. ______ Chianti è un vino famoso.
3. ______ italiani sono come tutti ______ altri popoli.
4. ______ spagnolo è una bella lingua.
5. ______ ragazzi francesi sono ______ amici di Paolo.
6. ______ Umbria è una regione interessante.

articolo indeterminativo

MASCHILE	Paul è	**un** **un** uno	ragazzo inglese inglese studente inglese

FEMMINILE	Betty è	**una** **una** un'	ragazza americana **studentessa** americana

- Per il maschile si usa: *un* davanti a vocale, a consonante semplice (eccetto *z*) o gruppi di consonanti che non siano *gn*, *pn*, *ps*, e *s* + consonante; *uno* davanti a nomi maschili che cominciano per *s* + consonante, o per *z*, *gn*, *pn*, *ps*.
- Per il femminile si usa: *una* davanti a consonante; *un'* davanti a vocale.
- A differenza dell'articolo determinativo, l'articolo indeterminativo non ha il plurale. Questo può essere sostituito con il partitivo (*dei* ragazzi, *degli* amici, *delle* ragazze, *delle* amiche).
- L'articolo indeterminativo maschile non prende l'apostrofo davanti a vocale (*un* amico, *un* inglese).

22 • Completate le frasi con l'articolo indeterminativo, scegliendo fra *un*, *un'*, *uno*, *una*.

1. Quella ragazza lì è ______ australiana.
2. Il signor Martinez è ______ spagnolo; è di Madrid.
3. Paul Newman è ______ attore americano.
4. Valentino è ______ stilista italiano.
5. La Ferrari è ______ macchina veloce.
6. Roberto Baggio è ______ calciatore italiano.

DITELO IN ITALIANO

▶ ascoltare e scrivere

23 • Ascoltate la conversazione che si svolge fra due ragazzi in un aeroporto e completate le battute: ogni spazio corrisponde a una parola.

A Scusa, ________ anche tu ________ ?
B Sì, ________ tedesco.
A E lei ________ è?
B È Jacqueline, una ________ ________ .
A Io e la ________ amica ________ inglesi.
B Anche ________ mia ________ è ________ .
A Ah, sì? Di ________ ?
B ________ Londra.

▶ ascoltare

24 • Ascoltate le due conversazioni (non cercate di capire ogni parola). Dite di quali persone si parla.

1. Woody Allen ☐
   Christopher Lambert ☐

2. Whitney Houston ☐
   Barbra Streisand ☐

25 • Ascoltate alcune frasi: dite se sono affermative (A) o interrogative (?).

1. A ?
2. A ?
3. A ?
4. A ?
5. A ?

▶ parlare

26 • Rispondete alle seguenti domande personali.

1. Lei non è italiano/a, vero?
2. Di dove è?
3. Chi è il compagno di banco?

27 • Domandate al vostro compagno di banco

1. se è italiano
2. di dove è

28 • Lavorate in coppia (A e B). Portate in classe una foto della vostra famiglia o del vostro gruppo di amici: A chiede chi sono le persone nella foto e B risponde, come nel modello.

A Chi è questa ragazza bionda?
B È Francesca, mia sorella.

A Chi sono questi due ragazzi?
B Sono Marco e Luca.

Vocaboli utili: padre - madre - fratello - sorella - marito - moglie - figlio/a - nonno/a - cugino/a - zio/a

▶ scrivere

29 • Lavorate in coppia (A e B). Guardate le fotografie, identificate i personaggi e scrivete di che nazionalità sono.

______________________ ______________________ ______________________

______________________ ______________________ ______________________

ALLA SCOPERTA...

▶ ... di stranieri e visitatori

30 • Con l'aiuto del vostro insegnante, cercate di capire il senso generale di questi testi.

L'Italia è un paese piuttosto piccolo (solo 300.000 kmq), ma densamente popolato: circa 200 abitanti per kmq, 58 milioni in tutto. Quasi il 70% della popolazione è concentrato nelle città. Per le sue bellezze naturali e per i suoi tesori d'arte, l'Italia è una delle mete preferite da turisti provenienti da ogni parte del mondo.

C'è anche chi viene in Italia per una vacanza e decide di restarvi per sempre. È il caso di molti inglesi, americani e tedeschi. Per esempio la comunità inglese in Toscana è una delle più numerose, sin dalla fine dell'Ottocento.

Oggi molti stranieri vengono in Italia per cercare lavoro e migliori condizioni di vita. Arrivano soprattutto dai paesi dell'Oriente e dell'Est europeo, dal Nord Africa e dal Sud America.

Migliaia di studenti frequentano ogni anno i corsi di italiano presso le università per stranieri di Perugia e Siena. I più numerosi sono svizzeri, tedeschi, greci, inglesi, americani, francesi, spagnoli. Imparano l'italiano per motivi culturali o per motivi di lavoro.

31 • Rispondete alle seguenti domande.

1. Lei non è italiano/a vero?
2. Di dove è?
3. Ora è in Italia o nel Suo paese?
4. Ha amici italiani?
5. Lei impara l'italiano per motivi culturali o per lavoro?
6. Il Suo paese è meta di turisti italiani?
7. Ci sono stranieri che decidono di restarvi per sempre?
8. Quali opere d'arte italiane conosce?

FACCIAMO IL PUNTO

▶ comprensione orale

1 • Ascoltate la conversazione e abbinate a ogni personaggio la bandiera giusta.

1. ☐ Eleni
2. ☐ Margie
3. ☐ Britt
4. ☐ Roberto
5. ☐ Franco
6. ☐ Mark
7. ☐ Thomas

A Italia **B** Svizzera **C** Svezia **D** Inghilterra **E** Grecia

▶ comprensione scritta

2 • Completate le frasi con le parole mancanti.

1. Lei ________ il ________ Rossi, vero?
2. Voi ________ olandesi? Anche noi ________ ________ Delft.
3. Marta ________ per caso l' ________ di Bruno?
4. E i ragazzi, ________ anche ________ stranieri?
5. Jeanne è ________ ? Sì, è ________ Grenoble.

▶ produzione orale

3 • Usando le parole-stimolo, formate frasi complete come nel modello.

Bruno (ragazzo / italiano) → Bruno è un ragazzo italiano

1. Il signor Rossi (padre / Giorgio)
2. Betty (amica / Fred)
3. Carmen e Teresa (spagnole / Madrid)
4. Mark e Steve (amici / Boston)
5. Teico (ragazza / giapponese)

4 • Riferitevi al dialogo a pagg. 24-25 e dite

1. dove sono Giorgio, Bruno e i ragazzi stranieri
2. di dove è Carmen
3. se anche Marta e Greta sono spagnole.

▶ produzione scritta

5 • Mettete in ordine le seguenti parole e costruite delle frasi di senso compiuto.

1. Firenze di l' Giorgio è ragazzo un di amica Erika , .
2. ragazze sono altre straniere anche le .
3. due siete voi insomma italiani solo ?

6 • Completate le frasi.

1. Io sono ________________________
2. Il mio compagno di banco è ________________________
3. Le due ragazze sono ________________________

unità 2

di chi è?

- **Osservate le immagini e dite, secondo voi,**
  - di chi è la penna
  - di chi sono i guanti
- **Dite ora**
  - di che colore è la penna? rossa ☐ nera ☐
  - di che colore sono i guanti? rossi ☐ neri ☐

Con l'aiuto dell'insegnante, scoprite ora cosa imparerete a fare in questa unità.

Scopi comunicativi: esprimere possesso (1); identificare oggetti; chiedere e dare pareri (1)

Grammatica: • nomi in *-o,-a,-e* • interrogativi (2): *di chi?, quale?* • possessivi (1): *mio, tuo, suo/Suo* • indicativo presente di *avere* (2) • dimostrativi: *questo* e *quello* • articolo determinativo (2) • aggettivi (3): *bello*

Area lessicale: abbigliamento (1); oggetti personali (1); colori

COSA SUCCEDE...

... in biblioteca

• Ascoltate il dialogo fra Marco e Carla e dite di chi è la penna.

1 • Riascoltate il dialogo e decidete se le seguenti affermazioni sono vere (V) o false (F).

1. Il libro è di Marco ☐V ☐F
2. La penna non è di Marco ☐V ☐F
3. La penna è di Carla ☐V ☐F

2 • Riascoltate il dialogo leggendo il testo, poi indicate qual è lo scopo comunicativo nei seguenti casi.

1. Carla chiede a Marco se il libro è suo
   a. per dire che non è di lei ☐
   b. per sapere di chi è ☐
   c. per avere il libro ☐

2. Carla dice "Che bella penna!"
   a. per sapere se può usarla ☐
   b. per dire che lei non ha una penna ☐
   c. per dire che le piace ☐

3 • Per la pronuncia e l'intonazione, ascoltate e ripetete.

4 • Ora riascoltate la cassetta e parlate voi con Carla.

IMPARIAMO...

... a esprimere possesso

5 • Abbinate i seguenti nomi all'immagine corrispondente.

1. abito	5. camicia	9. gonna	13. scarpe
2. berretto	6. cappello	10. impermeabile	14. sciarpa
3. borsa	7. cappotto	11. pantaloni	15. vestito
4. calze	8. giacca	12. maglione	16. zainetto

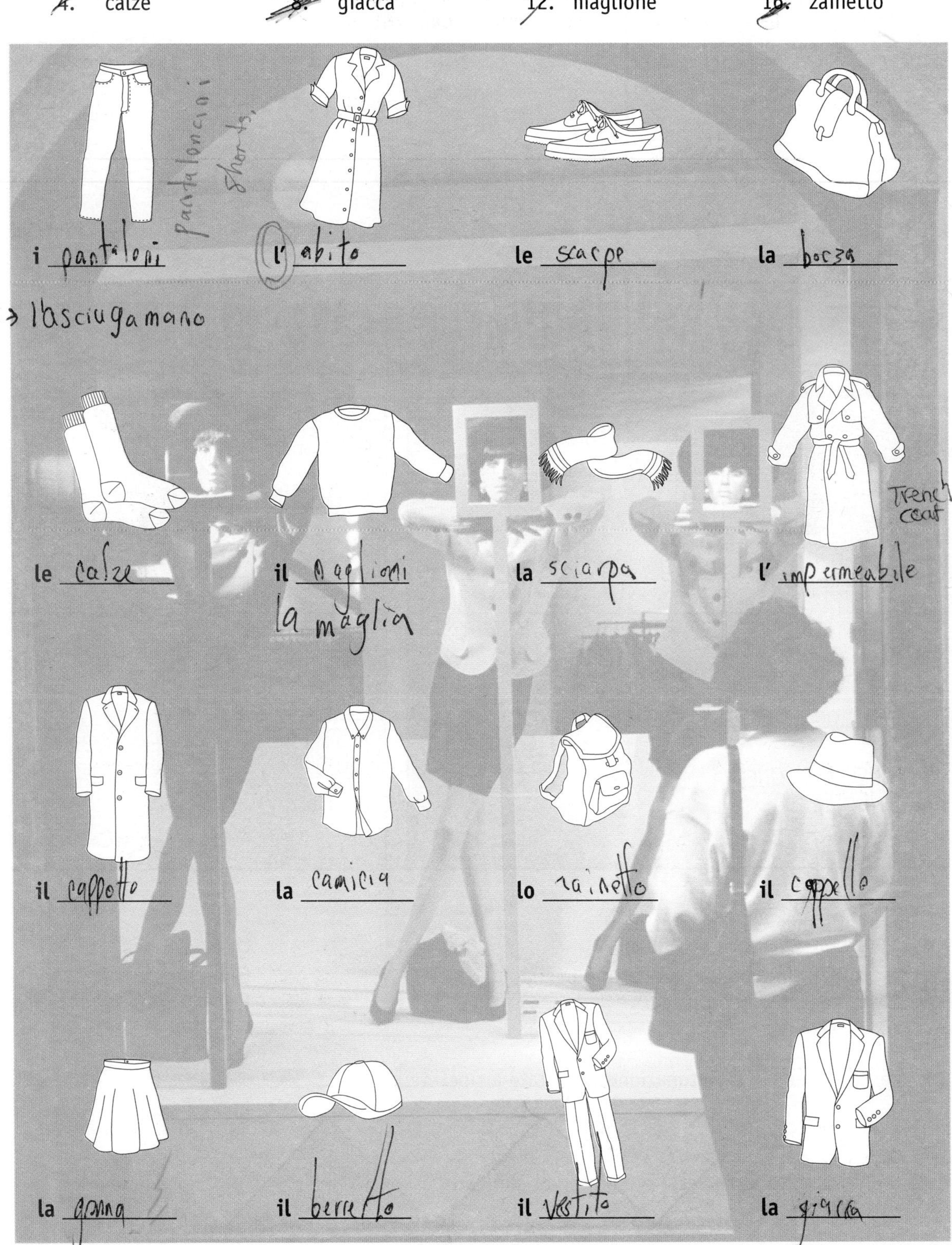

di chi è?

MEMO

io		tu	
mio	mia	tuo	tua
miei	mie	tuoi	tue

6 • Lavorate in coppia (A e B). Ciascuno di voi sceglie un oggetto fra quelli elencati nell'esercizio 5. A turno, chiedete e rispondete in modo informale come nel modello.

A Scusa, di chi è il maglione?
B È mio.
A È tua anche la borsa?
B No, quella non è mia, grazie.

A Scusa, di chi sono i jeans?
B Sono miei.
A Sono tue anche le scarpe da tennis?
B No, quelle non sono mie.

7 • Lavorate in coppia (A e B). Ciascuno di voi sceglie un oggetto fra quelli elencati nell'esercizio 5. A turno, chiedete e rispondete in modo formale come nel modello.

A Scusi, signore, è Suo il cappello?
B No, non è mio.

A E le scarpe? Sono Sue?
B Sono mie, grazie.

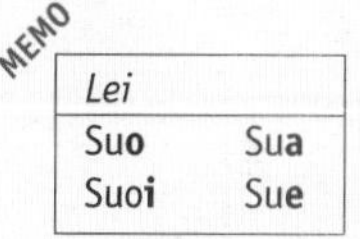
MEMO

Lei	
Suo	Sua
Suoi	Sue

8 • Ascoltate la cassetta e dite che cosa possiede Anna.

9 • E ora dite voi che cosa avete.

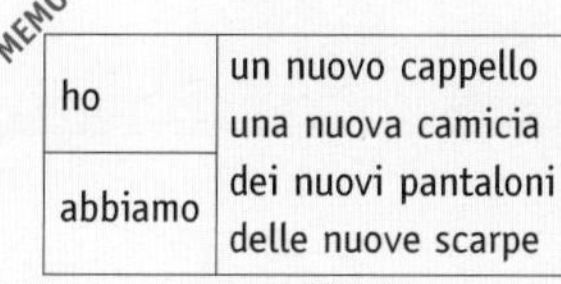
MEMO

ho	un nuovo cappello una nuova camicia
abbiamo	dei nuovi pantaloni delle nuove scarpe

▶ ... a identificare oggetti

10 • Lavorate in gruppi di tre (A, B, C). Indicando ciascuna immagine, chiedete e rispondete come nel modello.

A Numero 1: indovinate che cos'è.
B Secondo me è un cappello.
A Esatto.

A Numero 4: indovinate che cosa sono.
C Secondo me sono dei guanti.
A Sbagliato: sono delle mani.

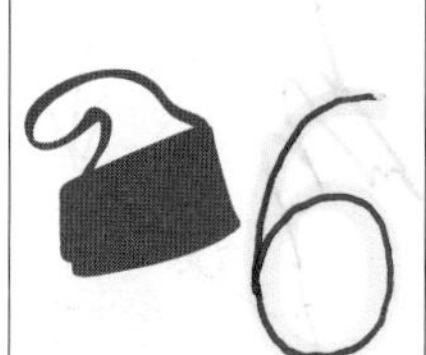    

11 • Lavorate in coppia (A e B). Guardando l'immagine chiedete e rispondete come nel modello.

MEMO

	masch.	*femm.*	*masch.*	*femm.*
sing.	quest**o**	quest**a**	quell**o**	quell**a**
pl.	quest**i**	quest**e**	quell**i**	quell**e**

A Qual è la tua rivista?
B È questa.

A Quali sono i tuoi occhiali?
B Sono quelli.

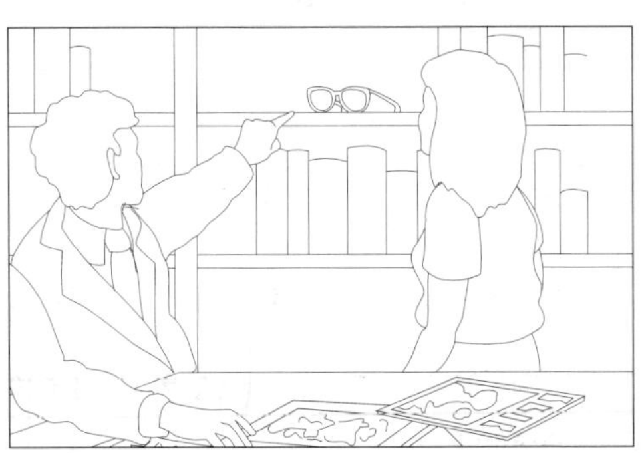

12 • Lavorate in coppia (A e B). Ciascuno di voi elenca i capi di abbigliamento che ha, specificando il colore, poi chiedete e rispondete come nel modello.

A Hai dei pantaloni neri?
B No, ho dei pantaloni marroni.

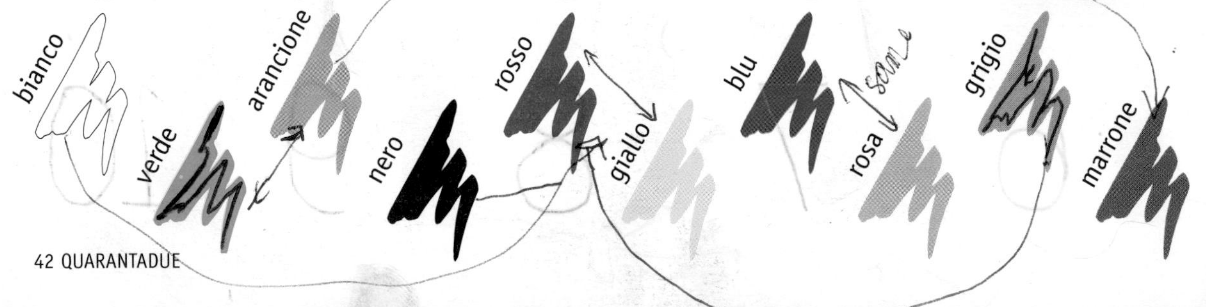

... a chiedere e dare pareri

13 • Lavorate in gruppi di tre (A, B, C). Guardando le immagini dell'esercizio 5, chiedete e rispondete come nel modello.

A **Questo vestito è bello, vero?**
B **Sì, è un bel vestito.**
A **... E secondo te?**
C **Per me, invece, è brutto.**

... un mondo di parole

14 • Completate le parole con le lettere mancanti.

_cchiali	po_tafog_io	col_a_a	_ua_ti
_enna	_orset_a	o_ecc_ini	ma_lio_e
_aine_to	ch_a_i	s_arpe	sc_arpa

15 • Completate i dialoghi con le parole mancanti.

Dialogo 1

A È tua questa bella ______?

B ______?

A Questa ______.

B No, purtroppo non è mia.

Dialogo 3

A Di che colore sono le tue ______ nuove?

B Sono ______ e ______.

Dialogo 2

A Scusi, signore, sono ______ questi ______?

B No, non sono ______, grazie.

16 • Trovate la parola estranea e sottolineatela.

1. camicia – chiavi – calze – sciarpa
2. scarpe – borsa – dischi – pantaloni
3. penna – orologio – gonna – anello

17 • Trovate nel *puzzle* dieci nomi di colori.

M	G	I	A	L	L	O	D	R	E
A	P	R	O	S	S	O	S	I	L
R	Z	I	T	L	N	E	B	L	U
A	N	M	R	V	E	R	D	E	Z
N	T	A	E	P	D	O	S	R	B
C	F	R	T	N	E	R	O	T	I
I	S	R	P	T	Z	S	N	E	A
O	P	O	O	R	O	S	A	P	N
N	N	N	N	S	I	N	R	M	C
E	L	E	N	G	R	I	G	I	O

E ORA LA GRAMMATICA...

▶ nomi in -o, -a, -e

	SINGOLARE	-o	-e	-a
MASCHILE	il	cappotto		
	l'	ombrello		
	lo	zainetto		
	il		maglione	
	il			pigiama

PLURALE	-i
i	cappotti
gli	ombrelli
gli	zainetti
i	maglioni
i	pigiami

	SINGOLARE	-o	-e
FEMMINILE	la	mano	
	la		chiave

PLURALE	-i
le	mani
	chiavi

	SINGOLARE	-a
FEMMINILE	la	borsa
	la	ora

PLURALE	-e
le	borse
	ore

■ I nomi escono al plurale in **-i**, eccetto i soli femminili che al singolare terminano in **-a**.
■ Alcuni nomi sono invariabili, cioè al plurale conservano la stessa forma del singolare (*sing.* il bar, il cinema, la città; *pl.* i bar, i cinema, le città).

18 • Completate le seguenti frasi.

1. Marta ha una borsett_ ner_ e delle scarp_ bianch_ e ner_ .
2. È Su_ quest_ chiav_ , signora?
3. _ impermeabil_ di Marco _ quell_ lì.
4. Di chi sono quest_ occhial_ marron_ ?
5. Scusa, _ tu_ quest_ pigiam_ ross_ ?
6. _ ombrell_ di Marco _ quell_, non quest_.
7. Venezia e Firenze sono due bell_ citt_ .
8. Andrea ha il maglion_ come il mi_ .
9. Scusi, _ Su_ quest_ giacc_ ?
10. I libr_ di Anna sono quest_ o quell_ ?

▶ interrogativi: di chi?

Di chi	**è**	il libro rosso? la penna blu?
	sono	i guanti marroni? le scarpe nere?

È	(il) mio (la) mia
Sono	(i) miei (le) mie

■ *Di chi?* si usa per il maschile e per il femminile, sia singolare sia plurale.

possessivi: **mio, tuo, suo/Suo**

		SINGOLARE		
MASCHILE	È	**il**	**mio** **tuo** **suo / Suo**	cappotto
FEMMINILE	È	**la**	**mia** **tua** **sua / Sua**	sciarpa

PLURALE			
Sono	**i**	**miei** **tuoi** **suoi / Suoi**	guanti
Sono	**le**	**mie** **tue** **sue / Sue**	scarpe

- Le forme dell'aggettivo possessivo e del pronome possessivo coincidono.
- Il possessivo si accorda in genere (m/f) e numero (sing./pl.) con la cosa posseduta.
- In funzione di pronome, il possessivo può prendere l'articolo: "La penna blu è mia / è la mia".
- In funzione di aggettivo, il possessivo prende sempre l'articolo, tranne quando precede nomi di parentela al singolare (*sing.* mio padre, mia madre, mio fratello, mia moglie; *pl.* i miei genitori, i miei fratelli, le mie sorelle).

19 • Completate le frasi con la forma corretta del possessivo, facendo attenzione all'uso dell'articolo.

1. Scusa, Marco, è questo ______ giornale?
2. Carla è qui con ______ padre e ______ madre.
3. Qual è ______ berretto, Andrea?
4. Sono queste ______ chiavi, signora?
5. Quanti anni ha ______ sorella, Matteo?
6. I guanti neri sono ______, signor Marini?
7. ______ sciarpa è molto bella, Marisa.
8. Marco è a Roma con ______ genitori.
9. Anna e ______ fratello sono in biblioteca.
10. È questo ______ impermeabile, signorina?

indicativo presente di **avere**

(io)	**ho**	molte riviste
(tu)	**hai**	un bell'anello
(lui) (lei) (Lei)	**ha**	l'ombrello?
(noi) (voi) (loro)	**abbiamo** **avete** **hanno**	le chiavi i libri i guanti

- La lettera *h* ha solo la funzione di distinguere il verbo da altre parole che si pronunciano allo stesso modo ma hanno un diverso significato: *ho* ↔ *o* (congiunzione); *hai* ↔ *ai* (preposizione articolata); *ha* ↔ *a* (preposizione semplice); *hanno* ↔ *anno* (nome).

20 • Completate i dialoghi con la forma corretta del verbo *avere*.

1. ______ molte camicie, Marco?
   No, solo cinque.
2. ______ anche il cappotto, signor Verdi?
   No, ______ solo la giacca.
3. ______ fratelli o sorelle, ragazzi?
   Sì, io ______ una sorella e lui ______ due fratelli.
4. Non ______ l'impermeabile, ragazzi?
   No, ma ______ due ombrelli.
5. Quanti anni ______ i tuoi genitori?
   Mio padre ______ 45 anni e mia madre 42.

dimostrativi: **questo** e **quello**

	SINGOLARE		PLURALE	
MASCHILE	Questo Quest' Questo	libro ombrello specchietto	Questi	libri ombrelli specchietti
FEMMINILE	**Questa** **Quest'** **Questa**	borsa amica sciarpa	**Queste**	borse amiche sciarpe

	SINGOLARE		PLURALE	
MASCHILE	Quel Quell' Quello	libro ombrello specchietto	Quei Quegli Quegli	libri ombrelli specchietti
FEMMINILE	**Quella** **Quell'** **Quella**	borsa amica sciarpa	**Quelle**	borse amiche sciarpe

- Al singolare i dimostrativi *questo* e *quello* possono prendere l'apostrofo.
- *Questo* si usa per indicare persone o cose vicine a chi parla. Può essere seguito dall'avverbio *qui*.
- *Quello* si usa per indicare persone o cose lontane da chi parla e da chi ascolta. Può essere seguito dagli avverbi *lì / là*.

21 • Completate le frasi con le forme appropriate del dimostrativo *questo* o *quello*, secondo il senso.

1. Di chi è ______ impermeabile?
2. ______ occhiali lì sono di Sergio.
3. Scusa, è tua ______ borsetta?
4. ______ zainetto là è di Franco o di Marco?
5. Scusi, signore, sono suoi ______ guanti?
6. ______ vestito là è proprio bello.
7. Di chi sono ______ pantaloni blu?
8. ______ qui è la mia chiave.
9. Il Suo cappotto è ______ o ______ ?
10. ______ orecchini lì sono di Marta.

interrogativi: **quale?**

È	tuo questo libro? tua questa penna?	**Quale?**
Sono	tuoi questi libri? tue queste penne?	**Quali?**

Qual è	il tuo cappotto? la Sua giacca?	Questo qui Questa qui
Quali sono	i tuoi guanti? le Sue chiavi?	Questi qui Queste qui

- *Quale* perde la *e* quando precede la 3ª persona singolare del verbo *essere* (*qual* è), ma *non* prende l'apostrofo.

22 • Completate i dialoghi con la forma corretta dei dimostrativi *questo* e *quello* e dell'interrogativo *quale*.

1. ______ è il tuo cappotto? Questo?
   No, è ______ là.
2. Scusi, sono Suoi ______ guanti?
   ______ ?
3. ______ sono le Sue riviste, signora?
   Sono ______ qui.
4. ______ è tua sorella, Gianni?
   È ______ con il vestito rosso.
5. ______ sono le tue chiavi?
   Sono ______ là.
6. ______ sono le tue calze?
   ______ lì.
7. È bello ______ orologio, vero?
   ______ , scusa?
8. ______ berretto è tuo?
   No, il mio è ______ là.
9. ______ libro lì è di Marco?
   No, il suo è ______ qui.
10. ______ è il tuo giornale?
    È ______ qui.

articolo determinativo, aggettivo **bello**, dimostrativo **quello**

	SINGOLARE		PLURALE	
MASCHILE	il un **bel** **quel**	libro	i dei **bei** **quei**	libri
	lo un **bello** **quello**	specchietto zainetto	gli dei **begli** **quegli**	specchietti zainetti orologi
	l' un **bell'** **quell'**	orologio		
FEMMINILE	la una **bella** **quella**	penna sciarpa	le delle **belle** **quelle**	penne sciarpe opere
	l' una **bell'** **quell'**	opera		

■ Davanti al nome, *bello* e *quello* seguono le forme dell'articolo determinativo; dopo il nome restano invariati (*bello/a - belli/e; quello/a - quelli/e*).

23 • Completate le frasi con la forma corretta del dimostrativo *quello*.

1. ______ zainetto è bello, vero?
2. Di chi è ______ ombrello marrone?
3. ______ occhiali sono di Carlo.
4. I miei giornali sono ______ , non questi.
5. ______ ragazzi sono i fratelli di Pietro.
6. ______ chiavi sono di Paolo?
7. Di chi è ______ cappotto nero?
8. ______ signore è il padre di Giorgio.
9. Scusa, è tua ______ sciarpa lì?
10. Scusi, è Suo ______ impermeabile grigio?

24 • Completate le frasi con la forma corretta dell'aggettivo *bello* e del dimostrativo *quello*.

1. Di chi è questo ______ ombrello?
2. Hai un ______ cappotto e una ______ sciarpa.
3. È Suo ______ ______ orologio?
4. Chi è ______ ______ ragazza?
5. ______ specchietti sono ______ , vero?
6. ______ là è proprio un ______ maglione.
7. ______ ______ signore è il padre di Anna.
8. Di chi sono ______ ______ occhiali?
9. Scusa, è tua ______ sciarpa lì?
10. Serena ha molti ______ vestiti.

DITELO IN ITALIANO

▶ ascoltare e parlare

25 • La signora Masi sta parlando con i suoi figli, Anna e Paolo. Ascoltate la conversazione (non cercate di capire ogni parola) e abbinate gli oggetti ai tre personaggi.

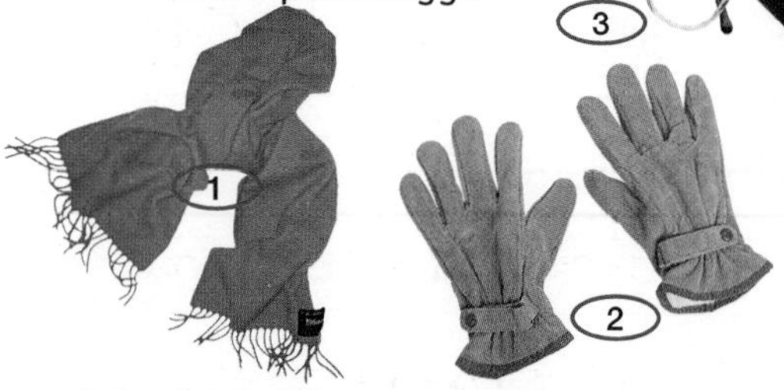

1 2 3

Sig.ra Masi ☐

Anna ☐

Paolo ☐

26 • Ora confrontate le risposte con quelle dei compagni, dicendo di chi sono gli oggetti.

27 • Indicate se le frasi che ascoltate sono affermative (A) o interrogative (?).

1. A ?
2. A ?
3. A ?
4. A ?
5. A ?

▶ parlare

28 • Dite come sono vestiti i quattro personaggi rappresentati.

Vocaboli utili:
lungo - corto -
largo - stretto

29 • Ufficio oggetti smarriti. Osservate attentamente le illustrazioni e indovinate a chi appartengono gli oggetti trovati.

Secondo me, gli occhiali sono di...

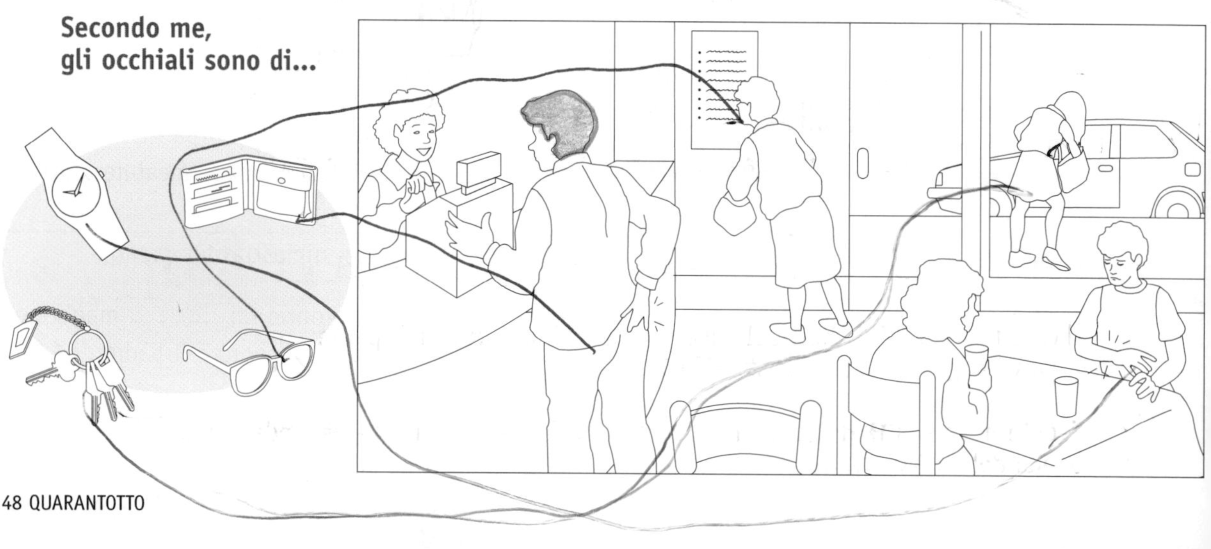

ALLA SCOPERTA...

...delle grandi firme

30 • Leggete il testo.

Sin dai tempi del Rinascimento per molti stranieri il nome Italia è sinonimo di eleganza, stile, fantasia; oggi questo accade specialmente nel campo della moda. Il forte sviluppo dell'economia italiana è infatti dovuto in buona parte al "made in Italy", cioè al successo internazionale degli stilisti italiani.

31 • Provate a indovinare di chi sono gli oggetti raffigurati. Se non ci riuscite, andate in fondo al libro, alla sezione "Attività", e leggete le risposte.

È di... / Sono di...
Superga - Ferrè - Laura Biagiotti - Moschino - Missoni

1. Di chi è questo maglione?

2. Di chi è questa borsa?

3. Di chi è questo abito da sera?

4. Di chi sono questi occhiali?

5. Di chi sono queste scarpe?

32 • Ora dite come sono i diversi oggetti. Per esempio: "È un bel maglione".

33 • Indicate tre nomi di stilisti del vostro paese e i loro prodotti, poi fate un confronto fra questi oggetti e quelli di stilisti italiani

34 • Spiegate nella vostra lingua qual è, secondo voi, la differenza fra la moda italiana e quella del vostro paese.

FACCIAMO IL PUNTO

comprensione orale

1 • Ascoltate la conversazione e sottolineate gli oggetti, i colori e gli stilisti nominati.

oggetti
gonna – abito – camicetta – pantaloni – giacca – scarpe – borsa – cravatta – sciarpa – cappotto

colori
rosso – bianco – grigio – verde – giallo – marrone – blu – rosa – arancione – nero

stilisti
Versace – Ferrè – Krizia – Armani – Valentino

comprensione scritta

2 • Completate il testo con le parole indicate.

dieci / veloce / bene / qual

– Che bella macchina, signor Marchi! E come è grande!

– Sì, ed è anche ______ . La Sua ______ è?

– È quella là: una Fiat di ______ anni . Non è bella, ma va ancora ______ .

3 • Abbinate in modo appropriato le parole del gruppo A a quelle del gruppo B.

A	B
1. ☐ I miei amici	a. non è di oggi.
2. ☐ Quel signore alto	b. non è questo, ma quello.
3. ☐ Il Suo ombrello	c. sono tutti giovani.
4. ☐ Quel giornale	d. sono inglesi.
5. ☐ Le due ragazze bionde	e. è il padre di Marco.

produzione orale

4 • Dite come sono gli oggetti rappresentati.

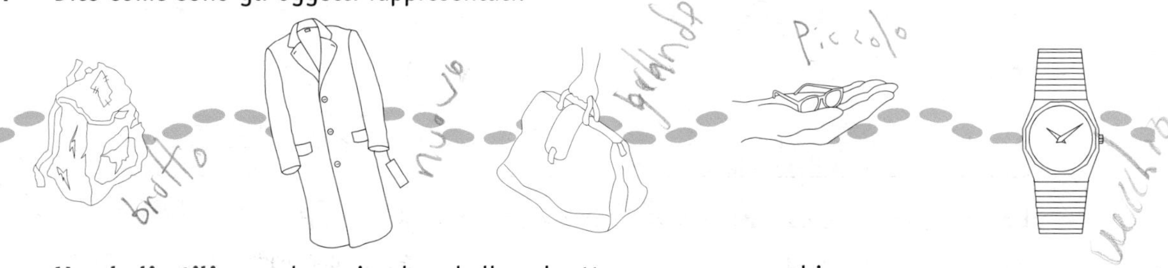

Vocaboli utili: grande – piccolo – bello – brutto – nuovo – vecchio

produzione scritta

5 • Scrivete una lista di nomi di oggetti personali o capi di abbigliamento che possedete. Con cinque di questi nomi scrivete poi cinque frasi.

unità 3

fare conoscenza

- **Osservate le immagini, poi scrivete nei *balloons* le battute appropriate.**

  - Ciao, mi chiamo Stefano, e tu?
  - Piacere, Paola Freddi.
  - Permette, signora? Mi chiamo Andrea Valli.
  - Io sono Carla, ciao.

- **Osservate ancora le immagini e attribuite ai personaggi le seguenti professioni.**

  - studente
  - studentessa
  - architetto

  1. La ragazza è ______________ .
  2. Il signore è ______________ .
  3. Il ragazzo è ______________ .

Con l'aiuto dell'insegnante, scoprite ora cosa imparerete a fare in questa unità.

Scopi comunicativi:	presentarsi (3) e presentare; chiedere e dire la professione; parlare di azioni presenti, iniziate nel passato; esprimere possesso (2)
Grammatica:	• indicativo presente della 1ª coniugazione regolare (-ARE) • verbi riflessivi e pronominali (1): indicativo presente di *chiamarsi* • coniugazione irregolare: indicativo presente di *fare* • uso dei modi (1): indicativo presente: (presente + *da*) • possessivi (2): *nostro, vostro, loro* • imperativo regolare (1): formale e informale
Area lessicale:	professioni (1); parentela (2); oggetti personali (2)

COSA SUCCEDE...

▶ ... al caffè

• Ascoltate il dialogo fra il signor Rossi e i signori Weber e dite se il signor Rossi è sposato.

1 • Riascoltate il dialogo e decidete se le seguenti affermazioni sono vere (V) o false (F).

1. I signori Weber sono tedeschi V F
2. Hanno intenzione di stare molto tempo a Roma V F
3. La signora Weber ha un impegno di lavoro V F

2 • Riascoltate il dialogo leggendo il testo, poi indicate qual è lo scopo comunicativo nei seguenti casi.

1. Il signor Weber dice "Permette?"
   a. per chiedere se può sedersi ☐
   b. per parlare con il signor Rossi ☐
   c. per presentarsi ☐

2. Il signor Rossi chiede se hanno intenzione di stare molto tempo a Roma
   a. per fare amicizia con loro ☐
   b. per informarsi ☐
   c. per essere gentile ☐

3. Il signor Rossi replica "Capisco!" per dire
   a. che anche lui è sposato ☐
   b. che anche sua moglie lavora ☐
   c. che anche lui ha figli ☐

3 • Per la pronuncia e l'intonazione, ascoltate e ripetete.

4 • Ora riascoltate la cassetta e parlate voi con il signor Rossi.

IMPARIAMO...

... a presentarci e a presentare

MEMO

(io) mi chiamo
(tu) ti chiami
(lui) (lei) si chiama (Lei)

5 • Lavorate in coppia (A e B). Ciascuno di voi sceglie un nome italiano fra quelli indicati. Presentatevi in modo informale, come nel modello.

A Io sono Paolo, e tu come ti chiami?
B Mi chiamo Carlo.

6 • Lavorate in gruppi di tre (A, B, C). Ciascuno di voi sceglie un biglietto da visita. Presentatevi in modo formale e presentate la persona che è con voi (moglie, marito, figlio ecc.), come nel modello.

A Permette? Mi chiamo Mario Rossi, e questa è mia moglie.
B Molto lieta! Io sono Carla Sarti.
A Piacere!
C Piacere!

7 • Lavorate in coppia (A e B). Guardando il disegno, conversate come nel modello.

A La sorella di Marco si chiama Sara.
B E i suoi genitori come si chiamano?
A Si chiamano...

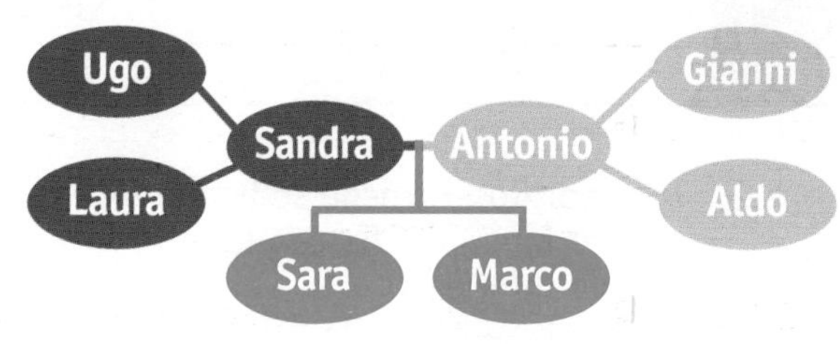

... a chiedere e dire la professione

8 • Abbinate a ciascuna immagine la professione corrispondente.

1. insegnante ☐	4. barista ☐	7. maestra ☐	10. giornalista ☐
2. medico ☐	5. ingegnere ☐	8. tassista ☐	11. infermiera ☐
3. commessa ☐	6. farmacista ☐	9. avvocato ☐	12. dentista ☐

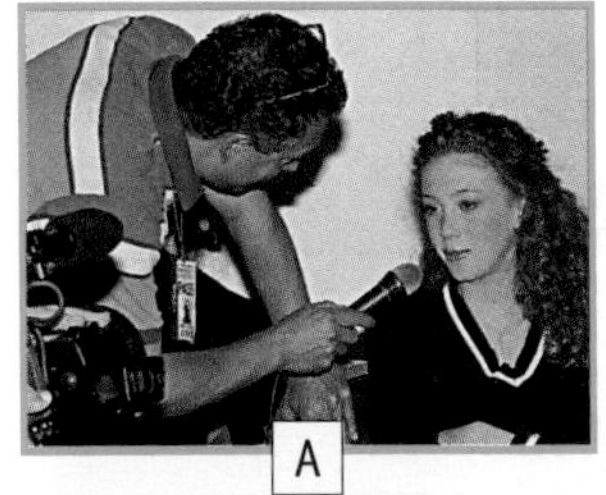

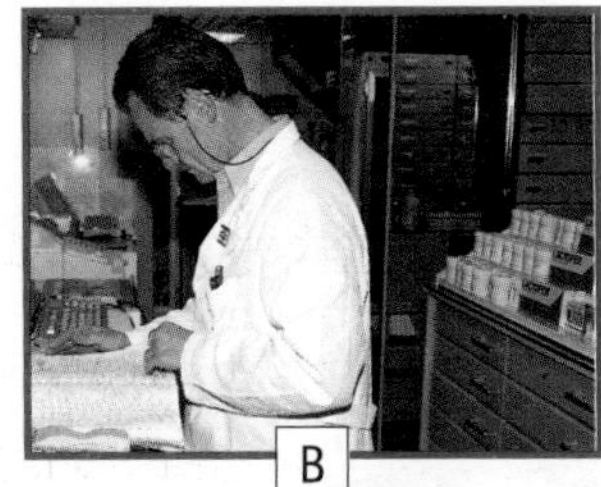

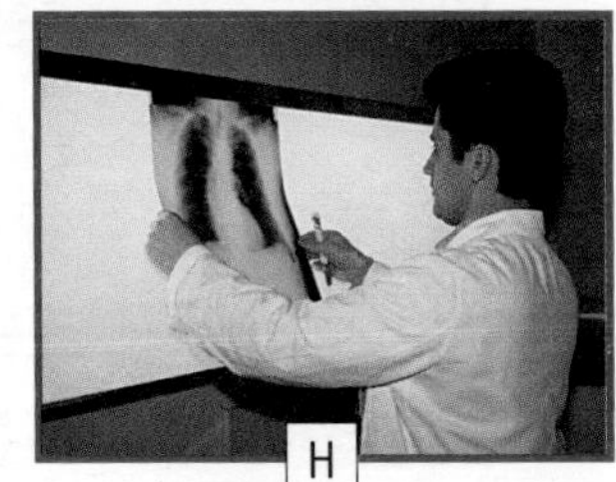

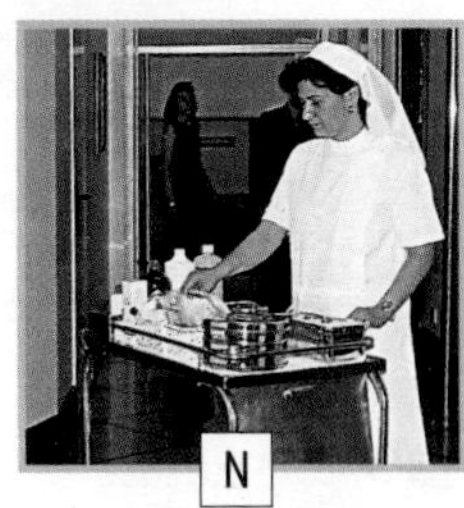

9 • Lavorate in gruppi di tre (A, B, C). Ciascuno di voi sceglie una professione fra quelle dell'esercizio 8, poi conversate in modo informale come nel modello.

MEMO

(io)	faccio
(tu)	fai
(Lei)	fa

A **Tu che lavoro fai?**
B **L'infermiera.**
C **Anch'io faccio l'infermiera.**
A **Io, invece, faccio il barista.**

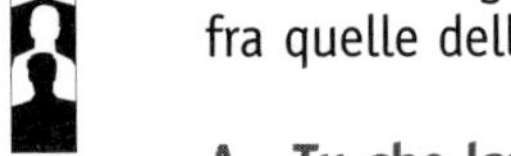

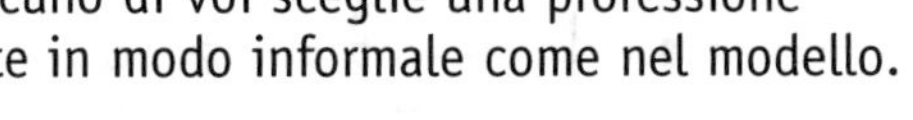

10 • Lavorate in coppia (A e B). Ciascuno di voi sceglie una professione fra quelle dell'esercizio 8, poi conversate in modo formale come nel modello.

A **Lei che lavoro fa?**
B **Sono maestra, e Lei?**
A **Anch'io.**
B **È contenta del lavoro che fa?**
A **Sì, abbastanza.**

... a parlare di azioni presenti, iniziate nel passato

11 • Lavorate in coppia (A e B). Scegliendo di volta in volta una professione e usando le espressioni elencate, conversate in modo informale o formale, come nei modelli.

A **Da quanto tempo lavori?**
B **Da pochi mesi.**
A **Che lavoro fai?**
B **Il barista.**

A **Lei, signore, lavora da molto?**
B **Lavoro da due anni.**
A **Che lavoro fa?**
B **Il farmacista.**

Espressioni utili:
da un mese - da tre anni - da poco tempo - da cinque anni - da nove mesi

nostro nostra	vostro vostra
nostri nostre	vostri vostre

MEMO

▶ ... a esprimere possesso

12 • Lavorate in gruppi di tre (A e B+C). B e C scelgono alcuni oggetti e rispondono alle domande di A.

A **È vostra questa casa?**
B+C **Sì, è nostra.**

A **Sono vostri questi dischi?**
B+C **No, non sono nostri.**

▶ ... un mondo di parole

13 • Completate le parole con le lettere mancanti.

ba_ista ma_st_a in_ermi_re com_es_a
_nge_ne_e gi_rna_ist_ _arma_ist_ arc_itet_o

14 • Trovate le parole mancanti.

1. – Scusi, è libera questa ______ ?
– Sì, prego, si accomodi!

2. – Lei è sposato, signor Martini?
– Sì, e ho anche ______ .

3. – Qual è la Sua professione?
– Faccio il ______ .

15 • Trovate nel puzzle sette nomi di professioni.

F	G	I	R	L	P	O	C	S	E
A	P	M	E	D	I	C	O	I	L
R	Z	A	T	L	N	O	M	N	F
M	N	E	R	V	E	M	M	E	Z
A	T	S	E	Z	I	M	E	P	D
C	F	T	A	S	S	I	S	T	A
I	S	R	P	T	Z	S	S	E	A
S	P	A	V	V	O	C	A	T	O
T	P	Z	H	I	D	S	R	L	O
A	R	C	H	I	T	E	T	T	O

E ORA LA GRAMMATICA...

1ª coniugazione regolare (-ARE): indicativo presente

	parlare	lavorare		
(io) (tu)	parl**o** parl**i**	lavor**o** lavor**i**		**-o** **-i**
(lui) (lei) (Lei)	parl**a**	lavor**a**	molto	**-a**
(noi) (voi) (loro)	parl**iamo** parl**ate** parl**ano**	lavor**iamo** lavor**ate** lavor**ano**		**-iamo** **-ate** **-ano**

■ Il pronome personale soggetto (*io*, *tu* ecc.) non è obbligatorio.

16 • Completate i dialoghi con le forme corrette del verbo *parlare*.

1. Lei ______ solo lo spagnolo, signorina?
   No, ______ anche l'italiano.
2. Voi ______ anche il tedesco?
   No, ______ solo il greco.
3. I vostri amici ______ solo il francese?
   No, ______ anche l'inglese.
4. Tu ______ solo l'olandese?
   No, ______ anche lo svedese.
5. Lei ______ solo il giapponese, signora?
   No, ______ anche un po' d'inglese.

17 • Completate le frasi con le forme corrette dei verbi indicati tra parentesi.

1. Luca ______ come barista da due anni. (*lavorare*)
2. Anna e Paola ______ insieme per l'esame di francese. (*studiare*)
3. Noi ______ la TV solo un'ora al giorno. (*guardare*)
4. Quando ______ le valigie, Carla? (*preparare*)
5. Marco, quante persone ______ alla tua festa? (*invitare*)

verbi riflessivi e pronominali: indicativo presente di **chiamarsi**

(io) (tu)	**mi** chiamo **ti** chiami	Aldo / Maria / Bianchi Mario / Angela ?
(lui) /Paul (lei) (Lei)	**si** chiama	Marco / Rita / Donati ?
(noi) (voi) (loro)	**ci** chiam**iamo** **vi** chiam**ate** **si** chiam**ano**	Martini Rossetti ? Teodori

(tu)	Come	**ti** chiami?
(Lei)		**si** chiama?

Mi chiamo	Carlo
	Aldo Martini

18 • Completate i dialoghi con le forme corrette del verbo pronominale.

1. Scusa, come ______ ?
   ______ Piero.
2. Il mio nome è Martini, e Lei come ______ ?
   ______ Landi.
3. Voi ______ Rossi, vero?
   No, ______ Sandri: Pino e Rita Sandri.
4. Quella ragazza non ______ Allegra?
   No, ______ Alessia.
5. Come ______ i tuoi amici di Roma?
   Lui ______ Aldo e lei Roberta.

coniugazione irregolare: indicativo presente di **fare**

(io) (tu)	**faccio** **fai**	il medico il / la farmacista
(lui) (lei) (Lei)	**fa**	il / la dentista
(noi) (voi) (loro)	**facciamo** **fate** **fanno**	lo stesso lavoro i tassisti gli ingegneri

- *Fare, andare, dare* e *stare* sono i soli quattro verbi irregolari della 1ª coniugazione.
- Si può dire la propria professione anche usando il verbo *essere*. In questo caso, però, il nome non prende l'articolo: "Che lavoro fai?" "*Faccio il* medico" ma "*Sono* medico".

19 • Completate le frasi con le forme corrette del verbo *fare*.

1. Luigi ______ questo lavoro da pochi mesi.
2. I miei fratelli ______ tutti e due i medici.
3. Ragazzi, perché non ______ le valigie? Che aspettate?
4. Sabato ______ una festa e invitiamo tutti gli amici.
5. Mi chiamo Rossi e ______ l'architetto.

usi dell'indicativo presente: presente + **da** (azioni presenti, iniziate nel passato)

Da quanto tempo **lavora**?	**Lavoro** solo **da** un anno

20 • Completate le frasi con la corretta forma dei verbi indicati.

avere - fare - guardare - lavorare - studiare

1. Il bambino ______ la TV da tre ore: è davvero troppo!
2. Marta ______ l'inglese da un anno.
3. Noi ______ questa casa da molti anni.
4. I nostri figli ______ sport solo da pochi mesi.
5. Lei ______ da molto tempo in questo ufficio?

▶ possessivi: **nostro, vostro, loro**

	SINGOLARE				PLURALE			
MASCHILE	È	**il**	**nostro** **vostro** **loro**	libro	Sono	**i**	**nostri** **vostri** **loro**	dischi
FEMMINILE	È	**la**	**nostra** **vostra** **loro**	casa	Sono	**le**	**nostre** **vostre** **loro**	borse

- Le forme dell'aggettivo possessivo e del pronome possessivo coincidono.
- L'aggettivo possessivo *loro* è sempre preceduto dall'articolo, indipendentemente dal tipo di nome a cui si riferisce (per l'uso dei possessivi vedi unità 2, pag. 45).

21 • Completate le frasi con la forma corretta del possessivo, facendo attenzione all'uso dell'articolo.

1. Scusate, è ________ quel giornale?
   No, non è ________ .
2. Anna e Carla ascoltano sempre Claudio Baglioni, ________ cantante preferito.
3. Ragazzi, quanti anni ha ________ padre?
4. Prepariamo noi le valigie, perché ________ madre non ha tempo.
5. Voi lavorate nella ________ città, o fuori?

▶ imperativo regolare: formale e informale

tu (informale)	Lei (formale)	voi (formale e informale)
Parl**a**! Scus**a**! Accomod**ati**!	Parl**i**! Scus**i**! **Si** accomodi!	Parl**ate**! Scus**ate**! Accomod**atevi**!

22 • Chiedete in modo informale a una persona di

1. ascoltare con attenzione
   ________________ !
2. lavorare di meno
   ________________ !
3. chiamare il medico
   ________________ !
4. aspettare un momento
   ________________ !
5. studiare di più
   ________________ !

23 • Invitate ora in modo formale una persona a

1. parlare più forte
   ________________ !
2. restare ancora
   ________________ !
3. guardare la TV
   ________________ !
4. preparare le valigie
   ________________ !
5. chiamare un taxi
   ________________ !

DITELO IN ITALIANO

ascoltare e scrivere

24 • Ascoltate la conversazione che si svolge al bar di un albergo e completate inserendo una parola per ogni spazio.

Valli Prego, si accomodi!
Forti Grazie!
Valli Come mai _____ a Roma?
Forti Io _____ affari e mia _____ per turismo.
Valli _____ dove _____ ?
Forti _____ di Torino.
Valli Ah, Torino! Ho molti amici in quella città.
Forti E Lei _____ dove _____ ?
Valli Di Milano.
Forti È _____ ?
Valli Sì, _____ moglie e tre _____ .
Forti Per _____ motivo è _____ Roma?
Valli _____ lavoro.
Forti _____ professione _____ ?
Valli Sono avvocato.

ascoltare e parlare

25 • Ascoltate la conversazione tra Monica e il signor Bruni, poi decidete quale delle seguenti affermazioni è giusta.

1. Per Monica non è facile
a. lavorare
b. studiare
c. studiare e lavorare insieme

2. Monica frequenta
a. la scuola media
b. la scuola superiore
c. la facoltà di Lingue

3. Monica lavora
a. tutto il giorno
b. solo di mattina
c. solo di pomeriggio

4. Monica pensa di insegnare
a. il francese
b. l'inglese
c. lo spagnolo

26 • Ora parlate voi di Monica, dicendo

- che lavoro fa
- quali lingue parla oltre all'inglese
- quanti esami ha ancora da fare
- quanti anni ha

27 • Indicate se le frasi che ascoltate sono affermative (A), interrogative (?) o esclamative (!).

1. A ? !
2. A ? !
3. A ? !
4. A ? !
5. A ? !

parlare

28 • In coppia, drammatizzate una situazione simile a quella rappresentata nel dialogo "Al Caffè" alle pagg. 52-53.

29 • Rispondete alle seguenti domande personali.

1. Lei come si chiama?
2. È sposato/sposata?
3. Ha figli?
4. Che professione fa?

30 • Domandate al vostro compagno di banco

1. come si chiama
2. se è sposato
3. se ha figli
4. che professione fa

leggere

31 • **Telequiz.** Leggete il dialogo fra la presentatrice e il concorrente.

Presentatrice Buonasera e benvenuti al nostro quiz. Ed ecco il primo concorrente di stasera. Come si chiama?
Concorrente Luigi Mazzi.
Presentatrice E di dov'è, signor Mazzi?
Concorrente Di Torino.
Presentatrice Ah, Torino. Bene. Che lavoro fa?
Concorrente Sono impiegato alle Poste.
Presentatrice Lei è sposato, signor Mazzi?
Concorrente Sì, e ho due bambine.
Presentatrice Bene, signor Mazzi. Ora è pronto a rispondere alle mie domande?
Concorrente Sì, certo.
Presentatrice Okay. Prima domanda: Chi è l'attuale primo ministro inglese?
Concorrente Ehm... Tony Blair?
Presentatrice Esatto! Seconda domanda: Come si chiama la moglie del Presidente americano Clinton?
Concorrente Mmm... Susan?
Presentatrice Sbagliato! Mi dispiace, signor Mazzi. La risposta giusta è ...

scrivere e parlare

32 • E ora provate a ricostruire la scena:
un gruppo di studenti prepara una serie di domande scritte (Chi è...? Come si chiama...? Di dov'è...? Qual è...?); uno o più studenti, a turno, fanno la parte del presentatore del quiz, gli altri studenti fanno la parte dei concorrenti.

▶ scrivere

33 • Dovete fare un'indagine di mercato per i produttori italiani di pasta sul tema: "Qual è la marca di pasta italiana preferita nel vostro paese?". Immaginate di intervistare dei passanti e compilate il modulo in italiano.

Cognome ______________

Nome ______________

Professione ______________

Età ______________

Sesso M ☐ F ☐

Sposato/a sì ☐ no ☐

Figli sì ☐ no ☐

MARCA DI PASTA PREFERITA

____

34 • Siete in Italia per ragioni di lavoro e volete iscrivervi a un'associazione culturale. Scrivete una breve lettera di presentazione, specificando

- cognome e nome
- età
- nazionalità
- professione
- situazione familiare (sposato/a, figli...)

ALLA SCOPERTA...

▶ ...dei documenti personali

35 • Leggete il testo.

In Italia ogni cittadino deve avere un documento di identificazione. Il più comune è la carta di identità (C.I.), che ha una validità di 5 anni. È possibile usarla per viaggiare in tutti i paesi membri della UE (Unione Europea). Per i viaggi nei paesi extracomunitari, cioè in quelle nazioni che non fanno parte della UE, è invece necessario il passaporto.
Per ottenere questo documento bisogna essere maggiorenni (18 anni) e non avere problemi penali.
Un altro documento personale è la patente di guida. Questa è accettata negli alberghi al posto della carta d'identità, ma non serve per andare all'estero.

36 • Osservate la carta d'identità di un cittadino italiano, poi dite

- come si chiama
- che età ha
- dove abita
- che professione fa

Cognome BALLERI
Nome CECILIA
nato il 12/01/960
(atto n. 110 1. S A)
a LA SPEZIA SP)
Cittadinanza ITALIANA
Residenza SARZANA
Via VIA BERTOLONI,16
Stato civile CG.SILVERA
Professione IMPIEGATA

CONNOTATI E CONTRASSEGNI SALIENTI

Statura 1 63
Capelli CASTANI
Occhi VERDI
Segni particolari ====

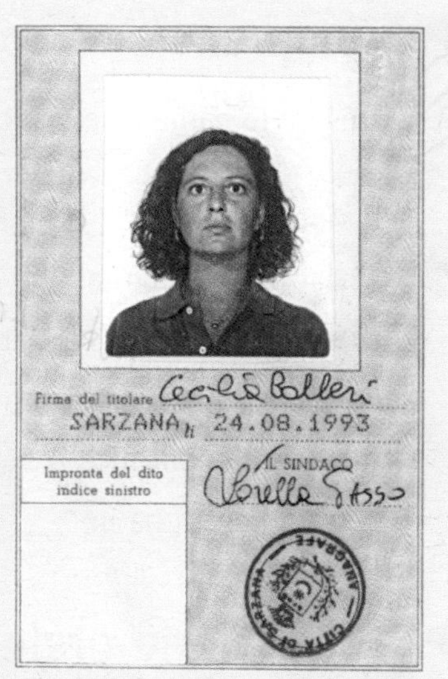

Firma del titolare Cecilia Balleri
SARZANA li 24.08.1993
Impronta del dito indice sinistro
IL SINDACO

37 • Sulla carta d'identità sono presenti anche altri dati personali. Provate ad associare ciascun dato alla definizione corrispondente.

1. ☐ stato civile
2. ☐ residenza
3. ☐ statura

a. indica quanto è alta una persona
b. indica se una persona è sposata o no
c. indica il luogo dove una persona vive

38 • Ecco alcuni nomi di professioni con la relativa forma abbreviata. Trovate le analogie e le differenze fra le denominazioni italiane e quelle nella vostra lingua.

Avvocato	= Avv.	Ingegnere	= Ing.
Architetto	= Arch.	Dottore	= Dott. o Dr.
Professore	= Prof.	Ragioniere	= Rag.

FACCIAMO IL PUNTO

comprensione orale

1 • Ascoltate il dialogo e guardate le illustrazioni. Segnate con una croce quelle che si riferiscono alle professioni nominate.

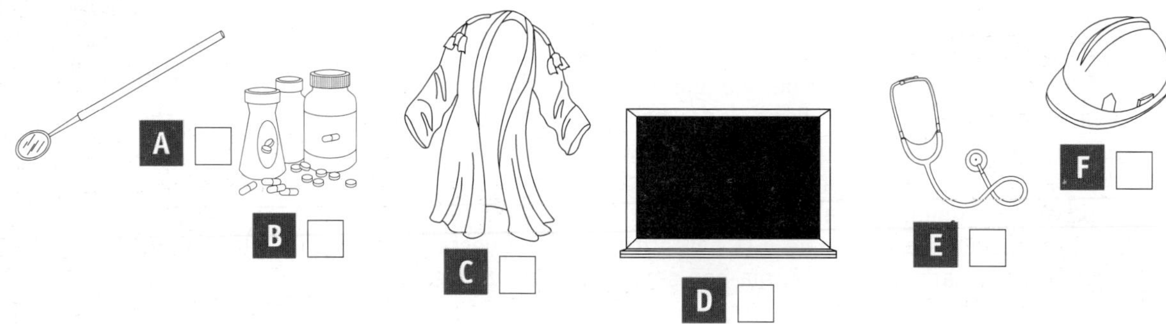

comprensione scritta

2 • Trovate le parole che mancano: ogni spazio corrisponde a una parola.

Il signor Dupont è ____ Milano per ______ di lavoro.
Al bar dell'albergo fa ______ con il signor Ghezzi, anche ______ in quella ______ per affari.
Il signor Dupont ______ l'italiano e dice che ______ moglie è a casa con i figli ______.
Anche il signor Ghezzi ______ figli, ma i ______ sono già grandi.
Il signor Dupont dice ancora che ha ______ di stare a Milano solo tre ______,
perché giovedì ha un ______ di lavoro nella ______ città.

produzione orale

3 • Parlate della vostra famiglia: descrivete ciascuna persona, dite come si chiama, quanti anni ha e che lavoro fa.

produzione scritta

4 • Riferendovi al testo dell'esercizio 2 in questa pagina, completate le battute del dialogo fra il signor Dupont e il signor Ghezzi.

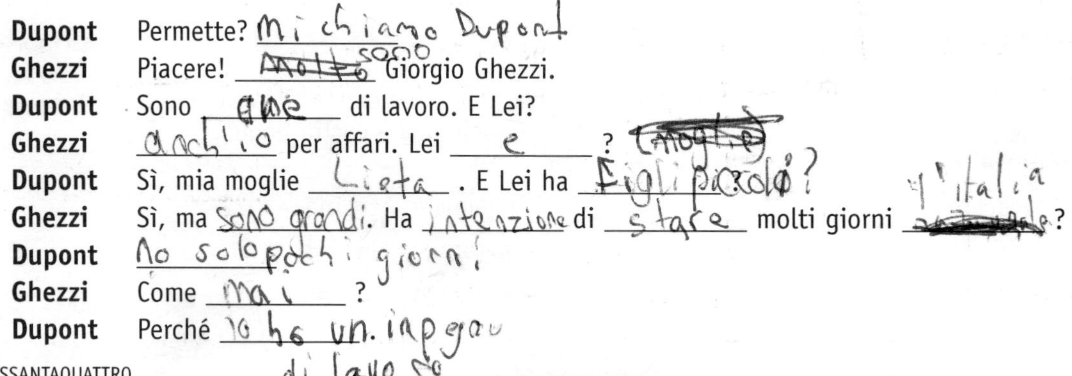

Dupont Permette? ______________
Ghezzi Piacere! ______________ Giorgio Ghezzi.
Dupont Sono ______________ di lavoro. E Lei?
Ghezzi ______________ per affari. Lei ______________ ?
Dupont Sì, mia moglie ______________ . E Lei ha ______________ ?
Ghezzi Sì, ma ______________ . Ha ______________ di ______________ molti giorni ______________ ?
Dupont ______________
Ghezzi Come ______________ ?
Dupont Perché ______________

tempo libero

A Sabrina

B Carlo

C Lucia

piscina

discoteca

palestra

- **Osservate le immagini e associate i personaggi ai luoghi.**

  1. Sabrina sta andando in __________ .
  2. Carlo sta andando in __________ .
  3. Lucia è in __________ .

- **Associate ai luoghi le seguenti azioni.**

  nuotare __________ ballare __________ fare ginnastica __________

- **Associate ora ai personaggi i seguenti nomi di oggetti.**

  1. scarpe da ginnastica ☐ 2. costume da bagno ☐ 3. scarpe con tacchi ☐

Con l'aiuto dell'insegnante, scoprite ora cosa imparerete a fare in questa unità.

Scopi comunicativi:	offrire, accettare (1), rifiutare (1); parlare di quantità; parlare di azioni abituali e future; parlare di azioni in corso
Grammatica:	• 2ª coniugazione regolare (-ERE): indicativo presente • coniugazione irregolare: indicativo presente di *andare, stare, bere* • verbi modali (1): indicativo presente di *volere* • forma perifrastica (1): *stare* + gerundio • pronomi diretti (1) • partitivi *di* e *ne* (1) • uso delle preposizioni (1): *a, in*
Area lessicale:	luoghi di svago; quantità; bevande e cibi (1)

COSA SUCCEDE...

▶ ... un sabato qualunque

• Ascoltate il dialogo tra Andrea e Stefano e dite perché Stefano ha molta fretta.

1 • Riascoltate il dialogo e decidete se le seguenti affermazioni sono vere (V) o false (F).

1. Andrea va a trovare Stefano ☐V ☐F
2. Andrea prepara il caffè solo per Stefano ☐V ☐F
3. Andrea ha due bambini ☐V ☐F
4. Andrea va in palestra con Stefano ☐V ☐F
5. Stefano resta a mangiare da Andrea ☐V ☐F

2 • Riascoltate il dialogo leggendo il testo, poi indicate qual è lo scopo comunicativo nei seguenti casi.

1. Stefano chiede "Disturbo?"
   a. per sapere se Andrea ha da fare ☐
   b. per sapere se Andrea è contento di vederlo ☐
   c. per sapere se Andrea è solo in casa ☐

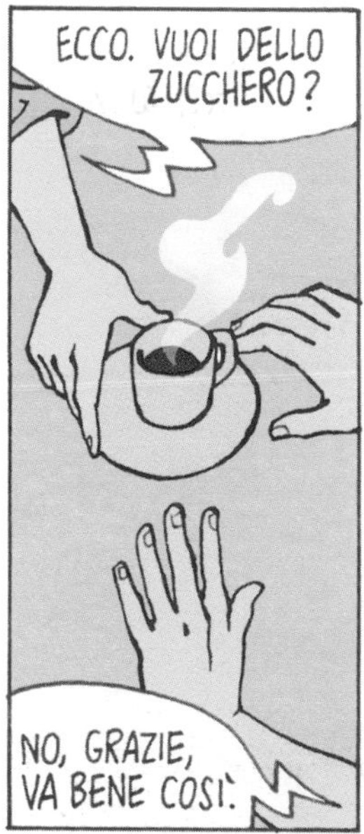

2. Andrea chiede a Stefano "Lo prendi un caffè?"
   a. per dirgli che il suo caffè è buono ☐
   b. per dirgli che il caffè è già pronto ☐
   c. per sapere se vuole un caffè o un'altra cosa ☐

3. Stefano replica "Tu lavori troppo!"
   a. per dire ad Andrea che è bravo ☐
   b. per consigliargli di lavorare di meno ☐
   c. per dire che lui pensa anche allo sport ☐

3 • Per la pronuncia e l'intonazione, ascoltate e ripetete.

4 • Ora riascoltate la cassetta e parlate voi con Stefano.

IMPARIAMO...

... a offrire, accettare, rifiutare

5 • Abbinate a ciascuna immagine il nome corrispondente.

1. aranciata
2. tè al limone
3. caffè lungo
4. cappuccino con schiuma
5. succo di frutta
6. cappuccino senza schiuma
7. caffè ristretto
8. tè al latte

6 • Lavorate in gruppi di tre (A, B, C). Ciascuno sceglie una bevanda fra quelle dell'esercizio 5, poi offrite e replicate come nel modello.

A **Tu che cosa prendi?**
B **Prendo volentieri un caffè.**
A **Prende anche Lei un caffè, signora?**
C **No, grazie, per me un succo di frutta.**

MEMO

(io) prend**o**
(tu) prend**i**
(lui) (lei) prend**e** (Lei)

7 • Lavorate in coppia (A e B). Offrite e replicate come nel modello.

A **Vuoi il caffè?**
B **Grazie, lo prendo volentieri.**
A **Come lo vuoi, lungo o ristretto?**
B **Lungo / ristretto, grazie.**

MEMO

masch.	*femm.*
lo	la

... a parlare di quantità

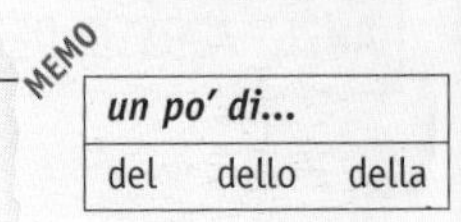
MEMO

un po' di...		
del	dello	della

8 • Lavorate in coppia (A e B). Guardando le immagini, offrite e replicate come nel modello.

A **Vuoi del vino?**
B **Sì, grazie, ne prendo un po'. / No, grazie, basta così.**

9 • Guardate le immagini e attribuite la quantità:
- tanto / tanta
- poco / poca

10 • Lavorate in coppia (A e B). Ciascuno di voi pensa alle proprie abitudini alimentari, poi conversate come nel modello.

A **Tu mangi tanta carne?**
B **No, ne mangio poca.**
A **Io, invece, ne mangio tanta.**

... a parlare di azioni abituali e future

in piscina

in palestra

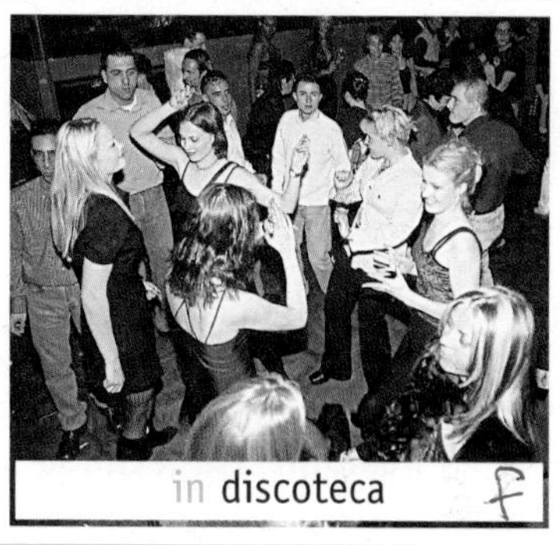
in discoteca

a teatro

al cinema

al concerto

11 • Ciascuno di voi dice quante volte (*spesso? mai? qualche volta?*) va nei luoghi indicati nelle immagini, come nel modello.

Io vado spesso in piscina, ma non vado mai in discoteca.

12 • Lavorate in gruppi di quattro (A, B e C+D). Guardando le immagini dell'esercizio 11, dite che cosa pensate di fare domani: conversate come nel modello.

A **Vai in piscina domani?**
B **No, vado in palestra.**
A **E voi dove andate?**
C+D **Andiamo anche noi in palestra.**

MEMO

io	tu	noi	voi
vado	vai	andiamo	andate

▶ ... a parlare di azioni in corso

13 • Guardate l'immagine e dite cosa sta facendo ciascun personaggio, come nel modello.

La bambina sta facendo un disegno.

MEMO

ascoltare giocare mangiare	ascolt - gioc - mangi -	**ando**
fare leggere	fa**cendo** leg**gendo**	

14 • Lavorate in coppia (A e B). Ciascuno sceglie un'azione fra quelle illustrate nell'esercizio precedente, poi immaginate di conversare al telefono, come nel modello.

A **Che cosa stai facendo?**
B **Sto leggendo un libro. E tu?**
A **Sto ascoltando la radio.**

▶ ... un mondo di parole

15 • Completate le didascalie delle immagini con le seguenti parole.

– acqua minerale	– caffè	– acqua tonica	– vino
– pane	– tè	– zucchero	– pasta

due zollette di ____________

tre fette di ____________

una lattina di ____________

un sacchetto di ____________

un bicchiere di ____________

un piatto di ____________

una bottiglia di ____________

una tazza di ____________

16 • Scrivete a fianco di ogni definizione la parola corrispondente.

1. può essere bianco o rosso ____________
2. bevanda alcolica leggera ____________
3. può essere al latte o al limone ____________
4. può essere con o senza schiuma ____________
5. può essere naturale o gassata ____________

17 • Associate le parole del gruppo A a quelle del gruppo B.

A	B
1. ☐ allenamento	a. bibita
2. ☐ aranciata	b. discoteca
3. ☐ ballare	c. palestra
4. ☐ biscotti	d. piscina
5. ☐ nuotare	e. ristorante
6. ☐ mangiare	f. tè

18 • Scrivete il contrario delle seguenti parole.

1. bello ____________	4. troppo ____________
2. grazie ____________	5. scrivere ____________
3. mangiare ____________	6. spesso ____________

E ORA LA GRAMMATICA...

2ª coniugazione regolare (-ERE): indicativo presente

	prendere	leggere		
(io) (tu)	prend**o** prend**i**	legg**o** legg**i**		**-o** **-i**
(lui) (lei) (Lei)	prend**e**	legg**e**	molti giornali	**-e**
(noi) (voi) (loro)	prend**iamo** prend**ete** prend**ono**	legg**iamo** legg**ete** legg**ono**		**-iamo** **-ete** **-ono**

■ Il pronome personale soggetto non è obbligatorio.

coniugazione irregolare: indicativo presente di **andare**, **stare**, **bere**

	andare	stare	
(io) (tu)	**vado** **vai**	**sto** **stai**	
(lui) (lei) (Lei)	**va**	**sta**	a casa
(noi) (voi) (loro)	and**iamo** and**ate** **vanno**	st**iamo** st**ate** st**anno**	

bere	
bevo **bevi**	un caffè
beve	un po' di vino
beviamo **bevete** **bevono**	molta birra

19 • Completate le frasi con la forma appropriata dei seguenti verbi.

andare - bere - correre - leggere - mettere - prendere - spendere - stare - vivere

1. La signora Bianchi ________ a letto i bambini alle otto.
2. Molte persone ________ il metrò per andare al lavoro.
3. Sabato io ________ a Firenze, dove ________ i miei genitori.
4. Buonasera, signora, come ________ ? Bene, grazie, e Lei?
5. Noi ________ solo acqua minerale.
6. Franco ________ il giornale tutti i giorni alle nove.
7. Loro non ________ mai bevande alcoliche.
8. Noi ________ molti soldi per le vacanze.
9. Ragazzi, perché ________ tanto? Perché abbiamo fretta.
10. I miei amici ________ alle Maldive per due settimane.

verbi modali: indicativo presente di **volere**

(io)	**voglio**	
(tu)	**vuoi**	
(lui)		
(lei)	**vuole**	prendere un caffè
(Lei)		un caffè
(noi)	**vogliamo**	
(voi)	**volete**	
(loro)	**vogliono**	

Sono modali i verbi che accompagnano un altro verbo all'infinito. Oltre a *volere*, sono verbi modali *dovere* e *potere* (vedi unità 5). Il verbo *volere* può essere usato anche come verbo indipendente; in questo caso è seguito da un nome: "Voglio *un caffè*".

20 • Completate le frasi con la forma corretta del verbo *volere*.

1. Chiedi a Giulio se ______ mangiare con noi.
2. Anna, ______ andare in piscina con Paola e Carla?
3. Quando non ______ spendere troppo, mangiamo a casa.
4. Ragazzi, se ______ restare qui, non c'è problema.
5. Stasera Andrea e Sara ______ andare in discoteca.

forma perifrastica: **stare** + gerundio

(io)	**sto**	parl**ando**
(tu)	**stai**	entr**ando**
(lui)		scriv**endo**
(lei)	**sta**	legg**endo**
(Lei)		fac**endo**
(noi)	**stiamo**	bev**endo**
(voi)	**state**	
(loro)	**stanno**	

"Leggo il giornale tutti i giorni": azione abituale, "Sto leggendo il giornale": azione in atto nel momento in cui si parla.

Il gerundio si forma sostituendo alla desinenza dell'infinito: -*ando* per i verbi in -ARE; -*endo* per i verbi in -ERE e in -IRE (3^a coniugazione).

21 • Trasformate l'azione abituale espressa dalle seguenti frasi in azione in atto.

1. Carlo studia per l'esame di matematica. ______ anche in questi giorni.
2. Antonio fa sempre molto sport. ______ sport anche a quest'ora.
3. I due bambini giocano spesso insieme. ______ insieme anche adesso.
4. Anna va ogni giorno a trovare Sara. ______ da lei anche ora.
5. Ugo beve sempre troppo. ______ troppo anche in questo periodo.

pronomi diretti: **lo, la, li, le**

SINGOLARE

MASCHILE	Tu bevi	**il vino?**	Sì, / No, non	**lo**	bevo
FEMMINILE	Lei beve	**la birra?**	Sì, / No, non	**la**	

PLURALE

MASCHILE	Tu leggi	**i giornali?**	Sì, / No, non	**li**	leggo
FEMMINILE	Lei legge	**le riviste?**	Sì, / No, non	**le**	

- I pronomi *lo, la, li, le* si riferiscono a persone o cose e normalmente precedono il verbo.
- Al singolare (*lo, la*) si apostrofano davanti a verbi che cominciano per vocale: "Giulio/Laura arriva fra mezz'ora. Perché non *l'*aspetti?"
- Oltre a sostituire un nome maschile, *lo* può riferirsi a un'intera frase precedente o seguente: "Non ho tempo di fare dello sport". "A chi *lo* dici!"

22 • Rispondete alle domande usando il pronome diretto appropriato.

1. Chi compra la frutta, tu o Luisa?
   __la__ compro io.
2. Quando vedi i tuoi genitori?
   __li__ vedo questo fine settimana.
3. Voi bevete il vino?
   Sì, ma __lo__ beviamo solo a cena.
4. Qualcuno vuole delle zollette di zucchero?
   Sì, __le__ vogliamo io e Marco.
5. È molto che aspetti l'autobus?
   __l'__ aspetto da circa dieci minuti.

partitivi **di** e **ne**

di

un po' di...

Vuoi / Vuole / Volete	**del**	pane?
	della	pasta?
	dei	tortellini?
	degli	spaghetti?
	delle	lasagne?

alcuni / alcune

Ho	**dei**	libri
	degli	amici
	delle	penne

- Il partitivo *di* si usa per indicare una quantità imprecisata di un sostantivo che esprime un significato collettivo (pane, spaghetti); con il significato di *alcuni / alcune* si usa solo con i sostantivi numerabili (libro / libri).

ne

SINGOLARE

Quanto vino / **Quanta** birra	bevi?

Ne	bevo	**poco/tanto/due bicchieri** / **poca/tanta/una lattina**

Non	**ne**	bevo	affatto

PLURALE

Quanti caffè **Quante** birre	bevi?

Ne	bevo	**uno/tanti/tre/pochi** **una/tante/due/poche**

Non	**ne**	bevo	nessun**o** nessun**a**

Attenzione!

Bevi il vino/la birra?

Sì,	lo la	bevo,

ma

ne	bevo	poco poca

23 • Completate i dialoghi scegliendo tra le forme convenienti del partitivo e dei pronomi diretti.

1. Vuole ______ vino, signora?
   No, grazie, non ______ bevo mai.
2. Quanti mezzi prendi per andare in ufficio?
   ______ prendo due.
3. Conosci tutte queste persone?
   No, ______ conosco solo alcune.
4. Vuoi ______ spaghetti, Carla?
   Sì, grazie, ma ______ prendo pochi.
5. Ho ______ libri d'arte molto belli.
   Io non ______ ho nessuno.
6. Quanti anni ha tua figlia, Paolo?
   ______ ha quasi venti.
7. Vuole qualcosa da bere, signora?
   Sì, se c'è ancora dell'acqua tonica, ______ prendo volentieri.
8. Davvero non volete ______ birra?
   No, grazie, non ______ beviamo affatto.
9. I signori Sarti hanno figli?
   Sì, ______ hanno tre.
10. I tuoi orecchini sono molto belli.
    Grazie; ______ ho altri anche più belli.

uso delle preposizioni: a, in

Sono / vado	**a**	casa scuola teatro Torino / Firenze	**al**	mare lavoro concerto bar
			all'	estero
	in	palestra / piscina / albergo centro / vacanza Toscana / Italia / America	**nell'**	Italia del Sud
			negli	Stati Uniti

- Con i nomi di città si usa la preposizione *a*. Se si nomina la parola *città*, la preposizione diventa *in*: "Vivi bene *a* Torino?" "Sì, vivo bene *in* questa città."
- Con i nomi di paesi si usa la preposizione *in*. Se però il nome del paese è composto da più elementi o è accompagnato da un aggettivo, si usa la preposizione articolata (vedi unità 5 e 6).

24 • Completate le frasi con le corrette preposizioni.

1. Sono ______ Francia per studiare il francese.
2. D'estate andiamo ______ mare ______ Sicilia.
3. Molti giovani vanno a studiare ______ estero.
4. Viviamo ______ Udine, ______ Italia del nord.
5. A che ora vai ______ piscina?
6. Quest'anno vado ______ vacanza ______ Stati Uniti.

DITELO IN ITALIANO

ascoltare e parlare

25 • Ascoltate i quattro mini-dialoghi e associate ognuno alla vignetta corrispondente; poi dite

- chi risponde al telefono
- perché Marisa non può prendere un caffè con Laura
- perché Mario accetta un po' di vino
- perché Daniela non vuole fare ginnastica

A

B

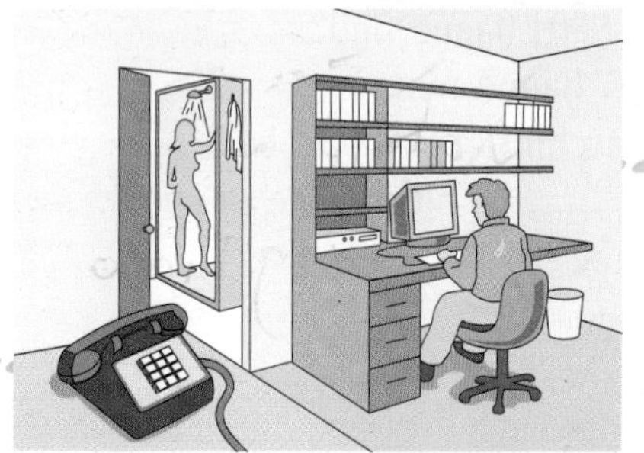

C

D

ascoltare

26 • Indicate se le frasi che ascoltate sono affermative (A), interrogative (?) o esclamative (!).

1. 

2. 

3. 

4. 

5. 

parlare

27 • Lavorate in coppia (A è Giorgio; B è Franco) e drammatizzate le seguenti situazioni.

Situazione 1

A Va a trovare il suo amico Franco e lo saluta.
B Risponde al saluto e dice a Giorgio di entrare.

Situazione 2

A Chiede a Franco se ha delle novità da raccontare.
B Risponde e parla del suo lavoro e della sua vita privata.

Situazione 3

A Chiede a Franco che cosa sta facendo.
B Spiega che sta lavorando.

Situazione 4

A Fa commenti sul lavoro dell'amico. Lo invita ad andare al cinema con lui / a fare qualcosa insieme.
B Risponde di no. Dice che ha problemi con il suo capo.

28 • Al bar con amici. Guardate la lista dell'esercizio 5 a pag. 68 e offrite da bere ai vostri amici.

ALLA SCOPERTA...

▶... di genitori e figli

29 • Guardate le due fotografie e dite a quali aspetti della società italiana rimandano (se necessario, usate la vostra lingua).

30 • Leggete il brano che segue ed elencate quattro fenomeni della realtà italiana di oggi che la rendono diversa da quella del passato.

«Gli italiani invecchiano, gli italiani fanno sempre meno figli, l'Italia è un paese a "crescita zero"». È il grido di allarme di sociologi, demografi e uomini di Chiesa.
Il calo delle nascite è uno dei fenomeni che stanno cambiando la faccia dell'Italia di oggi: da paese a grande impulso demografico (l'Italia povera e agricola), a paese con pochi bambini e un numero sempre maggiore di anziani. Le cause di questo fenomeno sono quelle tipiche di molte società industriali a livello avanzato: la crescita del benessere; la fine del vecchio modello di grande famiglia patriarcale, in cui convivono membri di tre generazioni; il ruolo sempre maggiore della donna nel mondo del lavoro.
In una cosa, tuttavia, gli italiani sono sempre gli stessi: nel cosiddetto "mammismo", cioè il rapporto affettivo particolarmente intenso tra madre e figli.
Questi aspetti, insieme alla difficoltà di trovare case in affitto a prezzi ragionevoli, spiegano perché in Italia molti giovani, a differenza dei ragazzi di altri paesi europei, restano a vivere in famiglia fin quasi al momento di sposarsi.

31 • Dite quali cambiamenti avvenuti nella società italiana si possono riferire anche alla realtà del vostro paese.

32 • Ora parlate della vostra famiglia e dite

- quanti sono i componenti del nucleo familiare
- se la mamma lavora fuori di casa
- se i genitori sono permissivi o autoritari
- se le figlie hanno gli stessi diritti dei figli maschi
- quali sono i rapporti con la famiglia allargata (nonni, zii ecc.)

FACCIAMO IL PUNTO

▶ comprensione orale

1 • Ascoltate la conversazione e completate il dialogo inserendo una parola per ogni spazio.

Marisa Salve!
Laura Ciao, Marisa! Come mai a ____ ____?
Marisa Disturbo?
Laura ____, entra pure!
Marisa Che ____ facendo?
Laura Sto ____ un tè cinese: ne ____ un po' anche tu?
Marisa Grazie, lo prendo ____.
Laura Allora, ____ va?
Marisa Bah! Non ____ bene.
Laura Perché? ____ male?
Marisa No, male no. Ma ____ un po' nervosa. Giulio ____ in America per motivi di lavoro e io ____ sola.
Laura Perché non ____ con lui, scusa?
Marisa Ma come ____ con i ____?
Laura ____ in America tutti e ____! Pensa ____ ____!

▶ comprensione scritta

2 • Completate il testo inserendo correttamente le parole elencate.

a - bello - casa - casa - colazione - con - faccio - ingegnere - insieme - la - lavoro - moglie - musica - qualcosa - quando - sabato - voglio

un giorno di relax

Mi chiamo Giulio Severi e sono ____ elettronico. Sono piemontese e vivo ____ Ivrea, vicino a Torino, con la mia famiglia.
Abbiamo una bella ____ con un piccolo giardino. ____ per un'importante ditta di computer. Qualche volta lavoro anche il ____. La domenica resto a ____ perché ____ rilassarmi. Faccio ____ senza fretta e ____ preparo anche per mia ____ e i miei figli. A volte ascolto i miei dischi di ____ jazz per ore e ore. ____ il tempo è ____, lavoro in giardino. Ho l'hobby del giardinaggio. Oppure ____ un giro in bicicletta ____ i miei figli.
All'una mangiamo ____ tutti ____, poi i figli vanno al cinema o in discoteca con i loro amici.

▶ produzione orale

3 • Dite che cosa fate di solito la domenica.

▶ produzione scritta

4 • Completate il dialogo con le battute mancanti, usando la forma di cortesia (Lei).

Sarti ____________________?
Rossi No, il sabato non lavoro.
Sarti ____________________?
Rossi Di solito resto in casa.
Sarti ____________________?
Rossi Mia moglie, invece, va sempre fuori.
Sarti ____________________?
Rossi Va a trovare le amiche, o in palestra o al supermercato.
Sarti ____________________?
Rossi Beh, guardo la TV o leggo la "Gazzetta dello Sport".
Sarti ____________________?
Rossi La domenica mattina andiamo a messa tutti insieme, poi il pomeriggio vado allo stadio con i bambini.

in giro per la città

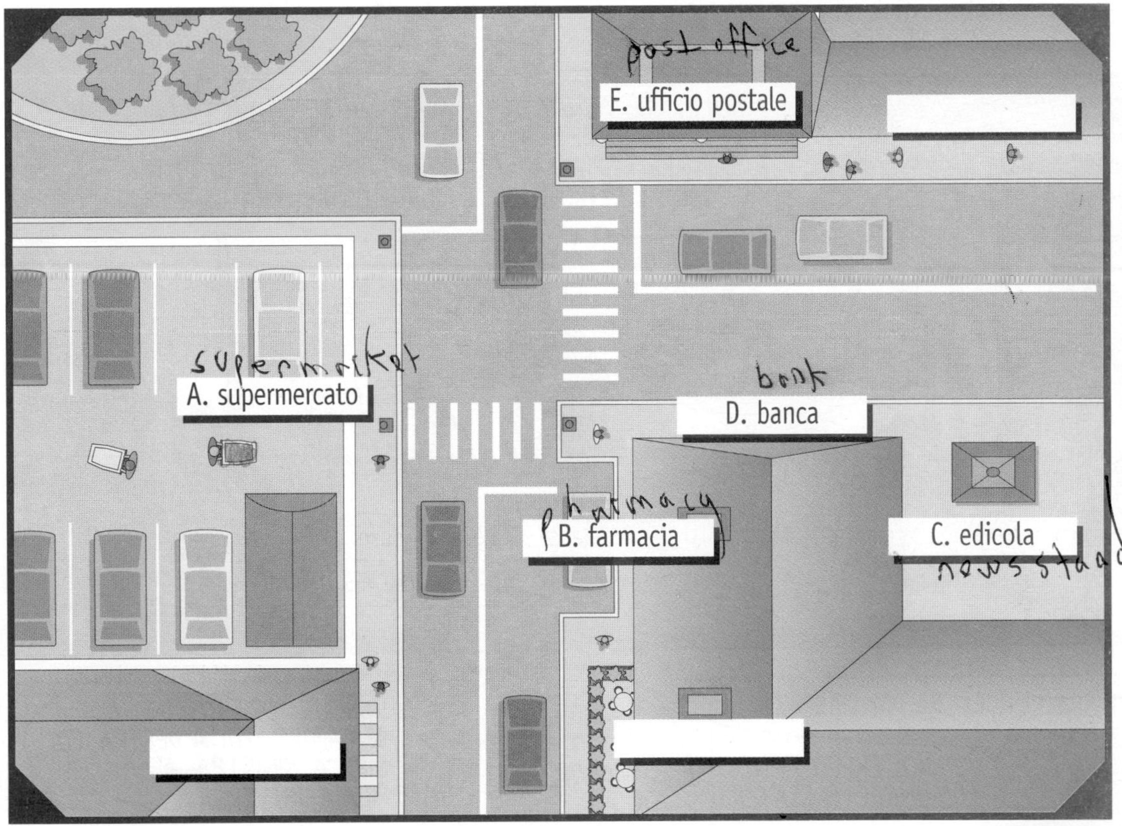

- **Osservate le immagini e associate gli oggetti (1-5) ai luoghi (A-E).**

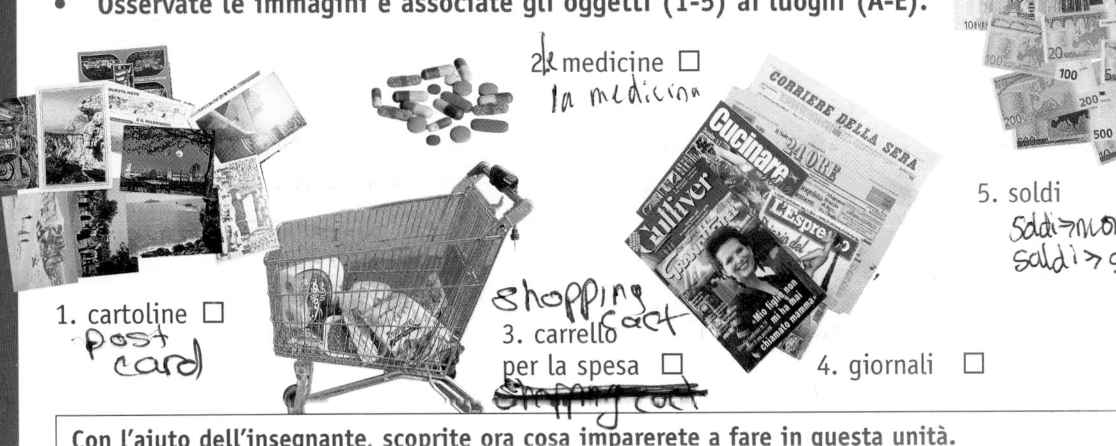

Con l'aiuto dell'insegnante, scoprite ora cosa imparerete a fare in questa unità.

Scopi comunicativi:	localizzare servizi; chiedere e dare indicazioni di percorso; esprimere possibilità, necessità
Grammatica:	• 3ª coniugazione regolare (-IRE): indicativo presente • coniugazione irregolare: indicativo presente di *dire, salire, sapere* • particella *ci* (1) con i verbi *essere* e *volere* • particella *ci* (2) avverbio di luogo • verbi modali (2): indicativo presente di *dovere* e *potere* • pronomi diretti (2) e *ne* (2) con i verbi modali e l'infinito • preposizioni articolate (1): *al, allo, alla, all'* • forma impersonale (1) con la particella *si* • imperativo regolare (2)
Area lessicale:	mezzi di trasporto; luoghi in città

COSA SUCCEDE...

▶ ... aspettando l'autobus

• Ascoltate il dialogo fra Margaret e un passante e dite se Margaret raggiunge piazza San Silvestro a piedi.

1 • Riascoltate il dialogo e decidete se le seguenti affermazioni sono vere (V) o false (F).

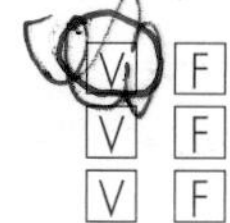

1. Margaret vuole andare in piazza San Silvestro con l'autobus ☐V ☐F
2. La fermata del 52 non è molto lontana ☐V ☐F
3. Margaret deve scendere alla seconda fermata ☐V ☐F

2 • Riascoltate il dialogo leggendo il testo, poi indicate qual è lo scopo comunicativo nei seguenti casi.

1. Margaret chiede al passante "Che autobus devo prendere...?"
   a. perché non sa se c'è un autobus che va in piazza San Silvestro ☐
   b. perché non sa il numero dell'autobus che va in piazza San Silvestro ☐
   c. perché non sa se quella è la fermata giusta ☐

2. Margaret chiede al passante "Ci vuole molto?"
   a. per sapere se piazza Barberini è lontana ☐
   b. per sapere quanto tempo impiega l'autobus ☐
   c. per sapere se può andarci a piedi ☐

3. Il passante dice "...lo sa che non si può salire senza biglietto?"
   a. per avvertire Margaret che è necessario il biglietto ☐
   b. per avvertire Margaret che non si può fare il biglietto sull'autobus ☐
   c. per sapere se Margaret ha già il biglietto ☐

3 • Per la pronuncia e l'intonazione, ascoltate e ripetete.

4 • Ora riascoltate la cassetta e parlate voi con il passante.

IMPARIAMO...

... a localizzare servizi

5 • Guardate la piantina a pag. 79 e dite se le seguenti affermazioni sono vere (V) o false (F).

1. L'edicola è nella prima traversa a destra, vicino all'ufficio postale. V F
2. La banca è di fronte all'ufficio postale. V F
3. Il supermercato è a sinistra, di fronte alla farmacia. V F
4. La farmacia è fra il supermercato e l'ufficio postale. V F

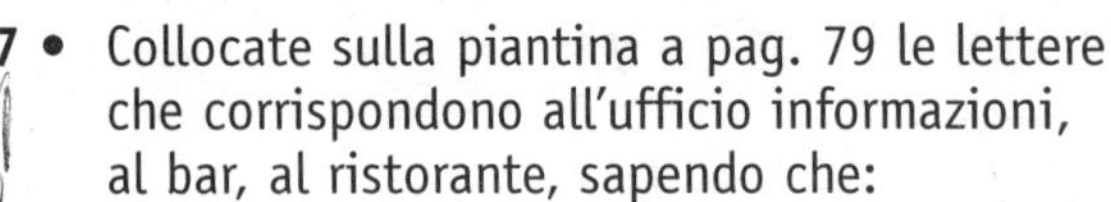

6 • Rendete vere le affermazioni false dell'esercizio precedente.

7 • Collocate sulla piantina a pag. 79 le lettere che corrispondono all'ufficio informazioni, al bar, al ristorante, sapendo che:

- l'ufficio informazioni (**F**) è alla prima traversa a destra, di fronte all'edicola;
- il bar (**G**) è vicino alla farmacia;
- il ristorante (**H**) è di fronte al bar.

8 • Lavorate in coppia (A e B). Guardate ancora la piantina a pag. 79, poi chiedete e rispondete in modo formale come nel modello.

A **Scusi, c'è una banca qua vicino?**
B **Sì, è a destra, di fronte all'ufficio postale.**
A **Grazie.**
B **Prego.**

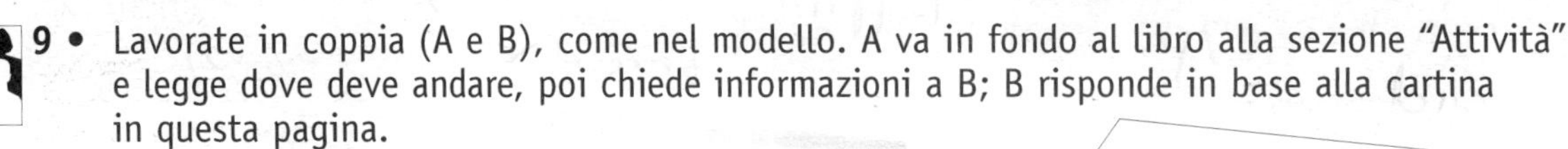

9 • Lavorate in coppia (A e B), come nel modello. A va in fondo al libro alla sezione "Attività" e legge dove deve andare, poi chiede informazioni a B; B risponde in base alla cartina in questa pagina.

A **Scusi, c'è una banca in questa zona?**
B **No, in questa zona non ci sono banche.**
A **Dove posso trovarne una?**
B **La più vicina è in piazza Fiume.**

 banca

supermercato

 farmacia

 edicola

... a chiedere e dare indicazioni di percorso

10 • Lavorate in gruppi di tre (A, B, C), come nel modello. A e B vanno in fondo al libro alla sezione "Attività" e scelgono ciascuno un luogo di Firenze da vedere. Poi, a turno, fermano C, un passante, e gli chiedono indicazioni sul percorso da seguire. C risponde guardando la cartina qui sotto, tenendo conto del punto in cui si trovano (✗).

A/B Scusi, dov'è il Museo antropologico?
C È in via del Proconsolo.
A/B E come ci arrivo?
C Vada sempre dritto, poi giri a sinistra alla quinta traversa.
A/B Grazie.

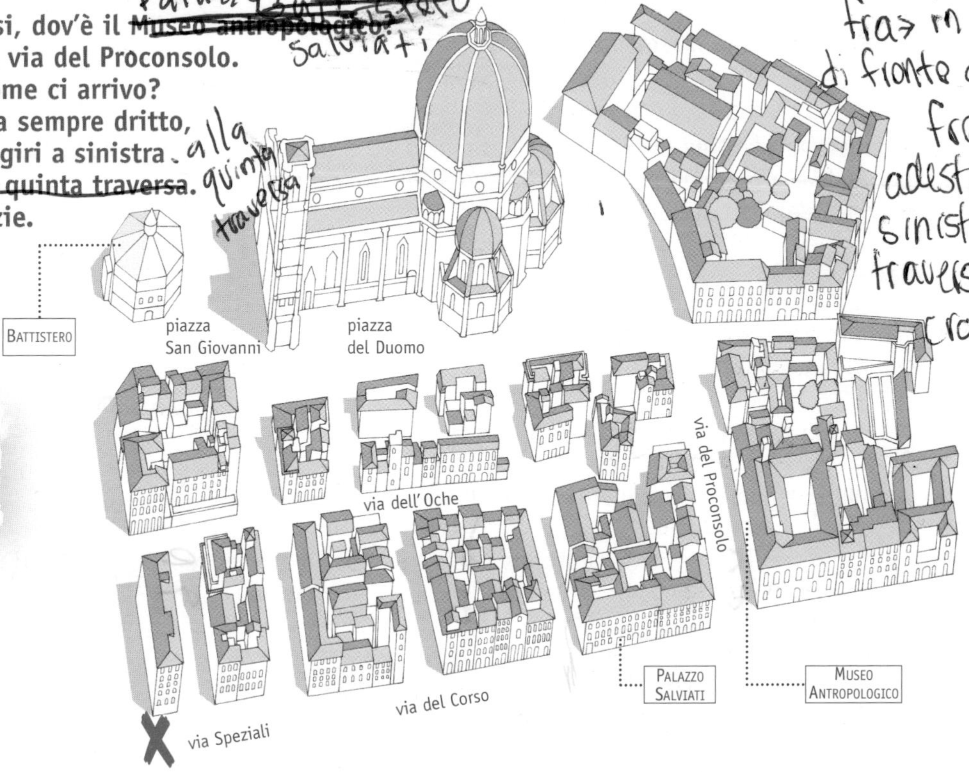

Battistero
piazza San Giovanni
piazza del Duomo
via dell'Oche
via del Proconsolo
via del Corso
via Speziali
Palazzo Salviati
Museo Antropologico

MEMO

girare	giri
andare	vada

... a esprimere possibilità, necessità

autobus **tram** **metropolitana**

11 • **Mezzi pubblici.** Lavorate in coppia (A e B), come nel modello. A e B sono a Milano; A deve andare alla Stazione Centrale, alla Scala e al Duomo e chiede informazioni a B; B va in fondo al libro alla sezione "Attività" e dà le informazioni richieste.

A Quale autobus devo prendere per la Stazione Centrale? Il numero 60 o 61?
B Può prendere il _____ .

MEMO

dovere	potere
devo	posso
devi	puoi
deve	può

12 • Guardando le immagini, completate le seguenti frasi con la forma corretta del verbo.

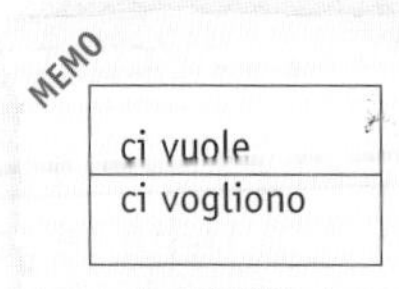

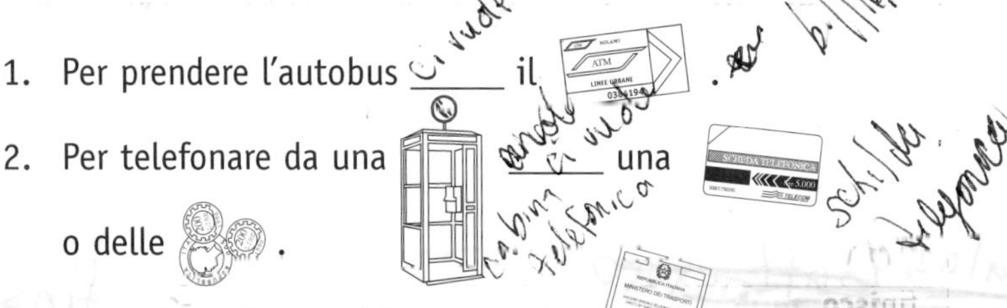

1. Per prendere l'autobus _____ il [biglietto].
2. Per telefonare da una [cabina] _____ una [scheda] o delle [monete].
3. Per guidare la macchina _____ la [patente].

13 • Guardate la piantina di Firenze dell'esercizio 10 e dite quanto tempo ci vuole, secondo voi, per andare a piedi da piazza del Duomo a via Speziali, dal Museo antropologico a Palazzo Salviati, dal Battistero a via dell'Oche.

Secondo me, _____ .

... un mondo di parole

14 • Abbinate il nome dei seguenti mezzi di trasporto alle relative immagini.

1. treno ☐
2. tram ☐
3. autobus ☐
4. macchina ☐
5. motorino ☐
6. metrò ☐

A

B

C

D

E

F

15 • Completate le parole con le lettere mancanti.

c _ pol _ nea	se _ a _ oro	_ is _ ante	_ er _ ata
s _ en _ ere	bi _ lie _ to	in _ ro _ io	far _ ac _ a
t _ ave _ sa	si _ i _ tra	e _ i _ ola	_ al _ re

16 • Scrivete accanto a ogni parola il suo contrario.

1. ultimo	_____	4. molto	_____	7. privato	_____
2. sinistra	_____	5. niente	_____	8. aprire	_____
3. salire	_____	6. distante	_____	9. cominciare	_____

10. andare _____
11. cercare _____
12. domandare _____

E ORA LA GRAMMATICA...

3ª coniugazione regolare (-IRE): indicativo presente

	partire	finire		
(io) (tu)	part**o** part**i**	fin**isco** fin**isci**		**-o** **-i**
(lui) (lei) (Lei)	part**e**	fin**isce**	alle dieci	**-e**
(noi) (voi) (loro)	part**iamo** part**ite** part**ono**	fin**iamo** fin**ite** fin**iscono**		**-iamo** **-ite** **-ono**

■ Il verbo *finire* prende l'infisso *-isc-* nella 1ª, 2ª e 3ª persona singolare e nella 3ª plurale; come il verbo *finire* si coniugano anche i verbi *capire* e *preferire*.

17 • Completate le frasi con la forma appropriata dei verbi *partire* e *finire*.

1. Io ________ in treno e loro ________ in macchina.
2. Lei, signora, ________ per Milano con Suo marito?
3. I miei genitori ________ di lavorare tardi.
4. Marta ________ l'università quest'anno.
5. Voi quando ________ per Venezia?
6. Oggi ________ per Bologna con i nostri amici.
7. Perché non ________ di mangiare, Matteo?

18 • Completate le frasi secondo il senso, scegliendo fra i verbi *capire*, *finire*, *preferire*.

1. Lei ________ il vino bianco o rosso, signorina?
2. Paola, tu ________ l'inglese?
3. Se ________ presto, ti aspetto.
4. Quando parli in fretta non ti ________.
5. Paolo e Anna ________ restare a casa.
6. Mio fratello ________ di studiare quest'anno.
7. Noi ________ andare a piedi.

coniugazione irregolare: indicativo presente di **dire**, **salire**, **sapere**

	dire		salire		sapere	
(io) (tu)	**dico** **dici**		**salgo** **sali**		**so** **sai**	
(lui) (lei) (Lei)	**dice**	di sì	**sale**	a piedi	**sa**	dov'è il museo
(noi) (voi) (loro)	**diciamo** **dite** **dicono**		**saliamo** **salite** **salgono**		**sappiamo** **sapete** **sanno**	

■ Nelle risposte, il verbo *sapere* è preceduto dal pronome diretto *lo*, che sostituisce l'intera frase: "Sa dove posso trovare un parcheggio?" "No, mi dispiace, non *lo* so".

■ Per gli altri significati e usi del verbo *sapere*, vedi l'unità 11.

19 • Completate la conversazione con le forme appropriate del verbo *dire*.

Luca Marco, ______ a te, mi senti?

Marco Come ______ , scusa?

Luca Carlo e io non abbiamo tempo. Devi andare tu a fare i biglietti per tutti.

Marco D'accordo, ma Gianni che cosa ______ ? Siamo sicuri che vuole partire anche lui in treno?

Carlo Beh, veramente lui preferisce andare in macchina, ma i suoi genitori ______ che sono più tranquilli se parte in treno con noi.

Marco Insomma, voi ______ che Gianni parte con noi?

Luca Beh, noi ______ di sì. Andare in macchina senza dividere le spese è troppo caro, quindi...

Marco Ok, allora vado subito a fare i biglietti.

20 • Completate le frasi con le forme appropriate del verbo *sapere*.

1. Signore, scusi, ______ se c'è una cabina telefonica qui vicino?
2. Marco, ______ dove posso trovare una farmacia aperta a quest'ora?
3. Forse voi non ______ che il sabato le banche sono chiuse.
4. I miei amici ______ certamente il nome di un buon albergo.
5. Non ______ come si arriva alla stazione, perciò prendiamo un taxi.
6. Io non ______ come si arriva in centro.
7. Laura non ______ dov'è il museo.
8. Tutti ______ che Firenze è una città d'arte.
9. Tu ______ che autobus dobbiamo prendere?
10. Scusi, signora, lo ______ qual è la fermata per la stazione?

▶ particella **ci** con i verbi **essere** e **volere**

con il verbo essere

C'è	una banca un'edicola un museo
Ci sono	diverse banche molti mezzi due semafori

con il verbo volere

Ci vuole	una mezz'ora molto tempo un documento
Ci vogliono	due ore molti giorni cento milioni

- Quando la particella *ci* si unisce al verbo *essere* indica l'esistenza di una cosa (*c'è*) o di più cose (*ci sono*); *c'è* e *ci sono* possono essere riferiti anche a persone: "C'è Marisa?".
- Quando la particella *ci* si unisce al verbo *volere* indica la necessità di una cosa (*ci vuole*) o di più cose (*ci vogliono*).

▶ particella **ci** avverbio di luogo

Da quanto tempo	abiti	**a Firenze?**
Quando	vai	

Ci	abito	da tre anni
	vado	domani

- La particella *ci* si usa per riferirsi a un luogo citato in precedenza.

21 • Completate le frasi scegliendo fra *c'è* / *ci sono* e *ci vuole* / *ci vogliono*.

1. Davanti alla mia casa ________ una piccola piazza.
2. In quest'albergo ________ persone di varia nazionalità.
3. Per arrivare a casa ________ ancora dieci minuti.
4. Per comprare una casa ________ molto denaro.
5. Scusi, sa se ________ una banca qui vicino?
6. Per finire il lavoro ________ molti giorni.
7. In questa traversa ________ due semafori.
8. Per vivere bene ________ molti soldi.
9. ________ ancora due fermate prima di arrivare al capolinea.
10. In questa zona ________ un solo supermercato.

22 • Completate i dialoghi secondo il senso, usando la particella *ci* con il verbo appropriato.

1. Scusi, quanto tempo ________ per la stazione?
   Se va a piedi, ________ in venti minuti.
2. Sai se ________ una farmacia in questa zona?
   No, non lo so. Devi chiedere a una persona che ________ .
3. Lei va spesso al supermercato, signora?
   No, ________ una volta alla settimana.
4. Quanti mezzi ________ per arrivare a piazza del Duomo?
   Non lo so perché io ________ sempre a piedi.
5. All'edicola qui vicino ________ anche giornali stranieri?
   Sì, ________ sempre.

verbi modali: indicativo presente di **dovere** e **potere**

	dovere	potere	
(io) (tu)	**devo** **devi**	**posso** **puoi**	girare a sinistra prendere l'autobus girare a destra comprare i biglietti all'edicola
(lui) (lei) (Lei)	**deve**	**può**	
(noi) (voi) (loro)	**dobbiamo** **dovete** **devono**	**possiamo** **potete** **possono**	

A differenza del verbo *volere* (vedi unità 4), *dovere* e *potere* hanno solo la funzione di verbi modali e accompagnano un verbo all'infinito, che può essere anche sottinteso: "Posso girare a destra?" "Sì, puoi"; "Devi proprio andare?" "Sì, devo".

23 • Completate le frasi con le forme appropriate dei verbi *dovere*, *potere* e *volere*.

1. Marta ________ tornare presto a casa, perché non ha la chiave.
2. Anche loro ________ venire con noi, ma non ________.
3. ________ un caffè, signora? Grazie, ma a quest'ora non lo ________ prendere.
4. Se tu ________ trovare un lavoro, ________ cercarlo anche in altre città.
5. Scusa, ________ aiutarmi a portare la valigia?

pronomi diretti e **ne** con i verbi modali e l'infinito

Dove posso trovare	**un supermercato?**
	una farmacia?
	dei giornali stranieri?
	delle cartoline?

Lo	può trovare Può trovar	**lo**	qui vicino
La	può trovare Può trovar	**la**	
Li	può trovare Può trovar	**li**	
Le	può trovare Può trovar	**le**	

Dobbiamo prendere due mezzi?	Sì,	**ne** dovete prendere due dovete prender**ne** due

Normalmente i pronomi diretti e la particella *ne* precedono il verbo coniugato. Se però il verbo coniugato è seguito da un infinito, i pronomi e la particella *ne* possono unirsi a quest'ultimo, formando con esso una sola parola. In questo caso l'infinito perde la vocale finale (-*e*): Lo posso comprar**e**. Posso comprarlo.

24 • Completate i dialoghi con i pronomi diretti o con la particella *ne*.

1. Dove posso comprare una bella borsa, Piero?
   ______ / ______ a Firenze.
2. Quante valigie posso portare?
   ______ / ______ soltanto una.
3. Quando vuole leggere il giornale, signora?
   ______ / ______ subito.
4. Quanti biglietti volete prendere?
   ______ / ______ cinque.
5. Dove possiamo trovare un supermercato?
   ______ / ______ al semaforo.

preposizioni articolate: **al**, **allo**, **alla**, **all'**

Vada fino	(**a** + **il**) (**a** + **lo**) (**a** + **la**)	**al** capolinea **allo** stadio **alla** prima fermata
Scenda	(**a** + **l'**)	**all'**angolo / incrocio **all'**ultima fermata

Per lo schema completo delle preposizioni articolate, vedi l'unità 6.

25 • Completate le frasi con la forma appropriata della preposizione *a* (semplice o articolata).

1. Devo andare ______ edicola per comprare i biglietti dell'autobus.
2. Girate ______ destra e poi andate dritto fino ______ semaforo.
3. Svolti ______ angolo e prenda la seconda traversa ______ sinistra.
4. Per andare ______ stadio dovete scendere ______ capolinea e poi fare un po' di strada ______ piedi.
5. ______ incrocio si deve girare ______ destra.

forma impersonale con la particella **si**

Qui	si / non si	può	stare girare entrare

Questa è la forma impersonale più comune. Si costruisce premettendo la particella *si* alla 3ª persona singolare di un verbo non seguito da nome.

26 • Completate le frasi con la forma impersonale dei verbi indicati.

andare - arrivare - dovere - potere - stare - viaggiare - vivere

1. In treno ______________ comodamente.
2. In quell'albergo ______________ molto bene.
3. Nell'autobus ______________ stare spesso in piedi.
4. In una grande città ______________ male.
5. In questo bar ______________ stare fino a tardi.
6. Per il centro ______________ in quella direzione.
7. Scusi, come ______________ in piazza del Duomo?
8. Non prendo mai l'autobus perché ______________ aspettare troppo.
9. Per questa via non ______________ andare perché c'è il senso vietato.
10. Con il metrò ______________ più velocemente.

imperativo regolare

	tu (informale)	Lei (formale)	noi	voi (formale e informale)
gir**ARE** prend**ERE** sent**IRE**	gir**a**! prend**i**! sent**i**!	gir**i**! prend**a**! sent**a**!	gir**iamo**! prend**iamo**! sent**iamo**!	gir**ate**! prend**ete**! sent**ite**!

- Per i verbi in -ERE e in -IRE, le forme della 2ª persona singolare e della 1ª e 2ª plurale sono le stesse dell'indicativo presente.
- Per i verbi in -ARE, la 1ª e 2ª persona plurale sono le stesse dell'indicativo presente; la 2ª persona singolare si forma togliendo all'infinito la terminazione -RE (girARE → girA!)
- Per tutti i verbi, la forma di cortesia Lei (3ª persona singolare) ha le stesse forme del congiuntivo presente (vedi unità 10 e 15).

27 • Completate le frasi con la forma appropriata dell'imperativo dei verbi indicati.

chiedere - comprare - girare - guardare - leggere - prendere - scendere - scusare - telefonare - uscire

1. Se volete arrivare in tempo, ______________ un taxi.
2. ______________, lo sa che non si può girare a sinistra?
3. Quando arrivi al semaforo, ______________ subito a destra.
4. Se vuoi, ______________ pure il mio giornale.
5. Quando vai al bar ______________ una bibita per Ugo.
6. Se non vuoi sbagliare strada, ______________ la piantina della città.
7. Per andare al Duomo, ______________ alla quarta fermata, signora.
8. Ragazzi, ______________ presto, così potete vedere più cose.
9. Se non conosci il percorso, ______________ indicazioni a un passante.
10. Dottore, ______________ a Sua moglie appena possibile.

DITELO IN ITALIANO

▶ ascoltare e scrivere

28 • Ascoltate la cassetta e completate il dialogo: inserite una parola per ogni spazio.

Automobilista Scusi, _____ si _____ ad arrivare a Villa Borghese? Posso voltare a sinistra?
Vigile No, in quella direzione non si _____ andare, perché _____ il senso vietato.
Automobilista Allora dove devo _____ ?
Vigile _____ avanti ancora per cento metri e dopo il _____ giri a destra.
Automobilista Alla prima o alla _____ ?
Vigile Subito alla _____ .
Automobilista Bene, ma dopo come _____ ?
Vigile Deve _____ a sinistra per entrare _____ villa Borghese.
Automobilista C'è un grande _____ , vero?
Vigile Sì, _____ _____ sempre posti liberi.
Automobilista Allora non c'è problema.

▶ parlare

29 • Lavorate in coppia (A e B). Osservate attentamente la piantina del centro di Milano e drammatizzate queste situazioni.

Situazione 1

A Immagini di vivere nella zona centrale di Milano: scelga un indirizzo.
B Lei vuole andare a casa di A: chiama dalla cabina telefonica segnata sulla piantina e chiede indicazioni sul percorso.
A Dia le informazioni richieste.

Situazione 2

A Lei è un turista, si trova in via Clerici e vuole andare a vedere il Castello Sforzesco: fermi un passante e gli chieda indicazioni sul percorso.
B Lei è un passante: dia le indicazioni richieste guardando la cartina.

Situazione 3

B Lei è un turista, si trova al Castello Sforzesco e vuole andare in piazza della Scala: fermi un vigile e gli chieda indicazioni sul percorso.
A Lei è un vigile: dia le indicazioni richieste guardando la cartina.

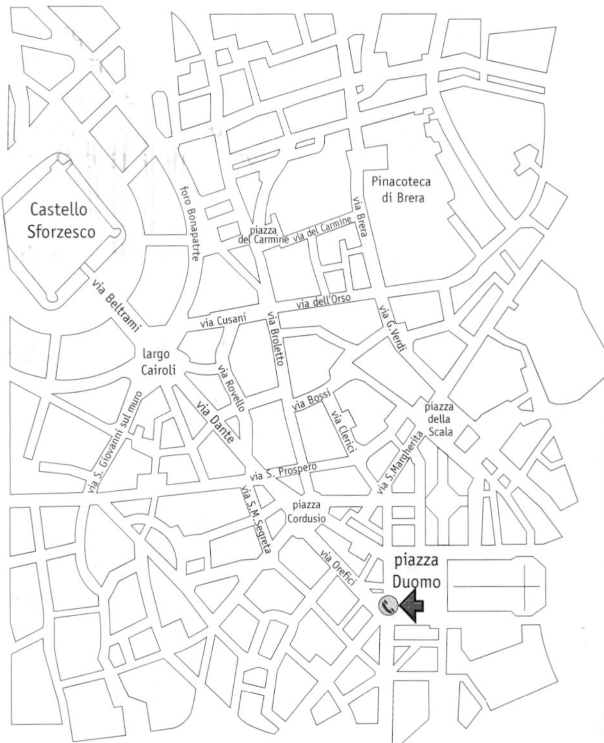

30 • Rispondete alle seguenti domande personali.

1. Lei di solito gira in autobus, a piedi o in macchina?
2. Nella Sua città si deve comprare il biglietto prima di salire su un mezzo pubblico? Se no, come si fa?
3. Nella Sua città i trasporti pubblici sono costosi o economici?
4. Quando non conosce il percorso, preferisce chiedere a un passante o consultare una piantina?

ALLA SCOPERTA...

...del trasporto urbano

31 • Leggete nei frammenti di pagine del dizionario il significato delle parole-chiave evidenziate nel testo seguente.

inquinamento [in-qui-na-mén-to] *s.m.* introduzione nell'ambiente naturale di sostanze chimiche o biologiche in grado di provocare disturbi o danni all'ambiente stesso.

ora [ó-ra] *s.f.* unità di tempo pari alla ventiquattresima parte del giorno / *ore di punta*, le parti della giornata nelle quali il traffico è più intenso.

affollato [af-fol-là-to] *agg.* pieno, fitto di folla, gremito.

tariffa [ta-rìf-fa] *s.f.* tabella dei prezzi unitari per la vendita di merci o per il compenso di determinate prestazioni / *tariffa pubblica*, prezzo di un servizio pubblico.

Per muoversi in città si usano soprattutto l'autobus e il tram. Gli abitanti di alcune grandi città (come Milano, Roma e Napoli) possono prendere anche il "metrò", cioè la metropolitana.
Il biglietto è unificato, cioè lo stesso biglietto vale per tutti i mezzi pubblici. Le *tariffe* sono relativamente basse, al di sotto della media europea.
Spesso, però, i mezzi pubblici arrivano in ritardo e sono molto *affollati*, per cui molta gente, anche se la benzina in Italia è piuttosto cara e parcheggiare in città è ormai quasi impossibile, preferisce usare la macchina. Di conseguenza, soprattutto nelle *ore di punta*, il traffico è congestionato e il livello di *inquinamento* da smog è alto.
Quando la stagione lo consente, molti usano il motorino che, oltre a essere più economico dell'auto, permette di muoversi più agevolmente nel traffico cittadino.

32 • Ora leggete il testo e dite quali sono le differenze fra il sistema di trasporto urbano in Italia e quello del vostro paese.

33 • Associate alle immagini le definizioni corrispondenti.

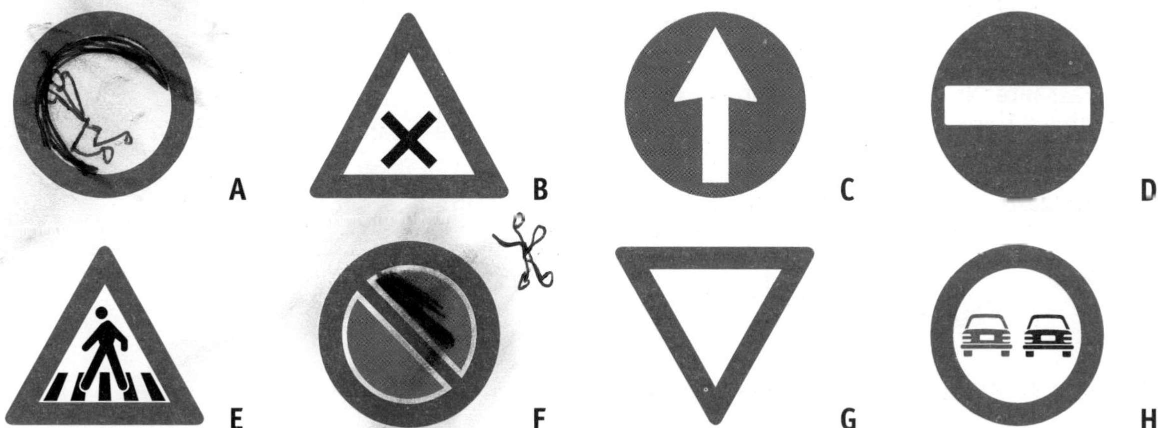

1. ☐ divieto di sorpasso
2. ☐ dare la precedenza
3. ☐ divieto di sosta
4. ☐ attraversamento pedonale
5. ☐ incrocio
6. ☐ senso obbligatorio
7. ☐ senso vietato
8. ☐ divieto di transito

FACCIAMO IL PUNTO

comprensione orale

1 • Ascoltate il dialogo e guardate la cartina dell'esercizio 29. Segnate il percorso che Mr. Schatz deve fare per andare da via Broletto alla Pinacoteca di Brera, nel centro di Milano.

2 • Adesso riascoltate il dialogo e controllate il percorso con l'aiuto dell'insegnante.

comprensione scritta

3 • Completate le frasi con le parole mancanti.

1. Margaret vuole andare _____ piazza San Silvestro, ma non _____ che autobus deve _____. Un passante le dice che l'autobus 52 _____ in piazza Barberini.
2. Scusi, passa _____ qui l'autobus 86? No, credo _____ no.
3. Quanto ci _____ per arrivare in piazza Navona? Beh, se va _____ piedi, ci _____ circa venti minuti.
4. _____ quella strada non si può andare _____ macchina perché _____ il senso _____ .
5. _____ posso comprare delle cartoline? Dal tabaccaio, ma _____ molto distante _____ qui.

produzione orale

4 • Rispondete alle seguenti domande.

1. Lei è a Roma e vuole andare in piazza di Spagna, ma non sa che autobus deve prendere. Che cosa domanda a un passante?
2. Lei è sull'autobus che va in piazza di Spagna, ma non sa a quale fermata deve scendere. Che cosa chiede a una persona vicina a Lei?
3. Che cosa dice alla persona che Le dà la risposta?

5 • Paul cerca una banca e chiede informazioni a un passante. Completate il dialogo.

Paul _____________________ ?
Passante Sì, ce n'è una in Via Mazzini.
Paul _____________________ ?
Passante No, non è molto distante da qui. Ci vuole un quarto d'ora a piedi.
Paul _____________________ ?
Passante Vada dritto per questa via, attraversi la piazza e al semaforo giri a sinistra.
Paul Sono stanco di camminare con questo caldo. _____________________ ?
Passante Sì, può andarci anche con l'autobus. Con il quarantacinque, credo.
Paul _____________________ ?
Passante Guardi, è laggiù, vicino all'edicola.
Paul _____________________ ?
Passante Alla seconda fermata.
Paul _____________________ .
Passante Non c'è di che.

produzione scritta

6 • Mettete in ordine le seguenti parole e costruite frasi di senso compiuto.

1. Margaret capolinea scendere al deve ultima cioè fermata all' .
2. non biglietto può senza sull' salire autobus .
3. dritto semaforo vada al fino sempre giri prima alla poi traversa .
4. come scusi stazione ad faccio alla arrivare ?

in albergo

- **Guardando le immagini, completate le frasi.**
  comodino • scrivania • quadro • tappeto • poltrona • termosifone

A

1. La ________________ è di fronte al letto.
2. La ________________ è a sinistra della finestra.
3. Il ________________ è sotto la finestra.

B

1. Il ________________ è vicino al letto.
2. Il ________________ è davanti al letto.
3. Il ________________ è a destra della finestra.

Con l'aiuto dell'insegnante, scoprite ora cosa imparerete a fare in questa unità.

Scopi comunicativi:	salutare e rispondere al saluto (2); chiedere e dire il nome, compitare; localizzare oggetti; chiedere e dare indicazioni di luogo; parlare di prezzi (1)
Grammatica:	• preposizioni semplici e articolate (2): quadro generale • uso delle preposizioni (2): *a, da, di, in, su* • locuzioni preposizionali: *in fondo a, vicino a, di fronte a, davanti a; a sinistra di, a destra di, fuori di; sopra, sotto, dietro, dentro* • coniugazione irregolare: indicativo presente di *dare* • verbi in *-care* e *-gare*: indicativo presente • forma impersonale con la particella *si* (2) • formule di saluto: quadro generale
Area lessicale:	ambienti; comodità

COSA SUCCEDE...

▶ ... alla reception

• Ascoltate il dialogo fra il signor Jackson e l'addetto alla reception e dite se il signor Jackson prende una camera singola o doppia.

1 • Riascoltate il dialogo e decidete se le seguenti affermazioni sono vere (V) o false (F).

1. Tom Jackson prenota una camera ☐ V ☐ F
2. La camera singola è silenziosa ☐ V ☐ F
3. Tom Jackson vuole una camera sull'interno ☐ V ☐ F
4. Nella camera doppia c'è il telefono ☐ V ☐ F
5. Tom Jackson prende una camera doppia ☐ V ☐ F

2 • Riascoltate il dialogo leggendo il testo, poi indicate qual è lo scopo comunicativo nei seguenti casi.

1. L'addetto chiede al signor Jackson "Può ripetere il cognome lettera per lettera?"
   a. per sapere come si scrive ☐
   b. per sapere come si pronuncia ☐
   c. per capire se è un cognome straniero ☐

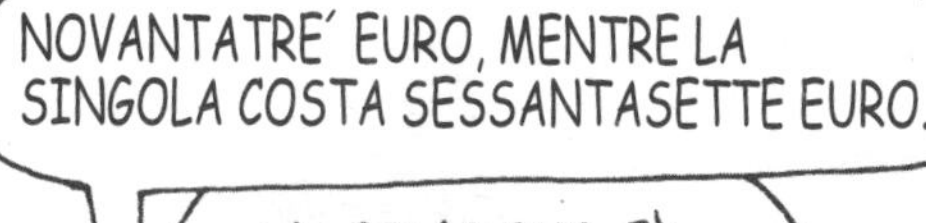

2. Il signor Jackson chiede all'addetto "Da' sull'interno?"
   a. per sapere se la camera è bella ☐
   b. per sapere se la camera è comoda ☐
   c. per sapere se la camera è silenziosa ☐

3. Il signor Jackson replica "Se non si può fare diversamente, pazienza!"
   a. per dire che è contento di prendere la doppia ☐
   b. per dire che accetta di prendere la doppia ☐
   c. per dire che prende la doppia se costa quanto la singola ☐

3 • Per la pronuncia e l'intonazione, ascoltate e ripetete.

4 • Ora riascoltate la cassetta e parlate voi con l'addetto.

IMPARIAMO...

... a salutare e rispondere al saluto

5 • Osservate le vignette e, aiutandovi con lo schema a pag. 103, scrivete in ogni *balloon* le forme di saluto che si possono usare nelle cinque situazioni.

MEMO

tu	Lei/voi
Ciao	Buongiorno
Salve	Buonasera
Ci vediamo	Ci vediamo
Arrivederci	Arrivederci
	ArrivederLa

6 • Ascoltate la cassetta e verificate le risposte che avete dato nell'esercizio 5.

7 • Ascoltate la conversazione e scrivete le diverse forme di saluto che sentite, poi sottolineate quelle formali.

1. ____________
2. ____________
3. ____________
4. ____________
5. ____________

... a chiedere e dire il nome, compitare

8 • Ascoltate i cinque dialoghi e scrivete i nomi che sentite compitare.

1. ____________
2. ____________
3. ____________
4. ____________
5. ____________

▶ ... a localizzare oggetti

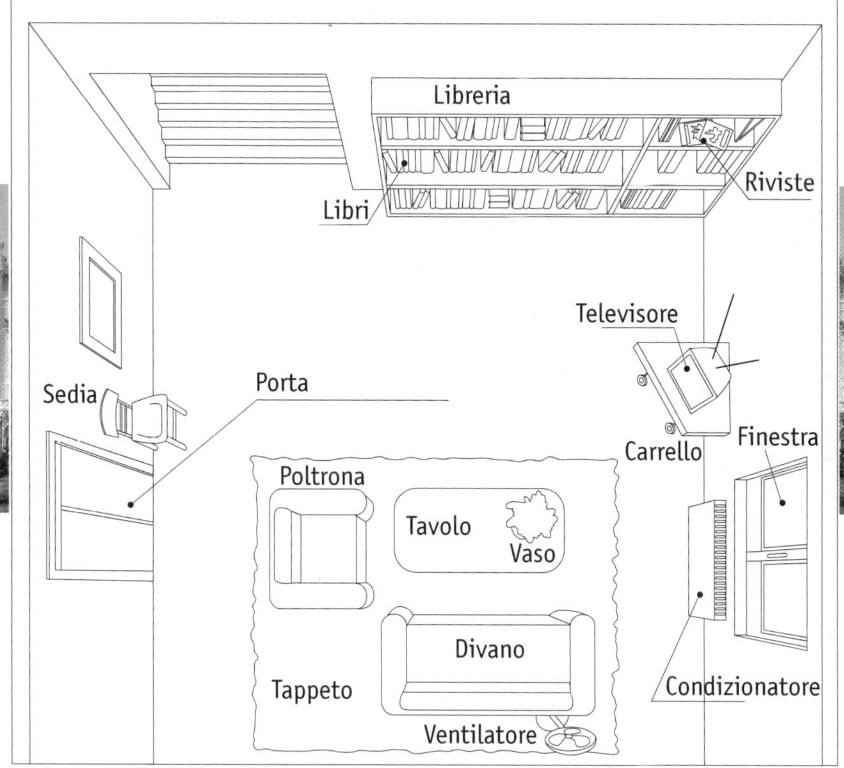

9 • Guardate l'immagine e ascoltate la descrizione registrata del salotto di un albergo. Dite se le affermazioni sono vere (V) o false (F).

1. La poltrona è di fronte al divano. V F
2. Il ventilatore è vicino al divano. V F
3. Il televisore è sopra il tavolo. V F
4. Il condizionatore è in fondo alla hall. V F
5. Il vaso è sopra il carrello. V F
6. Il tappeto è sotto il tavolo. V F
7. I libri sono dentro la libreria. V F
8. Il divano è a sinistra della poltrona. V F
9. La libreria è a sinistra della finestra. V F
10. La sedia è davanti alla finestra. V F

10 • Adesso, lavorando in coppia (A e B), verificate come nel modello.

A La poltrona è di fronte al divano.
B No, la poltrona è a sinistra del divano.

11 • Lavorate in coppia (A e B) come nel modello. A chiede se la camera di B ha tutte le comodità. B va in fondo al libro alla sezione "Attività" e risponde in base alla piantina data.

A C'è il telefono?
B Sì, c'è.
A Dov'è?
B È sul comodino.

Vocaboli utili per A: telefono - televisore - frigorifero - condizionatore

▶ ... a chiedere e dare indicazioni di luogo

12 • Ascoltate la cassetta e completate la piantina con le indicazioni mancanti.

13 • Lavorate in coppia (A e B). B va in fondo al libro alla sezione "Attività" e risponde alle domande di A. A chiede in modo formale se nelle vicinanze ci sono un ristorante, una banca, un'edicola, una fermata dell'autobus, un tabaccaio.

A Scusi, c'è un ristorante qui vicino?
B Sì, è di fronte all'albergo.

▶ ... a parlare di prezzi

14 • Lavorate in coppia (A e B) come nel modello. A chiede a B quali sono i prezzi delle camere singole nei diversi alberghi. B risponde guardando i dépliant in fondo al libro, alla sezione "Attività", poi, a sua volta, chiede ad A i prezzi delle camere doppie negli stessi alberghi. A risponde guardando i dépliant in questa pagina.

A Quanto costa una camera singola all'albergo Milano?
B Costa 77 euro al giorno. E una doppia?
A Costa ...

Albergo Milano

Camera singola con bagno e prima colazione ____
Camera doppia con bagno e prima colazione 103 euro

Albergo Roma

Camera singola con bagno e prima colazione ____
Camera doppia con bagno e prima colazione 108 euro

Albergo Venezia

Camera singola con bagno e prima colazione ____
Camera doppia con bagno e prima colazione 100 euro

Albergo Napoli

Camera singola con bagno e prima colazione ____
Camera doppia con bagno e prima colazione 107 euro

▶ ... un mondo di parole

15 • Abbinate alle immagini le parole corrispondenti.

1. bagno	☐	2. cuscino	☐	3. vasca	☐	4. asciugamano	☐
5. coperta	☐	6. lenzuolo	☐	7. doccia	☐	8. toilette	☐

A B C D

E F G H

16 • Quali cose, fra quelle elencate nell'esercizio precedente, potete trovare nella camera da letto?

17 • Completate il cruciverba.

Orizzontali

1. Si trova nel bagno.
3. Preposizione.
5. Il contrario di *male*.
6. Costoso.
7. Si ascolta.
8. Viene dopo la sera.
10. Anche.
11. Il contrario di *davanti*.
13. Il giorno prima di oggi.
14. Si trova in camera.
15. Lo sono *io*, *lu*, *noi* ecc.
17. Ciascuno.
18. Il contrario di *sotto*.
20. Il fratello del padre o della madre.
21. Di solito sono accompagnati da sedie.
24. Il primo pasto della giornata.
26. Il numero 8.
27. Voglia di dormire.
28. Ci si mettono gli abiti.
29. Di solito è accompagnato da poltrone.

Verticali

2. Serve quando fa caldo.
4. Negazione.
5. Il contrario di *bello*.
9. Si accende quando fa freddo.
10. È meglio farlo per trovare posto in albergo.
12. Si chiede prima di comprare qualcosa.
14. Articolo e pronome maschile.
16. Il contrario di *andare via*.
19. Il contrario di *vuoto*.
22. Prima e ultima lettera dell'alfabeto.
23. Pronome personale plurale.
25. Negli alberghi può essere singola o doppia.

E ORA LA GRAMMATICA...

preposizioni semplici e articolate: quadro generale

	il	lo	la	l'	i	gli	le
a	**al**	**allo**	**alla**	**all'**	**ai**	**agli**	**alle**
da	**dal**	**dallo**	**dalla**	**dall'**	**dai**	**dagli**	**dalle**
su	**sul**	**sullo**	**sulla**	**sull'**	**sui**	**sugli**	**sulle**
di	**del**	**dello**	**della**	**dell'**	**dei**	**degli**	**delle**
in	**nel**	**nello**	**nella**	**nell'**	**nei**	**negli**	**nelle**

con	**il**	**i**
per	**lo** **l'**	**gli** **le**
fra (tra)	**la**	**le**

anche **col** **coi**

- Le preposizioni *a*, *da* e *su* si legano direttamente all'articolo, che in alcuni casi (*lo*, *la*, *l'*, *le*) raddoppia la consonante.
- Le preposizioni *di* e *in* cambiano in *de* e *ne* quando si legano all'articolo.
- La preposizione *con* di solito non si combina con l'articolo.
- Le preposizioni *per* e *fra* (*tra*) non si combinano mai con l'articolo.

uso delle preposizioni: **a**, **da**, **di**, **in**, **su**

Dov'è	il	telefono? bar? ristorante?
	l'	ascensore? armadio? edicola?
	la	camera? chiave? TV?

È	**sul** comodino **di** fronte **al** ristorante **in** fondo **alla** hall
	in fondo **a** destra **di** fronte **alla** finestra **nella** piazza
	al terzo piano **alla** reception **a** sinistra **della** porta

Vado	**a**	casa teatro scuola
	al	cinema ristorante concerto
	dal	medico panettiere dentista
	in	palestra centro ufficio

- Si usa sempre la preposizione *da* quando un verbo di stato o di moto è seguito da:
  1. nomi propri di persona ("Sono / Vado da *Mario*")
  2. nomi di professioni ("Vado dal *dentista*")
  3. pronomi personali ("Vado / Torno da *lei*")

locuzioni preposizionali

in fondo	**al**	bar
vicino	**all'**	albergo
di fronte / davanti	**alla**	finestra
a sinistra	**del**	letto
a destra	**dell'**	armadio
fuori	**della**	finestra

MA

sopra	**il**	letto
sotto	**la**	finestra
dietro	**la**	porta
dentro	**l'**	armadio

18 • Completate le frasi con le corrette preposizioni.

1. Franco sta andando ______ fermata dell'autobus.
2. Sabato andiamo ______ concerto.
3. Stasera vado ______ cinema con Laura.
4. Devo lasciare la chiave ______ reception.
5. Di solito andiamo ______ albergo Eden.

19 • Completate le risposte con il verbo e la preposizione appropriati.

1. Dove vai, Marta?
______ ______ signora Masi.
2. Dove va, signorina?
______ ______ medico.
3. Dove va, signor Neri?
______ ______ avvocato.
4. Dove vai, Pietro?
______ ______ ingegner Rossi.
5. Dove andate, ragazzi?
______ ______ dentista.

20 • Completate le frasi con le corrette preposizioni, semplici o articolate.

1. Prima vado ______ banca e poi ______ palestra.
2. Vai ______ albergo o ______ casa di amici?
3. Andiamo ______ tabaccaio ______ angolo.
4. Marta sta andando ______ fermata dell'autobus.
5. Giorgio va prima ______ dentista e poi ______ Franco.

21 • Come l'esercizio precedente.

1. Il bar è ______ fronte ______ ristorante.
2. Il telefono è davanti ______ reception ______ sinistra.
3. La toilette è ______ fondo ______ bar ______ destra.
4. L'edicola è ______ piazza ______ fondo ______ questa strada.
5. Il tabaccaio è vicino ______ incrocio.

coniugazione irregolare: indicativo presente di **dare**

	dare		
(io) (tu)	**do** **dai**	la chiave la valigia	al portiere
(lui) (lei) (Lei)	**dà**		
(noi) (voi) (loro)	**diamo** **date** **danno**		

La 3ª persona singolare si scrive con l'accento (*dà*) per distinguerla dalla preposizione *da*.

22 • Completate le seguenti frasi con le forme del verbo *dare*.

1. Il sabato sera _________ la macchina a mio figlio.
2. Lei a chi _________ le chiavi di casa quando parte?
3. Voi a chi _________ il lavoro quando ne avete troppo?
4. Loro _________ la casa al mare ai parenti e noi la _________ ai nostri amici.
5. Tu a chi _________ il numero dell'albergo quando arrivi?

23 • Completate le risposte con le forme appropriate del pronome diretto (*lo, la, li, le*) e del verbo *dare*.

1. A chi dai il numero di telefono dell'albergo?
_________ _________ a un amico.
2. I tuoi genitori a chi danno la casa al mare nel mese di giugno?
_________ _________ ai loro amici.
3. Tuo fratello a chi dà le chiavi di casa quando parte?
_________ _________ a me.
4. A chi date lavoro quando ne avete troppo?
______ _______ a un giovane architetto.
5. A chi dai la macchina quando non la usi?
_________ _________ a mia sorella.

verbi in **-care** e **-gare**: indicativo presente

	cercare		**pagare**	
(io) (tu)	cer**co** cer**chi**		pa**go** pa**ghi**	
(lui) (lei) (Lei)	cer**ca**	un'altra casa, perché ora	pa**ga**	troppo
(noi) (voi) (loro)	cer**chiamo** cer**cate** cer**cano**		pa**ghiamo** pa**gate** pa**gano**	

I verbi in -CARE e -GARE inseriscono una H davanti alla desinenza della 2ª persona singolare (*tu*) e della 1ª plurale (*noi*) per mantenere la pronuncia /K/ e /G/ dell'infinito anche davanti alla vocale *i*.

24 • Completate le frasi con le forme appropriate del verbo *cercare*.

1. Che cosa ____________ , Luca?
____________ le chiavi della macchina.
2. Franco ____________ un albergo non troppo caro.
3. Se ____________ un bravo medico, vi do io l'indirizzo.
4. ____________ dei biglietti per l'autobus: dove possiamo trovarli?
5. Sono molte le persone che ____________ un lavoro.

25 • Completate i dialoghi con le forme appropriate del verbo *pagare*.

1. Lei quanto ____________ per l'appartamento? ____________ 336 euro al mese.
2. Voi quanto ____________ per l'autobus? Noi ____________ 18 euro alla settimana e loro ____________ 21 euro.
3. Tu ____________ tanto per il garage? Sì, ____________ 3,61 euro l'ora.

forma impersonale con la particella **si**

Nel ristorante dell'albergo	si	**mangia**	bene
		può	cenare fino alle 22

- La forma impersonale si costruisce premettendo la particella *si* alla 3ª persona singolare di un verbo non seguito da nome.

26 • Completate le frasi con la forma impersonale dei verbi indicati:

andare - arrivare - bere - viaggiare - vivere

1. D'estate __________ al mare o in montagna.
2. __________ bene in una città piccola.
3. In aereo __________ comodamente.
4. Con questo caldo __________ molto.
5. Da qui __________ in centro a piedi.

formule di saluto: quadro generale

arrivando in un posto o incontrando una / più persone	
tu	Lei / voi
Ciao / Salve	**Buongiorno** **Buonasera**

lasciando una / più persone prima di andare a letto
tu / voi / Lei
Buonanotte

uscendo da un posto o lasciando una / più persone	
tu	Lei
Ciao	**ArrivederLa**
tu / voi	Lei / voi
Ci vediamo	**Buongiorno** **Buonasera**
tu / voi / Lei	
Arrivederci	

- "Ciao" è un saluto molto confidenziale e si usa per rivolgersi a una sola persona. Oggi, però, fra i giovani si usa anche come saluto di gruppo.
- "Salve" è una formula di saluto confidenziale e si usa quando si incontrano una o più persone.
- "Buongiorno" e "Buonasera" sono formule di saluto usate per rivolgersi a una o più persone, in modo sia confidenziale sia formale: "Buongiorno" si usa di solito dalla mattina fino al primo pomeriggio; "Buonasera" si usa di solito da metà pomeriggio alla notte. Il passaggio da *buongiorno* a *buonasera* è però legato ad abitudini regionali e, spesso, anche individuali.
- "Buonanotte" si usa soltanto per salutare una o più persone prima di andare a letto.

27 • Completate i minidialoghi con le forme di saluto appropriate.

1. – __________ , Marco! Che sorpresa!
   – __________ ! Come stai?
2. – __________ , signora Crespi.
   – __________ , signor Martini. Come va?
   – Non c'è male, grazie, e Lei?
   – Tutto bene, grazie!
3. – Adesso devo proprio andare. __________ ragazzi!
   – __________ , Marta!
4. – Desidera nient'altro, signora?
   – No, grazie. Va bene così. __________ !
   – __________ !

DITELO IN ITALIANO

ascoltare e scrivere

28 • Ascoltate la telefonata tra un cliente che vuole prenotare una camera e l'addetto alla reception di un albergo e completate il testo seguente.

Cliente Pronto?
Addetto Hotel Splendid, buongiorno!
Cliente Buongiorno! _____ da Roma. Scusi, avete una camera _____ per lunedì _____ ?
Addetto Quanti giorni _____ di stare?
Cliente Tre giorni.
Addetto Vediamo... Sì, la camera _____ . È una camera molto _____ al secondo _____ . A che nome?
Cliente Roberto _____ .
Addetto _____ ripetere lettera per lettera? Roberto...?
Cliente _____ _____ _____ _____ _____ .
Addetto Bene!
Cliente Ancora una domanda: _____ il garage?
Addetto Sì, c'è.
Cliente Molto bene! Allora a _____ !

29 • Ora tocca a Lei prenotare una camera. Completi il dialogo scrivendo le battute mancanti.

Lei ____________________ !
Addetto Buongiorno!
Lei ____________________ ?
Addetto Una singola?
Lei Sì, ____________________ .
Addetto Certamente! Tutte le camere hanno il bagno.
Lei ____________________ .
Addetto Novantotto euro.
Lei ____________________ .
Addetto No, è inclusa nel prezzo.
Lei ____________________ .
Addetto D'accordo. È la camera 320.

parlare

30 • Rispondete alle seguenti domande personali.

1. Quando Lei va in albergo, che documento dà alla reception?
2. Ha altri documenti? Quali?
3. Qual è il prezzo di una camera singola in un buon albergo della Sua città?
4. Quali comodità cerca quando va in un albergo?

31 • Domandate al vostro compagno di banco

1. che documenti ha
2. che documento dà quando va in albergo
3. qual è il prezzo della camera che prende
4. se nel prezzo è inclusa la prima colazione

32 • Immaginate di essere in un albergo e descrivete la vostra camera.

▶ leggere e parlare

33 • Lavorate in coppia (A e B). Ciascuno sceglie un albergo fra quelli dati e ne descrive le caratteristiche, l'altro cerca di indovinare di quale albergo si tratta.

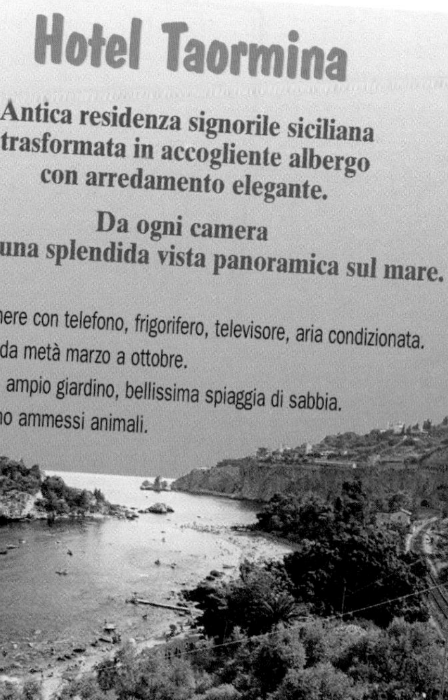

Albergo Ristorante Dolomiti

L'Albergo è situato nel centro storico di Cortina d'Ampezzo. Arredato nel tipico stile di montagna, dispone di servizi moderni e confortevoli per offrire un soggiorno piacevole anche a chi non pratica lo sci.

Il ristorante offre in un ambiente accogliente, cucina locale e internazionale e un'ottima scelta di vini.

49 camere, tutte con balcone, telefono interurbano e televisore. Ampio parcheggio privato, giardino, campi da tennis e solarium.

L'HOTEL GOLFO DI NAPOLI

È un grande complesso moderno di atmosfera internazionale, a pochi minuti dalla stazione di Napoli e a 4 chilometri dall'aereoporto.

298 camere, dotate di ogni comfort: televisore, telefono, frigorifero, aria condizionata.

L'albergo dispone di piscina, garage, sauna, palestra, sale per riunioni e conferenze.

Grazie alla sua posizione e alla varietà dei servizi, è l'ideale sia per turisti sia per uomini d'affari.

Il Ristorante offre un'ottima cucina tipica e internazionale.

ALLA SCOPERTA...

▶ ...dell'albergo giusto

34 • Leggete la lista di alcuni alberghi di Bologna tratta da una guida turistica; non cercate di capire ogni parola.

- **City**, Via Magenta 10, ☎ 372676. Garage. Parcheggio. 50 C. tel. € 41/165. *Offre il comfort classico dei "senza ristorante", con in più il fresco giardino e la saletta per riunioni.*

- **Corona d'Oro 1890**, Via Oberdan 12, ☎ 236456, Tx 262679. Chiuso dal 25 luglio al 25 agosto, 35 C. tel. € 148/232. *In centro città vicino alle due torri, conserva al suo interno elementi architettonici databili dal XIV al XVI secolo con la hall in stile liberty. Solo prime colazioni.*

- **Dei Commercianti**, Via de' Pignattari 11, ☎ 33052, Tx 512883. Garage, 31 C. tel. € 98/148. *Un tempo sede del Comune, è ora un comodo meublé in pieno centro.*

- **Internazionale**, Via dell'Indipendenza 60, ☎ 245544, Tx 511039. Garage. 144 C. tel. € 129/201. *Nel cuore della città, elegantemente moderno, adatto a gente d'affari e a viaggiatori esigenti, ha camere dotate di ogni comfort e una piccola sala per conferenze. È senza ristorante.*

- **Novotel**, Loc. Villanova di Castenaso, km. 17 verso E, ☎ 781414, Tx 213412. Parcheggio. 206 C. tel. € 116/186. *Lineare e spazioso, arredato in stile modernamente funzionale, con centro congressi, piscina e campo da tennis, in posizione tranquilla in mezzo alla campagna.*

- **Orologio**, Via IV Novembre 10, ☎ 231253, Tx 512883. Garage. 29 C. tel. € 98/148. *Meublé di classico comfort si affaccia sulla piazza medievale più nota della città.*

- **Royal Hotel Carlton**, Via Montebello 8, ☎ 249361, Tx 510356. Garage. Parcheggio. Chiuso agosto. 251 C. tel. € 165/214. *Prestigioso complesso polifunzionale nei pressi della stazione Centrale dotato di numerose, moderne sale per congressi e manifestazioni; confortevoli camere, elegante ristorante "Royal Grill".*

- **San Felice**, Via Riva di Reno 2, ☎ 557457, 36 C. tel. € 38/77. *Alle porte della città, un meublé di essenziale comfort.*

☛ **Castel Maggiore**, km 9 verso N

- **Olimpic**, Via Galliera 23, ☎ 700861. Garage. Parcheggio. 63 C. tel. € 47/88. *Confortevoli camere, sale riunioni e attivo ristorante nei pressi della tangenziale di Bologna.*

(Adattato da "La guida Pirelli", Milano 1990)

35 • Rileggete i testi della guida turistica relativi agli alberghi e trovate le risposte alle seguenti domande.

1. Il signor Graz, commerciante tedesco, è a Bologna per affari e cerca un albergo moderno con tutte le comodità, non lontano dall'autostrada. I suoi unici interessi sono il lavoro e la buona cucina. Quale di questi alberghi va bene per lui?

a. Dei Commercianti ☐ b. City ☐ c. Olimpic ☐

2. Pauline è una segretaria francese in vacanza in Italia. Ha intenzione di passare una settimana a Bologna alla fine di luglio. Cerca un albergo con un po' di "atmosfera" nel centro storico, ma non vuole spendere troppo. Quali alberghi non vanno bene per lei?

a. Orologio ☐ b. Internazionale ☐ c. Corona d'Oro 1890 ☐

3. I signori Stone sono una coppia americana di mezza età. Desiderano passare un paio di giorni a Bologna senza guardare a spese. Sono appassionati di sport e amano vivere nella natura. Quale di questi tre alberghi è ideale per loro?

a. Novotel ☐ b. Royal Hotel Carlton ☐ c. San Felice ☐

36 • Ora dite qual è l'albergo ideale per voi e spiegate perché.

FACCIAMO IL PUNTO

▶ comprensione orale

1 • Ascoltate il dialogo tra il signor Mertz e una passante e segnate poi con una croce le risposte giuste.

1. Il signor Mertz è
   a. in via Tevere ☐
   b. nella hall ☐
   c. nella camera ☐

2. Il signor Mertz vuole sapere se
   a. c'è un albergo non tanto caro ☐
   b. c'è un albergo molto caro ☐
   c. il suo albergo è molto caro ☐

3. L'albergo si chiama
   a. Tevere ☐
   b. Trevi ☐
   c. Mazzini ☐

4. Per andare da via Tevere a via Mazzini
   a. non c'è un autobus ☐
   b. c'è il metrò ☐
   c. ci sono due autobus ☐

▶ comprensione scritta

2 • Numerate le frasi nella sequenza corretta per formare un testo di senso compiuto.

☐ a. Poi i signori Bianchi chiedono qual è il prezzo
☐ b. L'addetto risponde che la colazione si paga a parte:
☐ c. e chiedono se c'è una doppia silenziosa
☐ d. Il signor Bianchi dice che va bene anche una doppia sulla strada.
☐ e. I signori Bianchi vanno all'albergo Cristallo
☐ f. e se la colazione è inclusa nel prezzo della camera
☐ g. I signori Bianchi decidono di prendere la camera per due notti.
☐ h. L'addetto risponde che non ci sono camere doppie sull'interno
☐ i. costa dieci euro a persona.

3 • Completate le frasi con le parole mancanti.

1. Abbiamo una camera _____ _____ stanotte.
2. La sua camera è _____ ? No, è molto rumorosa.
3. In questo albergo pago molto, perché ho una camera con tutte le _____ .
4. Purtroppo in questo albergo non _____ _____ più camere libere.
5. La doppia _____ 114 euro, senza la _____ _____ .

produzione orale

4 • Le frasi che seguono sono una serie di risposte: quali potrebbero essere le domande?

1. Mi dispiace. Non abbiamo camere libere per stasera.
2. Sì, in questa zona ce ne sono due: il Vinci e lo Smeraldo.
3. Elle, a, gi, u, enne, a.
4. No, si paga a parte.

5 • Raccontate che cosa fate quando andate in albergo.

produzione scritta

6 • Mettete in ordine le seguenti parole e costruite frasi aventi senso compiuto.

1. nome lettera può il lettera ripetere per ?
2. fondo ascensore è l' in sinistra a hall alla
3. avete bagno doppia con notte per una questa ?
4. qui io non di sono e un cerco albergo buon
5. camera vogliamo una e condizionata aria silenziosa con l'

7 • Lei scrive a un albergo per prenotare una camera. Completi la lettera.

Torino, 12 giugno _______

Hotel Splendid
Piazza Cavour, 124
20135 Milano

Il 27 prossimo devo essere a Milano, dove ho intenzione di ________ due notti.
Vi prego di comunicarmi se ____________________, qual è ______
____________________ e se ____________________
____________________________________ .

Attendo una vostra risposta al più presto possibile.
Distinti saluti

unità 7

in viaggio

• **Guardate le immagini e associate le parole della colonna A a quelle della colonna B.**

A		B
A. macchina	☐	1. aeroporto
B. treno	☐	2. autostrada
C. aereo	☐	3. stazione

• **Dite ora a quali mezzi di trasporto (A-C) si riferiscono i seguenti verbi.**

viaggiare ☐ guidare ☐ volare ☐

Con l'aiuto dell'insegnante, scoprite ora cosa imparerete a fare in questa unità.

Scopi comunicativi:	informarsi sugli orari; chiedere per sapere (1); chiedere per avere; esprimere possesso (3)
Grammatica:	• coniugazione irregolare: indicativo presente di *venire* e *uscire* • le tre coniugazioni regolari: indicativo presente (quadro generale) • particella *ci* (3) con il verbo *avere* • uso delle preposizioni (3): *a, per, da, in, con, fra* • pronomi diretti (3) • preposizioni con pronomi
Area lessicale:	viaggiare in treno: arrivi, partenze, servizi

COSA SUCCEDE...

... alla stazione

• Ascoltate il dialogo e dite se Sally parte da sola.

1 • Riascoltate il dialogo e decidete se le seguenti affermazioni sono vere (V) o false (F).

1. Sally vuole andare a Napoli. V F
2. Sally chiede un biglietto di prima classe V F
3. Sally non sa che deve cambiare a Roma V F
4. Il biglietto si può fare anche sul treno V F
5. Sally aspetta un'amica che parte con lei V F

2 • Riascoltate il dialogo leggendo il testo, poi indicate qual è lo scopo comunicativo nei seguenti casi.

1. Il bigliettaio chiede a Sally se ha il supplemento rapido
   a. per sapere se ce l'ha già ☐
   b. per informarla che per il treno rapido serve il supplemento ☐
   c. per informarla che il supplemento si può fare a parte ☐

2. Sally chiede al bigliettaio se si può salire sul rapido senza biglietto
   a. per sapere se l'amica che è in ritardo deve passare dalla biglietteria ☐
   b. per sapere se la prossima volta che lei parte può fare il biglietto sul treno ☐
   c. per sapere se è più caro ☐

3. Il passeggero in fila per fare il biglietto esclama "Ma che bella conversazione!"
   a. per invitare Sally a continuare il discorso ☐
   b. per esprimere interesse per il discorso ☐
   c. per invitare Sally a smettere di parlare ☐

3 • Per la pronuncia e l'intonazione, ascoltate e ripetete.

4 • Ora riascoltate la cassetta e parlate voi con il bigliettaio.

IMPARIAMO...

... a informarci sugli orari

5 • Lavorate in coppia (A e B). A guarda l'orario ferroviario e cerca di indovinare l'ora della partenza di B da Milano basandosi sull'ora dell'arrivo a Genova, Venezia, Torino, come nel modello.

A A che ora arrivi a Bologna?

B Alle due e quarantadue.

A Dunque parti all'una?

B Sì, prendo il treno dell'una.

km	45	ES★ 9417	iR 2129	R 11409	R 20411	D 2655	ES★ 9419	IC 583	R 6259	IC 555	R 2925	R 20415	ES★ 9421
		1-2 9	1-2	2	2	1-2	1-2 9 15	R 1-2 25	2	R 1-2	2 29 30	2	1-2 9
0	**Milano Centrale**	★ 12.00	12.05	.	.	12.20	★ 13.00	13.05	.	13.15	13.25	.	★ 14.00
–	**Milano P.Garibaldi**	★	.	.	12.10	.	★	.	.	.	.	13.20	★
–	**Milano Greco Pirelli**	★	.	.	.	.	★	.	.	.	.	.	★
4	**Milano Lambrate**	★	12.11	.	12.19	12.26	★		.		13.31	13.31	★
–	*Milano P.Romana*	★	.	.	.	.	★	.	.	.	.	.	★
10	**Milano Rogoredo**	★	12.19	.	12.27	12.34	★		.		13.38	13.44	★
14	*Borgo Lombardo*	★	.	.	12.33	.	★	.	.	.		13.50	★
16	*S.Giuliano Milanese*	★	.	.	12.37	.	★	.	.	.		13.53	★
21	Melegnano	★	.	.	12.43	.	★	.	.	.	13.47	13.58	★
25	*S.Zenone al Lambro*	★		.	12.48		★		.			14.04	★
28	Tavazzano	★		.	12.53		★		.			14.09	★
36	Lodi	★	12.33	.	13.00	12.51	★		.		13.58	14.22	★
48	Secugnago	★		.	13.09		★		.	.	14.07	14.31	★
55	**Casalpusterlengo** a.	★		.	13.15	13.02	★		.		14.12	14.37	★
	Casalpusterlengo 154	★		.	13.16	13.03	★		.		14.13	14.38	★
60	**Codogno** a.	★		.	13.20	13.08	★		.		14.18	14.43	★
	Codogno 154-155	★		.	13.21	.	★		.		14.19	14.50	★
64	*S.Stefano Lodigiano*	★		.	13.26	.	★		.			14.55	★
72	**Piacenza** a.	★	12.55	.	13.32	.	★	L	.	13.55	14.26	15.01	★
	Piacenza 142-157	★	12.57	13.17	.	.	★	E	.	V 13.57	14.27	.	★
81	Pontenure	★		13.23	.	.	★	O	.	E	14.43	.	★
87	Cadeo	★		13.28	.	.	★	P	.	S	14.48	.	★
94	Fiorenzuola	★	13.10	13.35	.	.	★	A	.	U	14.54	.	★
101	Alseno	★		13.40	.	.	★	R	.	V	14.59	.	★
107	**Fidenza** a.	★	13.18	13.46	.	.	★	D	.	I 14.13	15.04	.	★
	Fidenza 195-245-250	★	13.19	14.20	.	.	★	I	✕ 13.23	O 14.14	.	.	★
117	Castelguelfo	★			.	.	★		13.30		.	.	★
129	**Parma** a.	★	13.31	14.34	.	.	★		13.38	14.25	.	.	★
	Parma 196-250	★	13.33	14.39	.	.	★		13.39	14.27	.	.	★
140	S.Ilario d'Enza	★			.	.	★		13.47		.	.	★
146	Villa Cadè	★			.	.	★		13.53		.	.	★
157	**Reggio Emilia**	★	13.51	14.55	.	.	★		14.02	14.43	.	.	★
169	Rubiera	★			.	.	★		14.17		.	.	★
182	**Modena** a.	★	14.04	15.08	.	.	★		14.26	14.56	.	.	★
	Modena 202	★	14.06	15.09	.	.	★		14.27	14.58	.	.	★
194	Castelfranco d'Emilia	★			.	.	★		14.42		.	.	★
202	Samoggia	★			.	.	★		14.48		.	.	★
206	*Anzola dell'Emilia*	★			.	.	★		14.53		.	.	★
209	Lavino	★			.	.	★				.	.	★
219	**Bologna Centrale** a.	★ 13.47	14.33	15.33	.	.	★ 14.42	14.58	✕ 15.08	15.22	.	.	★ 15

km	26	R 20357	IC 617	M 21113	R 20297	iR 2189	iR 2191	R 6087	iR 2278 2279	R 20299	IC 345	TOA549	R 20359	IC 383
		2	R 1-2	2 13	2	1-2	1-2	2	1-2	2	R 1-2 7	2 5 6	2	R 1-2 7
	Provenienza	■	Venezia	■	■	■	■	■	Bologna	■	Basel	■	■	Stuttgart
0	**Milano Centrale**	12.38	13.10	.	.	14.00	14.15	.	.	.	15.10	.	.	16.10
–	**Milano P.Garibaldi**	.	.	.	.	.	.	.	.	.	.	.	.	.
–	**Milano Greco Pirelli**	.	.	.	✕ 13.33	.	.	.	.	14.26	.	.	.	.
4	**Milano Lambrate**	12.44		.	13.42	14.08		.	.	14.34		.	✕ 15.37	
–	**Milano S.Cristoforo**	.	.	.	.	.	.	.	.	.	.	.	.	.
–	*Milano P.Romana*	.	.	.	.	.	.	.	.	.	.	.	.	.
10	**Milano Rogoredo**	12.51		.	13.53	14.17	14.27	.	.	14.46		.	15.48	
19	Locate Triulzi	12.59		.	14.00			.	.	14.53		.	15.56	
24	Villamaggiore	13.06		.	14.05			.	.	14.59		.	16.02	
31	Certosa di Pavia	13.13		.	14.11			.	.	15.05		.	16.10	
39	**Pavia** a.	13.20	13.34	.	✕ 14.19	14.32	14.43	.	.	15.11	15.34	.	16.16	16.34
	Pavia 141-150-154-156	13.50	13.35	.	.	14.34	14.45	.	.	15.13	15.35	.	16.17	16.35
45	Cava Manara	13.56		.	.			.	.	15.20		.	16.24	
52	**Bressana Bottar.** 156	14.02		.	.			.	.	15.26		.	16.30	
57	Lungavilla	14.08		.	.			.	.	15.31		.	16.36	
65	**Voghera** a.	14.15	13.48	.	.	14.49	15.00	.	.	15.37	15.48	.	✕ 16.42	16.48
	Voghera 142	✕ *15.08*	.	.	.	✕ *15.08*	✕ *15.08*	.	.	*16.28*	*16.28*	.	*17.10*	*17.10*
	Alessandria a.	✕ *15.39*	.	.	.	✕ *15.39*	✕ *15.39*	.	.	*17.02*	*17.02*	.	*17.41*	*17.41*
65	**Voghera**	14.17	13.49	.	.	14.51	15.02	.	15.36	.	R 15.49	.	.	16.49
73	Pontecurone	14.25		.	.			.		.	I	.	.	
82	**Tortona** a.	14.33		.	.	15.02	15.13	.	15.46	.	V	.	.	
82	**Tortona** 142-145	.	A	.	.	.	.	.	.	.	I	.	.	C
100	**Novi Ligure** 30	.	N	.	.	.	.	.	.	.	E	.	.	I
108	Serravalle Scrivia	.	D	.	.	.	.	.	.	.	R	.	.	N
112	**Arquata Scrivia** 30 a.	.	R	.	.	.	.	.	.	.	A	.	.	Q
0	**Tortona**	.	E	.	.	15.03	15.14	Ⓐ 15.18	15.47	.		✕ 16.25	.	U
5	*Carbonara Scrivia*	.	A	.	.			15.24		.	D	16.33	.	E
11	Villalvernia	.		.	.			15.29		.	E	16.40	.	T
16	Cassano Spinola	.	D	.	.			15.34		.	I	16.47	.	E
21	Stazzano-Serravalle	.	O	.	.			15.39		.		16.55	.	R
25	**Arquata Scrivia** a.	.	R	.	.	15.23	15.32	Ⓐ 15.45		.	F	✕ 17.01	.	R
112	**Arquata Scrivia**	.	I	.	.	15.24	15.33	.		.	I	.	.	E
115	*Rigoroso*	.	A	.	.	.	.	.	.	.	O	.	.	.
117	*Pietrabissara*	.		.	.	.	.	.	.	.	R	.	.	.
122	Isola del Cantone	.		.	.	.	.	.	.	.	I	.	.	.
126	**Ronco Scrivia** 30 a.	.		.	.	15.33		.		.		.	.	
–	**Ronco Scrivia**	.		.	.	15.34		.		.		.	.	
3	*Borgo Fornari per Voltaggio*	.	.	.	.	.	.	.	.	.	.	.	.	.
5	Busalla	.	.	14.38	.	.	.	.	.	.	.	.	.	.
11	*Piano Orizzontale dei Giovi*	.	.	14.47	.	.	.	.	.	.	.	.	.	.
15	Genova Pontedecimo M45	.	.	14.53	.	.	.	.	.	.	.	.	.	.
19	Genova Bolzaneto	.	.	14.58	.	.	.	.	.	.	.	.	.	.
22	Genova Rivarolo	.	.	15.03	.	.	.	.	.	.	.	.	.	.
135	Mignanego	.		.	.			.		.		.	.	
151	**Genova Sampierdarena**	.		15.09	.			.		.		.	.	
154	**Genova P. Principe** a.	.	14.40	15.14	.	15.53	16.05	.	16.32	.	16.42	.	.	17.40

km	12 ↘	EC 15 ♿ ✕ R 1·2 16 17	R 1703 2 14	🚌 VE353 2	IC 1505 R 1·2 18	🚌 VE355 2 19	IC 615 ✕ R 1·2 20	R 5613 2	R 5503 2	iR 2095 1·2	R 20475 2	R 20479 🚲 ♿ 2	R 10831 🚲 2 21	IC 619 ♿ R 1·2
	Provenienza	■	■	■	■	■	Ventimiglia	■	■	■	■	■	■	■
0	**Milano Centrale**	9.10	.	.	10.05	.	11.05	.	.	11.15	.	.	11.45	**12.05**
–	**Milano P.Garibaldi**	.	9.10	.	.	.	.	.	.	.	.	.	.	.
–	**Milano Greco Pirelli**	.		.	.	.	.	.	.	.	.	.	.	.
4	**Milano Lambrate**		9.21	.		.		.	.	11.22	.	.	11.52	
13	Pioltello-Limito	L		.		.		.	.		.	.	12.01	
17	Vignate	E		.		.		.	.		.	.	12.06	
20	Melzo	O		.		.		.	.		.	.	12.12	
25	*Trecella*	N		.		.		.	.		.	.	12.17	
28	Cassano d'Adda	A		.		.		.	.		.	.	12.28	
34	**Treviglio** 185-190-M12	R	9.42	.		.		.	.	11.44	.	.	12.48	
38	Vidalengo	D		.		.		.	.		.	.	12.53	
43	Morengo-Bariano	O		.		.		.	.		.	.	12.59	
47	Romano		9.51	.		.		.	.	11.53	.	.	13.05	
54	Calcio	D		.		.		.	.		.	.	13.12	
60	Chiari	A	10.01	.		.		.	.	12.03	.	.	13.19	
66	**Rovato** 186			.		.		.	.	12.10	.	.	13.25	
72	Ospitaletto-Travagliato	V		.		.		.	.		.	.		
83	**Brescia** a.	I **9.58**	10.14	.	**10.51**	.	**11.51**	.	.	12.20	.	.	13.37	**12.51**
	Brescia 194-196	N **10.00**	10.16	.	**10.53**	.	**11.53**	.	.	12.23	.	Ⓐ 13.30	.	**12.53**
100	*Ponte S.Marco-Calcinato*	C		.		.		.	.		.	13.40	.	
107	Lonato	I		.		.		.	.		.	13.46	.	
111	Desenzano-Sirmione	♦**10.16**	10.33	.	S	.	**12.09**	.	.	12.39	.	13.51	.	
125	Peschiera d.G.	♦**10.26**	10.43	.	C **11.14**	.		.	.	12.49	.	14.00	.	**13.14**
130	Castelnuovo del Garda			.	A	.	C	.	.		.	14.04	.	S
148	**Verona P.Nuova** 202-204 a.	**10.43**	11.00	.	L **11.30**	.	Y **12.30**	.	.	13.05	.	Ⓐ 14.17	.	V **13.30**
	Verona P.Nuova 50	**10.58**	***11.45***	.	I ***11.45***	.	C ***12.58***	.	.	***13.42***	.	***14.58***	.	E ***13.42***
	Bolzano Bozen a.	**12.29**	***13.29***	.	G ***13.29***	.	N ***14.29***	.	.	***15.29***	.	***16.29***	.	V ***15.29***
148	**Verona P.Nuova**	.	11.03	.	E **11.33**	✕ 11.35	U **12.33**	.	✕ 12.40	13.08	.	✕ 14.20	.	O **13.33**
151	Verona P.Vescovo	.	11.09	.	R	.	S	.	12.47		.	14.26	.	
157	S.Martino Buonalbergo	.		.	O	.		.	12.54		.	14.31	.	
164	*Caldiero*	.		.		.		.	13.01		.	14.36	.	
172	S.Bonifacio	.	11.22	.		12.05		.	13.08	13.24	.	14.50	.	
178	Lonigo	.		.		12.19		.	13.14		.	14.54	.	
183	Montebello	.		.		12.27		.	13.20		.	15.01	.	
192	Altavilla-Tavernelle	.		.		.		.	13.28		.	15.08	.	
200	**Vicenza** a.	.	11.40	.	**12.01**	12.51	**13.01**	.	✕ 13.36	13.42	.	15.16	.	**14.01**
	Vicenza 215-216	.	11.42	✕ 12.00	**12.03**	12.51	**13.03**	✕ 13.30	.	13.44	14.40	15.18	.	**14.03**
208	Lerino	.		Ⓓ 12.13		13.04		13.36	.		14.47	15.26	.	
215	Grisignano di Zocco	.		12.25		13.16		13.43	.		14.54	15.33	.	
220	*Mestrino*	.		.		.		13.49	.		14.59	15.40	.	
230	**Padova** a.	.	12.00	✕ 12.55	**12.21**	✕ 13.46	**13.21**	✕ 13.57	.	14.03	15.06	15.48	.	**14.21**
	Padova 55-226-230-M35	.	12.02	.	**12.24**	.	**13.24**	.	.	14.05	.	15.52	.	**14.24**
235	Ponte di Brenta	.		.		.		.	.		.		.	
241	Vigonza-Pianiga	.		.		.		.	.		.		.	
245	Dolo	.		.		.		.	.		.	16.04	.	
249	Mira-Mirano	.		.		.		.	.		.		.	
258	**Venezia Mestre** 232 a.	.	12.21	.	**12.43**	.	**13.43**	.	.	14.25	.	16.16	.	**14.43**
	Venezia Mestre 13	.	***13.01***	.	***13.01***	.	***14.22***	.	.	.	.	***17.01***	.	**15.26**

km	11 ↖	R 10642 1·2	R 10644 🚲 1·2 6	EC 136 ♿ R 1·2 7	R 10424 2	R 10646 🚲 2 8	iR 2006 🚲 R 1·2 3 9	R 4178 🚲 2	D 9844 🚲 1·2	R 4152 🚲 2	R 10674 🚲 1·2	IC 500 ♿ R 1·2	R 9180 🚲 2 10	R 10648 🚲 2	iR 2008 🚲 R 1·2 9
	Provenienza	■	■	■	Domod.	■	■	■	Aosta	■	■	■	Casale M.	■	■
0	**Milano Centrale**	.	.	**7.00**	.		7.20	.	.	.	.	**8.05**	.	.	8.20
–	**Milano P.Garibaldi**	Ⓐ 6.20	6.38	.	.	7.15	.	.	.	.	7.45	.	.	Ⓐ 8.02	.
9	Milano Certosa	6.27	6.46		.	7.22		.	.	.	7.53		.	8.09	
17	**Rho** 40-160-165-M10	6.35	6.53		.	7.29	7.35	.	.	.	8.01		.	8.22	8.35
25	Vittuone-Arluno	6.44	6.59		.	7.42		.	.	.	8.09		.	Ⓐ 8.29	
28	Corbetta-S.Stefano Ticino	6.48	7.03		.	7.47		.	.	.	8.13		.	.	
31	Magenta	6.53	7.07		.	7.53	7.45	.	.	.	8.18		.	.	8.45
43	Trecate	7.02	7.17		.	8.02		.	.	.	8.27		.	.	
52	**Novara** a.	Ⓐ 7.10	7.24	**7.31**	.	8.10	7.58	.	.	.	0.05	**8.42**	.	.	8.58
	Novara 123-130-131-133-134	.	.	**7.32**	✕ 7.45	.	7.59	.	.	.	.	**8.43**	.	.	8.59
62	*Ponzana*	.	.			.		.	.	.	.		.	.	
69	Borgo Vercelli	.	.			.		.	.	.	.		.	.	
74	**Vercelli** a	.	.	M **7.43**	7.50	.	8.11	.	.	.	.	**8.55**	.	.	9.11
	Vercelli 126-150	.	.	O **7.44**	7.59	.	8.12	© 8.18	.	Ⓐ 8.40	.	G **8.56**	.	.	9.12
83	*Oicenengo*	.	.	N		.			.		.	I	.	.	
88	S.Germano Vercellese	.	.	T		.		8.26	.	8.49	.	A	.	.	
93	**Santhià** a.	.	.		8.10	.	8.23	8.32	.	8.53	.	N	.	.	9.23
	Santhià 127-128	.	.	C	8.11	.	8.24	8.33	.	8.54	.	D	.	.	9.24
96	Tronzano	.	.	E		.		8.36	.		.	U	.	.	
102	Bianzè	.	.	N		.		8.41	.	9.00	.	I	.	.	
106	Livorno Ferraris	.	.	I		.		8.45	.	9.04	.	A	.	.	
110	*S.Antonino di Saluggia*	.	.	S		.			.		.		.	.	
113	Saluggia	.	.			.		8.50	.	9.09	.		.	.	
117	Torrazza Piemonte	.	.			.		8.54	.	9.23	.		.	.	
121	Castelrosso	.	.			.			.	9.28	.		© 9.06	.	
124	**Chivasso** 117-M1 a.	.	.		8.30	.	8.40	© 9.00	.	9.31	.		© 9.10	.	9.40
	Chivasso 113	.	.		***9.00***	.	***9.00***	† ***10.00***	.	.	.	.	† ***10.00***	.	† ***10.00***
	Aosta a.	.	.		***10.27***	.	***10.27***	† ***11.20***	.	.	.	.	† ***11.20***	.	† ***11.20***
124	**Chivasso**	.	.		8.31	.	8.41	.	9.05	9.32	.		© 9.11	.	9.41
129	Brandizzo	.	.			.		.		9.36	.		9.15	.	
136	Settimo	.	.			.		.	9.15	9.51	.		9.30	.	
141	*Torino Stura*	.	.			.		.		9.55	.		9.35	.	
145	**Torino Dora**	.	.			.		.		10.00	.		9.39	.	
147	**Torino P.Susa** a.	.	.	**8.18**	✕ 8.46	.	8.55	.	9.24	Ⓐ 10.03	.	**9.34**	© 9.42	.	9.55
	Torino P.Susa	.	.	**8.20**	.	.	8.56	.	9.25	.	.	**9.35**	.	.	9.56
153	**Torino P.Nuova** a.	.	.	**8.30**	.	.	9.07	.	9.35	.	.	**9.45**	.	.	10.07

6 • Lavorate in coppia (A e B). A guarda l'orario ferroviario e cerca di indovinare la destinazione del viaggio di B basandosi sull'ora della partenza da Bologna, come nel modello.

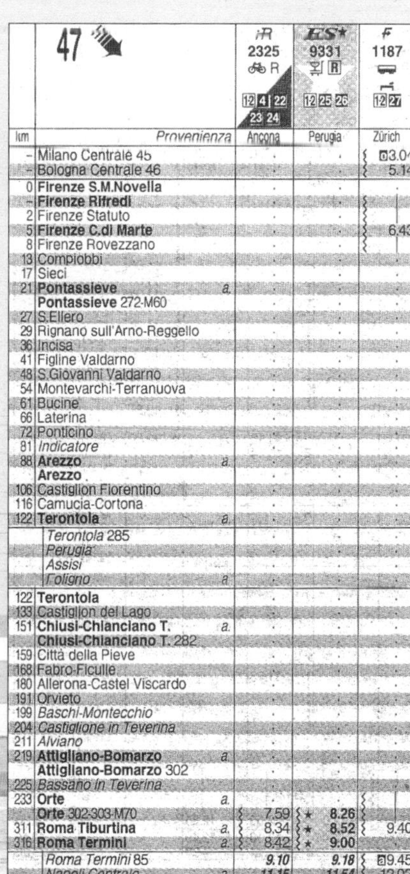

km	47	iR 2325	ES★ 9331	F 1187
		12 4 22 23 24	12 25 26	12 27
km	*Provenienza*	Ancona	Perugia	Zürich
–	Milano Centrale 45	.	.	3.04
–	Bologna Centrale 46	.	.	5.14
0	**Firenze S.M.Novella**	.	.	.
–	**Firenze Rifredi**	.	.	
2	Firenze Statuto	.	.	
5	**Firenze C.di Marte**	.	.	6.43
8	Firenze Rovezzano	.	.	
13	Compiobbi	.	.	.
17	Sieci	.	.	.
21	**Pontassieve** a.	.	.	.
	Pontassieve 272-M60	.	.	.
27	S.Ellero	.	.	.
29	Rignano sull'Arno-Reggello	.	.	.
36	Incisa	.	.	.
41	Figline Valdarno	.	.	.
48	S.Giovanni Valdarno	.	.	.
54	Montevarchi-Terranuova	.	.	.
61	Bucine	.	.	.
66	Laterina	.	.	.
72	Ponticino	.	.	.
81	*Indicatore*	.	.	.
88	**Arezzo** a.	.	.	.
	Arezzo	.	.	.
106	Castiglion Fiorentino	.	.	.
116	Camucia-Cortona	.	.	.
122	**Terontola** a.	.	.	.
	Terontola 285	.	.	.
	Perugia	.	.	.
	Assisi	.	.	.
	Foligno a.	.	.	.
122	**Terontola**	.	.	.
133	Castiglion del Lago	.	.	.
151	**Chiusi-Chianciano T.** a.	.	.	.
	Chiusi-Chianciano T. 282	.	.	.
159	Città della Pieve	.	.	.
168	Fabro-Ficulle	.	.	.
180	Allerona-Castel Viscardo	.	.	.
191	Orvieto	.	.	.
199	*Baschi-Montecchio*	.	.	.
204	*Castiglione in Teverina*	.	.	.
211	*Alviano*	.	.	.
219	**Attigliano-Bomarzo** a.	.	.	.
	Attigliano-Bomarzo 302	.	.	.
225	*Bassano in Teverina*	.	.	.
233	**Orte** a.	.	.	
	Orte 302-303-M70	7.59	★ 8.26	
311	**Roma Tiburtina** a.	8.34	★ 8.52	9.40
316	**Roma Termini** a.	8.42	★ 9.00	.
	Roma Termini 85	*9.10*	*9.18*	9.45
	Napoli Centrale a.	*11.15*	*11.54*	12.02

A **È vero che parti?**
B **Sì, parto domani.**
A **A che ora?**
B **Alle cinque e quattordici.**
A **Allora vai a Napoli?**
B **Esatto!**

km	46	ES★ 9407	ES★ 9307	ES★ 9319
		12 17 22	12 23	12 23 24
km	*Provenienza*	■	Torino	Bergamo
–	Milano Centrale 45	★ 7.00	.	.
0	**Bologna Centrale**	★ 8.46	✕★ 9.10	★ 9.19
7	Bologna S.Ruffillo	★	★	★
17	*Pianoro*	★	★	★
26	*Monzuno-Vado*	★	★	★
36	*Grizzana*	★	★	★
41	S.Benedetto S.-Castiglione P.	★	★	★
61	Vernio-Montepiano	★	★	★
71	*Vaiano*	★	★	★
81	**Prato** M60 a.	★	★	★ 9.58
	Prato 256	.	.	*10.39*
	Pistoia a.	.	.	*10.56*
81	**Prato**	★	★	★ 10.00
85	Calenzano a.	★ .	★ .	★ .
87	*Pratignone* a.	★ .	★ .	★ .
88	*Il Neto* a.	★ .	★ .	★ .
89	Sesto Fiorentino a.	★	★	★
90	*Zambra* a.	★ .	★ .	★ .
93	*Firenze Castello* a.	★	★	★
95	**Firenze Rifredi** a.	★	★	★
–	Firenze Statuto a.	★ .	★ .	★ .
–	**Firenze C.di Marte** a.	★ .	★ .	★ .
97	**Firenze S.M.Novella** a.	★ 9.40	★ 10.00	★ 10.16

km	47	ES★ 9305	ES★ 9439	R 11655	ES★ 9407
		12 33 34	12 20 35	2	12 20 36
km	*Provenienza*	Savona	Venezia	■	■
–	Milano Centrale 45	.	.	.	★ 7.00
–	Bologna Centrale 46	.	★ 8.21	.	★ 8.46
0	**Firenze S.M.Novella**	.	★ 9.24	9.30	★ 9.48
–	**Firenze Rifredi**	★ 9.05	★	.	★
2	Firenze Statuto	★	★ .	.	★ .
5	**Firenze C.di Marte**	★	★	9.36	★
8	Firenze Rovezzano	★	★		★
13	Compiobbi	.	.		.
17	Sieci	.	.		.
21	**Pontassieve** a.	.	.	9.51	.
	Pontassieve 272-M60	.	.	9.52	.
27	S.Ellero	.	.	9.57	.
29	Rignano sull'Arno-Reggello	.	.	10.02	.
36	Incisa	.	.	10.09	.
41	Figline Valdarno	.	.	10.14	.
48	S.Giovanni Valdarno	.	.	10.21	.
54	Montevarchi-Terranuova	.	.	10.26	.
61	Bucine	.	.	10.36	.
66	Laterina	.	.	10.42	.
72	Ponticino	.	.	10.48	.
81	*Indicatore*	.	.		.
88	**Arezzo** a.	.	.	11.02	.
	Arezzo	.	.	.	.
106	Castiglion Fiorentino	.	.	.	.
116	Camucia-Cortona	.	.	.	.
122	**Terontola** a.	.	.	.	.
	Terontola 285	.	.	.	.
	Perugia	.	.	.	.
	Assisi	.	.	.	.
	Foligno a.	.	.	.	.
122	**Terontola**	.	.	.	.
133	Castiglion del Lago	.	.	.	.
151	**Chiusi-Chianciano T.** a.	.	.	.	.
	Chiusi-Chianciano T. 282	.	.	.	.
159	Città della Pieve	.	.	.	.
168	Fabro-Ficulle	.	.	.	.
180	Allerona-Castel Viscardo	.	.	.	.
191	Orvieto	.	.	.	.
199	*Baschi-Montecchio*	.	.	.	.
204	*Castiglione in Teverina*	.	.	.	.
211	*Alviano*	.	.	.	.
219	**Attigliano-Bomarzo** a.	.	.	.	.
	Attigliano-Bomarzo 302	.	.	.	.
225	*Bassano in Teverina*	.	.	.	.
233	**Orte** a.	★	★	.	★
	Orte 302-303-M70	★	★	.	★
311	**Roma Tiburtina** a.	★	★	.	★
316	**Roma Termini** a.	★ 10.45	★ 11.00	.	★ 11.25

km	45	ES★ 9466	[illegible]	[illegible]	iR 2134	
		12 28 43	2	2	12	
km	*Provenienza*	■	■	■	Ancona	Ma
0	Roma Termini 47	★ 13.35	.	.	.	
0	**Bologna Centrale**	★ 16.18	.	.	16.27	
10	Lavino	★	.	.		
13	*Anzola dell'Emilia*	★	.	.		
18	Samoggia	★	.	.		
26	Castelfranco d'Emilia	★	.	.		
37	**Modena** a.	★	.	.	16.50	
	Modena 202	★	.	.	16.52	
50	Rubiera	★	.	.		
62	**Reggio Emilia**	★	.	.	17.07	
73	Villa Cadè	★	.	.		
79	S.Ilario d'Enza	★	.	.		
90	**Parma** a.	★	.	.	17.22	
	Parma 196-250	★	.	.	17.24	
103	Castelguelfo	★	.	.		
112	**Fidenza** a.	★	.	.	17.36	
	Fidenza 195-245-250	★	.	✕ 17.21	17.38	
119	Alseno	★	.			
126	Fiorenzuola	★	.	17.30	17.48	
132	Cadeo	★	.	17.36		
138	Pontenure	★	.	17.42		
147	**Piacenza** 157 a.	★	.	17.49	18.03	
	Piacenza 142	.	.	.	*19.00*	
	Genova P. Principe 26 a.	.	.	.	*20.35*	
	Genova Brignole a.	.	.	.	*20.43*	
	Piacenza 142	.	.	*18.25*	*18.25*	
	Alessandria 30 a.	.	.	*20.40*	*20.40*	
	Torino P.Nuova a.	.	.	.	.	
	Modane a.	.	.	.	.	
147	**Piacenza**	★	17.25	17.50	18.05	
155	*S.Stefano Lodigiano*	★	17.32			
159	**Codogno** a.	★	17.36	17.59		
	Codogno 154-155	★	17.37	18.00		
164	**Casalpusterlengo** a.	★	17.41	18.04		◆
	Casalpusterlengo 154	★	17.42	18.05		◆
171	Secugnago	★	17.49			
183	Lodi	★	17.58	18.17	18.25	
191	Tavazzano	★	18.05			
194	*S.Zenone al Lambro*	★	18.09			
198	Melegnano	★ .	18.14		.	
203	*S.Giuliano Milanese*	★ .	18.20		.	
207	*Borgo Lombardo*	★ .	18.24		.	
209	**Milano Rogoredo**	★	18.35	18.36	18.42	
–	*Milano P.Romana* a.	★ .	.	.	.	
215	**Milano Lambrate** a.	★	18.44	✕ 18.46	18.48	
–	**Milano Greco Pirelli** a.	★ .	.	.	.	
–	**Milano P.Garibaldi** a.	★ .	18.53	.	.	
219	**Milano Centrale** a.	★ 18.00	.	.	18.55	

7 • Lavorate in coppia (A e B) come nel modello. A chiede informazioni sugli orari dei posti raffigurati nelle immagini. B risponde guardando in fondo al libro, alla sezione "Attività".

Vocaboli utili: aprire - chiudere - cominciare - finire

A **A che ora apre la banca?**
B **Alle ...**
A **E a che ora chiude?**
B **...**

A **A che ora comincia il primo spettacolo?**
B **Alle ...**
A **E a che ora finisce?**
B **...**

... a chiedere per sapere

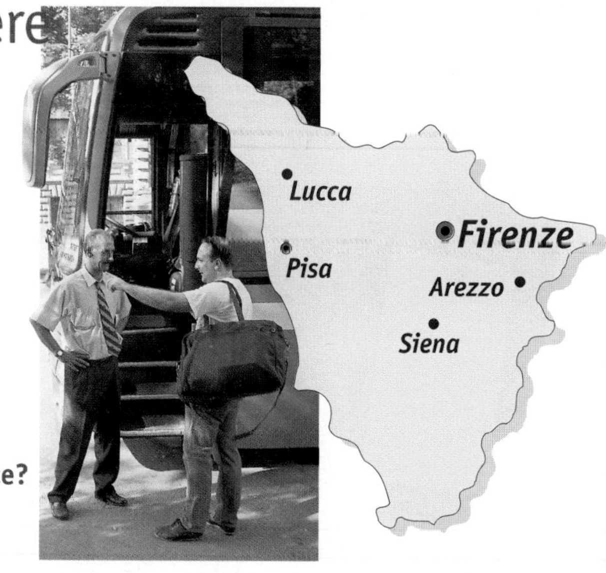

8 • Lavorate in coppia (A e B) come nel modello. A è un turista e vuole andare in autobus da Pisa a Firenze, Siena, Lucca, Arezzo. Non riesce a leggere l'orario e chiede aiuto a B, un passante. B va in fondo al libro, alla sezione "Attività", e dà le informazioni richieste.

Espressioni utili: a che ora...? - quanto tempo ci vuole...?

A Scusi, a che ora parte l'autobus per Firenze?
B A mezzogiorno.
A Quanto tempo ci vuole da Pisa a Firenze?
B Un'ora circa.

... a chiedere per avere

9 • Lavorate in coppia (A e B). Guardando le immagini, assumete a turno il ruolo di A (il cliente) e B (il barista) come nel modello. A chiede una cosa da bere; alla domanda di B risponde scegliendo fra le due alternative.

A Un tè, per favore.
B Al latte o al limone?
A Al limone, grazie.

10 • Lavorate in gruppi di quattro (A, B, C e D). A, B e C sono a casa di D; ciascuno chiede qualcosa da bere. Conversate in modo informale utilizzando gli elementi dati, come nel modello.

A, B o C Hai per caso del tè freddo?
D Sì, lo vuoi?
A, B o C Grazie, lo prendo volentieri.

▶ ... a esprimere possesso

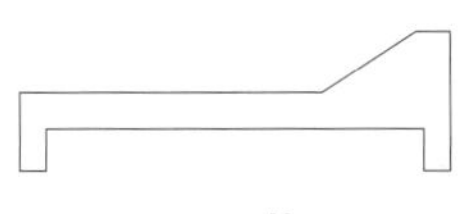
cuccetta

biglietto

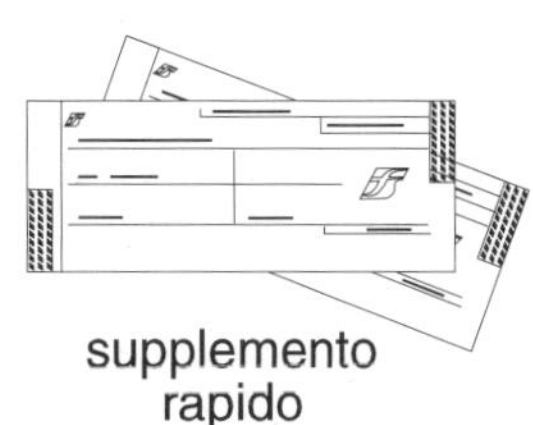
supplemento rapido

prenotazione

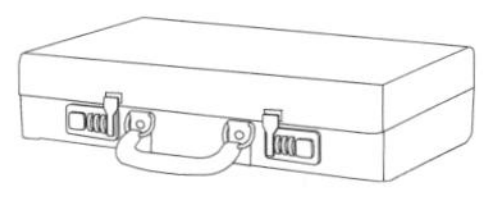
ventiquattrore

11 • Lavorate in coppia (A e B). A si rivolge a B, che sta per partire, e gli chiede se ha tutto il necessario. B decide che cosa ha e risponde in modo affermativo o negativo, come nel modello.

A Hai la cuccetta?
B Sì, ce l'ho. / No, non ce l'ho.

▶ ... un mondo di parole

12 • Guardate le immagini e completate le didascalie.

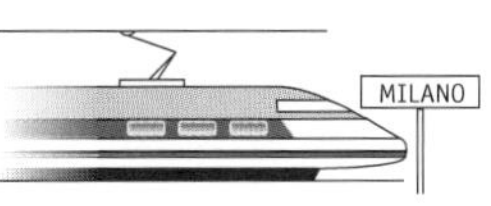

1. partire ____ Milano

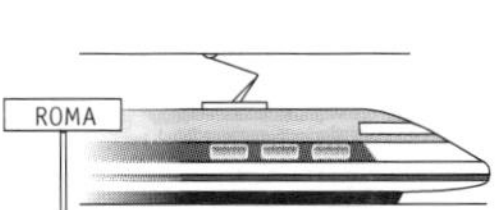

2. partire ____ Roma

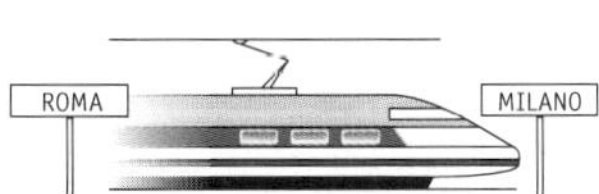

3. andare ____ Roma ____ Milano

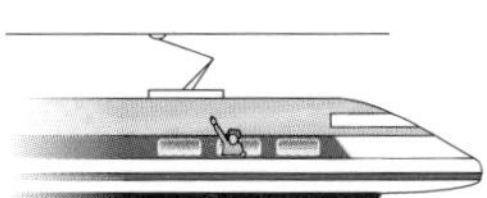
4. partire ____ treno

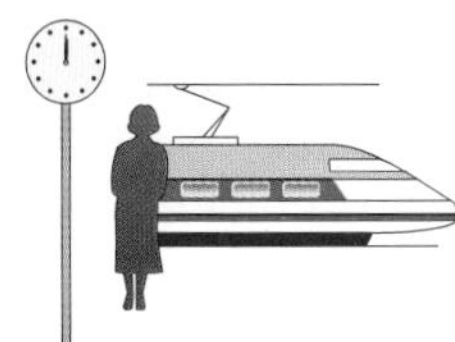
5. partire ____ il treno delle dodici

6. viaggiare ____ treno

7. viaggiare ____ macchina

8. viaggiare ____ aereo

13 • Completate le parole con le lettere mancanti.

_ inario	coin _ iden _ a	_ ig _ ietto	sta _ io _ e
par _ en _ a	_ uppl _ men _ o	ar _ iv _	ri _ ar _ o

14 • Trovate le parole mancanti.

Situazione 1

- Un biglietto di _____ e ritorno _____ Genova.
- Di prima o di seconda _____ ?
- Di seconda, grazie.
- Ecco a Lei.

Situazione 2

- Scusi, mi sa _____ a che ora arriva il rapido da Milano?
- _____ una e venti.
- _____ mille!

Situazione 3

- Senta, mi scusi, da quale _____ parte il rapido _____ undici e cinque?
- Un attimo che guardo...

Situazione 4

- Ha già il supplemento?
- No, non _____ l'ho: devo _____ adesso.

15 • Scrivete a fianco di ogni definizione la parola corrispondente.

1. se si prenota, non si viaggia in piedi ____________________
2. è più economica del vagone letto ____________________
3. se si perde, il viaggio diventa più lungo ____________________
4. piccola valigia per viaggi brevi ____________________
5. è necessario per i treni rapidi ____________________

16 • Scrivete accanto a ogni parola il suo contrario.

1. arrivare _____	4. scendere _____	7. finire _____	10. venire _____
2. andata _____	5. davanti _____	8. fuori _____	11. destra _____
3. nuovo _____	6. uomo _____	9. vero _____	12. brutto _____

17 • Scrivete accanto a ogni parola il sinonimo che conoscete.

1. breve = ____________________	4. davanti a = ____________________
2. accanto a = ____________________	5. favorito = ____________________
3. lieto = ____________________	6. quindi = ____________________

E ORA LA GRAMMATICA...

▶ coniugazione irregolare: indicativo presente di **venire** e **uscire**

	venire	uscire
(io) (tu)	**vengo** **vieni**	**esco** **esci**
(lui) (lei) (Lei)	**viene**	**esce**
(noi) (voi) (loro)	**veniamo** **venite** **vengono**	**usciamo** **uscite** **escono**

18 • Completate i dialoghi secondo il senso, scegliendo fra i verbi *venire* e *andare*.

1. – Paolo, ____________ da me stasera?
   – Sì, ____________ con Pietro e Aldo.
2. – Anche voi ____________ al cinema con noi?
   – No, noi ____________ a letto perché siamo stanchi.
3. – Dove ____________ così in fretta, Carlo?
   – ____________ alla stazione a prendere Anna.
4. – Tua sorella ____________ a casa?
   – No, ____________ con noi.
5. – È vero che ____________ a Firenze in treno, ragazzi?
   – Sì, ma se c'è posto in macchina, ____________ con te.

19 • Completate le frasi secondo il senso, scegliendo fra i verbi *uscire* e *venire*.

1. Se andate in discoteca, ____________ anch'io.
2. Se mi avverti quando ____________ dal cinema, ____________ a prenderti.
3. Marta ____________ ogni sabato sera con le amiche.
4. Se tu dici a Gianni che siamo qui, ____________ anche lui.
5. Sai quando ____________ da scuola Anna e Rita?

▶ le tre coniugazioni regolari: indicativo presente (quadro generale)

	-ARE	-ERE	-IRE	
	parlare	**prendere**	**partire**	**finire**
(io) (tu)	parl**o** parl**i**	prend**o** prend**i**	part**o** part**i**	fin**isco** fin**isci**
(lui) (lei) (Lei)	parl**a**	prend**e**	part**e**	fin**isce**
(noi) (voi) (loro)	parl**iamo** parl**ate** parl**ano**	prend**iamo** prend**ete** prend**ono**	part**iamo** part**ite** part**ono**	fin**iamo** fin**ite** fin**iscono**

■ Il pronome personale soggetto (*io*, *tu* ecc.) non è obbligatorio.

20 • Completate le frasi con le forme appropriate dei verbi indicati fra parentesi.

1. Marco e Sara ______________ stasera alle cinque. (arrivare)
2. Cosa ______________ da bere, signora? (prendere)
3. Le banche ______________ alle otto e trenta. (aprire)
4. Scusi, a che ora ______________ l'ufficio postale? (chiudere)
5. Di notte io non ______________ volentieri. (guidare)
6. Noi ______________ spesso in treno. (viaggiare)
7. Se parli così in fretta, nessuno ti ______________ . (capire)
8. Scusa, ______________ tu al telefono? (rispondere)
9. Lei cosa ______________ fare, signor Sordini? (preferire)
10. Io ______________ il giornale la mattina presto. (leggere)

▶ particella **ci** con il verbo **avere**

Hai Ha Avete	il passaporto? il biglietto? la carta d'identità?
	i documenti?
	le valigie?

Sì, No, non	**ce**	**l'**	ho	
		li		
		le	abbiamo	
Sì,		**ne**	abbiamo	due

- La particella *ci* diventa *ce* quando si combina con un altro pronome (*lo, la, li, le, ne*).
  Il *ce* ha valore indeterminato e rappresenta un semplice rinforzo semantico e fonico del verbo *avere*.
- Alla domanda "Hai il biglietto?" si risponde semplicemente "Sì" o "Sì, *ce l'ho*", ma *non*: "Sì, l'ho".
- Si apostrofa solo il pronome singolare.

21 • Trovate la risposta corretta alle seguenti domande.

1. Ha già il supplemento rapido, signora?
   Sì, ______________ .
2. Hai la cuccetta, Matteo?
   No, ______________ .
3. Luigi ha le valigie?
   Sì, ______________ tre.
4. Avete abbastanza soldi?
   Sì, ______________ .
5. Ha il passaporto, signor Neri?
   Sì, ______________ .

▶ uso delle preposizioni: **a, per, da, in, con, fra (tra)**

Il treno	arriva	**a** Roma / **al** binario 12
	parte	**per** Napoli / **dal** binario 16
	arriva/parte	**da** Firenze **a** mezzogiorno / **a** mezzanotte **all'**una e un quarto / **alle** diciassette e trenta **fra** (**tra**) venti minuti **in** ritardo
Sally	arriva/parte	**in** treno **con** il treno delle 11.05
C'è un'ora di tempo		**fra** un treno e l'altro

- A seconda delle preposizioni a cui si legano, i verbi *partire* e *arrivare* possono assumere diversi significati:
  destinazione: "Parto *per* Napoli"
  provenienza: "Arrivo / parto *da* Napoli"
  tempo: "Arrivo / parto *all'*una"; "... *fra* (*tra*) venti minuti"
  mezzo: "Arrivo / parto *in* treno (= un treno qualsiasi)"; "... *con* il treno delle 11.05 (= un treno specifico)".

22 • Completate i dialoghi con le preposizioni appropriate.

1. Marco parte ______ macchina?
   Sì, ______ la macchina ______ suo fratello.
2. Marta parte ______ Parigi ______ due giorni.
3. Luisa parte ______ te?
   Sì, viene ______ me ______ Venezia.
4. Stasera vedi Sergio?
   Sì, vado ______ lui ______ Marta.
5. Paolo va ______ Roma ______ Milano ______ sei ore. Io non vorrei andare ______ macchina ______ lui!
6. A che ora arriva ______ Napoli il rapido che parte ______ mezz'ora?
   Arriva ______ sedici e quarantadue.
7. ______ quale binario parte il treno ______ Torino?
   ______ binario dieci, credo.
8. Rimanete ancora un po' di tempo ______ Roma?
   No, partiamo domattina ______ il treno ______ sette.

pronomi diretti

deboli		
Il signor Radi	**mi**	sta aspettando
	ti	
	lo	
	la	
	La	
	ci	
	vi	
	li/le	

Ugo	**ti**	sta cercando,	Carlo / Sara
	La		dottore / signora

forti		
Il signor Radi sta aspettando	**me**	
	te	
	lui	(Mario)
	lei	(Anna)
	Lei,	dottore / signora
	noi	
	voi	
	loro	(i ragazzi / le ragazze)

- I pronomi deboli sono atoni e precedono il verbo coniugato.
- I pronomi forti portano l'accento tonico e seguono il verbo.
- I pronomi forti possono essere usati anche da soli: "Scusi, sta aspettando *me*?" "Sì, *Lei*"; "Cerchi *me*, Luisa?" "Sì, *te*".

23 • Completate i dialoghi con le forme appropriate del pronome diretto e del verbo.

1. Mi capisce, signorina?
   Sì, ____ ______________ , dottore.
2. Mi vede, signor Parini?
   Sì, ____ ______________ , signora.
3. Mi senti, Giorgio?
   No, non ____ ______________ , Daniele.
4. Ci aspettate, ragazzi?
   Sì, ____ ______________ .
5. Mi ascoltate, ragazzi?
   Sì, Carlo, ____ ______________ .

preposizioni con pronomi

Questo è	**per**	**te** **Lei** **voi**

Vieni	**da**	**me?** **noi?**

Esco	**con**	**lei** **lui** **loro**

- Con le preposizioni si usano solo i pronomi forti.
- L'accento tonico cade sul pronome (con lùi, per vòi ecc.).

24 • Completate i dialoghi con i pronomi appropriati.

1. Aldo esce con te?
   Sì, esce sempre con ________ .
2. Dici a me, Paolo?
   Sì, dico a ________ .
3. Questi caffè sono per noi?
   Sì, sono per ________ .
4. Andate da Pino e Gianna?
   Sì, andiamo da ________ .
5. Carla e Mario hanno la stessa età?
   No, fra ________ e ________ c'è un anno di differenza.

DITELO IN ITALIANO

ascoltare e scrivere

25 • Ascoltate la conversazione che si svolge su un treno tra due viaggiatori e completate le parti mancanti.

Sally Scusi, è _____ quel posto?
Sig. Neri Sì, prego, si _____ , signorina!
Sally _____ _____ il finestrino per salutare gli amici. Posso?
Sig. Neri Certo, _____ pure!
Sally Oh, meno male, _____ partendo.
Sig. Neri Sì, _____ un _____ in ritardo. _____ a Roma anche Lei?
Sally No, _____ a Napoli.
Sig. Neri Ah, Napoli! _____ un proverbio famoso su Napoli. Lei _____ _____?
Sally No... non _____ _____ .
Sig. Neri Il proverbio dice: "_____ Napoli e poi muori".
Sally Davvero? Napoli è così _____ ? Sono _____ di arrivare!

26 • Ascoltate gli annunci e decidete se le seguenti affermazioni sono vere (V) o false (F).

1. Il diretto 482 che viene da Pisa arriva al binario 10. V F
2. Il rapido 450 sta arrivando al binario 11. V F
3. L'espresso che viene da Firenze viaggia da 25 minuti. V F

parlare

27 • Lavorate in coppia (A e B) e drammatizzate la seguente situazione.

A Lei è l'addetto all'ufficio informazioni della stazione. Dia le indicazioni richieste guardando l'orario.

B Va in fondo al libro, alla sezione "Attività", e scopre il suo ruolo.

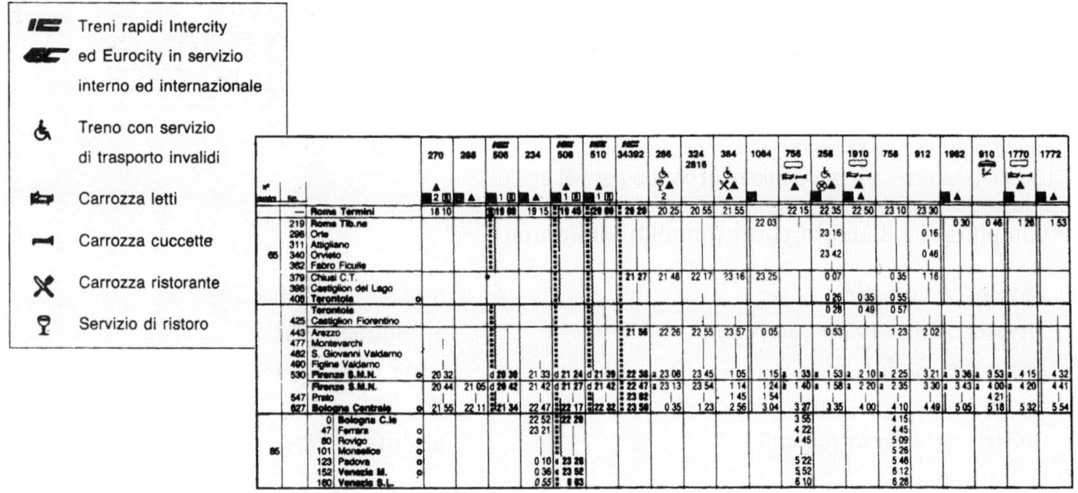

IC EC Treni rapidi Intercity ed Eurocity in servizio interno ed internazionale
Treno con servizio di trasporto invalidi
Carrozza letti
Carrozza cuccette
Carrozza ristorante
Servizio di ristoro

n° quadro	Km.		270	288	508	234	506	510	34392	286	324 2816	384	1084	756	258	1910	758	912	1962	910	1770	1772
	—	Roma Termini	18 10		19 00	19 15	19 45	20 00	20 20	20 25	20 55	21 55		22 15	22 35	22 50	23 10	23 30				
	219	Roma Tib.ne											22 03						0 30	0 46	1 26	1 53
	298	Orte													23 16			0 16				
	311	Attigliano																				
65	340	Orvieto													23 42			0 46				
	362	Fabro Ficulle																				
	379	Chiusi C.T.							21 27	21 48	22 17	23 16	23 25		0 07		0 35	1 16				
	396	Castiglion del Lago																				
	408	Terontola o													0 26	0 35	0 55					
		Terontola													0 28	0 49	0 57					
	425	Castiglion Fiorentino																				
	443	Arezzo							21 56	22 26	22 55	23 57	0 05		0 53		1 23	2 02				
	477	Montevarchi																				
	482	S. Giovanni Valdarno																				
	490	Figline Valdarno																				
	530	Firenze S.M.N. o	20 32		d 20 30	21 33	d 21 24	d 21 39	22 38	a 23 08	23 45	1 05	1 15	a 1 33	a 1 53	a 2 10	a 2 25	3 21	a 3 36	a 3 53	a 4 15	4 32
		Firenze S.M.N.	20 44	21 05	d 20 42	21 42	d 21 27	d 21 42	22 47	a 23 13	23 54	1 14	1 24	a 1 40	a 1 58	a 2 20	a 2 35	3 30	a 3 43	a 4 00	a 4 20	4 41
	547	Prato							23 02			1 45	1 54							4 21		
	627	Bologna Centrale o	21 55	22 11	21 34	22 47	22 17	22 32	23 50	0 35	1 23	2 56	3 04	3 27	3 35	4 00	4 10	4 49	5 05	5 18	5 32	5 54
	0	Bologna C.le				22 52	22 29							3 55			4 15					
	47	Ferrara o				23 21								4 22			4 45					
	80	Rovigo o												4 45			5 09					
85	101	Monselice o															5 26					
	123	Padova o				0 10	23 28							5 22			5 46					
	152	Venezia M. o				0 36	23 52							5 52			6 12					
	160	Venezia S.L.				0 55	0 03							6 10			6 28					

ALLA SCOPERTA...

...dei mezzi di trasporto

28 • Leggete il testo (non cercate di capire ogni parola) ed elencate i mezzi di trasporto di cui si parla.

In Italia il treno è un mezzo molto comune per viaggiare su lunghe o brevi distanze. Le tariffe sono piuttosto economiche, se confrontate con quelle di altri stati europei. I biglietti ferroviari si possono acquistare presso le stazioni o presso le agenzie di viaggio. La rete ferroviaria è estesa su tutto il territorio nazionale. C'è un'ampia gamma di treni: i "locali", che collegano i centri più piccoli, gli "InterCity", treni rapidi che si fermano solo nelle città più importanti, e i moderni e veloci ES (Eurostar), chiamati anche "Pendolino", che possono raggiungere la velocità massima di 250 km orari.

Ci sono anche le autolinee, cioè linee di pullman o autobus, che in genere vengono usate solo per brevi spostamenti locali, o per viaggi turistici di gruppo.

Anche l'aereo sta diventando un mezzo di trasporto abbastanza diffuso ma, a parte urgenti necessità di lavoro, gli italiani preferiscono usarlo per i viaggi all'estero, a causa delle tariffe ancora piuttosto elevate.

29 • Osservate la tabella e scrivete a quali servizi vi rivolgete se siete alla stazione

1. quando non state bene

____

2. quando volete lasciare le valigie per qualche ora

____

3. quando avete perduto un oggetto nella stazione

____

4. quando siete in anticipo rispetto all'ora della partenza del vostro treno

____

Deposito bagagli

Sala attesa

Posto di primo soccorso

Ufficio oggetti smarriti

30 • Leggete il seguente testo e scrivete il titolo appropriato fra quelli dati.

"Trasporto invalidi"
"Trasporto animali"
"Le carrozze Vagoni Letto"

____

LE CABINE POSSONO ESSERE A 3, 2 E 1 POSTO, O ANCHE DOPPIE COMUNICANTI; TUTTE SONO DOTATE DI LAVABO CON ACQUA CALDA E FREDDA, PRESA DI CORRENTE PER RASOIO, LAMPADE DA LETTURA, PORTA ABITI E ALTRI ACCESSORI.

FACCIAMO IL PUNTO

comprensione orale

1 • Ascoltate il dialogo e completate la griglia con i dati corretti.

IL PALATINO	parte da	*alle ore*	arriva a	*alle ore*
	_____	_____	_____	_____
	_____	_____	_____	_____
	_____	_____	_____	_____

2 • Adesso riascoltate il dialogo e controllate con l'aiuto dell'insegnante se i dati sono corretti.

comprensione scritta

3 • Leggete il testo e mettete in ordine le frasi numerandole nella corretta sequenza: aiutatevi con le illustrazioni.

A. ☐
Prima va a un'agenzia di viaggi per informarsi sui treni per Palermo e per prenotare una cuccetta. Domanda anche se ci sono riduzioni per i giovani con meno di vent'anni.

C. ☐
Il nonno di Stefano vive in Sicilia. Stefano non lo vede da molto tempo e ha intenzione di andare a trovarlo.

B. ☐
Il nonno capisce subito e vuole sapere da Stefano il giorno e l'ora del suo arrivo, così può andare a prenderlo alla stazione in taxi.

D. ☐
Poi telefona al nonno: "Nonno," dice, "c'è una bella sorpresa in arrivo per te".

produzione orale

4 • Rispondete alle seguenti domande.

1. Lei è a Milano e vuole andare a Genova, ma non sa se c'è un treno diretto. Che cosa domanda al bigliettaio?
2. Lei deve partire con un amico che viaggia sempre in prima classe. Come lo convince a prendere la seconda?

produzione scritta

5 • Completate le frasi.

1. Viaggiare in treno è _____
2. Scusi, a che ora _____ ?
3. Sei sempre in ritardo! Io _____ !

6 • Se prendete il treno ogni giorno per andare al lavoro o a scuola, scrivete come si svolge abitualmente il viaggio.

unità 8

in banca

- **Associate le immagini alle definizioni.**

1. A B C banconote di piccolo taglio
2. A B C banconote di grosso taglio
3. A B C monete
4. A B C biglietti

- **Associate le azioni della colonna A alle definizioni della colonna B.**

	A		B
1.	☐ comprare valuta	a.	depositare soldi sul conto corrente
2.	☐ versare denaro	b.	ritirare denaro dal conto corrente
3.	☐ prelevare contanti	c.	cambiare una valuta in un'altra

Con l'aiuto dell'insegnante, scoprite ora cosa imparerete a fare in questa unità.

Scopi comunicativi:	fare paragoni (1); esprimere desideri; esprimere possesso (4); riferire affermazioni altrui (1)
Grammatica:	• condizionale semplice (1) (espressione di desiderio) • particella *ci* (4) con il verbo *avere* • plurali irregolari (1): nomi in *-co* e *-go* • gradi dell'aggettivo: comparativo di maggioranza, minoranza e uguaglianza • gradi dell'aggettivo e dell'avverbio: superlativo assoluto • uso delle preposizioni (4): *a, di, da, in*
Area lessicale:	documenti bancari; valuta; qualità; numeri cardinali (2): da 50 a 1.000.000 e oltre

COSA SUCCEDE...

▶ ... allo sportello del cambio

• Ascoltate il dialogo fra il signor Müller e il cassiere di una banca e dite se il signor Müller può aprire un conto corrente.

1 • Riascoltate il dialogo e decidete se le seguenti affermazioni sono vere (V) o false (F).

1. Il signor Müller vuole cambiare 400 dollari in euro ☐V ☐F
2. Il signor Müller preferisce banconote di grosso taglio ☐V ☐F
3. Il signor Müller vuole aprire un conto corrente ☐V ☐F
4. Il signor Müller ha un libretto di assegni ☐V ☐F
5. Per il signor Müller la carta di credito è comoda per prelevare denaro contante ☐V ☐F

2 • Riascoltate il dialogo leggendo il testo, poi indicate qual è lo scopo comunicativo nei seguenti casi.

1. Il signor Müller dice "Allora vorrei cambiare solo 400 dollari."
   a. per precisare che ha solo 400 dollari ☐
   b. per precisare che deve cambiare solo 400 dollari ☐
   c. per precisare che non è conveniente cambiare più dollari ☐

2. Il signor Müller chiede "Come? Non capisco..."
   - a. per pregare l'impiegato di ripetere quanti euro fanno 400 dollari ☐
   - b. per dire che non sa cosa significa banconote di grosso taglio ☐
   - c. per sapere perché l'impiegato gli fa quella domanda ☐

3. Il signor Müller replica "Allora niente libretto di assegni?"
   - a. per sapere se può avere un libretto ☐
   - b. per dire che capisce di non poter avere un libretto ☐
   - c. per esprimere il suo disappunto ☐

3 • Per la pronuncia e l'intonazione, ascoltate e ripetete.

4 • Ora riascoltate la cassetta e parlate voi con il cassiere.

IMPARIAMO...

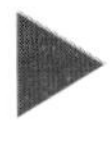

... a fare paragoni

5 • Lavorate in coppia (A e B). A guarda la tabella dei cambi su questa pagina e B guarda la tabella in fondo al libro alla sezione "Attività". Chiedete e rispondete come nel modello.

A **Scusi, quant'è il dollaro neozelandese, oggi?**
B **Oggi la quotazione è di 2,178 dollari per euro.**
A **Ah, è più bassa di ieri.**

Valute estere	per Euro	Variazione
Corona danese		-
Corona norvegese		+0,006
Corona svedese		-0,011
Corona ceca		-0,270
Dollaro USA		+0,001
Dollaro canadese		+0,002
Dollaro australiano		-0,021
Dollaro neozelandese	2,178	-0,007
Franco svizzero		-0,004
Sterlina UK		-0,001
Tallero sloveno		+0,065
Fiorino ungherese		+0,020
Zloty polacco		-0,017
Yen giapponese		-0,800

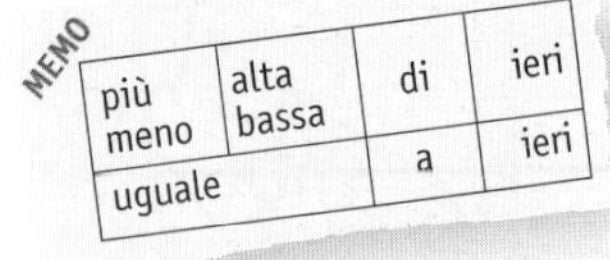

6 • Scegliete ogni volta l'alternativa che preferite e indicate il motivo utilizzando uno o più aggettivi fra quelli elencati.

economico ☐
caro ☐
familiare ☐
confortevole ☐

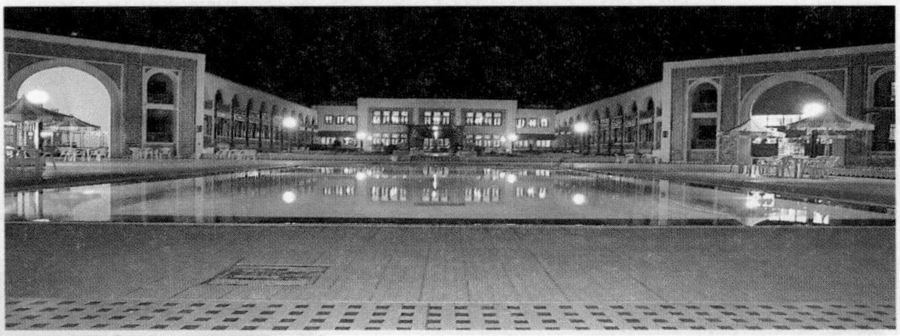

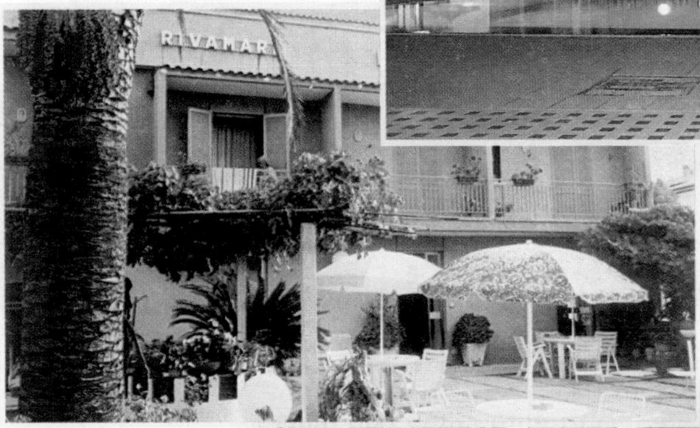

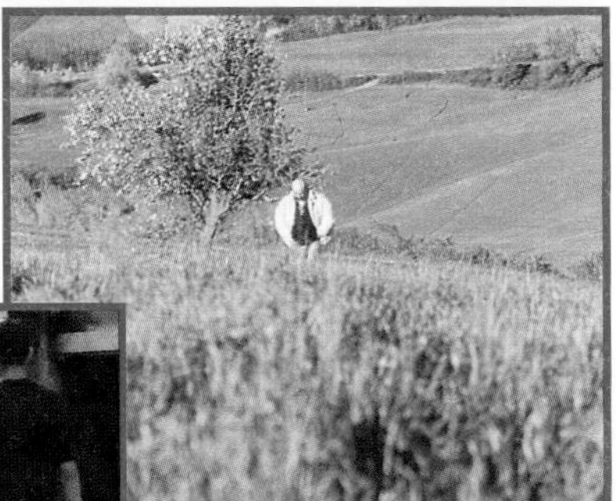

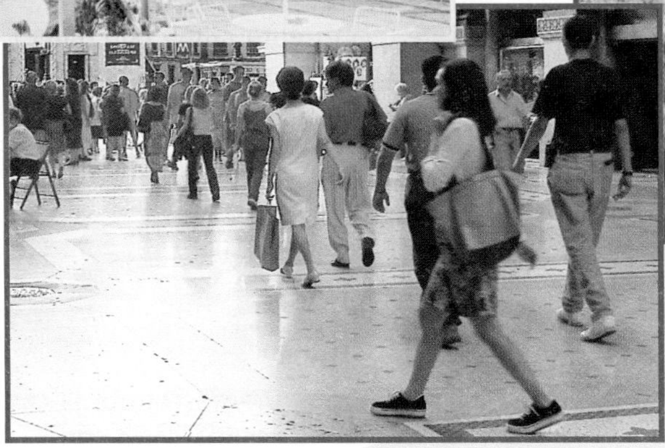

MEMO

più	...	del
meno	...	della
		dell'

salutare ☐
silenziosa ☐
vivace ☐
caotica ☐
stressante ☐

sicuro ☐
pratico ☐
rischioso ☐

veloce ☐
sicuro ☐
economico ☐
caro ☐
comodo ☐
scomodo ☐

comodo ☐
veloce ☐
salutare ☐
economico ☐
costoso ☐

7 • Lavorate in gruppi di tre (A, B, C). Confrontate le preferenze che avete espresso nell'esercizio precedente, come nel modello.

A Preferisco la pensione perché è più familiare dell'albergo e meno cara.
B Anch'io preferisco la pensione.
C Io, invece, preferisco l'albergo perché è più confortevole della pensione.

▶ ... a esprimere desideri

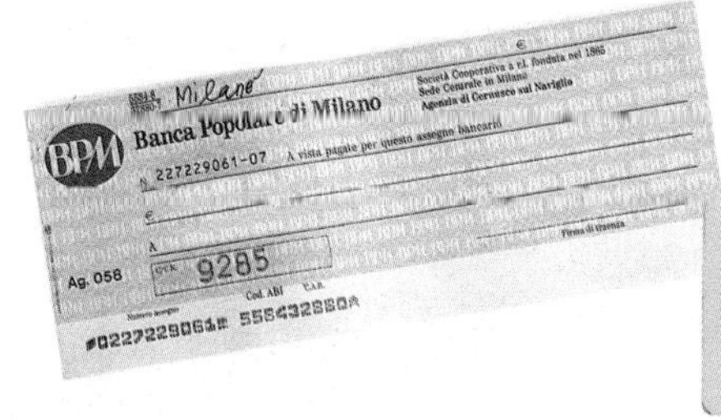

8 • Lavorate in coppia (A e B). Chiedete e rispondete come nel modello.

Vocaboli utili: aprire - avere - cambiare - usare

A Vorrei aprire un conto corrente: posso?
B Sì, se vuole può aprirlo.

... a esprimere possesso

9 • Lavorate in coppia (A e B). Ciascuno di voi fa un elenco dei documenti bancari che possiede, poi chiedete e rispondete come nel modello.

MEMO

la carta di credito il libretto di assegni	ce l'ho non ce l'ho

A Hai la carta di credito?
B Sì, ce l'ho: eccola.

... a riferire affermazioni altrui

10 • Seguendo il modello, riferite qual è il problema di ciascun personaggio.

John dice che è in Italia da due mesi e non ha ancora la residenza.

Sono in Italia da due mesi e non ho ancora la residenza

1 John

Dobbiamo partire per l'estero, ma non abbiamo ancora il passaporto

Oggi non posso andare in banca perché sono impegnata tutto il giorno

4 Anna e Marco

2 Adriana

Non posso aprire un conto corrente perché non ho ancora la residenza

Non posso prendere la macchina, perché è dal meccanico

3 Kurt

5 Angela

... un mondo di parole

11 • Trovate la parola "estranea" in ogni gruppo e sottolineatela.

1. armadio / biglietto / comodino / letto
2. assegno / libretto / doccia / valuta
3. impiegato / moglie / figlio / marito
4. tram / autobus / biglietto / automobile
5. museo / banca / bagno / cinema
6. strada / via / piazza / taxi

12 • Trovate nel puzzle dieci aggettivi e cerchiateli.

S	T	R	P	S	C	A	O	T	I	C	O
I	F	A	D	T	O	B	R	T	L	S	P
L	B	E	C	O	N	O	M	I	C	O	R
E	I	N	T	E	F	L	I	G	O	N	A
N	O	V	E	L	O	C	E	T	S	B	T
Z	S	I	G	S	R	N	O	E	T	O	I
I	C	V	R	A	T	O	M	V	O	S	C
O	O	A	E	N	E	I	L	E	S	D	O
S	M	C	S	T	V	S	O	F	O	R	L
O	O	E	L	E	O	G	D	S	R	T	M
P	D	R	S	A	L	U	T	A	R	E	T
S	O	F	G	R	E	Z	M	L	A	D	O

13 • Ora scrivete tre dei dieci aggettivi e mettete accanto a ciascuno il contrario che conoscete.

1. ____________________

   ____

2. ____________________

   ____

3. ____________________

   ____

Numeri cardinali da 50 a 1.000.000 e oltre

50 cinquanta	**51** cinquant**u**no	**700** settecento	**770** settecentosettanta
60 sessanta	**68** sessant**o**tto	**800** ottocento	**880** ottocent**o**ttanta
70 settanta	**75** settantacinque	**900** novecento	**999** novecentonovantanove
80 ottanta	**87** ottantasette	**1000** mille	**1800** milleottocento
90 novanta	**93** novantatré	**2000** duemila	**2150** duemilacentocinquanta
100 cento	**110** centodieci	**3000** tremila	**3680** tremilaseicent**o**ttanta
200 duecento	**220** duecentoventi	**10.000** diecimila	**10.500** diecimilacinquecento
300 trecento	**330** trecentotrenta	**100.000** centomila	**100.870** centomilaottocento-settanta
400 quattrocento	**440** quattrocentoquaranta		
500 cinquecento	**550** cinquecentocinquanta	**1.000.000** un milione	**1.600.300** unmilioneseicento-milatrecento
600 seicento	**660** seicentosessanta		

- I numeri cardinali sono invariabili, a eccezione di *uno* (che al femminile fa *una*), *mille* (che al plurale fa *-mila*) e *milione* (che al plurale fa *milioni*).
- I composti con *tre* portano l'accento: *ventitré, trentatré, novantatré, seicentotré* ecc.
- Da *venti* in poi, tutte le decine perdono la vocale finale quando si uniscono a *uno* e *otto*: vent*uno*, vent*otto*, trent*uno*, novant*otto* ecc.

14 • Ascoltate la cassetta e, per ciascuna persona allo sportello del cambio, individuate la valuta che vuole cambiare, la quantità e gli euro che ottiene dal cambio.

persone	valuta da cambiare	quantità di valuta	euro corrispondenti
1ª	________	________	________
2ª	________	________	________
3ª	________	________	________

E ORA LA GRAMMATICA...

condizionale semplice (espressione di desiderio)

Vorrei	cambiare 1000 dollari banconote di grosso taglio un'informazione

Avrei intenzione	**di**	aprire un conto corrente prendere la residenza vivere a Roma

15 • Completate le frasi per esprimere un desiderio o un'intenzione che avete.

1. __________ aprire un conto corrente.
2. __________ di passare un giorno al mare.
3. __________ un modulo per versare dei soldi.
4. __________ di ritirare duecento euro.
5. __________ pagare con la carta di credito.
6. __________ di cambiare banca.

particella **ci** con il verbo **avere**

Hai Ha	il libretto di assegni? la carta di credito?
	gli euro
	le monete?
Avete	i dollari?

Sì, No, non	**ce**	**l'**	ho	
		li		
		le		
Sì, ma		**ne**	abbiamo	pochi

- Come avete visto nell'unità 7, la particella *ci* diventa *ce* quando si combina con un altro pronome (*lo, la, li, le, ne*).
- Si apostrofa solo il pronome singolare.

16 • Date la risposta corretta alle seguenti domande.

1. Ha la carta di credito, signore?
   Sì, __________ .
2. Ha il libretto di assegni, signorina?
   No, non __________ .
3. Hai banconote di piccolo taglio?
   Sì, __________ .
4. Ha la residenza qui, signora?
   No, non __________ .
5. Avete due monete da un euro?
   No, non __________ .
6. Vuole comprare altri dollari?
   No, grazie __________ già mille.

plurali irregolari: nomi in **-co** e **-go**

nomi in -co

Il	banc**o**
L'	amic**o**

I	banc**hi**
Gli	amic**i**

nomi in -go

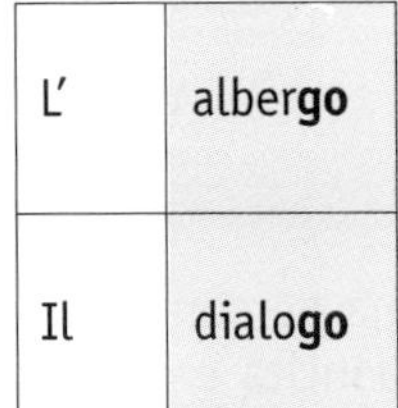

L'	alber**go**
Il	dialo**go**

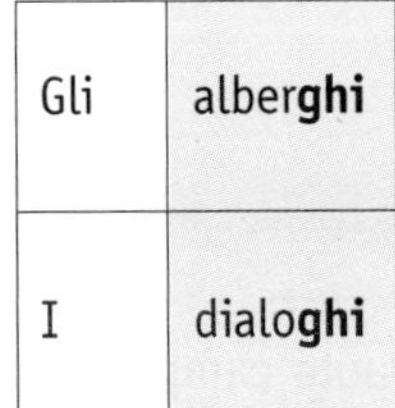

Gli	alber**ghi**
I	dialo**ghi**

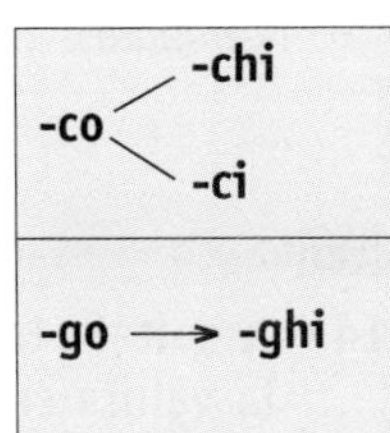

- I nomi in *-co* formano il plurale in *-chi* o *-ci*. Normalmente escono
  – in *-chi* se la terminazione *-co* è preceduta da consonante (ban*co* / ban*chi*);
  – in *-ci* se la terminazione *-co* è preceduta da vocale (medi*co* / medi*ci*).
- I nomi in *-go* formano il plurale sempre in *-ghi*, a eccezione di quelli che si riferiscono a professioni (psicolo*go* / psicolo*gi*; sociolo*go* / sociolo*gi*).

17 • Completate le frasi secondo il senso, utilizzando il plurale dei nomi indicati.

albergo - amico - banco - dialogo - gioco - greco - meccanico - medico - psicologo - sociologo

1. Gli ________ sono più cari delle pensioni.
2. Il compagno di ________ di John è un ragazzo vivace.
3. Ascoltate i ________ e dite di che cosa parlano i personaggi.
4. Marco e Luca sono due miei ________ di Bologna.
5. I miei genitori sono tutti e due ________ .
6. Sono molti i ________ che studiano l'italiano.
7. I ________ riparano le auto.
8. I ________ studiano i vari fenomeni sociali.
9. I ________ della nostra classe sono proprio scomodi.
10. Gli ________ studiano i processi mentali dell'uomo.

gradi dell'aggettivo

comparativo di maggioranza e di minoranza

L'aereo	è	**più** **meno**	comodo	**del**	treno
Il tuo albergo			bello	**del**	mio
La banca			vicina	**dell'**	ufficio postale
Il vino			buono	**della**	birra
Giorgio			grasso	**di**	Luigi

Capire una lingua straniera	è	**più** **meno**	facile	**che**	parlarla
Viaggiare in treno			sicuro		in macchina
La vita a Milano			stressante		a Modena
Questo regalo			costoso		utile
Per me l'auto			utile		per Giorgio

Ho	**più** **meno**	dollari	**che**	euro

- Si usa *di* quando il confronto è fra due nomi o pronomi, non preceduti da preposizione, rispetto a una stessa qualità.
- Si usa *che* quando il confronto è fra:
  - due *qualità* (aggettivi) rispetto a uno stesso nome o pronome;
  - due *azioni* (verbi) rispetto a una stessa qualità;
  - due *nomi* o *pronomi*, retti da preposizione, rispetto a una stessa qualità;
  - due *quantità*

comparativo di uguaglianza

La vita a Milano	è	**(tanto)**	stressante	**quanto**	a Roma
					cara
Camminare			salutare		andare in bicicletta
Giulio		**(così)**	gentile	**come**	te

- Normalmente si usa soltanto il secondo termine (*quanto, come*).

18 • Rispondete alle domande usando la forma comparativa dell'aggettivo indicato fra parentesi.

1. Perché vuoi viaggiare in aereo e non in treno?
   ________________ (*comodo*)
2. Perché vuoi studiare l'italiano e non il tedesco?
   ________________ (*facile*)
3. Perché vuoi mangiare il pesce e non la carne?
   ________________ (*buono*)
4. Perché vuoi prendere la metropolitana e non l'autobus?
   ________________ (*veloce*)
5. Perché vuoi andare al cinema e non al concerto?
   ________________ (*divertente*)

19 • Rispondete alle domande esprimendo la vostra opinione.

1. Secondo te è più comodo pagare in contanti o fare un assegno?
   ____
2. Secondo te è più bello stare a Milano o vivere in una città piccola?
   ____
3. Secondo te è più caro prendere il treno o andare in macchina?
   ____
4. Secondo te è più facile parlare o capire una lingua straniera?
   ____
5. Secondo te è più divertente vedere un bel film o andare in discoteca?
   ____
6. Secondo te è più rischioso viaggiare in aereo o muoversi in macchina?
   ____

20 • Completate le frasi inserendo in modo appropriato *di/del/della/dei/degli* oppure *che*.

1. Quest'albergo è molto più confortevole ________ bello.
2. Il nuovo professore è più simpatico ________ bravo.
3. Mio marito è più pigro ________ me.
4. Il loro appartamento è un po' più piccolo ________ nostro.
5. La grammatica italiana è certamente più complessa ________ quella inglese.
6. Claudia è più carina ________ sua amica.
7. La quotazione di oggi è più bassa ________ quella di ieri.
8. I miei genitori sono meno autoritari ________ tuoi.
9. Le pensioni sono più familiari ________ alberghi.
10. Pagare con la carta di credito è più pratico ________ sicuro.

▶ gradi dell'aggettivo e dell'avverbio: superlativo assoluto

aggettivi

bello buono faticoso vicino	bell- buon- faticos- vicin-	**-issimo** **-issima** **-issimi** **-issime**
stan**co** lun**go**	stan**ch-** lun**gh-**	
difficile facile gentile	difficil- facil- gentil-	

avverbi

po**co** lun**go**	po**ch-** lun**gh-**	**-issimo**
molto tanto presto tardi bene male	molt- tant- prest- tard- ben- mal-	

■ Gli aggettivi (o avverbi) in *-co* e *-go* per ragioni fonetiche inseriscono una H davanti al suffisso -issimo (lungo → lungHissimo, poco → pocHissimo).

21 • Replicate alle affermazioni usando il superlativo assoluto dell'aggettivo.

1. Carla dice che è molto calma.
   Sì, si vede che è ________ .
2. Gianni dice che è molto nervoso.
   Sì, anche a me sembra ________ .
3. Franca dice che è molto giovane.
   A me non pare ________ .
4. Marta dice che è molto stanca.
   Lo vedo anch'io che è ________ .
5. Giulia dice che è molto contenta.
   Sì, si vede che è ________ .
6. Tutti dicono che Paolo è molto povero.
   Sì, lo so che è ________ .
7. Tutti dicono che Carla è molto magra.
   Anche secondo me è ________ .
8. Tutti dicono che Ugo è molto grasso.
   È vero, è ________ .
9. Tutti dicono che Anna è molto ricca.
   Sì, so anch'io che è ________ .
10. Tutti dicono che quel film è molto bello.
    Sì, è ________ .

22 • Replicate alle affermazioni usando il superlativo assoluto dell'avverbio.

1. So che il dottor Paoletti spende molto poco per mangiare.
   Sì, so anch'io che
   ________________________.
2. So che la signora Sarti esce molto presto la mattina.
   Sì, il marito dice che
   ________________________.
3. So che quei ragazzi tornano molto tardi la sera.
   Sì, i genitori dicono che
   ________________________.
4. So che qui si mangia molto bene.
   Sì, posso confermare che
   ________________________.
5. So che il signor Rossi sta molto male.
   Sì, sua moglie dice che
   ________________________.

uso delle preposizioni: **a, di, da, in**

Preferisco	banconote	**di**	grosso / piccolo taglio
		da	cinquecento / venti euro

Sono	**in** Italia **in** questa città **a** Torino	**da**	due mesi pochi giorni tre settimane

Attenzione! Anche se il verbo è al presente indicativo, la struttura *"sono ... da ..."* esprime l'idea di un'azione iniziata nel passato e ancora in atto nel momento in cui si parla / si scrive.

23 • Completate le frasi.

1. "Sono a Firenze solo da una settimana."
   Anna dice che ________________ .
2. "Ho la macchina da un mese."
   Piero dice che ________________ .
3. "Uso la carta di credito da diversi anni."
   Giorgio dice che ________________ .
4. "Siamo sposati solo da sei mesi."
   Laura e Ugo dicono che ________________ .
5. "Studio l'italiano ormai da un anno."
   Peter dice che ________________ .
6. "Sto lavorando da tre ore e voglio fare una pausa."
   Ulrike dice che ________________ .
7. "Aspetto da mezz'ora la telefonata di Giulio."
   Marco dice che ________________ .
8. "Viviamo in campagna da dieci anni."
   I signori Fiorucci dicono che
   ________________ .
9. "Il bambino dorme da quattro ore."
   La signora Magni dice che
   ________________ .
10. "Gioco a tennis da due anni."
    Laura dice che ________________ .

DITELO IN ITALIANO

ascoltare e scrivere

24 • Ascoltate la conversazione che si svolge fra il cassiere di una banca e un cliente, e completate le parti mancanti (ogni spazio corrisponde a una parola).

John Carter Vorrei _____ un conto corrente.
Cassiere Lei è _____ , vero?
John Carter Sì, ma _____ già la residenza qui.
Cassiere Allora è a posto! Ha con sé il certificato di _____ e il _____ ?
John Carter Sì, _____ _____ _____ .
Cassiere Bene! Quanto _____ versare?
John Carter _____ dollari.
Cassiere Se mi _____ i documenti, _____ il modulo che Lei deve firmare.
John Carter _____ !
Cassiere Ecco: deve mettere una _____ qui.
John Carter _____ fatto. Posso avere subito un _____ di _____ ?
Cassiere Certamente.
John Carter Grazie _____ !

parlare

25 • Lavorate in coppia (A e B). Osservate la tabella dei cambi e drammatizzate la seguente situazione.

A Lei va in una banca italiana per cambiare la valuta di un paese che non fa parte dell'Unione monetaria europea.
Domandi all'impiegato qual è la quotazione del giorno. Poi chieda di cambiare una somma (200 dollari, 300 corone...).

B Lei è l'impiegato. Risponda alla domanda e dica a quanto corrisponde in euro la somma da cambiare.

Valute estere	per Euro
Dollaro USA	0,885
Sterlina UK	0,617
Franco svizzero	1,518
Yen giapponese	109,000
Corona danese	7,462
Corona norvegese	8,072
Corona svedese	9,001
Corona ceca	34,450
Tallero sloveno	216,398
Fiorino ungherese	266,980
Zloty polacco	3,561
Dollaro canadese	1,379
Dollaro australiano	1,742
Dollaro neozelandese	2,178

26 • Fate un paragone fra due persone che conoscete, come nel modello.

Mio padre è più calmo di mia madre.

Vocaboli utili: giovane - vecchio - timido - socievole - generoso - avaro - calmo - nervoso - dinamico - pigro

27 • Esprimete il vostro parere scegliendo fra le alternative indicate.

Secondo me ...

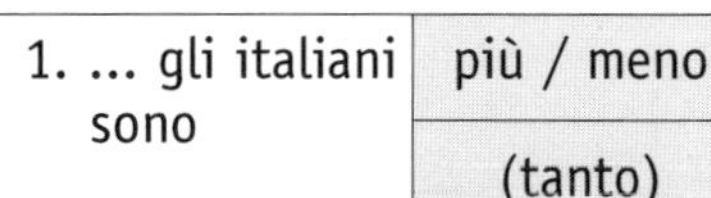

1. ... gli italiani sono	più / meno	socievoli	degli	inglesi
	(tanto)		quanto gli	

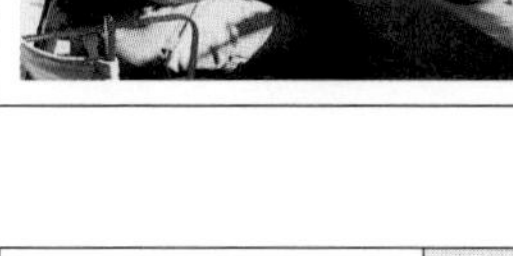

2. ... la vita in Italia è	più / meno	rilassante	della	vita negli Stati Uniti
	(tanto)		quanto la	

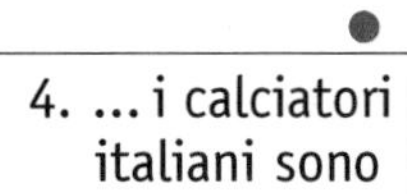

3. ... la cucina italiana è	più / meno	variata	della	cucina francese
	(tanto)		quanto la	

4. ... i calciatori italiani sono	più / meno	bravi	dei	calciatori argentini
	(tanto)		quanto i	

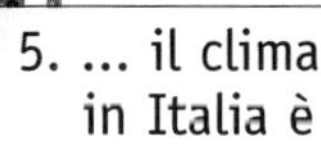

5. ... il clima in Italia è	più / meno	caldo	del	clima greco
	(tanto)		quanto il	

6. ... le auto italiane sono	più / meno	solide	di	quelle tedesche
	(tanto)		quanto	

ALLA SCOPERTA...

...di soldi e consumi

28 • Leggete l'intervista fatta a un sociologo (non cercate di capire ogni parola).

"Senta, Professore, gli italiani sono spendaccioni o risparmiatori?

Mah, dipende da tanti fattori: dall'età, da regione a regione...
Per esempio, si sa che gli anziani risparmiano più dei giovani.

Ma mediamente?

Mediamente... direi che le statistiche ci danno due dati contraddittori. Da una parte ci dicono che gli italiani tendono al risparmio più di molti altri popoli europei ...

Davvero?! E quali sono le forme di risparmio preferite dagli italiani?

L'italiano medio investe prima di tutto in BOT e CCT, poi nel "mattone": gli italiani proprietari di casa sono circa il 70%, e molti hanno anche una seconda casa al mare, in montagna o al paese d'origine. L'investimento in borsa, invece, è ancora una cosa da élite.

E l'altro dato?

Sì, da un'altra parte le statistiche sui consumi ci dicono che l'italiano medio è terzo, dopo il Giappone e la Germania, nella spesa per beni voluttuari, come abbigliamento, hi-fi e audiovisivi, automobili veloci, alimentazione, arredamento, vacanze.

Ma Lei come spiega questa contraddizione?

Vede, non dobbiamo dimenticare che, in poco più di quarant'anni, l'Italia è passata dalla condizione di nazione povera a quella di potenza industriale.
Come tutti i "nuovi ricchi", gli italiani sono divisi tra la voglia di esibire la nuova ricchezza – specie le generazioni nate dopo gli anni '50 – e il ricordo ancora recente della povertà, e questo spiega il bisogno di riparmiare per il futuro.

Nota: BOT e CCT sono titoli garantiti dallo Stato.

29 • Leggete l'intervista una seconda volta e dite quali differenze trovate fra gli italiani e i vostri connazionali nel rapporto con il denaro.

in Italia	**nel vostro paese**
1. i giovani non risparmiano volentieri	________________
2. si spende molto per i beni voluttuari	________________
3. i proprietari di casa sono circa il 70%	________________
4. pochi investono in borsa	________________
5. non si bada a spese quando si va all'estero	________________

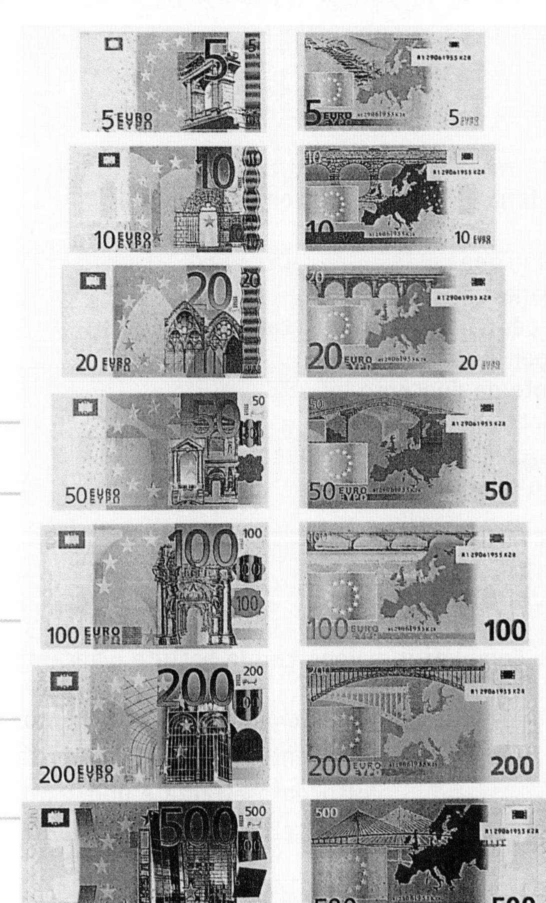

30 • Leggete la tabella seguente e poi rispondete alle domande.

1. Da quando ha iniziato a circolare l'euro?
____

2. Quanti sono i paesi che partecipano all'euro?
____

3. Da quando l'uso dell'euro è obbligatorio?
____

2 MAGGIO 1998
l'Italia entra a far parte dell'Unione monetaria europea

1° GENNAIO 1999
oltre all'Italia, partecipano all'euro: l'Austria, il Belgio, la Finlandia, la Francia, la Germania, l'Irlanda, il Lussemburgo, l'Olanda, il Portogallo, la Spagna

1° GENNAIO 2001
agli undici stati membri dell'Unione monetaria europea si aggiunge la Grecia

1° GENNAIO 1999 - 1° GENNAIO 2002
è possibile usare la moneta unica, l'euro, accanto alla valuta nazionale

1° LUGLIO 2002
vengono ritirate dal mercato le banconote nazionali dei dodici stati membri e diventa obbligatorio l'uso dell'euro

FACCIAMO IL PUNTO

▶ comprensione orale

1 • Ascoltate il dialogo e, seguendo le istruzioni del cassiere, immaginate di riempire un modulo come questo.

2 • Adesso riascoltate il dialogo e, con l'aiuto dell'insegnante, verificate la vostra comprensione.

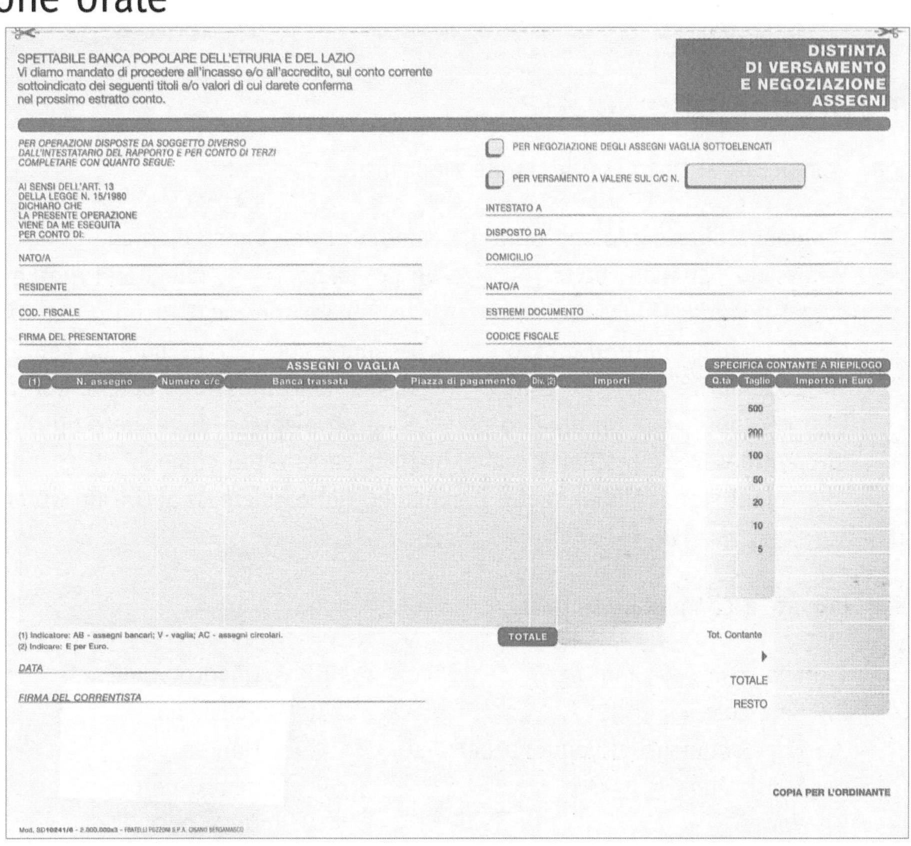

SPETTABILE BANCA POPOLARE DELL'ETRURIA E DEL LAZIO
Vi diamo mandato di procedere all'incasso e/o all'accredito, sul conto corrente sottoindicato dei seguenti titoli e/o valori di cui darete conferma nel prossimo estratto conto.

DISTINTA DI VERSAMENTO E NEGOZIAZIONE ASSEGNI

PER OPERAZIONI DISPOSTE DA SOGGETTO DIVERSO DALL'INTESTATARIO DEL RAPPORTO E PER CONTO DI TERZI COMPLETARE CON QUANTO SEGUE:

AI SENSI DELL'ART. 13 DELLA LEGGE N. 15/1980 DICHIARO CHE LA PRESENTE OPERAZIONE VIENE DA ME ESEGUITA PER CONTO DI:

NATO/A

RESIDENTE

COD. FISCALE

FIRMA DEL PRESENTATORE

☐ PER NEGOZIAZIONE DEGLI ASSEGNI VAGLIA SOTTOELENCATI

☐ PER VERSAMENTO A VALERE SUL C/C N.

INTESTATO A

DISPOSTO DA

DOMICILIO

NATO/A

ESTREMI DOCUMENTO

CODICE FISCALE

ASSEGNI O VAGLIA

(1)	N. assegno	Numero c/c	Banca trassata	Piazza di pagamento	Div. (2)	Importi
					TOTALE	

SPECIFICA CONTANTE A RIEPILOGO

Q.tà	Taglio	Importo in Euro
	500	
	200	
	100	
	50	
	20	
	10	
	5	

Tot. Contante

TOTALE

RESTO

(1) Indicatore: AB - assegni bancari; V - vaglia; AC - assegni circolari.
(2) Indicare: E per Euro.

DATA

FIRMA DEL CORRENTISTA

COPIA PER L'ORDINANTE

Mod. SD10241/6 - 2.000.000x3 - FRATELLI POZZONI S.P.A. CISANO BERGAMASCO

comprensione scritta

3 • Numerate le frasi nella sequenza corretta per formare un testo di senso compiuto.

a. ☐ Non domanda al cassiere qual è la quotazione,
b. ☐ Pablo acquista poi trecento dollari canadesi,
c. ☐ Pablo va nella banca vicina all'albergo per comprare cinquantamila yen.
d. ☐ perché la sa già: circa centonove yen per euro.
e. ☐ Pablo chiede se può avere due banconote da duecento
f. ☐ perché ha intenzione di partire per Montreal.
g. ☐ Dunque i cinquantamila yen valgono circa quattrocentocinquantotto euro.
h. ☐ e il resto in banconote di piccolo taglio e monete.

produzione orale

4 • Lei è in banca e sta parlando con l'impiegato. Completi il dialogo con le battute mancanti.

Impiegato Dica pure!
Lei _____________________
Impiegato Bene. Quanti dollari australiani vuole cambiare?
Lei _____________________
Impiegato Vediamo... Oggi il dollaro australiano è 1,742 per euro. Cinquecento fanno 871 euro.
Lei _____________________
Impiegato Spiacente. Oggi abbiamo solo banconote di grosso taglio.
Lei _____________________
Impiegato Ecco: cinquecento, settecento, ottocento, ottocentocinquanta, ottocentosettanta e uno... ottocentosettantuno. Li può contare.
Lei _____________________
Impiegato No, non qui. Per i traveller deve andare allo sportello 6.
Lei _____________________
Impiegato Guardi, è in fondo a destra.
Lei _____________________
Impiegato Non c'è di che. Buongiorno!

produzione scritta

5 • Completate il testo con le parole mancanti.

Il signor Müller è allo sportello del cambio di una banca e chiede _____ è il dollaro. Il cassiere risponde che la _____ è un po' meno _____ quella del giorno prima, perciò il signor Müller dice che _____ cambiare solo quattrocento dollari. Alla domanda se _____ banconote di grosso _____ risponde che _____ vuole da cento euro. Il signor Müller vorrebbe aprire anche un conto _____ , ma non è possibile perché non ha la _____ in Italia. Così non può avere un libretto di _____ e gli dispiace. Il cassiere gli dice che se ha la carta di credito non c'è problema e che, anzi, la carta è più comoda _____ libretto. Alla fine il signor Müller segue il consiglio del cassiere di aprire un libretto di risparmio.

6 • Provate a completare le frasi.

1. Che cosa devo fare per _____ ?
2. Se è così, _____ .
3. Che documenti ci vogliono per _____ ?
4. Scusi, può _____ ?
5. Vorrei _____ .
6. Quanto vuole _____ ?
7. Scusi, ha _____ ?
8. Non so _____ .
9. Senta, però _____ .
10. Dove posso _____ ?

unità 9

che giornata!

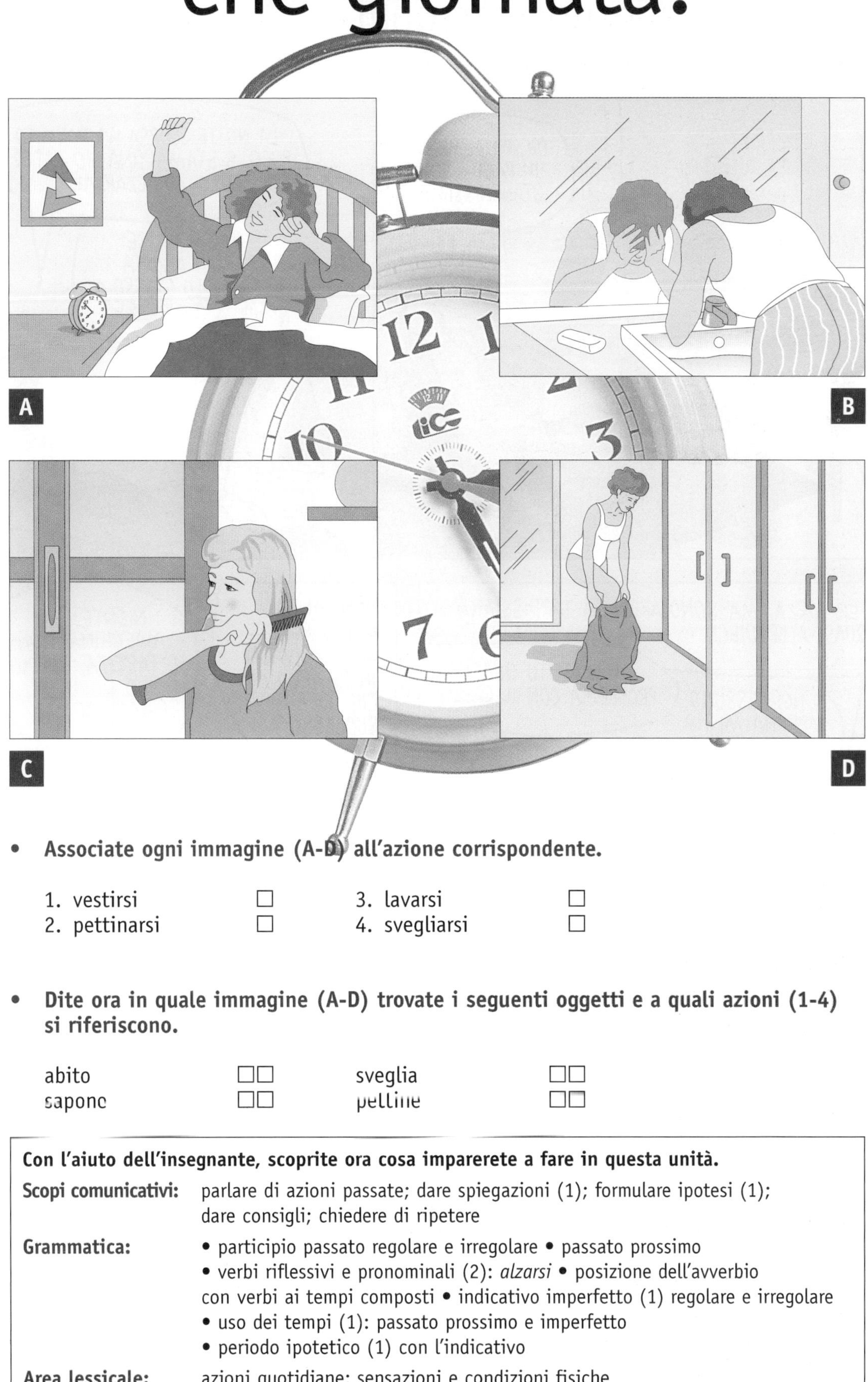

- **Associate ogni immagine (A-D) all'azione corrispondente.**

1. vestirsi ☐ 3. lavarsi ☐
2. pettinarsi ☐ 4. svegliarsi ☐

- **Dite ora in quale immagine (A-D) trovate i seguenti oggetti e a quali azioni (1-4) si riferiscono.**

abito ☐☐ sveglia ☐☐
sapone ☐☐ pettine ☐☐

Con l'aiuto dell'insegnante, scoprite ora cosa imparerete a fare in questa unità.

Scopi comunicativi: parlare di azioni passate; dare spiegazioni (1); formulare ipotesi (1); dare consigli; chiedere di ripetere

Grammatica: • participio passato regolare e irregolare • passato prossimo • verbi riflessivi e pronominali (2): *alzarsi* • posizione dell'avverbio con verbi ai tempi composti • indicativo imperfetto (1) regolare e irregolare • uso dei tempi (1): passato prossimo e imperfetto • periodo ipotetico (1) con l'indicativo

Area lessicale: azioni quotidiane; sensazioni e condizioni fisiche

COSA SUCCEDE...

... in un giorno sfortunato

• Ascoltate il dialogo fra Angela e Marisa e dite perché Angela è arrivata tardi in ufficio.

1 • Riascoltate il dialogo e decidete se le seguenti affermazioni sono vere (V) o false (F).

1. Angela ha fatto fatica ad alzarsi ☐V ☐F
2. Angela ha trovato subito un taxi ☐V ☐F
3. Il capo è stato comprensivo con Angela ☐V ☐F
4. Marisa ha preparato qualcosa di speciale per cena ☐V ☐F

2 • Riascoltate il dialogo leggendo il testo, poi indicate qual è lo scopo comunicativo nei seguenti casi.

1. Angela replica "Per forza, ma sono arrivata tardissimo..." per dire che è andata a lavorare
   a. perché non aveva il permesso di restare a casa ☐
   b. perché non voleva restare a casa ☐
   c. perché doveva finire un lavoro ☐

2. Marisa chiede ad Angela "Che ti è successo?", per sapere
   a. perché è arrivata tardi in ufficio ☐
   b. perché è arrivata tardi a casa sua ☐
   c. perché è tanto stanca ☐

3. Marisa chiede ad Angela " Perché non mi hai telefonato?",
   a. per dirle che aspettava la sua telefonata ☐
   b. per avere una spiegazione ☐
   c. per rimproverarla di non aver telefonato ☐

3 • Per la pronuncia e l'intonazione, ascoltate e ripetete.

4 • Ora riascoltate la cassetta e parlate voi con Marisa.

IMPARIAMO...

... a parlare di azioni passate

5 • Lavorate in coppia (A e B). Guardando le immagini, conversate in modo informale come nel modello.

A Che cosa hai fatto ieri pomeriggio?
B Ho guardato la TV. E tu?
A Anch'io ho guardato la TV. / Io ho giocato a tennis.

MEMO

-are		-ato
guardare	ho	guardato
giocare		giocato

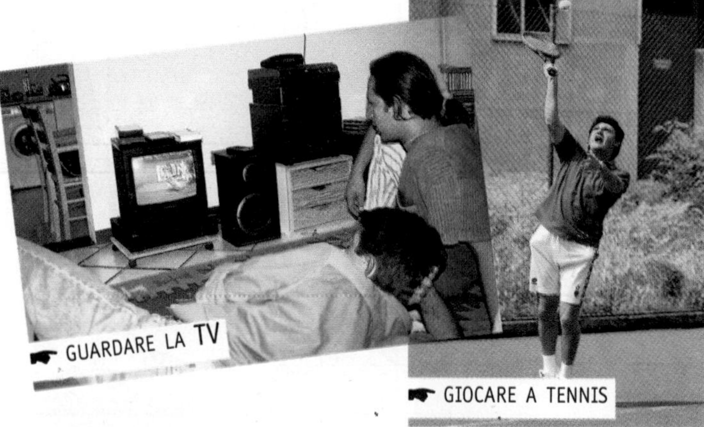
GUARDARE LA TV

GIOCARE A TENNIS

PASSEGGIARE CON UN'AMICA

PREPARARE LE VALIGIE

STUDIARE PER L'ESAME

6 • Associate a ciascuna delle seguenti vignette la didascalia appropriata.

MEMO

Giulio	è	andato
Anna		andata

1. ☐ Ieri Jenny è partita per Roma.
2. ☐ Mario ieri è andato in biblioteca.
3. ☐ Anna ieri è andata al cinema.
4. ☐ Ieri sera Pietro è uscito con un'amica.
5. ☐ Marta è rimasta tutto il giorno a casa.

A

D

B

E

C

7 • E voi che cosa avete fatto ieri?

Ieri sono ... **Ieri mattina ho ...**

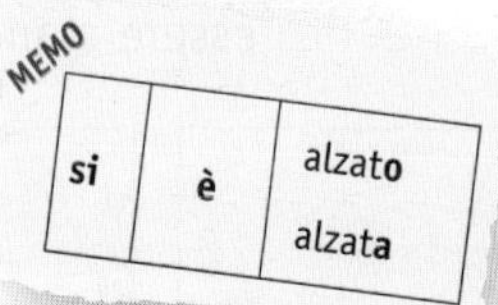

8 • Guardate le immagini e raccontate che cosa hanno fatto stamattina i due personaggi.

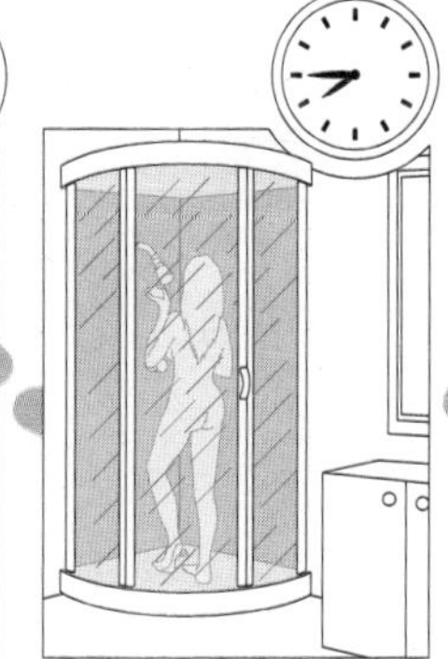

LA RAGAZZA
SI È ALZATA PRESTO,
ALLE 7.30, ...

IL RAGAZZO
SI È SVEGLIATO TARDI,
ALLE 9.30, ...

9 • Ora dite che cosa avete fatto voi stamattina.

10 • Lavorate in coppia (A e B). Confrontatevi su quello che avete fatto ieri, come nel modello.

A A quest'ora ieri giocavo ancora a tennis.
B Io, invece, ho giocato fino alle quattro.

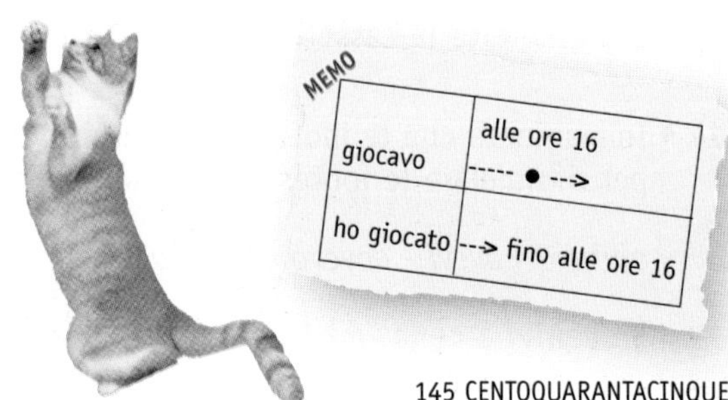

... a dare spiegazioni

11 • Associate alle immagini le seguenti didascalie.

1. ☐ avere sonno
2. ☐ essere stanco
3. ☐ avere fame
4. ☐ avere caldo
5. ☐ avere freddo
6. ☐ essere ammalato

A  B C D  E  F

12 • Come stavano ieri le persone rappresentate nell'esercizio precedente?

A	**Il ragazzo era/aveva ...**

MEMO

era	ammalato/a
aveva	freddo/caldo

13 • Ciascuno completa le frasi in base a ciò che ha fatto.

MEMO

ero	stanco/a
avevo	fame/sonno

1. Ieri non sono andato/a in ufficio, perché _____ .
2. Stamattina non ho fatto colazione, perché _____ .
3. Ieri sera non sono uscito/a, perché _____ .
4. Ieri mattina non ho messo il cappotto, perché _____ .
5. Stamattina ho messo solo la giacca, perché _____ .
6. Ieri sera ho chiamato il medico, perché _____ .
7. Poco fa ho preso un panino al bar, perché _____ .
8. Sono uscito/a prima dal lavoro, perché _____ .
9. Stanotte mi sono svegliato/a, perché _____ .
10. Stamattina ho fatto fatica ad alzarmi, perché _____ .

14 • Ora raccontate liberamente che cosa avete fatto durante l'ultimo week-end e dite perché.

... a formulare ipotesi

15 • Formate delle frasi associando in modo appropriato le ipotesi della colonna A con le conseguenze della colonna B.

A	B
1. ☐ Se vieni a cena,	a. puoi telefonare al tecnico.
2. ☐ Se sei in ritardo,	b. ti aiuto volentieri.
3. ☐ Se hai difficoltà con il computer,	c. non trovi traffico.
4. ☐ Se non sei troppo stanca,	d. mi fai molto piacere.
5. ☐ Se parti presto,	e. puoi prendere un taxi.
6. ☐ Se non devo uscire,	f. puoi aspettare Luisa.

16 • Ora ascoltate la cassetta e verificate.

17 • Immaginate che le ipotesi dell'esercizio 15 non si siano verificate. Usate i verbi indicati per riformulare le ipotesi, come nel modello.

aiutavo - avevi - dovevo - eri - facevi - partivi - potevi - trovavi - venivi

Se *venivi* a cena, mi *facevi* molto piacere.

... a dare consigli

18 • Lavorate in coppia (A e B). Guardando le immagini e leggendo le didascalie, a turno chiedete, rispondete e replicate come nel modello.

A È mai stata a Roma, signorina?
B No, non ci sono mai stata.
A Allora deve andarci: è una bellissima città, ricca di resti archeologici e di monumenti dell'età rinascimentale e barocca.

Roma una città ricca di resti archeologici e di monumenti dell'età rinascimentale e barocca.

Pisa una città famosa in tutto il mondo per la sua torre pendente e per il Campo dei Miracoli.

Bologna sede della più antica università d'Europa, fondata verso il 1080, e della Fiera internazionale del libro per ragazzi.

Venezia città unica al mondo, vanta fra i suoi monumenti la basilica romano-bizantina di San Marco e il Palazzo Ducale, capolavoro gotico.

Firenze centro d'arte e di cultura fra i maggiori del mondo, in cui sono nati letterati e artisti come Dante e Botticelli.

▶ ... a chiedere di ripetere

19 • Ascoltate la cassetta, poi, per ciascuno dei quattro dialoghi, indicate in che modo un interlocutore chiede all'altro di ripetere.

Dialogo n. ☐ Cosa ha detto, scusi?
Dialogo n. ☐ Può ripetere, scusi?
Dialogo n. ☐ Scusi, non ho capito bene.
Dialogo n. ☐ Cosa hai detto, scusa?

▶ ... un mondo di parole

20 • Associate le parole alle immagini e dite quando avete compiuto queste azioni l'ultima volta.

1. ☐ lavare la biancheria
2. ☐ passare l'aspirapolvere
3. ☐ spazzare il pavimento
4. ☐ spolverare
5. ☐ stirare

A
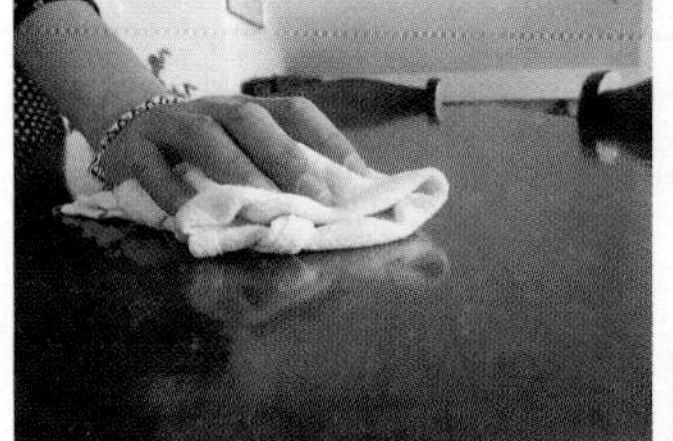
B
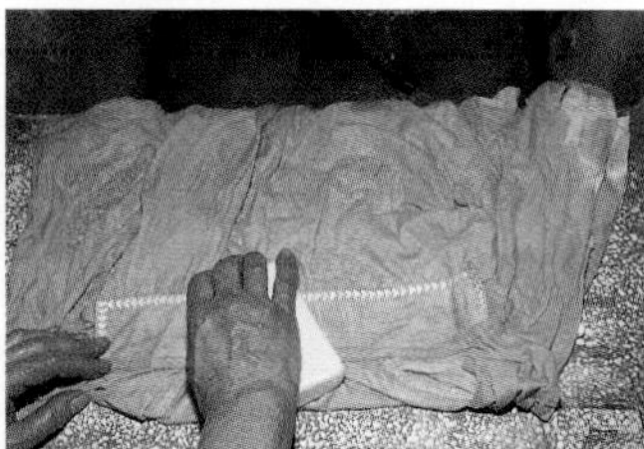
C

D
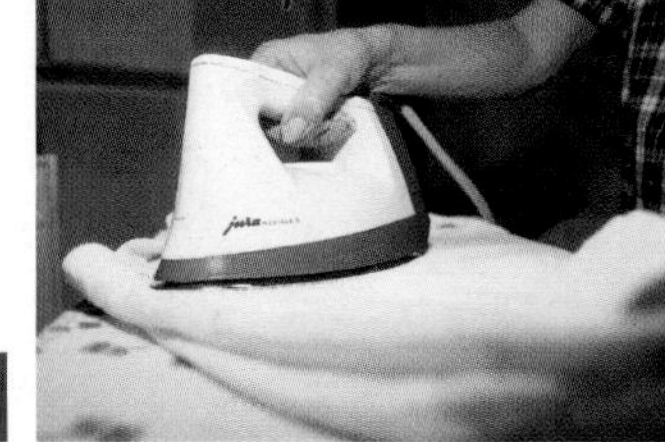
E

21 • Associate i verbi di significato contrario.

1. ☐ svegliarsi
2. ☐ lavarsi
3. ☐ vestirsi

a. spogliarsi
b. addormentarsi
c. asciugarsi

22 • Associate ciascuna parola del gruppo A al suo contrario presente nel gruppo B.

A
1. ☐ caldo
2. ☐ fame
3. ☐ riposato
4. ☐ sano

B
a. stanco
b. ammalato
c. freddo
d. sete

23 • Trovate il verbo appropriato.

1. ______ la doccia
2. ______ fame
3. ______ colazione
4. ______ il pranzo
5. ______ dal letto
6. ______ il pasto
7. ______ l'impiegato
8. ______ a tennis
9. ______ il biglietto
10. ______ complimenti

E ORA LA GRAMMATICA...

participio passato regolare

lavorare	lavorato
ricevere	ricevuto
dormire	dormito

-are	→	**-ato**
-ere	→	**-uto**
-ire	→	**-ito**

- Come *lavorare* si coniugano: *andare, arrivare, cercare, stare*...; come *ricevere* si coniugano: *avere, tenere, vendere*...; come *dormire* si coniugano: *preferire, partire, sentire*...

participio passato irregolare

essere	**stato**

accendere	**acceso**
chiudere	**chiuso**
decidere	**deciso**
perdere	**perso** (perduto)
prendere	**preso**
scendere	**sceso**
spendere	**speso**
discutere	**discusso**
mettere	**messo**
permettere	**permesso**
promettere	**promesso**
smettere	**smesso**
succedere	**successo**
scegliere	**scelto**
spegnere	**spento**

dire	**detto**
fare	**fatto**
leggere	**letto**
rompere	**rotto**
scrivere	**scritto**
chiedere	**chiesto**
rimanere	**rimasto**
rispondere	**risposto**
proporre	**proposto**
vedere	**visto** (veduto)
aprire	**aperto**
morire	**morto**
offrire	**offerto**

bere	**bevuto**
venire	**venuto**
nascere	**nato**

conoscere	**conosciuto**
piacere	**piaciuto**
vivere	**vissuto**

- I verbi in -ARE e -IRE sono generalmente regolari. *Fare* e *dire* sono in realtà verbi della 2ª coniugazione (facere, dicere)
- I verbi in *-ere* sono in gran parte irregolari.

24 • Completate le frasi con la forma appropriata del participio passato dei verbi indicati.

dormire - perdere - ricevere - sapere - volere

1. Perché è qui, signora?
   Perché ho ______________ un avviso.
2. Perché è in ritardo, signorina?
   Perché ho ______________ l'autobus.
3. Perché torna a casa così presto, dottore?
   Perché ho ______________ che mia moglie non sta bene.
4. Perché è uscita più tardi, signora?
   Perché ho ______________ finire la relazione.
5. Perché è tanto stanca, signorina?
   Perché ho ______________ poco e male.

25 • Come l'esercizio precedente.

aprire - chiudere - decidere - leggere - mettere - offrire - perdere - rompere - smettere - spendere

1. Avete ______________ la porta a chiave?
2. Dove ho ______________ gli occhiali?
3. Gianni ha ______________ di fumare?
4. Chi ha ______________ il vaso che era sul mio tavolo?
5. Quanto avete ______________ per il taxi?
6. Kurt ha ______________ il portafoglio.
7. Per il suo compleanno Ugo ha ______________ da bere a tutti.
8. Anna ha ______________ di andare a vivere da sola.
9. Abbiamo ______________ le finestre perché avevamo caldo.
10. Qual è l'ultimo libro che hai ______________ ?

passato prossimo

con l'ausiliare AVERE

(io) (tu)	**ho** **hai**	lavorat**o**	molto
(lui) (lei) (Lei)	**ha**	ricevut**o**	tante lettere
(noi) (voi) (loro)	**abbiamo** **avete** **hanno**	finit**o**	presto

con l'ausiliare ESSERE

sono **sei**	andat**o** / andat**a**	a casa
è	partit**o** / partit**a**	per Roma
siamo **siete** **sono**	andat**i** / andat**e** partit**i** / partit**e**	al cinema da Milano

Come avete visto, il passato prossimo si forma con *avere* o con *essere*.

- Se il passato prossimo è costruito con *essere*, il participio passato si accorda con il soggetto in genere e numero, prendendo le terminazioni *-o*, *-a*, *-i*, *-e*.
- Si usa l'ausiliare *essere* con:
  - i verbi che indicano azioni che hanno un punto di partenza o di arrivo, come: *andare, venire, tornare, uscire* ecc.;
  - i verbi *essere, stare, rimanere*;
  - i verbi *nascere, vivere, morire, diventare*;
  - i verbi *piacere, sembrare, succedere*;
  - i verbi riflessivi e pronominali (*alzarsi, chiamarsi* ...)
- Si usa l'ausiliare *avere* con tutti gli altri verbi.

26 • Completate le frasi con la forma appropriata del participio passato dei verbi indicati.

andare - arrivare - nascere - partire - rimanere - stare - uscire - venire

1. Domenica scorsa Patrizia è ______________ tutto il giorno a casa.
2. L'ultimo week-end Anna e Rita sono ______________ dai loro parenti al mare.
3. Carlo è ______________ due giorni fa da Torino.
4. I nonni sono ______________ da noi per due settimane.
5. Le mie amiche sono ______________ in Sicilia, ma vivono a Roma da dieci anni.
6. Britt è ______________ in aereo dalla Svezia.
7. Ieri le due ragazze sono ______________ in ritardo a scuola.
8. Stamattina Lorenzo e Carlo sono ______________ di casa prestissimo.

27 • Completate le frasi con il passato prossimo dei verbi indicati tra parentesi.

1. Mario è nervoso perché ______________ l'autobus. (*perdere*)
2. Luisa non ______________ alla domanda di Pino. (*rispondere*)
3. Scusa, ______________ il mio libro d'italiano? (*vedere*)
4. ______________ il giornale di oggi, signora? (*leggere*)

5. Ieri noi ____________ a casa tutto il giorno. (*rimanere*)
6. Gianna ____________ a Napoli, ma vive a Torino. (*nascere*)
7. Marco e Piero ____________ per Milano alle sei. (*partire*)
8. Vi ____________ il film di ieri sera, ragazzi? (*piacere*)
9. Anna e Paola ____________ a giocare a tennis. (*andare*)
10. Negli ultimi mesi Serena ____________ grassa. (*diventare*)

28 • Completate le risposte con il passato prossimo dei verbi indicati tra parentesi.

1. Come avete passato il pomeriggio?
   ____________ ad alcune lettere. (*rispondere*)
2. Avete prenotato la camera?
   No, ____________ solo il prezzo. (*chiedere*)
3. Come avete passato la sera?
   ____________ un film alla TV. (*vedere*)
4. Che cosa ti ha domandato Gianni?
   Dove ____________ la chiave. (*mettere*)
5. Che ti ha detto Franco?
   Mi ____________ di uscire con lui. (*proporre*)

▶ verbi riflessivi e pronominali: **alzarsi**

presente

Di solito	(io)	**mi** alzo	presto
	(tu)	**ti** alzi	
	(lui) (lei) (Lei)	**si** alza	
	(noi)	**ci** alziamo	
	(voi)	**vi** alzate	
	(loro)	**si** alzano	

passato prossimo

Oggi, invece,	**mi**	**sono**	alzato / alzata	molto tardi
	ti	**sei**		
	si	**è**		
	ci	**siamo**	alzati / alzate	
	vi	**siete**		
	si	**sono**		

■ Al passato i verbi riflessivi e pronominali si coniugano sempre con *essere* e la terminazione del participio si accorda in genere e numero con il soggetto.

29 • Completate i verbi con le terminazioni appropriate.

1. Giovanna si è divertit__ ieri sera?
   No, dice che si è annoiat__ molto.
2. Non hai fatto una pausa, Sara?
   Sì, mi sono riposat__ un po' dopo pranzo.
3. Ragazze, vi siete dimenticat__ di telefonare a Marisa?
   No, ci siamo ricordat__, ma lei non era a casa.
4. Andrea e Lucio si sono stancat__ molto?
   Sì, ma poi si sono riposat__ per due ore.
5. Giorgio si è svegliat__ presto stamattina?
   Sì, ma non si è alzat__ subito.

30 • Completate le frasi con il passato prossimo dei verbi indicati tra parentesi.

1. Stamattina ____________ prestissimo perché dovevamo prendere il treno. (*alzarsi*)
2. Marisa ____________ perché è suonato il telefono. (*svegliarsi*)
3. I ragazzi ____________ in fretta perché erano in ritardo. (*vestirsi*)
4. Marta, devo dire che oggi ____________ benissimo. (*pettinarsi*)
5. ____________ ieri sera a casa di Piero, ragazzi? (*divertirsi*)
6. La festa non era divertente e molti ____________ . (*annoiarsi*)
7. Noi ____________ molto a viaggiare in treno. (*stancarsi*)
8. Dopo pranzo io e Luigi ____________ una mezz'ora. (*riposarsi*)
9. Matteo, ____________ di comprare il pane? (*ricordarsi*)

posizione dell'avverbio con verbi ai tempi composti

Marco	è		sempre	stato	un buon padre
			già	arrivato	a Torino
	non	è	ancora	uscito	di casa
		ha	mai	visto	la Sicilia
	ha		appena	finito	di mangiare
			anche	preso	il caffè

si è	già	svegliato
		alzato
non si è	ancora	lavato
		vestito

- Normalmente l'avverbio segue il verbo nei tempi semplici (Mangia *poco*). Nei tempi composti può stare fra l'ausiliare e il participio (Ha *sempre* mangiato poco), o dopo il participio (Ha mangiato *sempre* poco).
- In alcuni casi la posizione dell'avverbio dà luogo a significati diversi:
  a. Ha *appena* finito di mangiare (= ha finito di mangiare *da poco*);
  b. Ha finito *appena* di mangiare (= ha finito di mangiare *a fatica*);
  c. *Appena* ha finito di mangiare, è uscito (= *subito dopo* aver finito di mangiare).

31 • Riscrivete le frasi inserendo in modo corretto l'avverbio indicato tra parentesi.

1. Non abbiamo finito di lavorare.
   ______________________ (*ancora*)
2. Marta non è stata all'estero.
   ______________________ (*mai*)
3. Giorgio è tornato dall'ufficio.
   ______________________ (*appena*)
4. Mia madre si è alzata prestissimo.
   ______________________ (*sempre*)
5. Laura si è svegliata.
   ______________________ (*già*)
6. Franco e Ugo si sono divertiti.
   ______________________ (*sempre*)
7. Ho mangiato il dolce e la frutta.
   ______________________ (*anche*)
8. Con questi amici non mi sono annoiato.
   ______________________ (*mai*)

indicativo imperfetto regolare e irregolare

coniugazione regolare

	parlare	**vedere**	**sentire**
(io)	parl**avo**	ved**evo**	sent**ivo**
(tu)	parl**avi**	ved**evi**	sent**ivi**
(lui) (lei) (Lei)	parl**ava**	ved**eva**	sent**iva**
(noi)	parl**avamo**	ved**evamo**	sent**ivamo**
(voi)	parl**avate**	ved**evate**	sent**ivate**
(loro)	parl**avano**	ved**evano**	sent**ivano**

coniugazione irregolare

essere	**fare**	**dire**	**bere**
ero	fac**evo**	dic**evo**	bev**evo**
eri	fac**evi**	dic**evi**	bev**evi**
era	fac**eva**	dic**eva**	bev**eva**
eravamo	fac**evamo**	dic**evamo**	bev**evamo**
eravate	fac**evate**	dic**evate**	bev**evate**
erano	fac**evano**	dic**evano**	bev**evano**

- Si forma così anche l'imperfetto di molti verbi, come *andare*, *avere*, *venire* ecc.
- La 1ª e la 2ª persona plurale hanno l'accento sulla penultima sillaba (parlaVÀmo, vedeVÀte), la 3ª plurale ha l'accento sulla terzultima (senTÌvano).

uso dei tempi: imperfetto (i) e passato prossimo (pp)

i	Alle otto **dormivo** ancora	ore 8 .... • .... →
pp	**Ho dormito** fino alle otto	ore 8 / .... /
	tutto il giorno	/ .... /
	fra le due e le tre	/ .... /
	dalle tre alle sei	/ .... /

- Con (i) il parlante si riferisce *a un solo momento* dell'azione. Con (**pp**) il parlante si riferisce a *tutta* l'azione.

32 • Completate le frasi secondo il senso, usando l'imperfetto o il passato prossimo dei verbi indicati tra parentesi.

1. Ieri a quest'ora io ______ a Firenze. (*essere*)
2. Il treno ______ con venti minuti di ritardo. (*arrivare*)
3. Mario è stanco, perché la notte scorsa ______ poco. (*dormire*)
4. Alle dieci di sera Marco ______ ancora. (*lavorare*)
5. Noi due ______ a tennis fra le sette e le otto. (*giocare*)
6. Ieri i miei amici ______ fuori tutto il giorno. (*stare*)
7. Sandro ______ l'inglese per due anni. (*studiare*)
8. In quel momento la ragazza ______ al telefono. (*parlare*)
9. Stamattina Sara ______ per Parigi. (*partire*)
10. A mezzanotte loro ______ ancora un taxi. (*aspettare*)

33 • Completate le frasi con le forme appropriate del passato prossimo e dell'imperfetto dei verbi indicati tra parentesi.

1. Stamattina Rita ______ tardi perché ______ stare a casa. (*alzarsi/potere*)
2. Per tre giorni io ______ a casa perché ______ ammalata. (*rimanere/essere*)
3. Marco ______ il cappotto perché ______ freddo. (*mettere/sentire*)
4. Loro ______ tutte le finestre perché ______ caldo. (*aprire/avere*)
5. Paolo non ______ con noi perché ______ stanco. (*venire/essere*)
6. Ieri sera io non ______ perché non ______ fame. (*cenare/avere*)
7. Sandro e io ______ al mare perché ______ caldo. (*andare/fare*)
8. Ugo ______ dal medico perché non ______ bene. (*andare/stare*)
9. Carla ______ tardi dall'ufficio perché ______ finire un lavoro. (*uscire/dovere*)
10. Ieri notte Marta ______ presto perché ______ sonno. (*tornare/avere*)

periodo ipotetico con l'indicativo

	ipotesi			conseguenza	
presente/futuro	Se	hai	difficoltà con il computer,	puoi	telefonare al tecnico
passato		avevi		potevi	

34 • Trasformando le seguenti frasi, formulate delle ipotesi come nell'esempio.

Ho dormito fino a tardi perché non dovevo lavorare.
Se dovevo lavorare, non dormivo fino a tardi.

1. Ho saltato il pranzo perché non potevo tornare a casa.
2. Abbiamo chiamato un taxi perché la macchina non è partita.
3. Ho speso tanto perché non ho trovato un albergo più economico.
4. Ha preparato la cena perché non sapeva che suo marito mangiava fuori.
5. Hanno preso un appartamento perché non hanno trovato una casa in campagna.
6. Ho cambiato banca perché gli impiegati non erano gentili.
7. Siamo andati via presto perché non ci divertivamo.
8. Ha chiamato il tecnico perché non riusciva a risolvere il problema da sola.
4\. Hanno perso la strada perché non conoscevano bene la città.
5\. È arrivato tardi in ufficio perché non ha sentito la sveglia.

DITELO IN ITALIANO

ascoltare e scrivere

35 • Ascoltate la conversazione tra Claudia e Franca e completate il testo inserendo una parola per ogni spazio.

Claudia Perché sei tornata così tardi ieri sera? Ti ho telefonato alle dieci e non ha _____ nessuno.
Franca _____ sono rimasta fuori fino a mezzanotte.
Claudia Posso chiederti dove sei _____ ?
Franca Niente, quando sono uscita dall'_____ ho _____ Maria e Sergio e sono andata in giro con loro.
Claudia E poi?
Franca Poi abbiamo _____ di andare a cena da qualche parte.
Claudia Che ristorante avete _____ ?
Franca Lo conosci: _____ siamo stati una volta e abbiamo _____ bene.
Claudia Ho capito. È "La _____ mia". Avete mangiato bene anche questa volta?
Franca Benissimo, e non abbiamo _____ molto. Peccato che non sei _____ anche tu!

36 • Ascoltate attentamente la conversazione, quindi riproducete sul quaderno una tabella simile a questa e completatela inserendovi le azioni compiute da Carla e Pietro.

	23.00	24.00	6.20	6.30	7.15	7.30	7.45	9.10
Carla								
Pietro								

parlare

37 • Lavorando in coppia (A e B), drammatizzate la seguente situazione.

A Lei sta parlando con un'amica che non ha visto per due giorni. Le chieda che cosa ha fatto ieri.
B Lei è l'amica. Risponda dicendo che cosa ha fatto dalla mattina alla sera.

38 • Rispondete alle seguenti domande personali.

1. Le è successo di dormire poco di notte? Se sì, dica quando e per quale motivo.
2. Ha mai saltato il pranzo per motivi di lavoro? Se sì, dica quando è stata l'ultima volta.
3. Almeno una volta la Sua macchina non è partita. Dica che cosa ha fatto in quel caso.

39 • Ora rivolgete le stesse domande al vostro compagno di banco.

scrivere

40 • Lei è un giornalista e intervista il signor Rossi, che ieri notte ha sventato un furto. Ecco la sequenza delle azioni: scriva un articolo per il Suo giornale su quello che è successo ieri sera, usando in modo appropriato i due tempi passati (passato prossimo e imperfetto).

ore $22.^{00}$ *Il signor Rossi sente dei rumori sospetti*
ore $22.^{00}$ *Il signor Rossi va alla finestra e vede un uomo sul tetto della casa vicina*
ore $22.^{05}$ *Il signor Rossi chiama la polizia*
ore $22.^{15}$ *La polizia arriva poco dopo*
ore $22.^{25}$ *Il ladro sente la sirena della polizia e cerca di fuggire, ma scivola e cade proprio nelle braccia dei poliziotti*

ALLA SCOPERTA...

▶ ...dell'universo femminile

41 • Leggete attentamente i testi (non cercate di capire tutte le parole).

La parola alle donne

Come è cambiata la nostra vita negli ultimi 10 anni? La società di ricerca Swg di Trieste l'ha chiesto a 1014 italiane (casalinghe, impiegate, insegnanti, operaie e libere professioniste) tra i 28 e i 64 anni. Ecco i risultati dell'inchiesta.

(adattato da "Donna moderna", 11 marzo 1998)

A Sono stati fatti molti passi in avanti, ma la conquista delle pari opportunità nel campo professionale non è ancora del tutto raggiunta.
Del resto, solo dal 1963 le donne hanno ottenuto l'accesso a tutte le professioni.

B Al lavoro le donne non vogliono rinunciare, sia per avere un'indipendenza economica, sia perché desiderano una vita ricca di stimoli e di relazioni.
Il loro atteggiamento verso il lavoro sembra però cambiato: secondo una nota psicologa, mentre "negli anni Ottanta il successo professionale era considerato come l'unica occasione per realizzarsi, adesso le signore stanno trovando un maggiore equilibrio e considerano la famiglia indispensabile per sentirsi realizzate".

C Anche se le donne oggi hanno più aiuti, molte sono ancora costrette a scegliere tra famiglia e lavoro. Le mamme che lavorano sono spesso afflitte da sensi di colpa: "Se passo otto ore in ufficio, non posso essere una buona madre". Ma secondo gli esperti si sbagliano. Una persona realizzata sul lavoro ed economicamente indipendente è più appagata, mentre una donna che rinuncia contro voglia al lavoro può riversare le sue aspettative di realizzazione sul figlio, con il rischio di diventare possessiva e ansiosa.

D Una volta al mese dall'estetista, due volte alla settimana in palestra o in piscina, il week-end a fare jogging nel parco: le donne investono sempre più tempo e denaro per migliorare il proprio aspetto. "Dieci anni fa si spendevano più soldi in vestiti. Oggi, a qualsiasi età, si preferisce comprare meno abiti e rimodellare il proprio corpo in palestra" commenta una nota stilista.

42 • Ora rileggete i quattro testi (A-D) che riassumono le risposte delle donne intervistate e individuate, per ognuno, la domanda che era stata fatta.

1. ☐ Rispetto a 10 anni fa, quanto tempo e denaro impieghi per curare la tua immagine?
2. ☐ Rispetto a 10 anni fa, com'è cambiato il tuo atteggiamento nei confronti della famiglia?
3. ☐ Rispetto a 10 anni fa, pensi che per le donne sia più facile fare carriera?
4. ☐ Rispetto a 10 anni fa, pensi che per le donne sia più facile conciliare famiglia e lavoro?

43 • Dite se nel vostro paese le donne

- hanno pari opportunità di carriera rispetto agli uomini
- sono pagate allo stesso modo
- devono scegliere fra lavoro e famiglia
- considerano la famiglia più importante del lavoro
- spendono tempo e denaro per curare il proprio aspetto

FACCIAMO IL PUNTO

comprensione orale

1 • Ascoltate attentamente la conversazione, poi scegliete la corretta alternativa.

1. Alessio
   a. fa sempre aspettare le amiche ☐
   b. è la prima volta che fa aspettare le amiche ☐

2. Alessio
   a. ha telefonato troppo tardi ☐
   b. ha chiamato qualche minuto prima delle sei ☐

3. Marisa e Gianna sono andate all'appuntamento
   a. in autobus con Francesco ☐
   b. in macchina con Francesco ☐

4. Francesco
   a. ha fatto un lungo viaggio in Brasile ☐
   b. sta partendo per il Brasile ☐

comprensione scritta

2 • Completate il testo con le forme corrette del passato.

Ieri mattina Angela _____ stanchissima, ma _____ lo stesso a lavorare. _____ tardissimo in ufficio perché _____ problemi con la macchina. Il capo non _____ niente, ma lei _____ il pranzo e così _____ lo stesso tutto il lavoro. _____ ad aspettare il taxi per strada quasi venti minuti. _____ freddo e _____ di telefonare a Marisa, ma poi non _____ disturbarla.

3 • Combinate in modo appropriato le parole della colonna A con quelle della colonna B.

A	B
1. ☐ Anna è stanchissima	a. qualche volta fa fatica ad alzarsi.
2. ☐ Abbiamo avuto	b. appena mi ha visto.
3. ☐ Ha detto che	c. perché voleva finire il lavoro.
4. ☐ Ha capito tutto	d. perché ha lavorato tutto il giorno.
5. ☐ È vissuto a Parigi	e. per alcuni anni.
6. ☐ Ha saltato il pranzo	f. una giornata faticosissima.

produzione orale

4 • Parlate dell'ultima festa a cui siete stati. Dite:

- dove siete andati,
- con chi siete andati,
- che cosa avete mangiato,
- che cosa avete bevuto,
- chi avete incontrato,
- che cosa avete fatto.

produzione scritta

5 • Completate le frasi usando il passato prossimo.

1. Di solito la mattina bevo un caffè. Stamattina, invece, _____ un latte caldo.
2. Qualche volta Sara va in ufficio a piedi. Stamattina, invece, _____ con l'autobus.
3. Spesso Sergio e Marco escono con gli amici. Ieri sera, invece, _____ da soli.
4. Normalmente Laura telefona appena arriva. Questa volta, invece, non _____ .

6 • Scrivete una lettera a un amico per raccontargli che cosa avete fatto nell'ultima settimana.

festa di compleanno

Marco

Carlo

Sara

Lucio

Daniela

- **Attribuite a ogni personaggio una qualità: alto, basso, snello, grasso, elegante.**

Marco è ________________ Sara è ________________ Daniela è ________________

Carlo è ________________ Lucio è ________________

Con l'aiuto dell'insegnante, scoprite ora cosa imparerete a fare in questa unità.

Scopi comunicativi: parlare dei propri gusti; chiedere per sapere (2); descrivere persone; informarsi su identità (2); esprimere opinioni

Grammatica: • coniugazione irregolare (6): presente e passato prossimo di *piacere* • pronomi indiretti (deboli e forti) • pronomi diretti (4) e indiretti con verbi al passato • pronomi relativi (1) *che* • congiuntivo presente (1) di *essere* e *avere* • usi del congiuntivo

Area lessicale: hobbies; caratteristiche fisiche delle persone; cibi (2)

COSA SUCCEDE...

▶ ... fra amici

• Ascoltate il dialogo tra Sergio e Stefano e dite se Sergio piace a Marisa.

1 • Riascoltate il dialogo e decidete se le seguenti affermazioni sono vere (V) o false (F).

1. I ragazzi sono a una festa da ballo V F
2. Stefano non sa chi è la ragazza bruna V F
3. Sergio crede che Marisa gli stia dietro V F
4. Stefano pensa che Marisa sia timida V F
5. Marisa non trova più gli appunti di Sergio V F

2 • Riascoltate il dialogo leggendo il testo, poi indicate qual è lo scopo comunicativo nei seguenti casi.

1. Sergio chiede a Stefano "Vedi quella ragazza?",
   - a. per sapere se la ragazza gli piace ☐
   - b. per sapere se l'ha notata ☐
   - c. per fargli sapere che gli interessa ☐

2. Stefano risponde "È carina, ma non è il mio tipo"
   a. per far sapere che lui preferisce le bionde ☐
   b. per dire a Sergio che la ragazza non gli interessa ☐
   c. per non dire chiaramente che la ragazza gli piace ☐

3. Marisa commenta "Bella festa, eh?"
   a. per dire che la festa le piace ☐
   b. per far capire a Sergio che vuole ballare con lui ☐
   c. per non parlare subito degli appunti che ha perso ☐

3 • Per la pronuncia e l'intonazione, ascoltate e ripetete.

4 • Ora riascoltate la cassetta e parlate voi con Sergio.

IMPARIAMO...

... a parlare dei nostri gusti

5 • Lavorate in coppia (A e B). Guardando le immagini, parlate in modo formale e informale dei vostri passatempi preferiti, come nei modelli.

A **Ti piace lo sci?**
B **A me piace di più il...**

A **A te piace lo sci?**
B **Sì, mi piace, ma preferisco il...**

A **Le piace lo sci, signorina?**
B **Sì, mi piace molto.**

A **A Lei piace lo sci, signorina?**
B **No, non mi piace.**

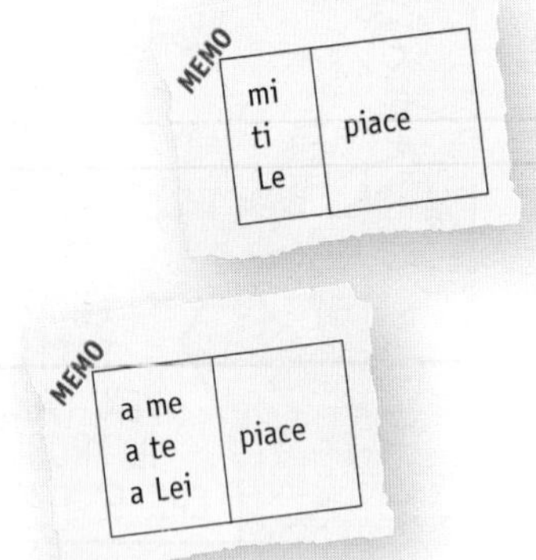

6 • Utilizzando i verbi indicati e seguendo il modello, dite ora cosa vi piace fare nel tempo libero.

Mi piace molto sciare, ma non mi piace giocare a calcio.

sciare – nuotare – giocare a tennis, calcio, golf – ballare – fare giardinaggio

7 • Adesso guardate le immagini e parlate dei vostri gusti alimentari, come nel modello.

A **A me piace la minestra, la mangio spesso.**

B **Io preferisco la pasta.**

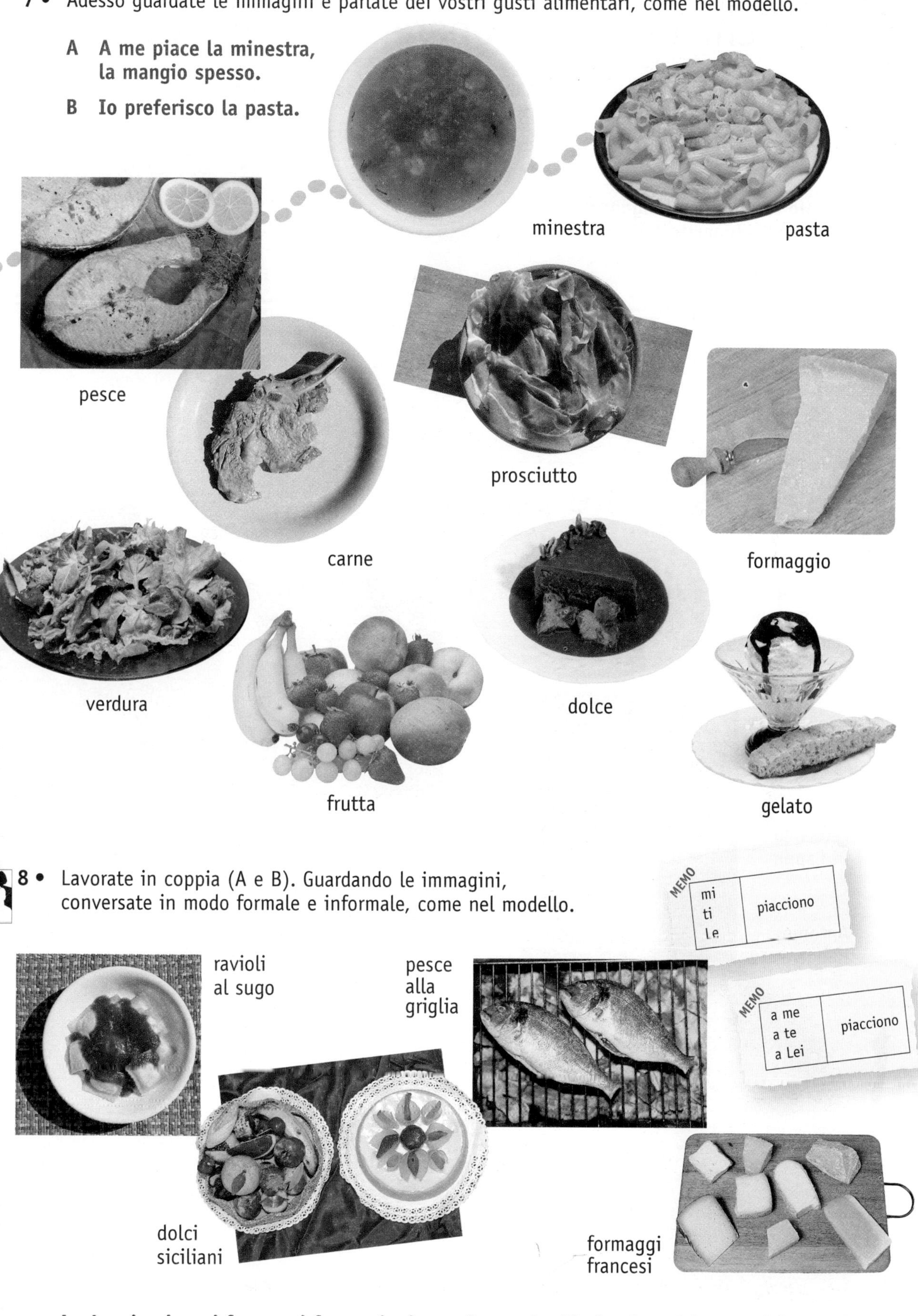

8 • Lavorate in coppia (A e B). Guardando le immagini, conversate in modo formale e informale, come nel modello.

A **Le piacciono i formaggi francesi, signora?**
B **Non so, non li ho mai provati.**
A **A me piacciono molto.**

A **Ti piacciono i formaggi francesi?**
B **Sì, mi piacciono molto.**
A **Anche a me piacciono.**

... a chiedere per sapere

9 • Lavorate in coppia (A e B). State organizzando una festa: confrontatevi sulle persone che avete invitato, come nel modello. A usa l'agenda qui sotto; B va in fondo al libro alla sezione "Attività".

A Ho telefonato al signor Bianchi. Tu hai chiamato Guido?
B Sì, l'ho già chiamato.

Marco ✓
Sandro
signor Donati ✓
Guido
Elena
signor Bianchi ✓
signora Grey ✓
signore e signora Rossi

... a descrivere persone

10 • Ascoltate le due descrizioni, poi guardate le foto e associate ogni descrizione alla persona giusta.

A. Leonardo Di Caprio ☐

Antonio Banderas ☐

B. Luciano Pavarotti ☐

Riccardo Muti ☐

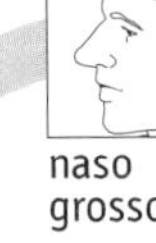

naso grosso
naso sottile
occhi chiari
occhi scuri
collo corto
collo lungo
bocca piccola
bocca grande
orecchie piccole
orecchie grandi
capelli biondi
capelli castani
barba
baffi

11 • Adesso, a turno, descrivete una persona della classe e gli altri indovinano chi è.

... a informarsi su identità

12 • Lavorate in coppia. Ciascuno inizia la descrizione di una persona della classe e l'altro completa.

La ragazza con i capelli rossi si chiama...
Il signore che è arrivato in ritardo si chiama...

... a esprimere opinioni

13 • Lavorate in coppia (A e B). Fate un elenco di personaggi dello spettacolo e dello sport e confrontate le vostre opinioni come nel modello.

A **Secondo me, Tina Turner è bravissima.**
B **Io, invece, penso che Aretha Franklin sia più brava di lei.**

14 • Adesso esprimete la vostra opinione riguardo all'età dei personaggi famosi che avete scelto. Conversate come nei modelli.

A **Secondo me, Tina Turner ha 50 anni.**
B **Credo, invece, che ne abbia già 60.**

A **Io penso che Luciano Pavarotti abbia quasi 60 anni.**
B **Io, invece, credo che ne abbia di più.**

▶ ... un mondo di parole

15 • Completate le didascalie con le parole mancanti, scegliendo fra quelle date.

- piatto
- bottiglia
- fetta
- tazza
- bicchiere
- tazzina

_______ di minestra

_______ di birra

_______ di vino

_______ di dolce

_______ di tè

_______ di caffè

16 • Completate le frasi sostituendo alle immagini le parole corrispondenti.

1. Elisa è una bella ragazza dai ____________ .
2. Mi piacciono molto le ____________ .
3. Carlo passa il tempo libero facendo ____________
4. A me il ____________ piace più della ____________

17 • Trovate la parola estranea in ogni gruppo e sottolineala.

1. occhi - naso - grosso - orecchie - bocca
2. minestra - pesce - verdura - pasto - frutta
3. ballare - discoteca - suonare - nuotare - sciare
4. basso - timido - alto - grasso - magro
5. calcio - tennis - golf - pugilato - pittura

18 • Scrivete accanto a ogni parola il suo contrario.

biondo _________ grosso _________ chiaro _________

lungo _________ alto _________ carino _________

grasso _________ nervoso _________

19 • Scrivete a fianco di ogni definizione la parola corrispondente.

1. Si prendono per non dimenticare ____________
2. Ognuno lo festeggia con parenti e amici ____________
3. Sport che si pratica d'inverno ____________
4. Si dice di una persona che veste bene ____________
5. È chiamato così chi comincia l'università ____________

E ORA LA GRAMMATICA...

coniugazione irregolare: **piacere**

presente

mi ti gli le Le ci vi gli	**piace**	l'Italia il pesce ballare
	piacciono	i tortellini i capelli biondi tutti gli sport

passato prossimo

ti Le vi	**è**	piaciuto	il ballo?
		piaciuta	la festa?
	sono	piaciuti	i tortellini?
		piaciute	le tagliatelle?

- Il verbo *piacere* di solito ha per soggetto una o più cose, ma può essere riferito anche a persone: "*Marco* piace alle ragazze."; "Sandro, ti piacciono *le ragazze bionde o brune*?".
- Il participio passato si accorda in genere e numero con il soggetto (la festa, i tortellini ecc.).

20 • Completate i dialoghi con le forme corrette del pronome indiretto e del verbo *piacere*.

1. – Vai spesso in discoteca?
   – Sì, perché ______________ molto ballare.
2. – Non prende anche Lei gli spaghetti?
   – No, ______________ di più i tortellini.
3. – Perché Giulio non parte con voi?
   – Perché non ______________ viaggiare in aereo.
4. – Il tuo amico non beve il vino rosso?
   – No, ______________ solo quello bianco.
5. – Secondo me, Luisa mangia troppa carne.
   – Hai ragione, ma il pesce non ______________ .

21 • Completate i dialoghi con la forma corretta del verbo *piacere* al passato prossimo.

1. – È andata al cinema ieri sera, signorina?
   – Sì, ma il film non mi ______________ .
2. – Hai provato i dolci siciliani?
   – Sì, mi ______________ molto.
3. – Erano buone le lasagne?
   – Sì, mi ______________ veramente.
4. – Marta ha assaggiato il dolce?
   – Sì, e le ______________ tanto.
5. – Renato non ha mangiato la carne?
   – Sì, e ha detto che gli ______________ molto.

pronomi indiretti

deboli

mi **ti** **gli** **le/Le**	piace	la pasta
ci **vi** **gli**	piacciono	i dolci

forti

a	**me** **te** **lui** **lei/Lei**	piace	la pasta
	noi **voi** **loro**	piacciono	i dolci

- Nella lingua parlata si usano quasi sempre i pronomi deboli. I pronomi forti si usano soltanto
  – quando si vuol dare maggiore enfasi al pronome: "Paola *ti* sta parlando" *ma* "Paola sta parlando *a te*, non *a me*".
  – quando il pronome è preceduto da preposizione (*per* te, *con* lui, *da* me ecc.).

22 • Completate le frasi facendo attenzione al pronome indiretto appropriato.

1. Marco dice: "La pasta mi piace più della minestra".
   Marco dice che ______________________
   ______________________.
2. Anna ripete sempre: "Mi piacciono molto i dolci".
   Anna ripete sempre che ______________________
   ______________________.
3. Sergio dice: "Mi piace tanto nuotare, specialmente al mare".
   Sergio dice che ______________________
   ______________________.
4. Paola dice: "Mi piacciono tutti i balli moderni".
   Paola dice che ______________________
   ______________________.
5. Il signor Rossi dice: "Mi piace soprattutto la musica classica".
   Il signor Rossi dice che ______________________
   ______________________.
6. Carla dice: "Il cantante italiano che mi piace di più è Paolo Conte".
   Carla dice che ______________________
   ______________________.

pronomi diretti e indiretti con verbi al passato

Hai chiamato	Marco?
	Laura?
	i ragazzi?
	le ragazze?

pronomi diretti *lo, la, li, le*

Sì, / No, non	(lo) l'	ho	chiamato
	(la)		chiamata
	li		chiamati
	le		chiamate

■ Il participio passato *si accorda* con il pronome diretto.

Hai telefonato	a Laura?
	a Marco?
	ai ragazzi?
	alle ragazze?

pronomi indiretti *le, gli*

Sì,	le	ho telefonato poco fa
	gli	

■ Il participio passato *non si accorda* con il pronome indiretto.

23 • Completate le risposte con il pronome e la terminazione del participio passato appropriati.

1. – Scusa, hai visto da qualche parte le mie chiavi?
   – No, mi dispiace, non ____ ho vist___.
2. – È venuta con voi anche Paola?
   – Sì, ma ____ abbiamo aspettat___ quasi mezz'ora.
3. – Marco, hai comprato i biglietti per il teatro?
   – Sì, stai tranquilla, ____ ho pres___ ieri.
4. – Lei, signor Martini, dove ha messo la macchina?
   – ____ ho parcheggiat___ in un garage qui vicino.
5. – Avete già fatto colazione?
   – Sì, ____ abbiamo fatt___ al bar dietro l'angolo.

24 • Completate i dialoghi con il pronome indiretto appropriato.

1. – Hai già telefonato a Piero?
   – No, non ______ ho ancora telefonato.
2. – Che cosa hai risposto a Maria?
   – ______ ho risposto che non ho voglia di uscire.
3. – Quando hai scritto l'ultima volta ai tuoi genitori?
   – ______ ho scritto due settimane fa.
4. – Che cosa hai detto a Massimo?
   – ______ ho detto che deve andare subito dal medico.
5. – Che ristorante ha consigliato ai Suoi amici?
   – ______ ho consigliato "da Alfredo", un locale tipico.
6. – Hai dato i soldi a Fabio?
   – Sì ______ ho dato venticinque euro.
7. – Che cosa ha regalato a sua moglie, signor Bianchi?
   – ______ ho regalato una collana.
8. – A Marco e Luca è piaciuta Londra?
   – Sì ______ è piaciuta moltissimo.

pronomi relativi: **che**

<table>
<tr><td>Pietro</td><td rowspan="2">è</td><td>il ragazzo</td></tr>
<tr><td>Luisa</td><td>la ragazza</td></tr>
<tr><td>Ugo e Marco</td><td rowspan="2">sono</td><td>i ragazzi</td></tr>
<tr><td>Anna e Rita</td><td>le ragazze</td></tr>
</table>

soggetto

<table>
<tr><td rowspan="2">che</td><td>lavora</td><td rowspan="2">con Rita</td></tr>
<tr><td>lavorano</td></tr>
</table>

complemento oggetto

<table>
<tr><td rowspan="3">che</td><td>ho conosciuto ieri</td></tr>
<tr><td>Rita ha invitato alla festa</td></tr>
<tr><td>abbiamo salutato poco fa</td></tr>
</table>

Il pronome *che*
- è invariabile, cioè vale per maschile e femminile, sia singolare sia plurale
- si usa soltanto come soggetto e come complemento oggetto
- non è mai preceduto da preposizione
- a differenza dei pronomi diretti, non richiede l'accordo obbligatorio del participio passato

25 • Unite ogni volta le due frasi, usando il pronome relativo.

1. Serena è una ragazza di Milano.
   Vive da pochi mesi a Torino.
   ____
   ____
2. Franco è l'amico di Sergio.
   L'abbiamo incontrato ieri al bar.
   ____
   ____
3. Vorrei sapere se ti piacciono questi jeans.
   Li ho comprati a Firenze.
   ____
   ____
4. Stefano è un mio compagno di scuola.
   Non ha molta voglia di studiare.
   ____
   ____
5. Non ricordo chi sono quei due signori.
   Mi hanno salutato poco fa.
   ____
   ____
6. Non conosco quelle due ragazze brune.
   Stanno parlando con Giorgio.
   ____
   ____
7. I nostri figli hanno diversi amici.
   Noi non li conosciamo bene.
   ____
   ____
8. Ho una piccola utilitaria.
   La uso solo per girare in città.
   ____
   ____

congiuntivo presente di **essere** e **avere**

			essere			avere	
Ugo crede	che	io tu lui / lei / Lei	**sia**	molto	giovane	**abbia**	solo vent'anni
		(noi) (voi) (loro)	**siamo** **siate** **siano**		giovani	**abbiamo** **abbiate** **abbiano**	

■ Poiché le forme delle prime tre persone coincidono, il pronome personale è necessario per chiarire chi compie l'azione.

usi del congiuntivo

- in dipendenza da verbi che esprimono opinione
- con alcune locuzioni seguite dalla congiunzione *che*

frase principale		frase dipendente
Credo **Mi sembra**	che	Marisa **sia** timida
Penso **Non penso**		i due ragazzi **siano** fratelli
È possibile **Non è possibile**		Ugo e Marco **abbiano** gli appunti

■ Il congiuntivo si trova di solito nella frase dipendente che non ha lo stesso soggetto della frase principale.

26 • Completate i dialoghi con la forma corretta del congiuntivo.

1. – Sai quanti anni ha Daniela?
   – Credo che ne ____________ diciannove.
2. – Il dottor Farini è di Milano?
   – No, penso che ____________ di Torino.
3. – La signorina Freddi è impiegata?
   – No, credo che ____________ insegnante.
4. – Il tuo amico ha gli appunti della lezione?
   – Sì, è possibile che li ____________ .
5. – La signora Rossi ha figli?
   – No, penso che non ne ____________ .
6. – I signori Massi hanno solo un maschio?
   – No, mi sembra che ____________ anche una femmina.

27 • Come l'esercizio precedente.

1. – Thomas è inglese?
   – Sì, credo che ____________ di Bristol.
2. – A Carlo piace Luisa?
   – Non penso che lei ____________ il suo tipo.
3. – Il fratello di Sara frequenta l'università?
   – No, mi sembra che non ____________ ancora diciott'anni.
4. – Secondo me l'italiano è più facile del tedesco.
   – Sì, credo anch'io che ____________ più facile.
5. – A che ora è la partita alla TV?
   – Credo che ____________ alle nove meno dieci.

DITELO IN ITALIANO

ascoltare e scrivere

28 • Ascoltate la conversazione e completate le parti mancanti inserendo una parola per ogni spazio.

Marta Guarda, non è la ragazza _____ Marco?
Adele Sì, è Lidia, ma ora non _____ più con lui.
Marta Perché, l'ha lasciata?
Adele No, è il contrario: lei _____ è messa con un altro.
Marta E sai chi è?
Adele L'ho visto più volte con lei, ma non so come _____ _____ .
Marta È un bel ragazzo?
Adele Secondo me è più bello _____ Marco. È molto alto, ha gli occhi _____ e i capelli biondi.
Marta E si veste bene?
Adele L'ho visto sempre in jeans, ma con delle camicie bellissime. Insomma, _____ è sembrato elegante.
Marta Quanti anni può avere?
Adele Più o meno ventidue.
Marta Allora ho capito, o almeno mi _____ . Deve essere Pietro, il ragazzo di Pisa _____ studia con il fratello di lei.
Adele Come _____ sai?
Marta _____ ho visti insieme al ballo della matricola e dalla tua descrizione mi sembra _____ lui.
Adele Ma perché ti interessa tanto _____ se è lui?
Marta Perché Pietro mi piace.
Adele Puoi sempre _____ con Marco, no?
Marta No, a me _____ i ragazzi alti e biondi; lui, invece, è basso e bruno.
Adele Ma tu credi proprio _____ essere bella?
Marta Bella no, ma _____ sì.

leggere

29 • Ora leggete il testo che avete completato e abbinate le qualità ai due personaggi di cui parlano Marta e Adele.

	alto	basso	biondo	bruno	elegante
Marco					
Pietro					

scrivere e parlare

30 • Lavorate in coppia. Che cosa vi piace di più dell'Italia? Che cosa non vi piace? Scrivete un elenco di nomi di attori, registi, cantanti, scrittori, città, cibi italiani che vi piacciono (+) o non vi piacciono (–). Leggeteli al vostro compagno, chiedetegli la sua opinione e trascrivetela di fianco alla vostra.

parlare

31 • Lavorando in coppia (A e B), drammatizzate la seguente situazione.

Studente A
Lei ha appena conosciuto una ragazza e non sa nulla di lei. Le chieda quali sono i suoi gusti in fatto di cibi e hobby.

Studentessa B
Lei è la ragazza. Risponda alle domande dello studente, poi gli chieda di parlare dei suoi gusti.

Studente A
Risponda alle domande della studentessa.

ALLA SCOPERTA...

...delle feste popolari italiane

32• Leggete i testi.

Sono migliaia le feste che si svolgono ogni anno in Italia. Alcune hanno origini molto antiche, altre sono più recenti, ma tutte, grandi o piccole che siano, hanno una loro caratteristica originale.

Parzialmente adattato da Mario Colangeli, *Le feste dell'anno*, SugarCo Edizioni, 1977

La "partita a scacchi" a Marostica (Vicenza)

È la più singolare partita a scacchi del mondo. Su una gigantesca scacchiera si muovono pedine in carne e ossa, mentre le torri vengono spinte da valletti.
Si narra che nel 1454 la figlia del signore di Marostica avesse due innamorati.
Poiché in quel tempo la legge proibiva il duello, i due decisero di contendersi la giovane giocando con gli scacchi.
Da allora, ogni anno la partita viene ripetuta davanti a una gentile fanciulla.
I pezzi viventi si muovono secondo gli ordini dati dai due contendenti e annunciati da un araldo ad alta voce in dialetto veneto.

33 • Trovate nei testi le parole corrispondenti alle definizioni date.

1. Cerimonia consistente in un corteo di persone che procedono in fila per le strade, a passo piuttosto lento, portando immagini sacre.
2. Drappo ricamato o dipinto che in epoca medievale

1. _ _ _ _ _ _ _ _ _ _

Il palio di Siena

Siena è divisa territorialmente in 17 Contrade, da sempre autonome tra di loro, e la Festa, sin dal XV secolo, sottolinea l'agonismo tra i rioni della città. Il giorno del Palio (2 luglio e 16 agosto) si svolge un corteo storico al quale prendono parte tutte e 17 le Contrade, delle quali, però, solo dieci partecipano alla gara. I fantini corrono indossando costumi recanti l'emblema e i colori della Contrada di appartenenza e un elmetto metallico, detto "zucchino". Lo scoppio di un mortaretto annuncia l'ingresso in pista dei cavalli. Devono essere compiuti tre giri completi della piazza del Campo e in breve tempo la corsa si conclude. La contrada vincitrice festeggia con banchetti e canti la conquista del Palio.

Corsa dei ceri a Gubbio

Si dice che le origini di questa corsa risalgano al 1400, quando la popolazione organizzò una processione con piccoli ceri in onore del vescovo Ubaldo che era in punto di morte. Con il tempo questi ceri sono diventati enormi prismi di legno, ciascuno del peso di 4 quintali. Ogni anno, il 15 maggio, i "ceraioli" sfilano di corsa per le vie della città, portando a spalla tre ceri con le statue dei santi Ubaldo, Antonio e Giorgio. Il momento più saliente della manifestazione è la salita al monte Ingino, tre chilometri da percorrere in quindici minuti. Per tradizione deve arrivare per primo il cero di sant'Ubaldo.

si dava come premio al vincitore di una gara, in occasione di grandi feste pubbliche.

2. __________

3. Antichissimo gioco d'origine indiana, con 32 pezzi che si muovono nelle 64 caselle della scacchiera.

3. __________

34 • Parlate delle feste tradizionali del vostro paese e descrivete quella più rappresentativa.

FACCIAMO IL PUNTO

comprensione orale

1 • Ascoltate attentamente la conversazione, poi decidete quale delle tre affermazioni è giusta.

1. Per Sergio la signora Sarti è
   a. proprio brutta ☐
   b. piuttosto brutta ☐
   c. abbastanza carina ☐

2. Per Luca la signora Sarti ha
   a. una bella bocca ☐
   b. un bel naso ☐
   c. delle belle mani ☐

3. Per Sergio la sua ragazza è
   a. molto bella ☐
   b. carina ☐
   c. simpatica ☐

comprensione scritta

2 • Numerate le frasi nella seguenza corretta per formare un testo di senso compiuto.

a. ☐ Sergio chiede a Franco se Gianna gli piace.
b. ☐ Franco e Sergio si incontrano a una festa di studenti.
c. ☐ Sergio gli dice che Gianna interessa anche a lui, ma che ha già un ragazzo.
d. ☐ C'è anche una bella ragazza bruna, di nome Gianna, che Sergio ha conosciuto all'università.
e. ☐ Franco risponde che vuole provare lo stesso a invitarla.
f. ☐ Lui gli risponde che è proprio il suo tipo e che ha intenzione di invitarla a uscire.

produzione orale

3 • Rispondete alle seguenti domande personali.

1. Lei ha un amico italiano? Se sì, descriva le sue caratteristiche fisiche.

2. Qual è il Suo attore/la Sua attrice preferito/a? Dica perché Le piace.

3. Quali sono i passatempi che piacciono particolarmente alle altre persone della Sua famiglia?

produzione scritta

4 • Rispondete alle domande usando i pronomi diretti.

1. Hai notato quella ragazza bionda? ____________________
2. Avete mai mangiato le tagliatelle? ____________________
3. Signora, ha provato i dolci siciliani? ____________________

5 • Completate le frasi usando il pronome relativo.

1. Chi è il signore ____________________ ?
2. Da dove viene la ragazza ____________________ ?
3. Conosci le due persone ____________________ ?
4. Ho conosciuto un ragazzo ____________________ .
5. Ci sono alcuni cibi ____________________ .

unità 11

presto arriverà l'estate

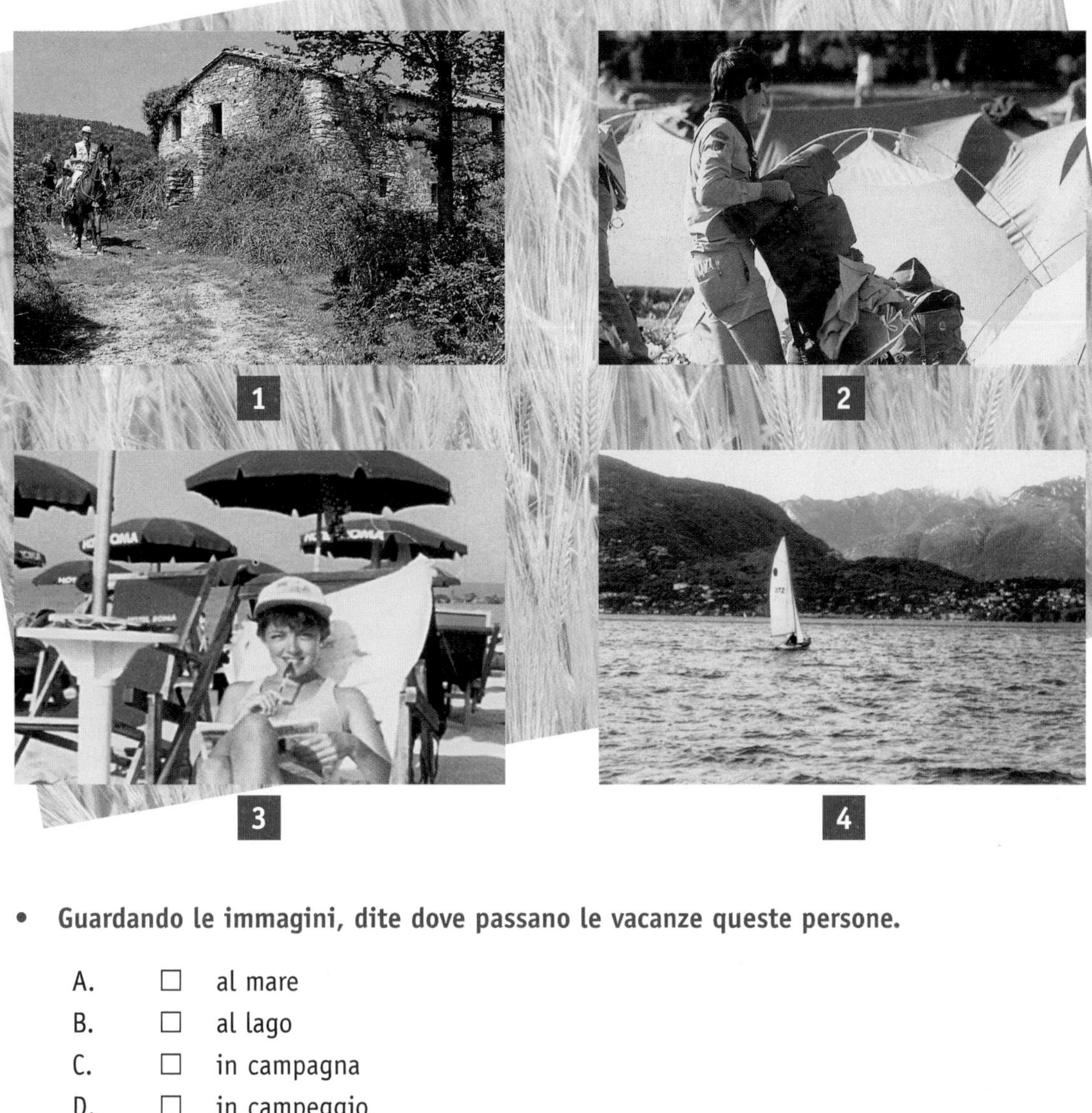

- **Guardando le immagini, dite dove passano le vacanze queste persone.**

  A. ☐ al mare
  B. ☐ al lago
  C. ☐ in campagna
  D. ☐ in campeggio

- **Associate a ciascuna immagine due dei seguenti nomi.**

agriturismo ☐	barca ☐	casale ☐	ombrellone ☐
vela ☐	sacco a pelo ☐	sedia a sdraio ☐	tenda ☐

Con l'aiuto dell'insegnante, scoprite ora cosa imparerete a fare in questa unità.

Scopi comunicativi:	chiedere per sapere (3); esprimere rammarico; fare supposizioni (1) ed esprimere certezza; indicare il grado di conoscenza di una lingua
Grammatica:	• futuro semplice regolare e irregolare • futuro anteriore • periodo ipotetico (2) con il futuro • *sapere / conoscere* • interrogativi (3): *come, chi, che, cosa, dove, quando, perché, quanto* • *cavarsela*
Area lessicale:	vacanze; previsioni del tempo

COSA SUCCEDE...

▶ ... pensando alle vacanze

• Ascoltate il dialogo tra Angela e Antonio e dite dove e con chi pensa di andare in vacanza Antonio.

1 • Riascoltate il dialogo e decidete se le seguenti affermazioni sono vere (V) o false (F).

1. Antonio passerà certamente le vacanze in Irlanda ☐V ☐F
2. Antonio pensa di restare un mese in Irlanda ☐V ☐F
3. Marta non può andare in vacanza ☐V ☐F
4. Al ritorno i due amici visiteranno Ginevra ☐V ☐F
5. Antonio è sicuro di divertirsi ☐V ☐F

2 • Riascoltate il dialogo leggendo il testo, poi indicate qual è lo scopo comunicativo nei seguenti casi.

1. Antonio usa l'espressione "... non vedo l'ora che arrivino le ferie", per dire
   a. che non sa quando potrà andare in vacanza ☐
   b. che è stanco di lavorare tutti i giorni ☐
   c. che aspetta con impazienza le ferie ☐

2. Parlando di Marta, Angela dice "Come! La lasci a casa?", per esprimere
   a. sorpresa ☐
   b. disapprovazione ☐
   c. rammarico ☐

3. Angela osserva "Se non sbaglio, tu sai solo il francese", per dire ad Antonio
   a. che in Irlanda avrà problemi con la lingua ☐
   b. che non ricorda se lui sa altre lingue ☐
   c. che deve studiare l'inglese prima di partire ☐

3 • Per la pronuncia e l'intonazione, ascoltate e ripetete.

4 • Ora riascoltate la cassetta e parlate voi con Antonio.

IMPARIAMO...

... a chiedere per sapere

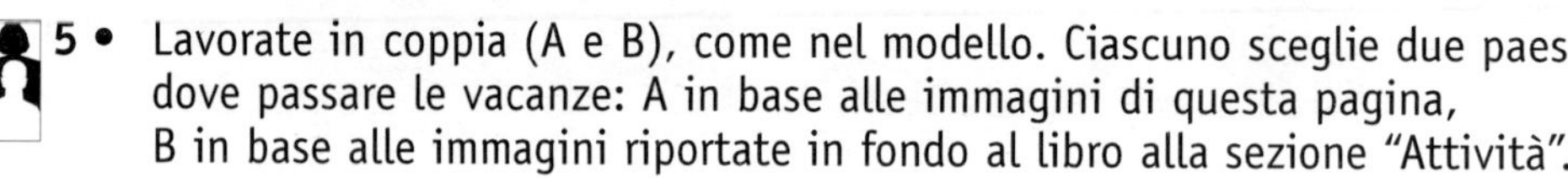

5 • Lavorate in coppia (A e B), come nel modello. Ciascuno sceglie due paesi dove passare le vacanze: A in base alle immagini di questa pagina, B in base alle immagini riportate in fondo al libro alla sezione "Attività".

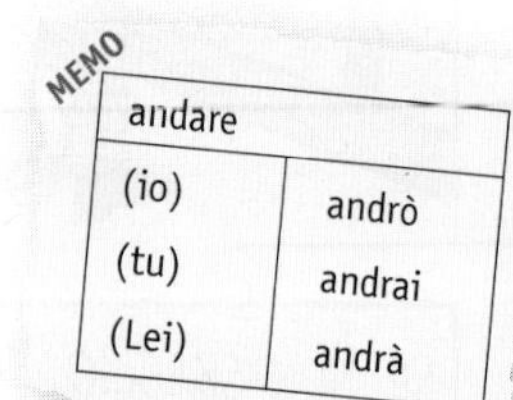

MEMO

andare	
(io)	andrò
(tu)	andrai
(Lei)	andrà

A Quest'estate andrai in Inghilterra?
B No, forse andrò in Danimarca. Tu la conosci?
A No, non la conosco, ma so che è bellissima.

6 • Lavorate in coppia (A e B). Guardando le cartine dell'esercizio 5, A conversa in modo formale con B, che replica guardando le immagini in fondo al libro alla sezione "Attività".

MEMO

venire	
(io)	verrò
(tu)	verrai
(Lei)	verrà

A Lei verrà a Londra con noi?
B No, andrò a Copenaghen perché non la conosco ancora.

7 • Lavorate in coppia (A e B) come nel modello. A chiede a B quali progetti ha per l'estate. B risponde guardando le immagini in fondo al libro alla sezione "Attività".

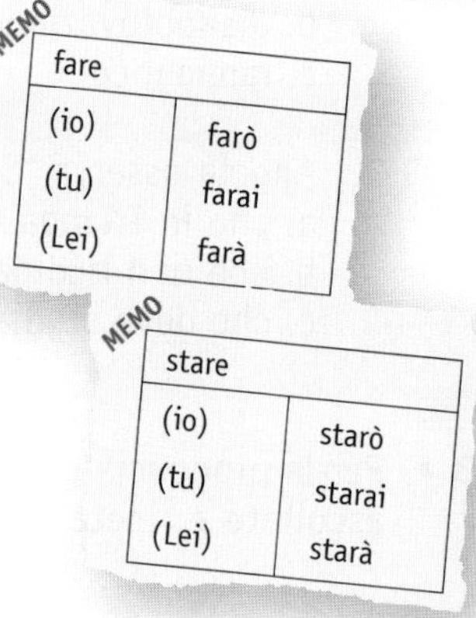

MEMO

fare	
(io)	farò
(tu)	farai
(Lei)	farà

MEMO

stare	
(io)	starò
(tu)	starai
(Lei)	starà

A Che farai quest'estate?
B Andrò a Parigi.

A Che bello! E quanto ci starai?
B Dieci giorni.

8 • Lavorate in coppia (A e B). Ciascuno sceglie dove andare e come viaggiare, poi conversate come nel modello.

A Dove andrai in vacanza?
B Andrò all'estero con un gruppo di amici.

A Come viaggerete?
B Viaggeremo in treno.

A Dove starete?
B In una piccola pensione.

MEMO

	viaggiare	stare
(io)	viaggerò	starò
(tu)	viaggerai	starai
(Lei)	viaggerà	starà
(noi)	viaggeremo	staremo
(voi)	viaggerete	starete
(loro)	viaggeranno	staranno

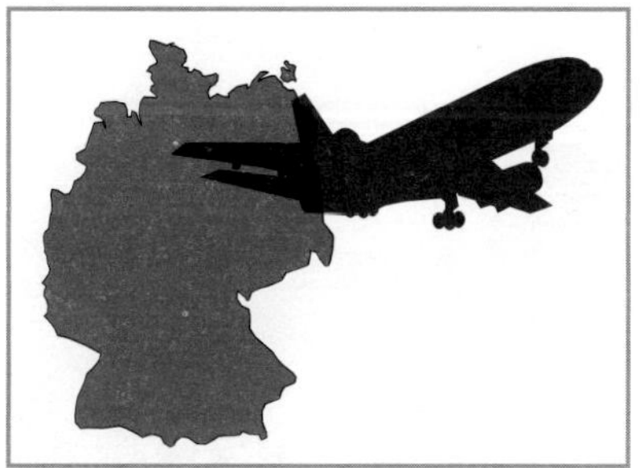

1. GERMANIA con altri ragazzi
in aereo
in campeggio

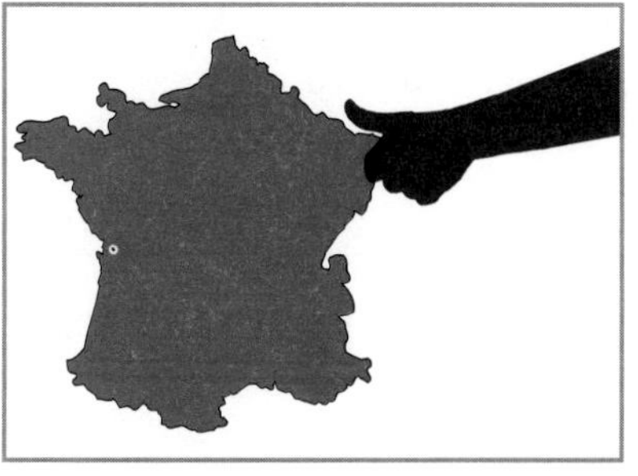

2. FRANCIA con un amico
facendo l'autostop
in un agriturismo

3. GRECIA con un altro ragazzo
in nave
in campeggio

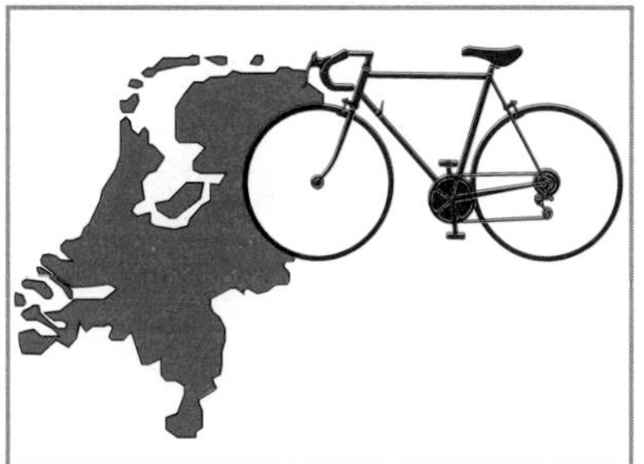

4. OLANDA con un gruppo sportivo
in bicicletta
nell'ostello della gioventù

5. SPAGNA con la famiglia
in auto
in albergo

9 • Ascoltate la conversazione fra la signora Grossi e il suo giovane collega. Dove va in vacanza ciascuno di loro e come?

	MARE	MONTAGNA	AUTO	TRENO	CAMPER
signora Grossi					
ragionier Testi					

▶ ... a esprimere rammarico

10 • Lavorate in coppia (A e B). Conversate in modo informale, come nel modello.

A Quando farai il corso di nuoto?
B Purtroppo quest'anno non potrò farlo.

A Peccato!
B Pazienza, lo farò l'anno prossimo.

corso di nuoto

corso di wind-surf

gara di sci

settimana bianca

▶ ... a fare supposizioni ed esprimere certezza

11 • Guardando le immagini, completate le didascalie con le parole indicate.

• annoiato • stanco • depresso • allegro •

essere ...

essere ...

essere ...

essere ...

12 • Completate i dialoghi facendo supposizioni, come nel modello.

A Oggi Paolo scherza con tutti. Chissà come mai?
B Beh, sarà allegro.

1. Carla va già via. Chissà perché?

   ____

2. Chissà perché Sergio non vuole uscire?

   ____

3. Non capisco perché Anna abbia voglia di stare da sola.

   ____

13 • Replicate alle affermazioni esprimendo la vostra certezza, come nel modello.

A **Credo che al mare mi annoierò.**
B **Io, invece, sono sicuro/sicura che ti divertirai.**

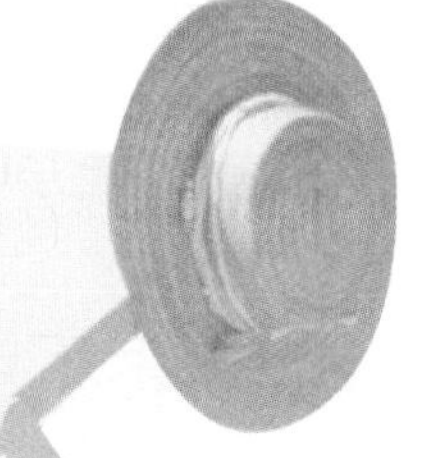

1. Credo che in montagna mi stancherò molto.
   ____

2. Penso che in vacanza dormirò fino a tardi.
   ____

3. Credo che in campeggio mi troverò male.
   ____

Vocaboli utili: divertirsi - riposarsi - svegliarsi presto - trovarsi bene

---

... a indicare il grado di conoscenza di una lingua

14 • Lavorate in coppia (A e B), come nel modello. Completate i dialoghi scegliendo fra le espressioni indicate e usando le forme appropriate del verbo *cavarsela*.

non bene - proprio bene no - abbastanza bene - bene
molto bene - perfettamente

A **Lei parla bene lo spagnolo?**
B **Non bene, ma me la cavo.**

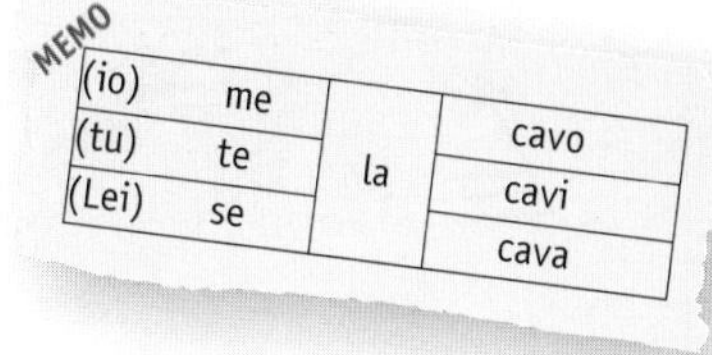

(io)	me	la	cavo
(tu)	te		cavi
(Lei)	se		cava

1. Secondo te, io parlo __________ l'inglese?
   __________ , ma __________ .

2. Scusi, ma ancora non parlo __________ l'italiano.
   Non è vero, Lei __________ molto bene.

3. Complimenti! Parli __________ il tedesco.
   Grazie, __________ abbastanza bene.

4. Secondo me, Giulio parla __________ il francese.
   __________ no, ma __________ .

5. I vostri amici __________ con l'inglese?
   Sì, __________ molto bene.

6. Voi parlate __________ il tedesco?
   Non __________ , ma __________ .

15 • Ora ascoltate la cassetta e verificate

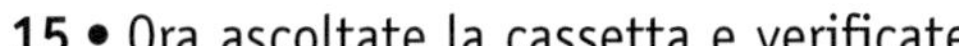

... un mondo di parole

16 • Associate a ciascuna immagine la didascalia appropriata.

• nebbia • vento forte • sole/sereno • temperature in diminuzione • nuvoloso • pioggia/piovoso
• mare calmo • vento debole • temperature in aumento • temporale • mare mosso

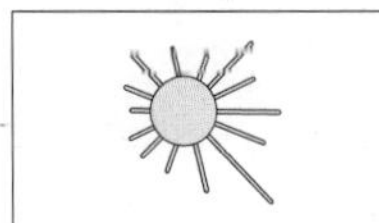
sole/sereno

....

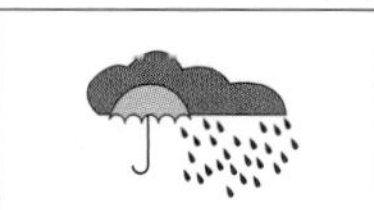
....

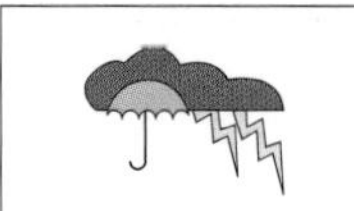
....

....

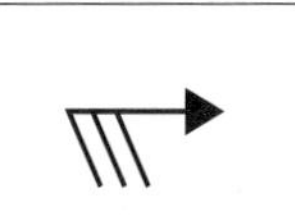
....

....

....

....

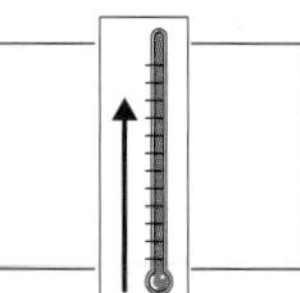
....

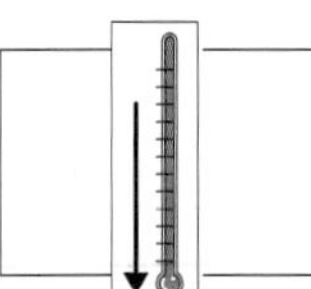
....

17 • Ascoltate le previsioni del tempo e guardate le cartine, poi dite che tempo farà domani in Italia. Se necessario, ascoltate una seconda volta e verificate.

al nord ______________________________
al centro ______________________________
al sud ______________________________

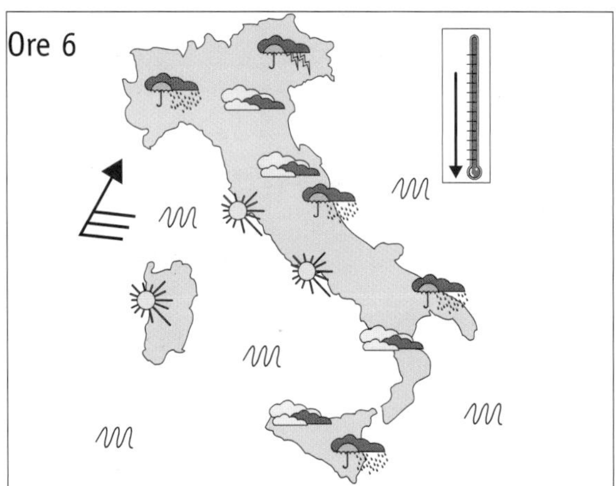

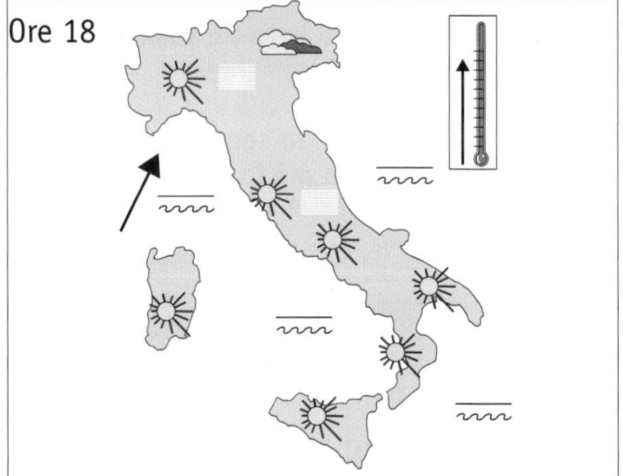

18 • Completate le parole con le lettere mancanti.

_amp_gg_o	_er_e	m_nt_gna	ca_p_gn_
n_ot_re	va_an_e	a_rit_ri_mo	_iagg_a_e

19 • Scrivete a fianco di ogni definizione la parola corrispondente.

1. Di solito si prendono d'estate. ______________________
2. Costa meno dell'albergo. ______________________
3. Si usa per dormire in tenda. ______________________
4. Si chiama così una casa di campagna. ______________________
5. Serve per far muovere la barca. ______________________

E ORA LA GRAMMATICA...

futuro semplice: coniugazione regolare

	guidare	decidere	partire	
(io) (tu)	guid**erò** guid**erai**	decid**erò** decid**erai**	part**irò** part**irai**	
(lui) (lei) (Lei)	guid**erà**	decid**erà**	part**irà**	insieme a un amico
(noi) (voi) (loro)	guid**eremo** guid**erete** guid**eranno**	decid**eremo** decid**erete** decid**eranno**	part**iremo** part**irete** part**iranno**	

verbi in -care, -gare, -ciare, -giare

cer**care** pa**gare** comin**ciare** viag**giare**	cer**ch-** pa**gh-** cominc- viag**g-**	**erò** **erai** **erà** **eremo** **erete** **eranno**

Il futuro semplice si usa per esprimere
- *un'azione che deve ancora accadere*. (In questo caso, al posto del futuro, si usa spesso il presente indicativo: "La prossima estate *faccio* un viaggio all'estero". "A che ora *parti* domani?");
- *una supposizione relativa al presente*: "Marco non risponde. Sarà ancora fuori" (= *forse è ancora fuori*). "Brigitte è molto giovane. Avrà vent'anni" (= *secondo me ha vent'anni*);
- *un ordine*: "Stasera andrai a letto presto!" "Per domani studierete i verbi al futuro!".

20 • Completate i dialoghi con le forme del futuro.

1. Viaggerai di notte?
   No, ______________ di giorno.
2. Piero tornerà con te?
   Sì, ______________ insieme.
3. Prenderà l'aereo, signora?
   No, ______________ il treno.
4. Uscirete insieme agli altri?
   No, noi ______________ prima.
5. Pagherai con la carta di credito?
   No, ______________ in contanti.
6. Resterete solo voi qui?
   No, ci ______________ anche Piero.
7. Partirai con il treno delle sei?
   No, ______________ con quello delle otto.
8. Quanto spenderete per il viaggio?
   ______________ quattrocentotredici euro.
9. Quali città visiterai?
   ______________ Amburgo e Berlino.
10. Passerete da Firenze?
    No, ______________ da Bologna.
11. Quando comincerai a prendere lezioni di nuoto?
    ______________ prima dell'estate.
12. Cercherete un campeggio?
    No, ______________ una piccola pensione.

futuro semplice: coniugazione irregolare

avere essere dare dire fare stare andare dovere potere sapere vedere	av- sa- **da-** di- **fa-** **sta-** and- dov- pot- sap- ved-	**rò** **rai** **rà** **remo** **rete** **ranno**

bere rimanere tenere venire volere	be- rima- te- ve- vo-	**rrò** **rrai** **rrà** **rremo** **rrete** **rranno**

21 • Completate i dialoghi con le forme del futuro dei verbi indicati tra parentesi.

1. Chissà perché Luisa non viene.
   ____________ stanca. (essere)
2. Sai perché Laura vuole stare da sola?
   ____________ qualche problema. (avere)
3. Giulio rimane in ufficio fino a tardi.
   ____________ finire un lavoro. (dovere)
4. Non capisco perché Paolo non telefoni per prenotare.
   Non ____________ il numero del ristorante. (sapere)
5. Come mai la signora Verdi non prende il vino?
   ____________ solo la sera. (bere)
6. Oggi Sara ha mangiato pochissimo.
   ____________ poco bene. (stare)
7. Il signor Marini ha delle giacche splendide.
   ____________ spendere molto. (potere)
8. Ugo sta parlando con Guido. Chissà cosa deve dirgli.
   Gli ____________ gli auguri: oggi è il suo compleanno. (fare)
9. Luca dice che non sa se può aiutarmi.
   ____________ farsi pregare. (volere)
10. Come mai Angela si è messa un vestito tanto elegante?
    ____________ a una festa. (andare)

futuro anteriore

Si deciderà	quando	**avrò/avrai/avrà avremo/avrete/avranno**	finit**o**	di parlare
	non appena	**sarò/sarai/sarà**	tornat**o/a**	in Italia
	dopo che	**saremo/sarete/saranno**	tornat**i/e**	

Il futuro anteriore si usa per esprimere
- *un'azione che accadrà prima di un'altra*: "Uscirò non appena avrò finito la relazione". "Dopo che sarà tornata Luisa, faremo una bella festa".
- *una supposizione relativa al passato*: "Marco non risponde. Sarà uscito" (= *forse è uscito*). "Sono tornati tardissimo. Saranno state le due" (= *secondo me erano le due*).

22 • Riformulate le frasi con il futuro anteriore.

1. Prima incontrerò Fabrizio e poi vedrò Laura.
   ____________ dopo che ____________ .
2. Prima visiteremo Parigi e poi partiremo per Londra.
   Dopo che ____________ , ____________ .
3. Prima finirò di studiare, poi andrò al cinema.
   ____________ quando ____________ .
4. Prima farò i conti e poi saprò quanto posso spendere.
   ____________ non appena ____________ .
5. Prima andremo a fare un giro in bicicletta e poi faremo il bagno.
   Dopo che ____________ ,
   ____________ .

23 • Replicate a queste supposizioni usando la forma appropriata del futuro.

1. – Guido non parla da ore. Forse è stanco.
   – Già, ____________________ .
2. – Mario non è venuto ieri. Forse ha avuto da fare.
   – Già, ____________________ .
3. – Anna non mangia il pesce. Forse non le piace.
   – Già, ____________________ .
4. – I Rossi non prendono mai le vacanze. Forse non hanno la possibilità di farle.
   – Già, ____________________ .

5. – Marcella non mi ha fatto vedere le foto. Forse non sono ancora pronte.
   – Già, ______________________ .
6. – Ugo è andato a dormire da conoscenti. Forse non ha trovato posto in albergo.
   – Già, ______________________ .
7. – Non abbiamo visto l'insegnante per due giorni. Forse è stata male.
   – Già, ______________________ .
8. – La signorina Freddi non ha ancora preso le ferie. Forse vuole farle a settembre.
   – Già, ______________________ .

periodo ipotetico con il futuro

ipotesi = futuro — conseguenza = futuro

Se	**prenderete**	l'aereo,	**arriverete**	in due ore
	cercherai	una pensione	**spenderai**	di meno

24 • Replicate in modo appropriato utilizzando le parole indicate.

1. Viaggeremo di notte.
   Se __________ , __________ .
   (di giorno/stancarsi di meno)
2. Mi fermerò solo un giorno.
   Se __________ , __________ .
   (di più/riposarsi meglio)
3. Prenderemo la strada statale.
   Se __________ , __________ .
   (l'autostrada/andare più veloci)
4. Torneremo di sabato.
   Se __________ , __________ .
   (di domenica/il biglietto costare meno)
5. Telefonerò dall'albergo.
   Se __________ , __________ .
   (da una cabina/spendere molto meno)

sapere / conoscere

sapere + nome = *conoscenza*

Sai **Sa** **Sapete**	l'inglese? il motivo della sua visita? il nome di quel ragazzo?

Sì, lo **so**

No, non lo **sappiamo**

sapere + avverbio o pronome interrogativo = *conoscenza*

Sai **Sa** **Sapete**	**come** si dice in italiano? **chi** è il presidente della Repubblica? **che** significa questa parola? **cosa** vuole Antonio? **dove** andrà in vacanza Roberto? **quando** arriverà Giulia? **perché** loro non sono venuti? **quanto** costa il biglietto?

Sì, *lo* **so/sappiamo**

No, non *lo* **so/sappiamo**

Nella risposta il pronome *lo* sostituisce l'intera frase interrogativa.

sapere + verbo all'infinito = *capacità*

Sai **Sa**	**sciare?** **nuotare?**

No, Sì,	**non so sciare** **so nuotare**

conoscere cose, luoghi, persone

Conosci	l'inglese?
Conosce	Venezia?
Conoscete	Carlo e Anna?
Conoscono	molte città italiane?

Sì, lo **conosco** abbastanza
Sì, la **conosco** bene
No, non li **conosciamo**
No, ne **conoscono** poche

25 • Completate le frasi secondo il senso, scegliendo fra i verbi *sapere* e *conoscere*.

1. Carla non viene con noi in settimana bianca perché non ____________ sciare.
2. Tu, Andrea, quante lingue ____________ ?
3. Non ____________ ancora dove e con chi passerò le ferie.
4. Scusi, ____________ dirmi che ore sono?
5. Voi ____________ , per caso, dove possiamo trovare il professore a quest'ora?
6. (io) Non ____________ chi è quella ragazza: tu la ____________ ?
7. Chi di voi ____________ l'indirizzo di posta elettronica di Giuseppe?
8. A Pasqua andremo a Venezia, perché non la ____________ ancora.
9. Quei ragazzi sembrano stranieri: voi ____________ chi sono?
10. Giulio non ____________ perché Anna gli vuole parlare.

26 • Completate le frasi secondo il senso, scegliendo fra i verbi *sapere* e *conoscere*.

1. Scusi, signore, ____________ un buon ristorante in questa zona?
2. Non andiamo a Lucca perché la ____________ già.
3. Piero non ____________ andare in bicicletta.
4. Siamo da poco tempo in questa città e non ____________ nessuno.
5. Marisa, ____________ quanto costa il biglietto aereo per Madrid?
6. Ragazzi, ____________ chi ha inventato il telefono?
7. Lei, signora, ____________ Assisi e Gubbio?
8. Scusi, mi ____________ dire come si arriva alla Pinacoteca?
9. Il signor Valeri ____________ perfettamente l'inglese e il francese.
10. Tu ____________ come si chiama la ragazza di Stefano?

▶ cavarsela

(tu) (Lei)	Sai Sa	l'italiano?
(lui/lei)	Sa	guidare?
(voi)	Sapete	nuotare?
(loro)	Sanno	sciare?

Non bene, ma	**me**	**la**	**cavo**
	se		**cava**
	ce		**caviamo**
	se		**cavano**

27 • Completate i dialoghi usando il verbo *cavarsela*.

1. Marco studia l'inglese da pochi mesi?
   Sì, e già ____________ bene.
2. Tu sai nuotare bene?
   Proprio bene no, ma ____________ .
3. Secondo te, Lucia balla bene?
   Bah, ____________ .
4. Come va con il nuovo lavoro, signorina?
   Ho qualche problema, ma ____________ .
5. Suo marito conosce il francese?
   Sì, per fortuna ____________ piuttosto bene.

DITELO IN ITALIANO

▶ ascoltare

28 • La signorina Zanetti sta parlando con il signor Forti. Ascoltate la conversazione (non cercate di capire ogni parola) e associate i luoghi a ciascun personaggio.

1. signorina Zanetti ☐
2. signor Forti ☐
3. signora Giuliana ☐

29 • Ascoltate il dialogo una seconda volta e dite quali desideri di vacanza non possono realizzare

il signor Forti ☐ Giuliana ☐

▶ parlare

30 • Domandate al vostro compagno di banco

1. Se prenderà le vacanze in estate o in un'altra stagione
2. quanto tempo manca per le vacanze
3. quanto tempo starà in vacanza
4. quale lingua sa oltre la sua e se la conosce bene

31 • Parlate a un amico dei vostri programmi per un viaggio all'estero la prossima estate. Dite:

- perché lo volete fare
- quando partirete e con chi
- dove andrete e con che mezzo
- che tipo di viaggio sarà
- quanto tempo resterete assenti da casa
- che somma pensate di poter spendere

ALLA SCOPERTA...

▶ ...di un popolo vacanziero

32 • Leggete i tre testi e cercate di individuare le parole-chiave di ciascuno. Ricordate che non è necessario capire ogni parola.

L'atteggiamento degli italiani verso le vacanze è notevolmente mutato negli ultimi anni. Invece del solito mese al mare o in montagna, molti scelgono vacanze più brevi e frequenti, talvolta alternative come il *trekking* o l'agriturismo. Sono sempre più numerosi anche coloro che, attratti dalle immagini accattivanti dei dépliant di qualche agenzia di viaggio, acquistano un pacchetto per un viaggio tutto compreso in luoghi esotici. Alle vecchie abitudini restano fedeli soprattutto le famiglie con bambini piccoli, che si recano nei luoghi di villeggiatura già nei mesi di giugno e luglio e alloggiano in piccole pensioni o in appartamenti in affitto. Spesso il padre è costretto a fare il "pendolare", cioè raggiunge la famiglia il venerdì e ritorna in città la domenica sera o il lunedì mattina per riprendere il lavoro.
Altre persone sono indotte a tornare sempre nello stesso luogo di villeggiatura perché vi possiedono una "seconda casa".

33 • Qui di seguito trovate, divisi in due colonne, alcune parole presenti nei tre testi e i loro sinonimi (parole con lo stesso significato).
Associate correttamente le parole della colonna A a quelle della colonna B.

	A		B
1.	☐ mutato	**a.**	fila
2.	☐ accattivante	**b.**	abitare
3.	☐ recarsi	**c.**	corsa
4.	☐ costretto	**d.**	passare
5.	☐ indotto	**e.**	cambiato
6.	☐ deserto	**f.**	affascinante
7.	☐ coda	**g.**	andare
8.	☐ scappata	**h.**	spinto
9.	☐ trascorrere	**i.**	vuoto
10.	☐ alloggiare	**j.**	obbligato

Il mese di maggiore esodo è agosto, quando fabbriche, aziende, uffici e negozi chiudono per ferie e le città appaiono deserte e inospitali ai turisti di passaggio. Il traffico si fa caotico e si formano lunghissime code sulle autostrade. Arrivare a destinazione diventa un'avventura, soprattutto se i TIR ignorano il divieto di circolazione nei "giorni caldi". I vacanzieri lo sanno per esperienza, ma ogni anno si mettono puntualmente in viaggio tutti insieme, spinti dall'irrefrenabile desiderio di raggiungere quanto prima il luogo di villeggiatura.

Divisi sul modo ideale di trascorrere le ferie, gli italiani concordano nel concedersi di tanto in tanto dei supplementi di vacanza. Chi può approfitta dei "ponti", come quello tra il 25 aprile e il 1° maggio, per interrompere il tran-tran del lavoro e fare brevi scappate in luoghi d'arte o raggiungere parenti e amici lontani.
Occasioni di vacanza e di svago le offre anche l'inverno. Bastano poche ore per arrivare sui campi di sci dove, evitando i posti alla moda, si può fare una "settimana bianca" a prezzi accessibili.

34 • Assegnate un titolo a ciascun testo, scegliendo fra quelli indicati.

Non solo estate *Tutti in coda* *Vacanze: come e dove?*

35 • Provate a spiegare con parole vostre il senso delle espressioni che nel testo sono indicate fra virgolette.

1. pendolare
2. seconda casa
3. giorni caldi
4. ponti
5. settimana bianca

FACCIAMO IL PUNTO

comprensione orale

1 • Ascoltate attentamente la conversazione e decidete se le seguenti affermazioni sono vere (V) o false (F).

1. Il marito non ha ancora pensato alle vacanze, perché non ha avuto tempo ☐
2. La moglie vuole tornare a Riccione ☐
3. Il marito e la moglie si mettono d'accordo e decidono di passare un mese in Sicilia ☐

2 • Ora correggete le affermazioni false..

comprensione scritta

3 • Leggete questo programma e compilate una scheda per i quattro giorni di viaggio come quella che trovate più sotto.

QUESTO MESE IL CENTRO TURISTICO STUDENTESCO DI PERUGIA PROPONE AI SUOI OSPITI STRANIERI UN GIRO DI QUATTRO GIORNI IN PULLMAN ATTRAVERSO LA TOSCANA, REGIONE PARTICOLARMENTE RICCA DI MONUMENTI ARTISTICI E DI BELLEZZE NATURALI.

La partenza è prevista per il giorno 26 luglio alle ore 9[00] dalla piazza della stazione di Perugia.

La prima tappa sarà Firenze, dove pernotteremo presso l'Hotel Gloria, non lontano dagli Uffizi. La visita agli Uffizi impegnerà tutto il pomeriggio del primo giorno.

Il giorno successivo è dedicato alla visita ai monumenti più famosi, dal Duomo alla chiesa di Santa Maria Novella, al palazzo della Signoria. La sera dello stesso giorno partiremo per Colle Val d'Elsa, piccolo borgo medievale a circa un'ora di macchina da Firenze. Qui ceneremo e pernotteremo, dopo una visita a piedi della cittadina.

Il giorno 28 è dedicato a un giro in pullman per le colline nei dintorni di Siena. Qui pernotteremo e dedicheremo la giornata successiva alla visita della famosa piazza del Palio, del Duomo e dei musei più importanti.

La partenza da Siena è prevista per le ore 18[00] e il rientro a Perugia a tarda sera.

1° GIORNO	*26 luglio*	**h. 9**	*partenza per Firenze*
		pomeriggio	*visita agli Uffizi*
		pernottamento	*Firenze*

produzione orale

4 • Programmate un viaggio attraverso l'Italia: dite come lo immaginate, quali luoghi visiterete, che cosa comprerete.

produzione scritta

5 • Con questi argomenti l'Ente del turismo irlandese invita gli italiani a visitare l'Irlanda, "l'amica verde".

Provate anche voi a promuovere il vostro paese con argomenti convincenti e descrivete un percorso ideale per turisti che lo visitano per la prima volta.

"...clima dolcissimo,
gente che vuol fare amicizia,
tanti sport da scegliere,
e cultura, shopping,
spettacoli, folklore,
cucina tipica..."

unità 12

la casa

A

B

C

D

- **Scrivete sotto ogni immagine la parola corrispondente.**

monolocale

villetta

casale

condominio

- **Associate le parole precedenti alle corrette definizioni.**

casa di campagna ________________

edificio multipiano suddiviso in appartamenti ________________

appartamentino di una sola stanza ________________

casa unifamiliare ________________

Con l'aiuto dell'insegnante, scoprite ora cosa imparerete a fare in questa unità.

Scopi comunicativi:	descrivere un appartamento; descrivere l'arredamento; indicare le dimensioni
Grammatica:	• interrogativi (4): *come, che, chi, quando, quanto, perché* • nomi alterati: diminutivi, vezzeggiativi, accrescitivi, peggiorativi • aggettivi e avverbi alterati: diminutivi e vezzeggiativi • particella *ne* (3): specificazione • misure • numerali collettivi e moltiplicativi • congiunzioni con l'indicativo
Area lessicale:	tipi di abitazione; arredamento

COSA SUCCEDE...

▶ ... in un appartamentino

• Ascoltate il dialogo tra Laura e Daniela e dite quante stanze ha l'appartamentino di Laura.

1 • Riascoltate il dialogo e decidete se le seguenti affermazioni sono vere (V) o false (F).

1. Presto Laura andrà a vivere da sola V F
2. Laura ha trovato l'appartamentino per caso V F
3. Nell'appartamentino ci sono due camere V F
4. Laura ci andrà ad abitare fra un mese circa V F
5. Per Daniela l'affitto è molto basso V F

2 • Riascoltate il dialogo leggendo il testo, poi indicate qual è lo scopo comunicativo nei seguenti casi.

1. Laura dice a Daniela "Sai che presto avrò un appartamentino tutto mio?"
   a. per informarla che l'ha comprato ☐
   b. per annunciarle che andrà ad abitare da sola ☐
   c. per sapere che ne pensa ☐

2. Daniela dice "Dimentichi la cucina...", per osservare che
   a. Laura è distratta ☐
   b. a Laura non interessa cucinare ☐
   c. Laura non si è ricordata di nominarla ☐

3. Daniela commenta "Beh, non è poi tanto poco..."
   a. per dire che secondo lei l'affitto è alto ☐
   b. per dire che non è giusto pagare tanto ☐
   c. per ricordare a Laura che non può spendere tanto ☐

3 • Per la pronuncia e l'intonazione, ascoltate e ripetete.

4 • Ora riascoltate la cassetta e parlate voi con Laura.

IMPARIAMO...

... a descrivere un appartamento

A **B**

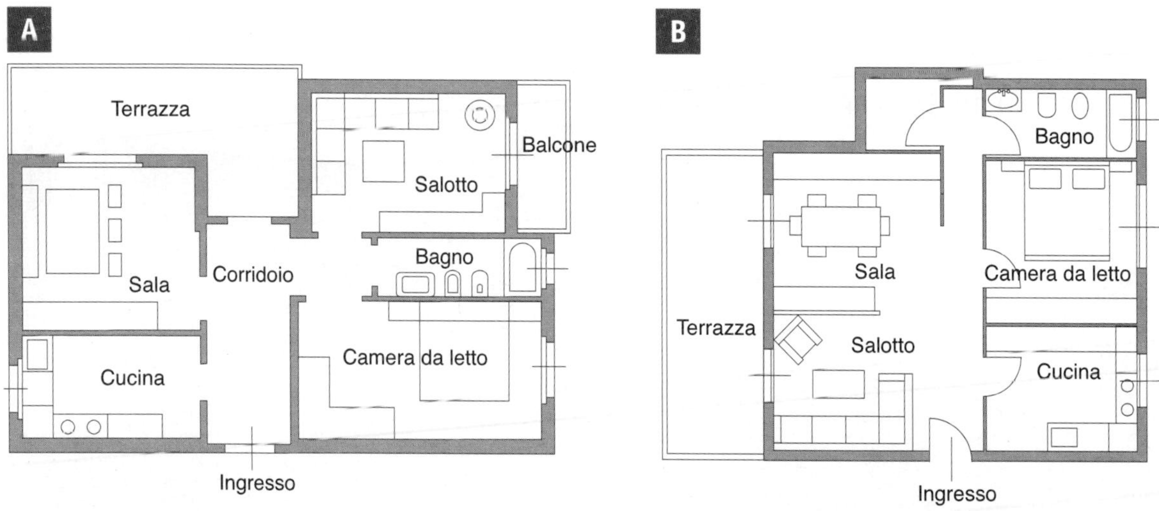

5 • Lavorate in coppia (A e B). B va in fondo al libro alla Sezione "Attività" e, guardando la piantina, descrive il suo appartamento al compagno. A guarda le piantine di questa pagina e cerca di indovinare quale delle due corrisponde alla descrizione di B.

Vocaboli utili: • bagno • balcone • camera da letto • corridoio • cucina • ingresso • salotto • terrazza • sala da pranzo •

... a descrivere l'arredamento

----

6 • Scrivete sotto ciascuna immagine il nome corrispondente.

caminetto - carrello porta TV - divano - lampadario - libreria - poltrone - quadro - tavolinetto

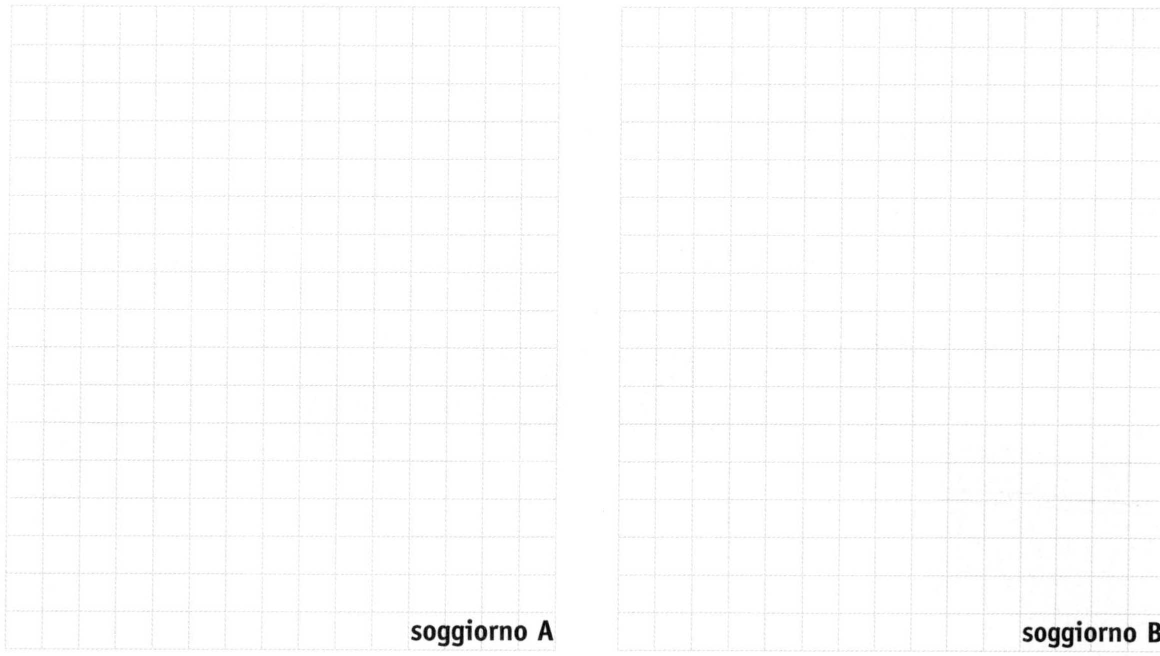

7 • Lavorate in coppia (A e B). A turno, chiedete e dite come è arredato il vostro soggiorno, indicando nei rispettivi spazi la posizione dei diversi mobili.

8 • Ascoltate la cassetta e scrivete i nomi dei mobili che arredano la sala da pranzo della signora Baroni.

____

9 • Riascoltate la cassetta, poi disponete nello spazio i mobili che arredano la sala della signora Baroni.

10 • Osservate il disegno del negozio dell'antiquario e completate la descrizione:

Nel negozio dell'antiquario ci sono due __________ e un __________ in stile Liberty.
La __________ , che è in stile vittoriano, ha otto comodi cassetti.
L' __________ a muro è degli anni '20.
Il __________ è un pezzo dell'Ottocento lombardo e ha due grandi sportelli e un comodo cassetto.
La __________ è del Settecento e può contenere fino a trecento libri.
Il __________ e gli __________ , invece, non sono in vendita: sono del negoziante!

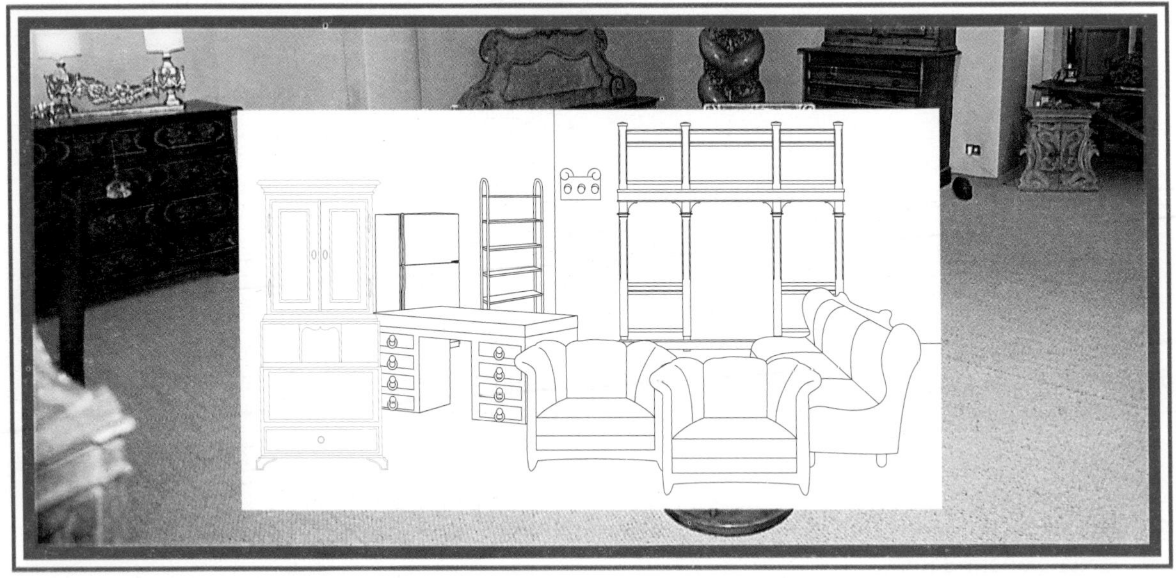

▶ ... a indicare le dimensioni

libreria

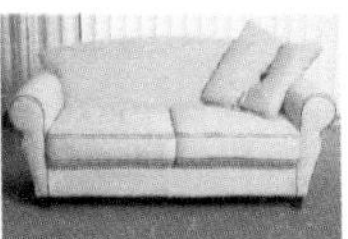
divano a due posti

carrello porta tv

lampadario

caminetto

poltrone

quadro

tavolinetto

11 • Lavorate in coppia (A e B). Ciascuno cerca di indovinare a quali degli oggetti illustrati sopra corrispondono le misure date. Vince chi indovina tutti gli abbinamenti.

	lunghezza		larghezza		altezza	oggetto
a	cm 303	x	cm 45	x	cm 230	__________
b	cm 120	x	cm 90		---	__________
c	---		---		cm 75	__________
d	cm 212	x	cm 90		---	__________
e	cm 120	x	cm 80			__________

12 • Ora ascoltate la cassetta e verificate le vostre risposte.

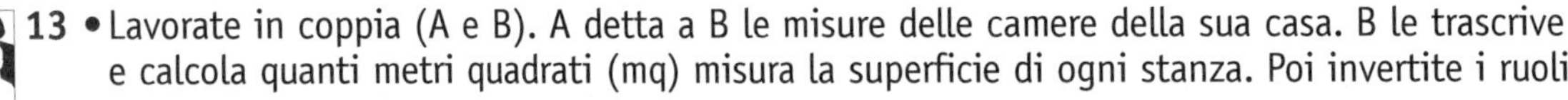

13 • Lavorate in coppia (A e B). A detta a B le misure delle camere della sua casa. B le trascrive e calcola quanti metri quadrati (mq) misura la superficie di ogni stanza. Poi invertite i ruoli.

▶ ... un mondo di parole

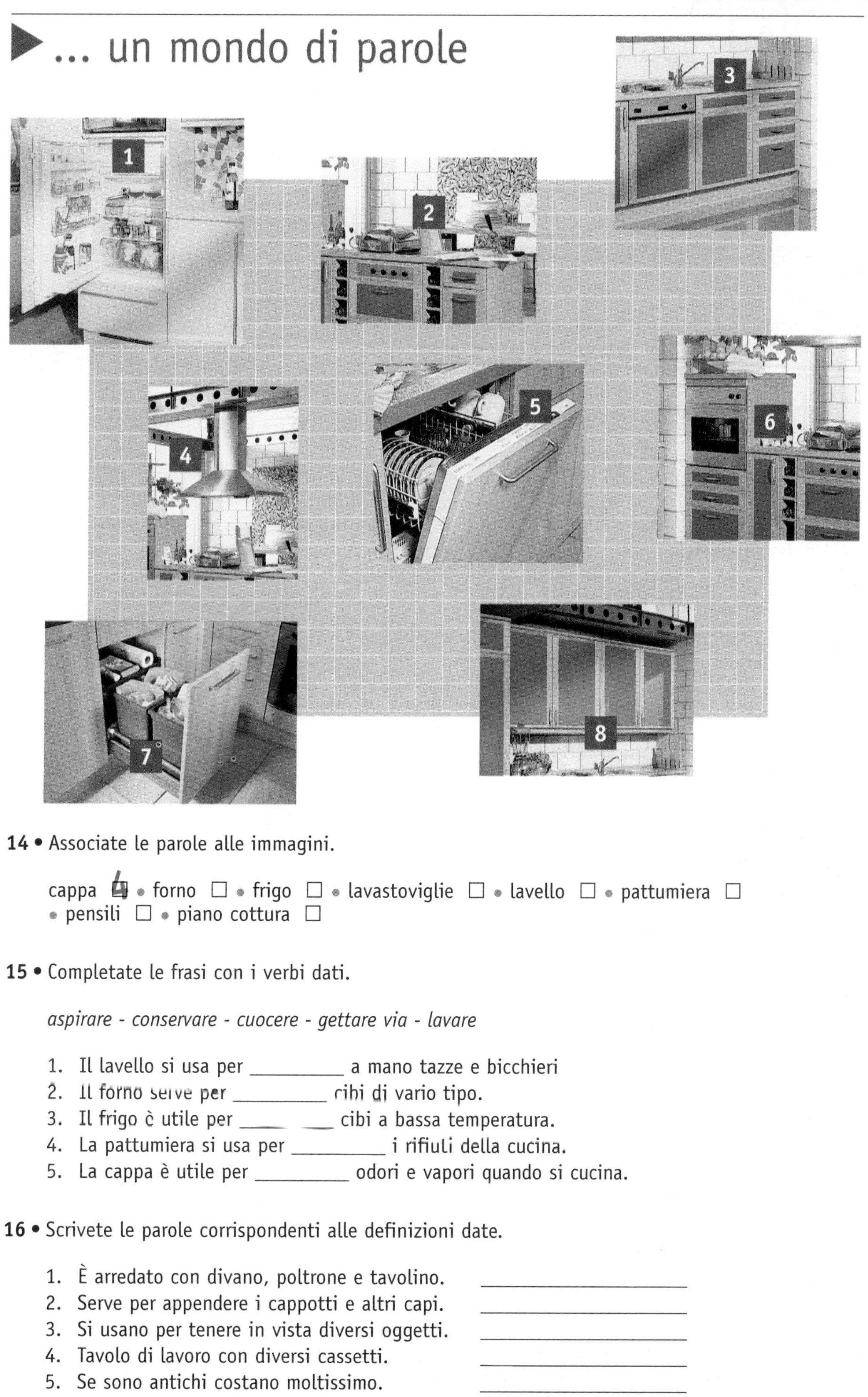

14 • Associate le parole alle immagini.

cappa ☐ • forno ☐ • frigo ☐ • lavastoviglie ☐ • lavello ☐ • pattumiera ☐ • pensili ☐ • piano cottura ☐

15 • Completate le frasi con i verbi dati.

aspirare - conservare - cuocere - gettare via - lavare

1. Il lavello si usa per _________ a mano tazze e bicchieri
2. Il forno serve per _________ cibi di vario tipo.
3. Il frigo è utile per _________ cibi a bassa temperatura.
4. La pattumiera si usa per _________ i rifiuti della cucina.
5. La cappa è utile per _________ odori e vapori quando si cucina.

16 • Scrivete le parole corrispondenti alle definizioni date.

1. È arredato con divano, poltrone e tavolino. _______________
2. Serve per appendere i cappotti e altri capi. _______________
3. Si usano per tenere in vista diversi oggetti. _______________
4. Tavolo di lavoro con diversi cassetti. _______________
5. Se sono antichi costano moltissimo. _______________

E ORA LA GRAMMATICA...

▶ interrogativi: come? che? chi? quando? quanto? perché?

Come	hai trovato l'appartamento?
Che	tipo di abitazione è?
Chi	ti ha aiutato a trovarlo?
Quando	ci andrai ad abitare?
Quanto	paghi d'affitto?
Perché	paghi tanto?

- Gli interrogativi *che?* e *chi?* possono essere preceduti da preposizione: "*A che* piano è l'appartamento?"; "*Con chi* vai all'agenzia immobiliare?".
- *Che?* e *chi?* sono invariabili, cioè si riferiscono a maschile e femminile, sia singolare sia plurale.

17 • Completate le frasi con l'interrogativo appropriato, scegliendo fra quelli indicati sopra.

1. ____________ è grande il tuo monolocale?
2. ____________ abita nell'appartamento di fronte al vostro?
3. ____________ non andate spesso nella casa di campagna?
4. ____________ costa al metro quadrato un appartamento in questa zona?
5. ____________ pensi di cambiare casa?
6. ____________ è arredato il salotto di Grazia?
7. ____________ quadri metti alle pareti?
8. ____________ si vive in un appartamento così piccolo?
9. ____________ pensa all'arredamento?
10. ____________ tipo di mobili hai scelto?

18 • Completate le frasi con l'interrogativo appropriato e le preposizioni che mancano.

1. Tu capisci ____________ Marco non è contento del suo monolocale?
2. Scusa, sai ____________ numero di via Mazzini è la casa di Franca?
3. ____________ di voi vuole venire con me all'agenzia immobiliare?
4. ____________ zona è la Sua nuova casa?
5. ____________ ci vuole al mese per un miniappartamento arredato?
6. ____________ è più conveniente comprare una casa?
7. Anna sta cambiando casa: ____________ può aiutarla?
8. ____________ deve essere grande l'appartamento che Lei cerca?
9. Scusi, sa dirmi ____________ si fa per trovare una buona agenzia immobiliare?
10. ____________ si paga all'agenzia se trova una casa in affitto?

▶ nomi alterati: diminutivi, vezzeggiativi, accrescitivi, peggiorativi

alterati diminutivi e vezzeggiativi (-ino/-ina, -etto/-etta, -otto)

un appartamento piccolo una strada piccola	un appartamen**tino** una stra**dina**	*ma:*	un balcone piccolo una poltrona piccola	un balcon**cino** una poltron**cina**
un bagno piccolo una casa piccola	un bagn**etto** una cas**etta**	*anche:*	circa un anno circa un mese circa un'ora	un ann**etto** un mes**etto** un'or**etta**
una cucina piccola	un cucin**otto**			

alterati accrescitivi (-one)

un armadio molto grande una scatola molto grande	un armadi**one** uno scatol**one**

alterati peggiorativi (-accio/-accia)

un lavoro brutto, pesante, faticoso, difficile una giornata impegnativa, faticosa, di tempo cattivo	un lavor**accio** una giornat**accia**

- Con nomi o aggettivi che terminano in *-to* e *-ta* normalmente si evita il suffisso *-etto, -etta*: al*to* - alt*ino* e non alt*etto*; stret*ta* - strett*ina* e non strett*etta*; salo*tto* - salott*ino* e non salott*etto*; tappet*o* - tappet*ino* e non tappet*etto*.
- Con il suffisso *-otto* e *-one* i nomi femminili diventano maschili.

---

19 • Completate le risposte con la forma diminutiva del nome citato nelle domande.

1. Lei ha un appartamento grande?
   No, ho un ____________ di appena 70 metri quadrati.
2. Il Suo salotto è grande?
   No, è un ____________ di appena 8 metri quadrati.
3. La Sua casa ha un ingresso grande?
   No, ha un ____________ davvero piccolo.
4. Lei ha un balcone grande?
   No, ho un ____________ di appena due metri quadrati.
5. La poltrona della Sua camera è grande?
   No, è una ____________ piuttosto piccola.

---

20 • Completate le frasi con la forma accrescitiva del nome citato nelle domande.

1. Com'è il letto dove dormi?
   È un ____________ largo due metri e mezzo.
2. Com'è il palazzo dove abita Lei?
   È un ____________ di dodici piani.
3. Com'è il libro che devi leggere?
   È un ____________ di quattrocento pagine.
4. Com'è il ragazzo di Lucia?
   È un ____________ di un metro e ottanta.
5. Com'è il tappeto della tua camera?
   È un ____________ di 4 metri per 3.

---

21 • Basandovi sulle risposte, chiedete a una persona amica se le piacciono gli oggetti che le mostrate.

1. ____________ ? (sala)
   Sì, è piccola ma molto carina.
2. ____________ ? (camera)
   Sì, è piccola ma molto confortevole.
3. ____________ ? (mobile)
   Sì, è piccolo ma molto utile.
4. ____________ ? (bagno)
   Sì, è piccolo ma molto bello.
5. ____________ ? (divano)
   Sì, è piccolo ma molto comodo.

---

aggettivi e avverbi alterati: diminutivi e vezzeggiativi

alterati diminutivi (-ino/-ina) e vezzeggiativi (-uccio/-uccia)

aggettivi

piccol- grand- largh- strett- alt- bass-	**ino/ina**

car- cald- lontan-	**uccio/uccia**

avverbi

pian- fort- ben- prest- tard-	**ino**

mal-	**uccio**

22 • Completate le risposte con la forma corretta dell'aggettivo o dell'avverbio alterato.

1. Il corridoio è un po' stretto, vero?
   Sì, è ____________ .
2. Il balcone è piuttosto piccolo, no?
   Sì, è ____________ .
3. Per fortuna qui non fa freddo.
   No, fa un bel ____________ .
4. La tua cucina è piccola?
   No, è piuttosto ____________ .
5. Lei vive vicino al centro?
   No, purtroppo il centro è ____________ .
6. Marco sta dormendo?
   Sì, perciò parliamo ____________ .
7. Come sta il signor Forti?
   Purtroppo sta ____________ .
8. Quell'abito blu mi sembra un po' caro.
   Sì, in effetti è ____________ .
9. Queste sedie non sono un po' basse per il tavolo da pranzo?
   Sì, mi sembra che siano piuttosto ____________ .
10. Ti alzi presto la mattina?
    No, mi alzo ____________ .

▶ particella **ne**: specificazione

Possiamo andare insieme,	che	ne	dici / dite? pensi / pensate?
È vero che Marco va a stare da solo?	Mah,	ne	parla sempre, ma io non ci credo
	Non	ne	so niente
I prezzi delle case aumenteranno ancora?	Sì,	ne	sono sicuro / sicura
	Non	ne	sono certo / certa

23 • Completate le frasi secondo il senso, utilizzando la particella *ne* e il verbo appropriato.

1. Secondo me, la casa di Anna è molto carina. Tu che ____________ ?
2. Dicono che gli affitti saliranno, ma noi non ____________ certi.
3. Lei che ____________ : è conveniente comprare una casa in questo momento?
4. Ho chiesto a Mario se Carla ha trovato casa, ma lui non ____________ niente.
5. Per quanto ____________ io, in questa zona non ci sono monolocali in affitto.
6. Ragazzi, che ____________ di aiutare Piero a sistemare i mobili?
7. Sara crede che Giulio abbia una casa al mare, ma non ____________ sicura.
8. La legge sugli affitti cambierà: ____________ la radio ieri.
9. Secondo i miei amici ci sono posti liberi alla casa dello studente, ma io non ____________ niente.
10. Questo mobiletto va bene per il nostro salotto, che ____________ , Patrizia?

▶ misure

cm = centimetro	**m = metro**	**km = chilometro**

Il tavolo	è	lungo largo alto	un metro e ottanta novanta centimetri ottanta centimetri	(m 1.80) (cm 90) (cm 80)
Il soggiorno	è	venti metri quadrati		(mq 20)

Abito	a	quindici chilometri (km 15) da Milano

24 • Scrivete in lettere le cifre e le misure indicate fra parentesi.

1. Marco ha un appartamento di ________ . (mq 120)
2. La scrivania è larga ________. (cm 75)
3. Il centro è a ________ da qui. (km 5.5)
4. Il corridoio è lungo ________ . (m 4)
5. Il tavolino del salotto è alto ________ . (cm 50)
6. Il balconcino misura ________. (m 3x2)
7. Il salone è veramente grande: è circa ________ . (mq 24)
8. Il bagnetto che ho è proprio piccolo: solo ________ . (m 2x2)
9. Il tappeto della sala misura ________ . (m 3x2.50)
10. La mia camera da letto ha un finestrone largo ________ . (m 1.50)

numerali collettivi e moltiplicativi

Circa	10 20 100 / 200 1000 / 3000

una **decina** di...
una **ventina** di...
un **centinaio** / due **centinaia** di...
un **migliaio** / tre **migliaia** di...

Il	**doppio**	di 5	è	10
	triplo			15

Un **paio** di	scarpe calze guanti pantaloni occhiali

Un **paio** di	giorni settimane mesi volte amici

25 • Completate le risposte con la parola corrispondente all'indicazione fra parentesi.

1. Quando andrai ad abitare nella nuova casa?
   Fra ________ di giorni (circa 15)
2. Quanto è distante da qui?
   ________ di metri. (circa 200)
3. Il tuo appartamento ha le terrazze?
   No, solo ________ di balconi. (2)
4. Quanta gente abita nel condominio?
   ________ di persone. (circa 100)
5. Sono solo adulti? No, ci sono anche
   ________ di bambini. (circa 30)
6. I proprietari si riuniscono spesso?
   No, ________ di volte all'anno. (circa 2)
7. Tutti gli appartamenti hanno il garage?
   No, ________ hanno solo il posto macchina. (circa 10)
8. Nel tuo garage c'è posto per due macchine?
   No, misura appena ________ di metri quadrati. (circa 20)

26 • Completate le risposte con i numerali moltiplicativi appropriati.

1. Il monolocale misura 20 metri quadrati?
   No, ________ . (mq 40)
   Beh, allora è grandino.
2. Il tavolo è lungo solo 80 centimetri?
   No, ________ . (cm 240)
   Ma allora è un tavolone!
3. Il tappeto misura 4 metri quadrati?
   No, ________ . Copre tutta la camera. (mq 8)
   Ah, è grandissimo!
4. La terrazza è 3 metri quadrati?
   No, ________ (mq 9)
   Ah, ma allora è grandissima!
5. Il cucinotto è largo un metro e mezzo?
   No, ________ . (m 3)
   Allora è quasi una cucina abitabile.
6. Per l'affitto pagate almeno 258 euro, vero?
   Purtroppo paghiamo ________ .
   (516 euro)
   È davvero tanto.
7. La mia camera da letto è piccola: solo 15 metri quadrati.
   La mia, invece, è ________ . (30 mq)
   Sì, ma tu non vivi in una casa moderna.
8. Il mio appartamentino ha tre finestre.
   E il mio ne ha ________ ! (9)
   Povera te! Quanto tempo ci metti a lavarle tutte?

congiunzioni con l'indicativo

anche	**Anche** Lei abita in un appartamento?
o / oppure	C'è il garage **o** (**oppure**) un box?
né... né...	Non c'è **né** il garage **né** il box.
neppure / neanche	Non c'è **neppure** (**neanche**) un balconcino.
ma	La cucina è piccolina, **ma** è completa.
quindi / dunque / allora / perciò	Sono 90 metri quadrati, **quindi** (**dunque** / **allora** / **perciò**) l'affitto è troppo alto.
come	Il mio appartamento è **come** il tuo,
anzi	**anzi** è un po' più grandino.
mentre	Il tuo è di 70 metri quadrati, **mentre** il mio è di 80.
cioè	Cambierò casa fra un mese, **cioè** a marzo.
perché	La tua camera è migliore **perché** ha il bagno.
quando	**Quando** cerchi casa devi chiedere
se	**se** ci sono tutte le comodità.

27 • Completate i dialoghi con le congiunzioni appropriate, scegliendo fra quelle indicate.

allora - cioè - mentre - neppure - perché - quindi

1. Dovete proprio cambiare casa?
   Sì, ____________ abbiamo problemi di spazio
2. Non riesco a trovare un miniappartamento in questa zona.
   ____________ un monolocale?
3. Purtroppo in quel condominio non c'è l'ascensore.
   Beh, ____________ il prezzo dell'appartamento è troppo alto.
4. Siamo in quattro, ____________ ci vogliono due camere da letto.
   ____________ hai bisogno di una casa più grande?
5. Il tuo salone è più grande di quello di Giorgio?
   Sì, il mio è quasi 12 metri quadrati, ____________ il suo è solo 9 metri quadrati.
6. Le spese di condominio sono 155 euro al mese, ____________ 1859 euro all'anno.
7. Noi abbiamo il riscaldamento autonomo, ____________ loro ce l'hanno centralizzato.
8. Il signor Freddi va a lavorare all'estero, ____________ affitterà il suo appartamento.

28 • Completate il dialogo con le congiunzioni appropriate, scegliendone una tra le due proposte tra parentesi.

Anna Nel tuo paese gli affitti delle case sono alti?
Fred Sono più o meno (*perché/come*) ____________ qui, credo. Per esempio, per un appartamento di quattro stanze in una zona residenziale ci vogliono più di 775 euro al mese.
Anna (*Neppure/Anche*) ____________ da noi gli affitti sono molti cari.
Fred Per questo la gente deve abitare in case piccole, (*ma/mentre*) ____________ non è facile trovarle.
Anna Tu vivi da solo, (*o/anzi*) ____________ abiti ancora con i tuoi?
Fred Per ora sto con i miei, (*dunque/ma*) ____________ fra due mesi, (*quando/allora*) ____________ andrò a vivere in un'altra città, ho intenzione di trovare un miniappartamento. Non so (*se/anche*) ____________ ci riuscirò.
Anna Allora è (*anche/come*) ____________ da noi. Ci sono centinaia di case da comprare, (*ma/allora*) ____________ non si trova ____________ (*né/neppure*) un appartamento da prendere in affitto.

DITELO IN ITALIANO

▶ ascoltare

29 • Il signor Marini sta parlando con l'impiegata di un'agenzia immobiliare.
Ascoltate attentamente la conversazione e decidete poi quale delle tre affermazioni è corretta.

1. Il signor Marini cerca un appartamento di

a. 110 metri quadrati **b.** 120 metri quadrati **c.** 90 metri quadrati

2. L'affitto mensile per l'appartamento di 110 metri quadrati è

a. 413 euro **b.** 362 euro **c.** 207 euro

3. L'appartamento di 110 metri quadrati

a. ha il garage **b.** ha il box **c.** non ha né l'uno né l'altro

4. Il signor Marini decide di

a. prendere un appartamento in una zona più lontana **b.** prendere l'appartamento di 110 metri quadrati **c.** ripassare dall'agenzia

▶ parlare

30 • Lavorate in coppia (A e B). Drammatizzate le seguenti situazioni (*osservate le piantine, possono esservi utili*).

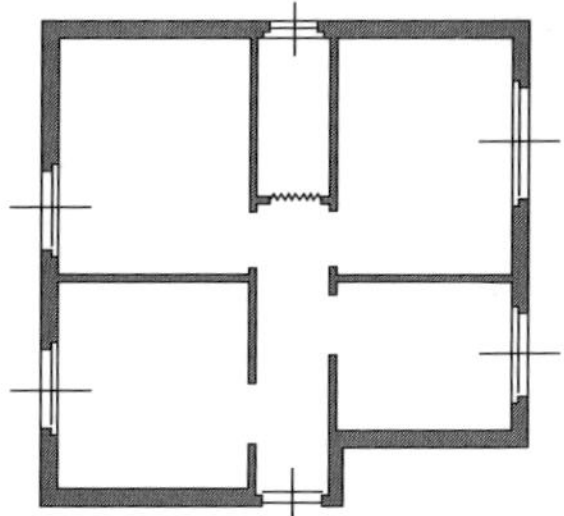

Situazione 1

Studente A
Lei è in una agenzia immobiliare.
Dica all'impiegato per quale motivo si trova lì.
Studente B
Lei è l'impiegato. Chieda allo studente A che tipo di appartamento sta cercando.
Poi descriva quello che la Sua agenzia può offrirgli.

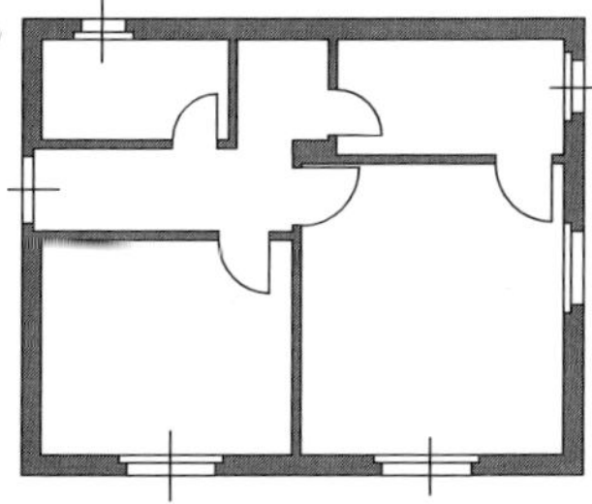

Situazione 2

Studente A
Lei ha comprato una casa.
La descriva a un amico che non ci è ancora stato.
Studente B
Lei è l'amico. Chieda allo studente A di spiegare che dimensioni hanno le diverse stanze e come ha intenzione di ammobiliarle.

31 • Rispondete alle seguenti domande personali.

1. Lei vive in un appartamento o in una casa unifamiliare?
2. Quanti metri quadrati è la Sua abitazione?
3. Ha doppi servizi o un solo bagno?
4. La cucina è abitabile?
5. Quali mobili ci sono nella Sua camera da letto?

ALLA SCOPERTA...

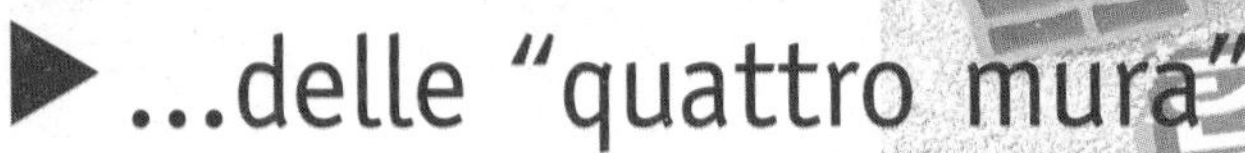

...delle "quattro mura"

32 • Leggete il testo una prima volta (non cercate di capire ogni parola) e individuate i temi centrali.

In Italia il problema della casa è fra i più sentiti. Trovare una casa in affitto è veramente difficile. La legge che disciplina i canoni d'affitto degli immobili, spesso penalizza i proprietari senza peraltro proteggere gli inquilini da possibili soprusi da parte dei locatori. Di conseguenza, specialmente nei grandi centri urbani, molti proprietari preferiscono lasciare gli appartamenti vuoti piuttosto che affittarli in base al canone stabilito dalla legge o, se li affittano, pretendono un prezzo superiore. Le case in vendita non mancano, ma i prezzi proibitivi le rendono spesso inaccessibili.

Coppie giovani e meno giovani che aspirano a possedere le loro "quattro mura" si vedono costrette ad accollarsi costosi mutui bancari che, se da un lato comportano sacrifici per tanti anni, dall'altro consentono di realizzare un sogno a lungo accarezzato: entrare a far parte della percentuale di italiani (circa il 70%) proprietari dell'immobile in cui abita.La penuria di case in affitto e l'impossibilità per molti di permettersi l'acquisto di un appartamento fanno sì che molti giovani, anche dopo il compimento della maggiore età e l'entrata nel mondo del lavoro, siano costretti a rimanere in famiglia e non possano appagare il legittimo desiderio di avere un alloggio, anche modesto, tutto per sé.

33 • Leggete ancora una volta il testo e trovate la definizione corrispondente al senso che le parole indicate hanno nel contesto in cui compaiono.

1.	☐ proibitivo	a.	non permissivo	b.	eccessivo
2.	☐ penalizzare	a.	recare danno	b.	dare pena
3.	☐ proteggere	a.	favorire	b.	difendere
4.	☐ sopruso	a.	uso esagerato	b.	prepotenza
5.	☐ locatore	a.	chi affitta	b.	chi prende in affitto
6.	☐ penuria	a.	mancanza	b.	poca quantità

34 • Scegliete l'alternativa corretta.

1. Aspirare alle "quattro mura" significa desiderare di	avere una casa in affitto	☐
	avere una casa di proprietà	☐
2. Affittare un appartamento significa	darlo in affitto	☐
	prenderlo in affitto	☐
3. Un immobile è	una casa in generale	☐
	l'arredamento di una casa	☐

35 • Leggete le didascalie che accompagnano le immagini e dite poi se anche nel vostro paese esistono modelli di abitazione che rimandano ad altre epoche storiche e ad altre culture.

1 Nei centri storici di Umbria, Marche e Toscana le case di pietra conservano l'originaria struttura medievale o quattrocentesca.

2 La particolare eleganza di certe case veneziane ricorda le origini bizantine di Venezia.

3 In molte cittadine dell'Italia del Sud sono evidenti i segni dell'architettura fiorita durante la dominazione araba.

4 Anche la dominazione spagnola in Italia ha lasciato tracce inconfondibili: balconi in ferro battuto, scalette, porte e finestre decorate di queste abitazioni di Martina Franca (Puglia) sono caratteristiche del barocco spagnolo.

FACCIAMO IL PUNTO

comprensione orale

1 • Ascoltate il dialogo tra i due coniugi, poi inserite nel disegno i mobili nella posizione in cui decidono di sistemarli.

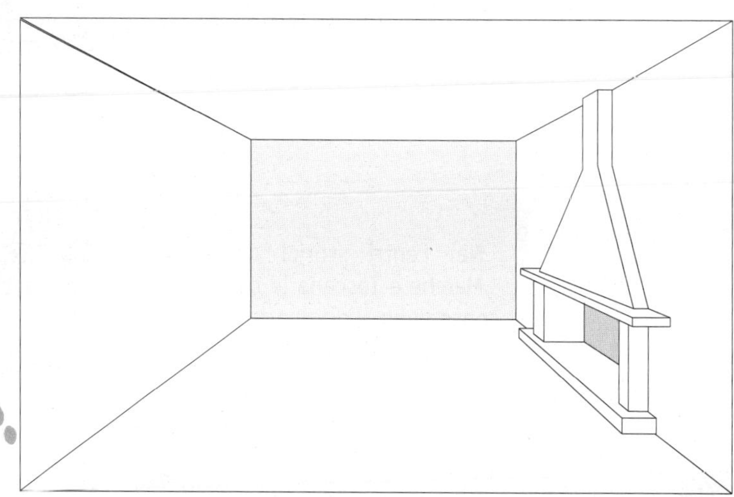

comprensione scritta

2 • Il signor Massi vuole vendere il suo appartamento, perché in famiglia sono cinque persone e due camere da letto sono poche; inoltre, vorrebbe un box grande, dove poter sistemare la macchina sua e quella di sua moglie. Leggete attentamente gli annunci e dite poi:

1. qual è l'annuncio scritto dal sig. Massi ☐ 2. qual è l'appartamento adatto a lui ☐

A Soggiorno 1 camera letto cucina abitabile servizi in 80 mq + balconate in palazzo signorile.
B 120 mq con salone 3 camere letto e servizio luminoso. Box doppio.
C 150 mq con salone doppio 3 camere letto cucina servizi.
D Salone due camere letto cucina piano alto arioso balconate posto auto.
E Ottime condizioni 200 mq in parco salone doppio 4 camere letto doppi servizi balconate posto auto.
F Soggiorno due camere da letto cucina abitabile 100 mq in palazzo signorile.
G 40 mq piano alto monolocale cucina servizio balconate alla strada 67 139 euro.
H P.zza Medaglie d'Oro adiacenze 146 mq con soggiorno 3 camere letto in ottime condizioni arioso.

produzione orale

3 • Disegnate la piantina della vostra abitazione e descrivete le diverse stanze, indicando come sono ammobiliate. Dite poi che cosa non vi piace del vostro appartamento.

produzione scritta

4 • Scrivete un annuncio per cercare un appartamento adatto alle vostre esigenze.

5 • Mettete in ordine le seguenti parole e costruite frasi di senso compiuto.

1. ufficio di è il uno mio per quattro metri tre stanzino .
2. in preso una ho ammobiliata affitto casetta .
3. stanno affitti sempre i diventando prezzi più degli alti .
4. cucina una preferisce abitabile cucinotto oppure pochi di un quadrati metri ?

unità 13

in automobile

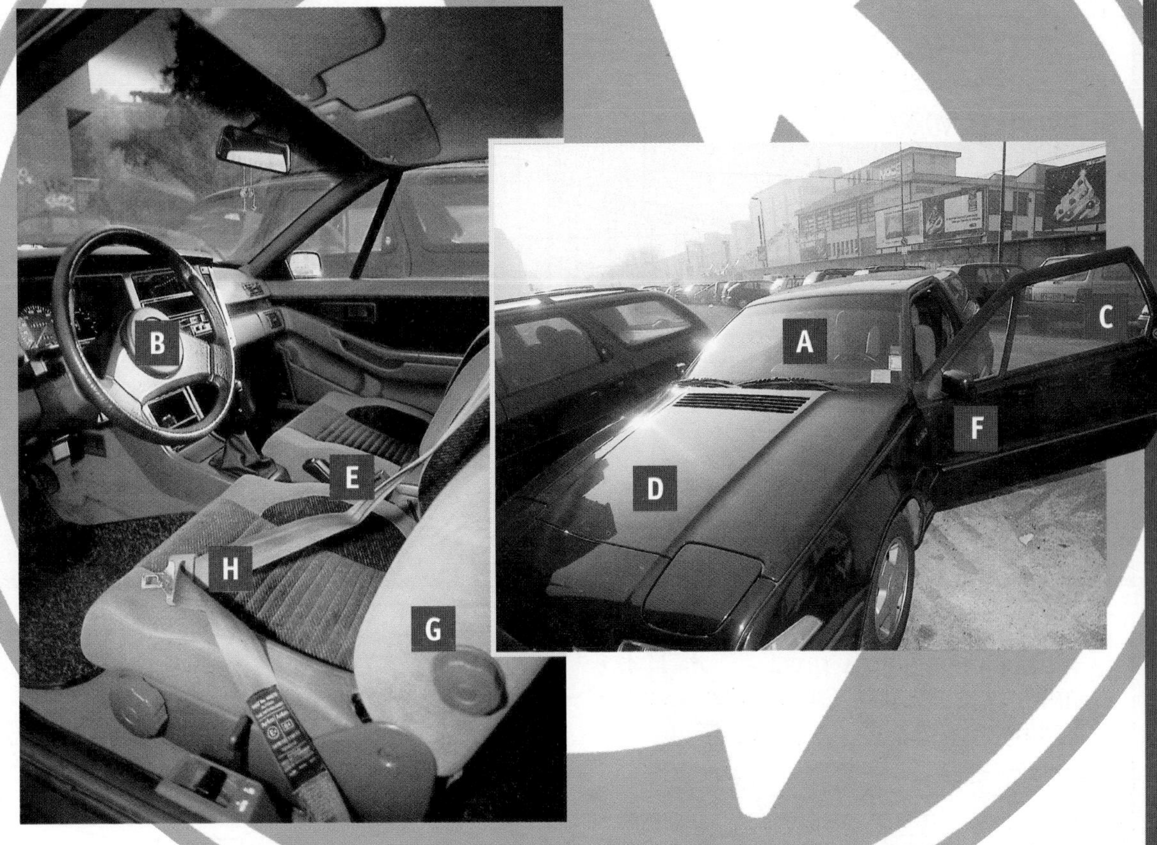

- **Associate alle immagini le parole date.**

cofano	☐	cintura di sicurezza	☐	portiera	☐
freno a mano	☐	parabrezza	☐	sedile	☐
specchietto	☐	volante	☐		

- **Dite a quali immagini si possono associare i seguenti verbi.**

allacciare	☐	tirare	☐	tenere	☐
guardare	☐	spostare	☐		

Con l'aiuto dell'insegnante, scoprite ora cosa imparerete a fare in questa unità.

Scopi comunicativi:	fare convenevoli; narrare e commentare; informarsi; esprimere rincrescimento; formulare ipotesi (2)
Grammatica:	• pronomi diretti (5) e particella *ne* (4) con verbi al passato • uso dei tempi (2): imperfetto e passato prossimo • uso dei tempi (3): imperfetto e passato prossimo dei verbi modali • periodo ipotetico (3) con l'indicativo imperfetto • *si* passivante (1) • *farcela*
Area lessicale:	parti dell'automobile; sequenza di eventi

COSA SUCCEDE...

▶ ... dal carrozziere

• Ascoltate il dialogo tra la signora Luzi e il signor Cardi e dite come è accaduto l'incidente alla signora Luzi.

1 • Riascoltate il dialogo e decidete se le seguenti affermazioni sono vere (V) o false (F).

1. La signora Luzi ha avuto un incidente mentre andava in ufficio. 
2. La macchina della signora ha avuto danni al cofano e a una portiera. V F
3. La macchina della signora ha tagliato la strada al ragazzo. V F

2 • Riascoltate il dialogo leggendo il testo, poi indicate qual è lo scopo comunicativo nei seguenti casi.

1. La signora Luzi risponde al saluto del sig. Cardi con l'espressione "Tutto male, vorrà dire!", per fargli capire
   a. che è arrabbiata con lui ☐
   b. che ha un problema ☐
   c. che lui non ha capito ☐

2. La signora Luzi esclama "Non Le dico!"
   a. per precisare che non vuole parlare ☐
   b. per spiegare che non sa cosa dire ☐
   c. per spiegare che la macchina è ridotta male ☐

3. Il signor Cardi chiede alla signora Luzi "Ma Lei andava molto forte?"
   a. per sapere se correva quando è successo l'incidente ☐
   b. per rimproverarla ☐
   c. capire se ha ragione o torto ☐

3 • Per la pronuncia e l'intonazione, ascoltate e ripetete.

4 • Ora riascoltate la cassetta e parlate voi con il signor Cardi.

IMPARIAMO...

... a fare convenevoli

5 • Ascoltate le tre conversazioni e scrivete le forme di convenevoli che sentite.

1.

2.

3.

1. ______________________________

2. ______________________________

3. ______________________________

6 • Ora trascrivete le forme di convenevoli nei rispettivi balloon.

7 • Ascoltate ancora la registrazione e verificate le vostre risposte.

... a narrare e commentare

Luca
posteggiare
in seconda fila

Marco
passare
con il rosso

Giorgio
non fermarsi
allo stop

Fabrizio
non dare
la precedenza

8 • Lavorate in coppia (A e B). Osservando le immagini, dite cosa hanno fatto ieri queste persone e commentate, come nel modello.

A **Ieri Marco è passato con il rosso.**
B **È un incosciente.**
A **Sì, è sempre stato incosciente. / No, di solito è prudente.**

Vocaboli utili: incosciente/prudente - indisciplinato/disciplinato - maleducato/educato

bucare

tamponare

sbandare

parcheggiare sulle strisce

9 • Osservate le immagini e, aiutandovi con le espressioni indicate a fianco, a turno dite perché sono accaduti questi fatti, come nel modello.

Luca ha bucato perché aveva le gomme lisce.

- AVERE LE GOMME LISCE
- ESSERE DISTRATTO
- ANDARE TROPPO FORTE
- NON TENERE LA DISTANZA DI SICUREZZA

10 • Osservate le immagini e, aiutandovi con le parole date, completate le frasi per raccontare cosa è successo alla ragazza, come nel modello.

Mentre stava cucinando si è bruciata a una mano

1. ______________________________
ha sentito che squillava il telefono.
2. ______________________________
si è staccata la spina.
3. ______________________________
il ferro a vapore ha smesso di funzionare.

cucinare

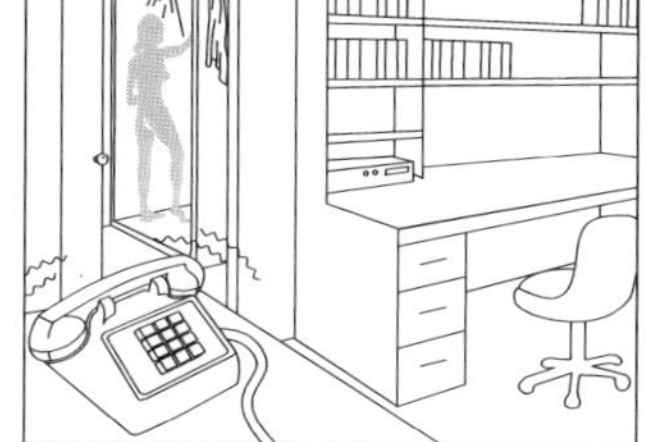
1. fare la doccia

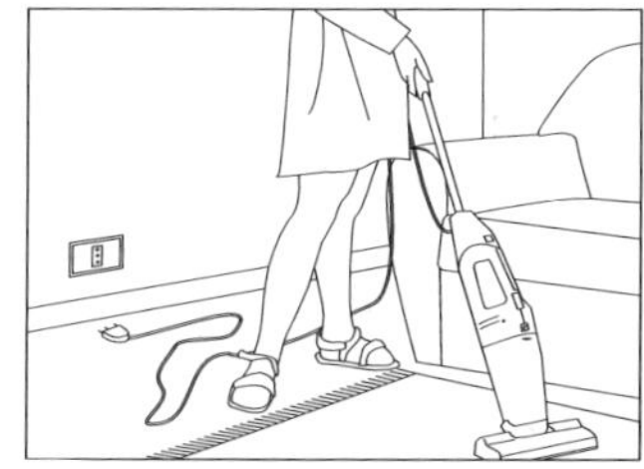
2. passare l'aspirapolvere

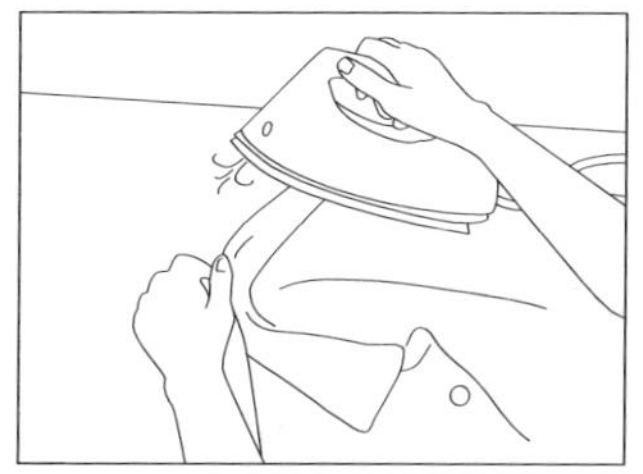
3. stirare

11 • Ecco come Francesca racconta la sua giornata di ieri. Completate il testo secondo il senso con la forma appropriata del passato dei verbi indicati in ordine alfabetico.

andare	aspettare	avere	cominciare	correre
dovere	esserci	essere (2)	fare	festeggiare
potere (2)	riprendere	riuscire	sapere	sostituire
trovare	volere			

Ieri _________ una giornata terribile. Quando _________ a prendere la macchina _________ una gomma bucata, perciò _______ chiamare un taxi.
A quell'ora _________ molto traffico e non si _________ correre. _________ nervosa perché _________ che in ufficio mi _________ molto lavoro e non _________ perdere tempo prezioso.
Per fortuna _________ ad arrivare in tempo e _________ subito a sbrigare le pratiche che _________ sul mio tavolo. All'ora di pranzo _________ la solita pausa insieme ai colleghi.
Il pomeriggio _________ il lavoro fino alle sei, poi _________ a cercare un gommista.
Mi _________ la gomma bucata con quella di scorta, così _________ raggiungere gli amici al ristorante dove _________ il compleanno di uno di loro.

12 • Ora ascoltate la cassetta e verificate se le vostre risposte sono esatte.

... a informarsi

13 • Guardando le immagini, completate i dialoghi secondo il senso, come nel modello.

A Vedo che non ha più il portabagagli...
B No, l'ho tolto.
A Come mai?
B Perché era inutile: non lo usavo mai.

1. A Vedo che non ha più l'attacco per la roulotte...
   B No, ______________________ .
   A Come mai?
   B Perché ______________________ : era un problema per parcheggiare.

2. A Vedo che non ha più l'antenna della radio...
   B No, ______________________ .
   A Come mai?
   B Perché ______________________ : mancava un pezzo.

3. A Vedo che non hai più l'autoradio...
   B No, ______________________ .
   A Come mai?
   B Perché ______________________ : non funzionava più bene.

Vocaboli utili: vecchio - rotto - scomodo - togliere

... a esprimere rincrescimento

14 • Lavorate in gruppi di cinque, come nel modello. Ciascuno racconta un fatto non piacevole che gli è capitato e gli altri, a turno, replicano scegliendo l'espressione appropriata fra quelle indicate sotto.

Oh, mi dispiace davvero!	Oh, mi spiace!
Davvero? Povero/a te!	Proprio a te doveva capitare!

A Sapete che oggi ho avuto problemi in ufficio?
B Oh, mi dispiace davvero!

... a formulare ipotesi

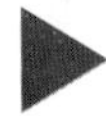

15 • Lavorate in gruppi di cinque, come nel modello. A turno, replicate alle affermazioni scegliendo la forma appropriata fra quelle indicate sotto.

mettere in garage	portare con sé	correre di meno
lasciare in un parcheggio custodito	rispettare le regole del traffico	parcheggiare correttamente

A A Paolo hanno sfasciato la macchina in sosta.
B Se la metteva in garage, non gli succedeva.

1. A A Luigi hanno rotto lo specchietto.
   B ______________________ .
2. A A Piero hanno bucato una gomma.
   B ______________________ .
3. A A Luca hanno rubato il libretto di circolazione.
   B ______________________ .
4. A A Giulio hanno ritirato la patente.
   B ______________________ .
5. A A Roberto hanno fatto una multa per eccesso di velocità.
   B ______________________ .

16 • Ora ascoltate la cassetta e verificate.

... un mondo di parole

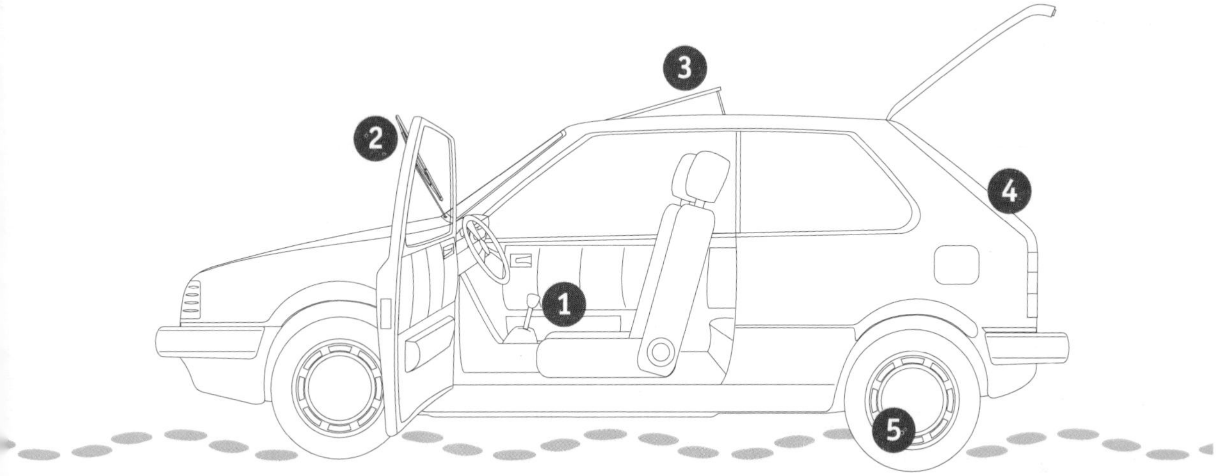

1 2 3 4 5

17 • Associate le parole alle immagini.

bagagliaio	☐	cambio	☐	ruota	☐
tettuccio apribile	☐	tergicristallo	☐		

18 • Trovate il vocabolo, o l'espressione, corrispondente alla definizione data.

1. Si tiene allacciata quando si guida. __________
2. Parte anteriore di una macchina. __________
3. Superare una macchina/più macchine. __________
4. Diminuire rapidamente la velocità. __________
5. Si usano per pulire il parabrezza. __________

19 • Completate le frasi secondo il senso.

1. Il __________ è molto spazioso: ci stanno tre valigie.
2. Porto la macchina dal carrozziere perché una __________ non chiude bene.
3. Per viaggiare tranquilli è necessario avere i __________ in buono stato.
4. Il nuovo modello ha il __________ anche sul lunotto.
5. Prima di fare un sorpasso bisogna guardare nello __________ .

E ORA LA GRAMMATICA...

▶ pronomi diretti e particella **ne** con verbi al passato

Hai visto	Marco? Anna?
	i sedili? le cinture?

Sì,	(**lo**) **l'** (**la**)	ho	vist**o** vist**a**
	li **le**		vist**i** vist**e**

Quanti chilometri hai fatto?

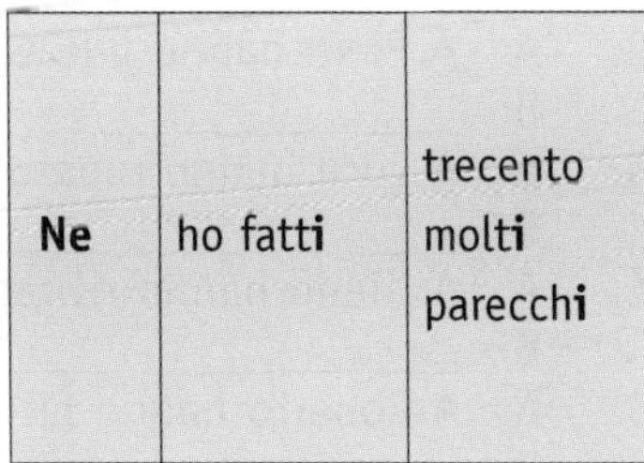

Ne	ho fatt**i**	trecento molt**i** parecch**i**

20 • Completate i dialoghi con le forme appropriate del verbo e del pronome.

1. Hai trovato un parcheggio?
   No, non ______________________ .
2. Avete allacciato le cinture?
   Sì, ______________________ .
3. Lei ha fatto controllare la pressione delle gomme?
   Sì, ______________________ .
4. Hai cambiato le gomme?
   Sì, ______________________ .
5. Avete visto il vigile?
   Sì, ______________________ .
6. Hai poi comprato l'autoradio?
   Sì, ______________________
   una di seconda mano.
7. Hai fatto il pieno, Luigi?
   Sì, ______________________
   stamattina.
8. Hai fatto controllare i freni?
   Sì, ______________________
   ieri dal mio meccanico.

21 • Rispondete alle domande usando il pronome diretto e il verbo appropriato.

1. Dove hai portato la macchina?
   ______________ dal carrozziere.
2. Dove hai trovato un parcheggio?
   ______________ a 200 metri da qui.
3. Dove hai messo le gomme da neve?
   ______________ in garage.
4. Dove hai fatto benzina?
   ______________ in autostrada.
5. Dove hai trovato più traffico?
   ______________ tra Firenze e Bologna.
6. Dove hai comprato i fari antinebbia?
   ______________ a Padova.

22 • Completate i dialoghi con la particella *ne* e con il verbo appropriato, facendo attenzione alla terminazione del participio passato.

1. Lei ha mai avuto incidenti d'auto?
   ______________ soltanto uno,
   diversi anni fa.
2. Quante persone ha portato con la Sua macchina?
   ______________ quattro, ma dietro
   stavano strette.
3. Quanta benzina hai messo?
   ______________ poca, perché
   non avevo abbastanza soldi.
4. La Sua macchina ha avuto molti danni?
   No, per fortuna ______________ pochi.
5. Quante auto hai cambiato da quando hai la patente?
   ______________ tre, ma penso
   di cambiare ancora.
6. Quanti chilometri ha fatto con questa macchina ?
   ______________ circa 100.000,
   ma va ancora benissimo.

▶ uso dei tempi: imperfetto (i) e passato prossimo (pp)

a)

i	In quel momento	correvo molto stavo andando forte	/.../
pp	**Ho corso**	per tutta la strada tutto il tempo	/....................../ /....................../

Come avete visto nell'unità 9
- (i) = il parlante si riferisce a *un solo momento* dell'azione;
- (pp) = il parlante si riferisce a *tutta* l'azione;

23 • Completate i dialoghi con la forma appropriata del passato (prossimo o imperfetto) dei verbi indicati.

1. Perché la polizia ti ha fatto la multa?
   Perché ____________ . (correre troppo)
2. Come mai siete arrivati tanto presto?
   Perché ____________ sempre a 160 all'ora. (andare)
3. Perché avete speso tanto dal carrozziere?
   Perché le portiere ____________ distrutte. (essere)
4. Come mai hai scelto il tettuccio apribile?
   Perché ____________ averlo da sempre. (volere)
5. Perché non hai guidato tu?
   Perché non ____________ con me la patente. (avere)
6. Perché Laura è arrivata in ritardo?
   Perché non ____________ posto nel parcheggio. (trovare)
7. Peché la colpa dell'incidente è di Marco?
   Perché ____________ la strada all'altra macchina. (tagliare)
8. Perché hanno frenato bruscamente?
   Perché ____________ il rosso. (scattare)
9. Perché Lucio si è fermato per strada?
   Perché ____________ una gomma. (bucare)
10. Perché c'è stato un tamponamento a catena?
    Perché le auto non ____________ distanza di sicurezza. (tenere)

b)

i	Mentre correvo a tutta velocità, speravo di non avere incidenti	/....................../ /....................../
pp	**Ho corso** per un po' di chilometri, poi ho diminuito la velocità	/......./, /......./

- (i) = si parla di due (o più) azioni compiute contemporaneamente;
- (pp) = si parla di azioni realizzate una dopo l'altra.

24 • Completa le frasi con la forma appropriata del passato (prossimo o imperfetto) dei verbi indicati.

1. Andrea ____________ nello specchietto, poi ____________ il sorpasso. (guardare/iniziare)
2. Mentre Luigi ____________ al volante, io ____________ la via. (essere/cercare)
3. Laura ____________ il freno a mano e ____________ il sedile in avanti. (tirare/spostare)
4. Paolo ____________ il finestrino, poi ____________ il tettuccio. (chiudere/aprire)
5. Mentre (io) ____________ la macchina dal carrozziere, ____________ alla spesa. (portare/pensare)
6. Prima Carlo ____________ il parabrezza, poi ____________ la cintura. (pulire/allacciare)
7. Sara ____________ una gomma mentre ____________ in autostrada. (bucare/viaggiare)
8. Piero ____________ il bagagliaio e ci ____________ la ventiquattrore. (aprire/mettere)
9. Il signor Neri ____________ un'auto nuova e ____________ la vecchia. (comprare/vendere)
10. Mentre ____________ fermo al semaforo, un ragazzo mi ____________ . (stare/tamponare)

c)

i+pp	Mentre correvo a tutta velocità, uno mi ha tagliato la strada Stavo correndo, quando un pedone ha attraversato la strada Uno mi ha tagliato la strada, mentre andavo fortissimo	/............../........

■ Il parlante si riferisce a due azioni passate, una delle quali (pp) è accaduta mentre l'altra (i) era già in atto.

25 • Come l'esercizio 24.

1. Marco ______ un incidente mentre ______ in centro. (avere/andare)
2. Mentre Ugo ______ al semaforo, due pedoni ______ la strada. (arrivare/attraversare)
3. ______ dal mio garage, quando una macchina ______ a tutta velocità. (stare uscendo/arrivare)
4. Uno mi ______ mentre ______ la portiera senza guardare dietro. (urtare/aprire)
5. Mentre ______ una gomma, un signore ______ per aiutarmi. (cambiare/fermarsi)
6. Mentre io e Gianni ______ a casa di Piero ______ un incidente. (andare/vedere)
7. Carla ______ la patente da poco, quando ______ a guidare in città. (avere/cominciare)
8. Giorgio ______ mentre ______ una curva a velocità sostenuta. (sbandare/affrontare)

d)

i	Da giovane Di solito In quegli anni Allora	andavo spesso in bicicletta lui guidava come un pazzo il traffico era meno caotico pochi avevano la macchina

■ Il parlante si riferisce ad azioni o situazioni abituali nel passato.

26 • Completate il racconto di Luisa, usando la forma appropriata del passato dei verbi indicati in ordine alfabetico.

arrivare - avere - cadere - compiere - decidere - dovere - essere - esserci - guadagnare - lavorare - potere - prendere - provare - realizzarsi - rendere - rispondere - salire - sapere - sognare - studiare - trovare - uscire

Appena ______ i diciott'anni ______ la patente. La mia prima macchina ______ una Fiat di seconda mano che ______ a pezzi. Finalmente, però, mi ______ muovere in città senza dipendere dagli orari degli autobus e questo mi ______ felice. La mattina ______ in macchina e in una mezz'ora ______ all'università. Eh, sì, allora non ______ il traffico di oggi! Ma il senso di maggiore libertà lo ______ la sera, quando ______ con gli amici. Finalmente non ______ chiedere a qualcuno di loro di accompagnarmi a casa. Naturalmente ______ una macchina nuova, ma ______ bene che i miei genitori non ______ i mezzi per accontentarmi. Così ______ di fare da sola. ______ a un annuncio sul giornale e ______ un lavoro part-time. Il giorno ______ e la sera ______ in un *pub*. In un anno ______ abbastanza per comprare un'utilitaria, così il mio sogno ______ .

uso dei tempi: imperfetto (i) e passato prossimo (pp) dei verbi modali

i + pp	Dovevo Potevo Volevo		correre...,	perciò **ho corso** ma non **ho corso**
pp	**Ho**	**dovuto** **potuto** **voluto**	correre	(e **ho corso**)

- (i) + (pp) = l'imperfetto, da solo, non chiarisce se l'azione è stata compiuta o no, quindi il pensiero va completato.
- (pp) = il passato prossimo indica, invece, che l'azione è stata effettivamente compiuta.

27 • Completate i dialoghi liberamente, usando i verbi modali al tempo corretto.

1. Dottore, ha comprato l'Alfa Romeo?
   ______________ comprarla,
   ma non ______________ .
2. Avete già fatto benzina?
   Io ______________ farla,
   ma lui non ______________ .
3. Hai fatto male a vendere l'utilitaria.
   Veramente non ______________
   venderla, ma ______________ .
4. Era proprio necessario andare in macchina, Piero?
   Sì, ero in ritardo, perciò
   ______________ prenderla.
5. Hai sostituito le gomme?
   Sì, purtroppo ______________
   sostituirle perché erano lisce.

periodo ipotetico con l'indicativo imperfetto

Se	**andavi** più piano,	**riuscivi** a frenare
	non **aveva** la cintura,	**si faceva** male

- L'uso dell'imperfetto nel periodo ipotetico al passato è frequente nell'italiano parlato e scritto non formale.

28 • Trasformate le frasi per costruire un periodo ipotetico.

1.a. Ha tamponato perché non teneva la distanza di sicurezza.
1.b. Se ______________
______________ .
2.a. L'incidente è successo perché non hanno rispettato lo stop.
2.b. Se ______________
______________ .
3.a. Sei riuscita a frenare perché non avevi le gomme lisce.
3.b. Se ______________
______________ .
4.a. Abbiamo trovato subito un parcheggio perché non c'era traffico.
4.b. Se ______________
______________ .
5.a. Ha lasciato l'auto in sosta vietata perché non c'era il vigile.
5.b. Se ______________
______________ .

si passivante

La patente	**si** prend**e**	a diciott'anni
Il sorpasso	**si** fa	quando la strada è libera

In passato	**si** vedev**ano**	più utilitarie
Fino a qualche anno fa	non si usav**ano**	le cinture di sicurezza

- La costruzione "si+3ª persona singolare o plurale di un verbo transitivo" è una delle diverse forme passive.
- Il verbo si accorda con il soggetto (la patente, le cinture ecc.).
- Per il quadro completo della forma passiva, si veda l'unità 19.

29 • Completate le frasi con la forma appropriata del *si* passivante.

1. Per la strada ______ pazzi al volante. (incontrare)
2. Questa medicina ______ ogni dodici ore. (prendere)
3. I giornali ______ all'edicola. (comprare)
4. La colazione ______ a parte. (pagare)
5. In italiano l'acca non ______ . (pronunciare)
6. Alla TV ______ spesso dei bei film. (vedere)
7. Come ______ il Suo nome? (scrivere)
8. In Svizzera ______ più lingue. (parlare)
9. Questa macchina ______ facilmente. (guidare)
10. La portiera di destra non ______ bene. (chiudere)

farcela

Ce	la	fai	a parcheggiare in così poco spazio?
			a frenare in tempo?
		fa	a sorpassare quella macchina?

Sì, No, non	ce	la	faccio

Sei riuscito	a frenare in tempo?

Sì,	ce	l'	ho fatt**a**

- Al passato il participio prende sempre la terminazione **-a**.

30 • Completate i dialoghi con la forma corretta del verbo *farcela*.

1. Riesci a sorpassare quella macchina?
   Certo che ______ .
2. Sei riuscito a trovare un posto per la macchina?
   Sì, ______ , ma ho dovuto girare molto.
3. Lei, signora, è riuscita a prendere la patente?
   No, non ______ : devo dare l'esame un'altra volta.
4. Riesci a spostare il sedile?
   No, non ______ : non vuole muoversi.
5. Siete riusciti a prendere il numero di quella macchina?
   No, purtroppo non ______ : andava troppo forte.

DITELO IN ITALIANO

▶ ascoltare

31 • Il signor Baroni sta parlando con la moglie. Ascoltate la conversazione (non cercate di capire ogni parola) e scegliete le espressioni che descrivono meglio i due personaggi e i loro cambiamenti.

moglie	**prima**	**ora**
umore	a. allegro b. triste	a. cattivo b. buono
vestire	a. male b. alla moda	a. con molta eleganza b. in modo trascurato
cura della persona	a. molta b. poca	a. nessuna b. esagerata
cucinare	a. molto bene b. senza voglia	a. quasi mai b. male

marito	**prima**	**ora**
atteggiamento	a. affettuoso b. riservato	a. chiuso b. espansivo
attenzioni per la moglie	a. generoso b. avaro	a. attento b. distratto

▶ scrivere

32 • Immagini di essere una persona di una certa età. Scriva un breve testo per raccontare

- che cosa faceva a vent'anni;
- com'era diversa la vita in quei tempi (parli di abitudini, lavoro, rapporto uomo-donna, famiglia, traffico, tempo libero ecc.).

▶ parlare

33 • Rispondete alle seguenti domande personali.

1. Quando ha preso la patente?
2. Di solito in macchina Lei corre o va piano?
3. Ha mai avuto un incidente d'auto?
4. Quanto paga all'anno per l'assicurazione auto?
5. Lei tiene sempre allacciata la cintura di sicurezza quando guida?

34 • Domandate al vostro compagno di banco

- da quanto tempo guida
- se si stanca facilmente a guidare
- quante multe ha preso negli ultimi tempi
- se gli hanno mai tagliato la strada
- se fa sorpassi solo per necessità o anche per divertimento

ALLA SCOPERTA...

...degli italiani al volante

35 • Da un'inchiesta condotta in cinque città italiane emerge un ritratto sconfortante degli italiani al volante: aggressivi, maleducati, indisciplinati. Leggete il testo seguente cercando di capire il perché.

Secondo le stime Censis, in Italia circolano quasi 37 milioni di autovetture. Ciò significa che, dopo gli Stati Uniti, il Canada e l'Isola di Guam, l'Italia ha la più alta densità automobilistica del mondo in termini di abitanti per autoveicolo: 1,8 (ma a Milano il rapporto è addirittura di 1,3). La strada, dunque, diventa una giungla dove ognuno si difende dall'altro.

L'aggressività automobilistica si manifesta in una forte ostilità verso gli altri veicoli che si trovano sul proprio cammino e ne rallentano la marcia. L'aggressività non riguarda soltanto i maschi adulti, ma tutti, indipendentemente dal sesso dal titolo di studio. Anzi, sembra che alla guida le donne siano più litigiose e intolleranti degli uomini.

Il male comune a tutte le città è senz'altro il parcheggio selvaggio. Il milanese, come il romano o il napoletano, non intende scomodarsi a fare qualche centinaio di metri per sistemare l'automobile correttamente. "Sono soprattutto le donne che parcheggiano senza sensi di colpa in terza fila per accompagnare il figlio adolescente fino al portone della scuola, o per fare la spesa o, ancora, per dare un'occhiata alle vetrine" rileva un funzionario dell'azienda dei trasporti napoletana.

Nella metropoli lombarda i cartelli con divieto di sosta sono come i semafori a Napoli: dei suggerimenti che pochi accolgono.

Fra tanti automobilisti indisciplinati si trovano però anche delle eccezioni. Ad esempio, un signore di Forlì si è autodenunciato, con una lettera ironica a "Repubblica", come "guidatore pericoloso", perché – ha scritto rivolgendosi agli automobilisti indisciplinati – "non solo cerco di rispettare i limiti di velocità e freno quando il semaforo è giallo, ma arrivo perfino a fermarmi se c'è un pedone sulle strisce; e questo lo faccio pur sapendo che la mia guida incosciente vi costringe a sorpassarmi a destra o a sinistra, o forse a tamponarmi".

(adattato da *Il Venerdì di Repubblica*, 29 maggio 1998)

36 • Rileggete il testo e dite poi

- in quali casi alla guida le donne sono peggiori degli uomini ____________
- con quali aggettivi sono definite le loro caratteristiche negative ____________
- qual è il problema comune a tutte le città italiane ____________
- perché la lettera del signore di Forlì è ironica ____________

37 • Ora provate a trovare nel testo le parole corrispondenti alle definizioni date.

1. sinonimo di attraversamento pedonale ____________
2. sentimento di non amicizia ____________
3. si dice di persone che tendono sempre a discutere ____________
4. persona che va a piedi ____________
5. sentimento che si prova quando si fa una cosa sbagliata ____________

38 • Descrivete il comportamento degli automobilisti del vostro paese, individuandone i pregi e i difetti.

FACCIAMO IL PUNTO

▶ comprensione orale

1 • La signora Fini sta parlando con un impiegato dell'assicurazione. Ascoltate il dialogo (non cercate di capire ogni parola) e individuate quindi le parti del modulo che sono oggetto della conversazione.

Constatazione amichevole di incidente - Denuncia di sinistro (art. 5 D.L. n. 857 del 1976 convertito legge n. 39 del 1977)

Non costituisce riconoscimento di responsabilità, ma un rilevamento delle identità delle persone e dei fatti per una più rapida definizione.

Se è firmato congiuntamente dai due conducenti produce gli effetti di cui agli artt. 3 e 5 D.L. n. 857 del 1976 convertito legge n. 39 del 1977.

1. data incidente | ora

2. luogo (comune, provincia, località)

3. feriti anche se lievi no ☐ sì ☐ *

4. danni materiali ad altri veicoli oltre A o B no ☐ sì ☐ *

5. testimoni: nome, cognome, indirizzo, telefono (precisare se si tratta di trasportati sul veicolo A o B)

veicolo A

6. assicurato (*controllare il proprio certificato d'assicurazione*)
Cognome (stampatello)
Nome
Indirizzo (*via e numero*)
Comune (*e sigla della Prov.*)
N. telefono
Può l'Assicurato recuperare l'I.V.A. relativa al veicolo? no ☐ sì ☐

7. veicolo
Marca e tipo
N. di targa o di telaio

8. compagnia d'assicurazione
N. di polizza
Agenzia
N. della Carta Verde (*per gli stranieri*) (sigla del Paese) (numero)
Certificato di assicurazione o Carta Verde | **valevole fino al**
Il veicolo è coperto di garanzia per propri danni? no ☐ sì ☐

9. conducente (*Controll. la propria patente*)
Cognome (stampatello)
Nome
Indirizzo
Patente n.
Categ. (A, B, ...) rilasciata da
il
Patente valevole fino al

10. Indicare con una freccia (➡) il punto dell'urto iniziale

11. danni materiali visibili

14. osservazioni

12. circostanze dell'incidente
Mettere una croce (X) soltanto nelle caselle utili alla descrizione

A			B
1	in sosta	1	
2	ripartiva dopo una sosta	2	
3	si accingeva a sostare	3	
4	usciva da un parcheggio, da luogo privato, da una strada ad uso privato	4	
5	entrava in un parcheggio, in un luogo privato, in una strada ad uso privato	5	
6	si inseriva in una piazza a senso rotatorio	6	
7	circolava su una piazza a senso rotatorio	7	
8	tamponava un veicolo che procedeva nello stesso senso e nella stessa fila	8	
9	procedeva nello stesso senso, ma in una fila diversa	9	
10	cambiava di fila	10	
11	sorpassava	11	
12	girava a destra	12	
13	girava a sinistra	13	
14	retrocedeva	14	
15	invadeva la sede stradale riservata alla circolazione in senso inverso	15	
16	proveniva da destra	16	
17	non aveva osservato il segnale di precedenza	17	

⬅ indicare il numero totale delle caselle segnate con la croce ➡

13. grafico dell'incidente
Indicare: 1) il tracciato delle strade; 2) la direzione di marcia di A e B; 3) la loro posizione al momento dell'urto; 4) i segnali stradali; 5) i nomi delle strade

15. firme dei due conducenti
A B

veicolo B

6. assicurato (*controllare il proprio certificato d'assicurazione*)
Cognome (stampatello)
Nome
Indirizzo (*via e numero*)
Comune (*e sigla della Prov.*)
N. telefono
Può l'Assicurato recuperare l'I.V.A. relativa al veicolo? no ☐ sì ☐

7. veicolo
Marca e tipo
N. di targa o di telaio

8. compagnia d'assicurazione
N. di polizza
Agenzia
N. della Carta Verde (*per gli stranieri*) (sigla del Paese) (numero)
Certificato di assicurazione o Carta Verde | **valevole fino al**
Il veicolo è coperto di garanzia per propri danni? no ☐ sì ☐

9. conducente (*Controll. la propria patente*)
Cognome (stampatello)
Nome
Indirizzo
Patente n.
Categ. (A, B, ...) rilasciata da
il
Patente valevole fino al

10. Indicare con una freccia (➡) il punto dell'urto iniziale

11. danni materiali visibili

14. osservazioni

* In caso di lesioni o di danni materiali a cose diverse dai veicoli A e B indicare, sulla denuncia a tergo, l'identità e l'indirizzo dei danneggiati.

La denuncia non deve essere modificata dopo la firma e la separazione degli esemplari.

Vedere a tergo le dichiarazioni dell'Assicurato ➡

comprensione scritta

Eccesso di velocità

L'alta velocità è costata la vita a due giovani di 21 e 18 anni. Il primo incidente è avvenuto vicino a Cagliari. Intorno alle quattro del mattino il giovane, con altri quattro amici, stava rientrando in città dopo aver trascorso la notte in un locale dell'hinterland, quando, nell'imboccare una curva, ha perso il controllo dell'auto.
Il secondo incidente è avvenuto a 70 chilometri da Sassari. Il conducente, 18 anni, ha perduto il controllo dell'auto in curva ed è finito contro il guardrail.
Mortale incidente anche nei pressi di Taranto. Una Lancia Prisma si è scontrata frontalmente con una Fiat 127, su cui viaggiavano due coniugi con i figli di 16 e 13 anni. Nell'urto violentissimo la donna è morta, mentre il marito e i figli, e il conducente della Lancia Prisma, se la sono cavata con qualche ferita e sono ricoverati all'ospedale di Taranto. Dalle indagini risulta che la Lancia Prisma viaggiava a circa 160 chilometri all'ora.

2 • Leggete il testo e compilate la scheda.

NUMERO DEGLI INCIDENTI	CAUSA DEGLI INCIDENTI	NUMERO DEI FERITI	NUMERO DEI MORTI
______	______	______	______

produzione orale

3 • Raccontate come è successo l'incidente d'auto della signora Luzi (vedi il dialogo alle pagine 206-207).

4 • Parlate della vostra esperienza in fatto di auto, dicendo

- a che età avete cominciato a guidare
- com'era la vostra prima auto
- come sono cambiate le vostre abitudini di vita
- quanto tempo avete tenuto la vostra auto
- perché avete deciso di comprarne una nuova

produzione scritta

5 • Scrivete un breve testo raccontando come si è svolto un incidente d'auto che avete avuto o al quale avete assistito.

6 • Associate le domande della colonna A alle risposte della colonna B.

A

1. ☐ Sa che Lei guida bene?
2. ☐ Sei riuscita a superare l'esame di guida?
3. ☐ Non ha preso il treno delle sette, signora?
4. ☐ Per caso i Rossi hanno cambiato numero di telefono?
5. ☐ Ho sentito che tu vai bene a scuola.

B

a. Credo di sì, ma non ne sono sicuro.
b. Sì, ce l'ho fatta.
c. Grazie del complimento.
d. Insomma, me la cavo.
e. No, non ce l'ho fatta.

unità 14

come va la salute?

- **Osservate le immagini e associatele alle definizioni.**

1. servizio sanitario che sostituisce il medico di base nei giorni festivi ☐
2. luogo destinato al ricovero e alla cura dei malati ☐
3. autoveicolo adibito al trasporto di malati o feriti ☐
4. luogo di prima assistenza medica ☐

- **Ora associate ai luoghi i verbi corrispondenti.**

prestare le prime cure a un malato	☐☐	trasportare un ferito	☐☐
visitare un paziente	☐☐	ricoverare un malato	☐☐

Con l'aiuto dell'insegnante, scoprite ora cosa imparerete a fare in questa unità.

Scopi comunicativi:	descrivere i sintomi di una malattia; consigliare; fare supposizioni (2); fare richieste (1); rimproverare
Grammatica:	• condizionale semplice (2) regolare e irregolare • condizionale composto (1) • usi del condizionale semplice (1) • usi del condizionale composto(1) • plurali irregolari (2) • formazione dei nomi femminili
Area lessicale:	salute; servizi medici

COSA SUCCEDE...

▶ ... in attesa del medico

• Ascoltate il dialogo fra la signora Bruni e la signora Lanzi e dite quale pediatra va a visitare il bambino della signora Bruni.

1 • Riascoltate il dialogo e decidete se le seguenti affermazioni sono vere (V) o false (F).

1. Il bambino sta male da due giorni V F
2. La signora Bruni ha chiamato subito il pediatra V F
3. La signora Bruni è sicura che il bambino ha un'allergia V F
4. La signora Lanzi insiste per chiamare il sostituto del pediatra V F
5. Il telefono del medico è occupato V F

2 • Riascoltate il dialogo leggendo il testo, poi indicate qual è lo scopo comunicativo nei seguenti casi.

1. La signora Bruni risponde "Non saprei..." per dire
   a. che non ha nessuna idea del perché il bambino ha la febbre ☐
   b. che forse la febbre dipende da un'allergia ☐
   c. che la febbre non ha niente a che fare con l'allergia ☐

2. La signora Lanzi chiede "Avrà pure un sostituto, no?"
   a. per sapere se il pediatra ha un collega che lo sostituisce ☐
   b. per dire che non è possibile che il pediatra non abbia un sostituto ☐
   c. per dire che forse il pediatra ha un sostituto ☐

3. La dottoressa risponde "... sarei venuta anche subito..." per dire
   a. che passerà subito a visitare il bambino ☐
   b. che non potrà passare a visitare il bambino ☐
   c. che passerà a visitare il bambino, ma non subito ☐

3 • Per la pronuncia e l'intonazione, ascoltate e ripetete.

4 • Ora riascoltate la cassetta e parlate voi con la signora Bruni.

IMPARIAMO...

... a descrivere i sintomi di una malattia

5 • Scrivete l'articolo appropriato (singolare o plurale) davanti ai nomi delle parti del corpo.

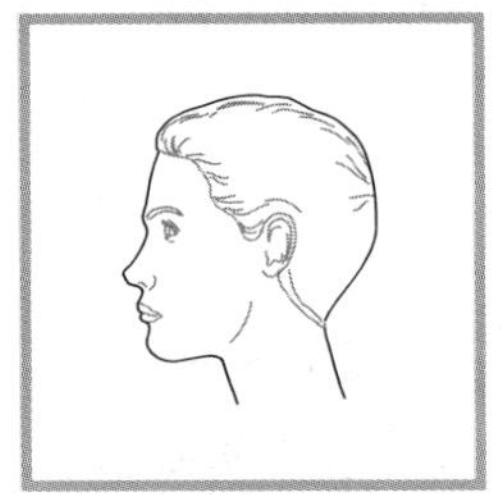

1. ____ testa

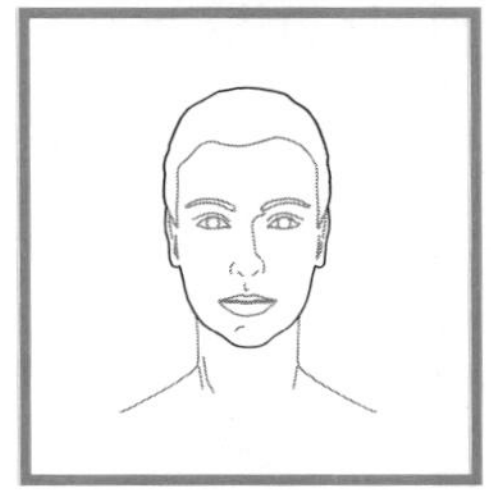

2. ____ viso

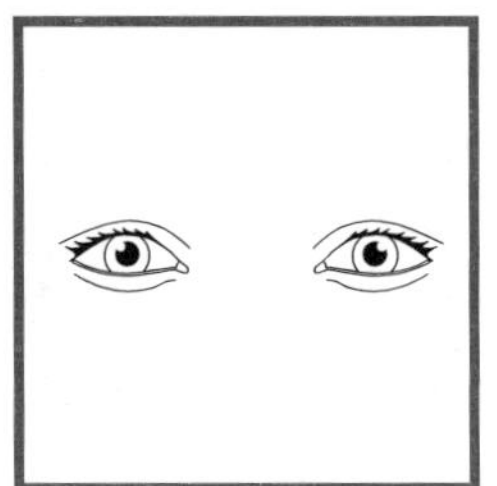

3. ____ occhi

4. ____ bocca

5. ____ denti

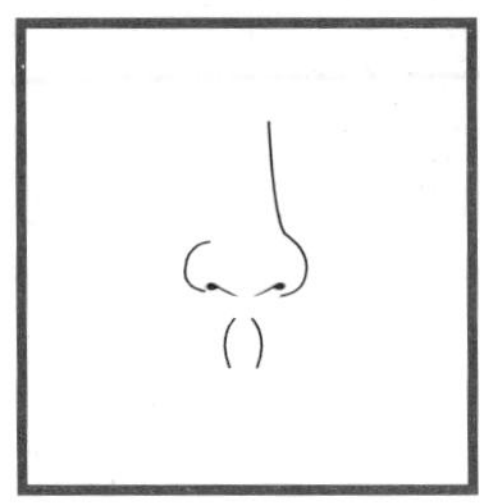

6. ____ naso

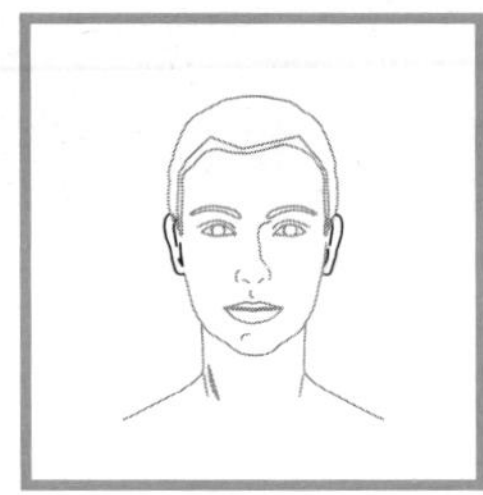

7. ____ orecchie

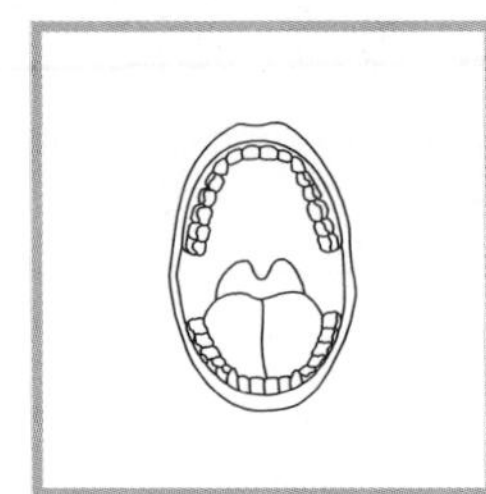

8. ____ gola

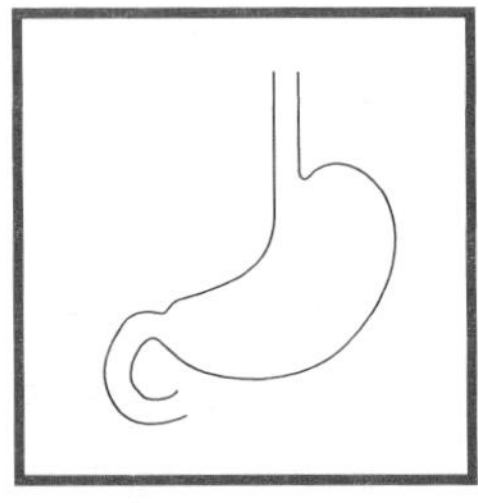

9. ____ stomaco

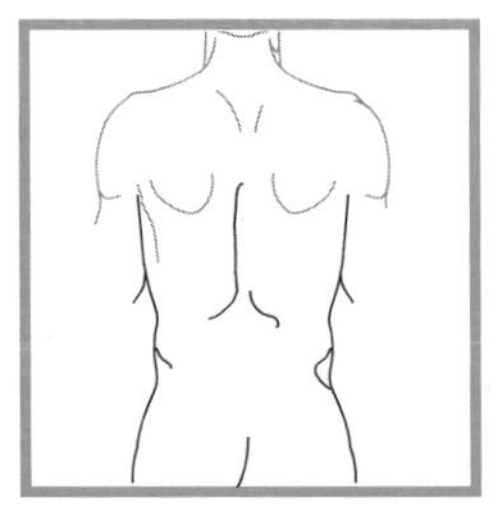

10. ____ schiena

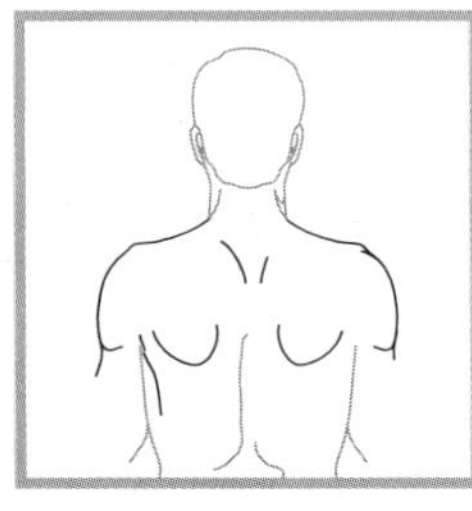

11. ____ spalle

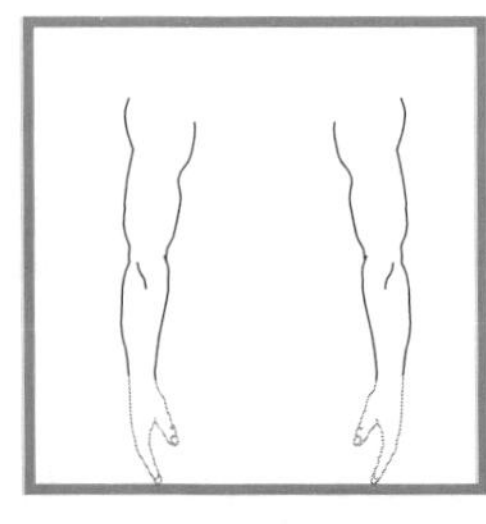

12. ____ braccia

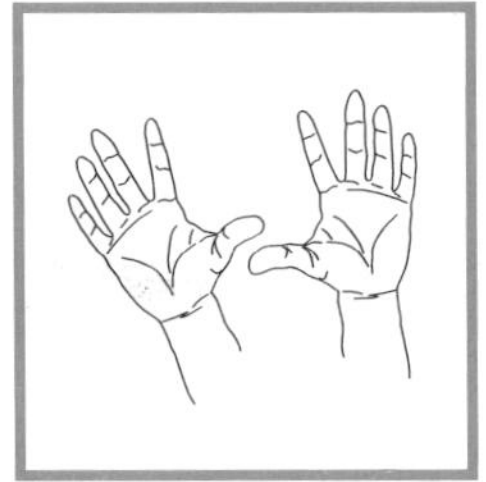

13. ____ mani

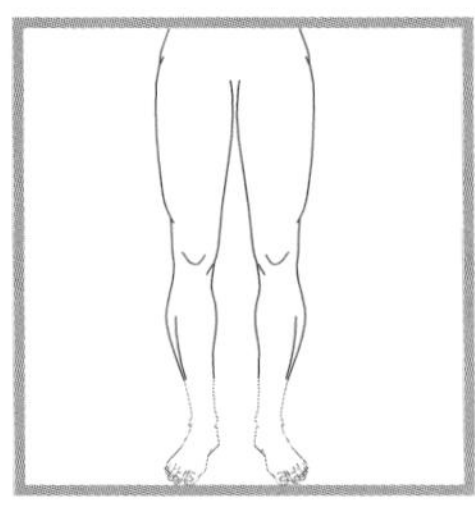

14. ____ gambe

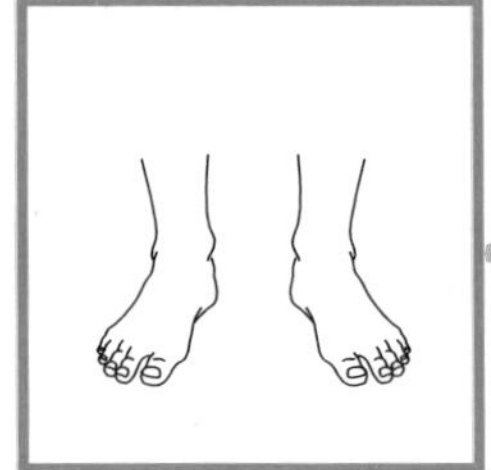

15. ____ piedi

6 • Ora ascoltate la cassetta e verificate.

7 • Trovate ora il singolare dei seguenti nomi di parti del corpo.

braccia / il	__________	occhi / l'	__________
orecchie / l'	__________	mani / la	__________
spalle / la	__________	piedi / il	__________
denti / il	__________	gambe / la	__________

8 • Adesso ascoltate la cassetta e verificate.

1. *Piero*

2. *Franco*

3. *Carla*

4. *Gianna*

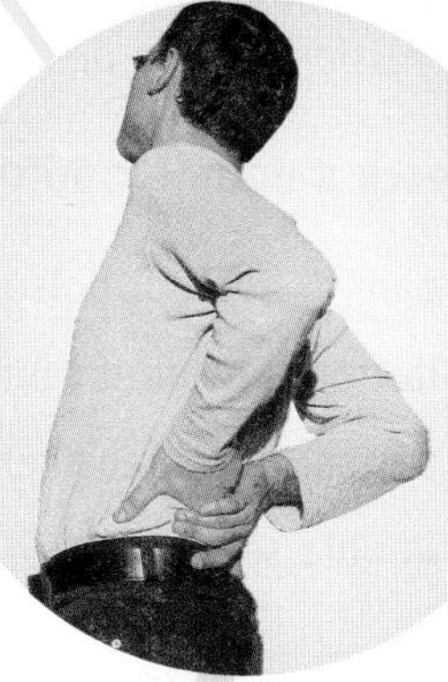

5. *Luca*

9 • Completate le frasi guardando le immagini.

1. Piero ha ____________________ .
2. Gianna ha ____________________ .
3. Franco ha ____________________ .
4. Carla ha ____________________ .
5. Luca ha ____________________ .

▶ ... a consigliare

10 • Lavorate in coppia (A e B), come nel modello. A sceglie un malessere fra quelli illustrati nelle immagini dell'esercizio precedente. B va in fondo al libro, alla sezione "Attività", e dà il consiglio appropriato.

A Non mi sento bene: ho un mal di testa terribile.
B Dovresti prendere un'aspirina.

MEMO

	dovere	potere
(io)	dov**rei**	pot**rei**
(tu)	dov**resti**	pot**resti**
(Lei)	dov**rebbe**	pot**rebbe**

▶ ... a fare supposizioni

Maria non risponde al telefono.

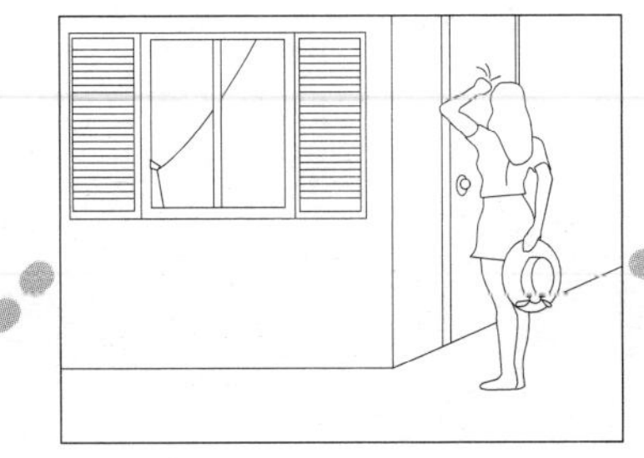

Gianni non è in casa.

Piero non è a scuola.

11 • Guardando le immagini, formulate le vostre ipotesi sulle situazioni date, come nel modello.

Maria non risponde al telefono.
Maria potrebbe essere fuori; eppure a quest'ora dovrebbe essere a casa.

▶ ... a fare richieste

12 • Completate le frasi secondo il senso, utilizzando le espressioni date, come nel modello.

preparare una camomilla - prendere il termometro - fare un massaggio - controllare la pressione - dare delle pastiglie

Scusa, non riesco a dormire: mi prepareresti una camomilla?

1. Scusa, mi pare di avere il polso debole: ______________________ ?
2. Scusa, ho la fronte calda e i brividi: ______________________ ?
3. Scusa, ho un mal di schiena terribile: ______________________ ?
4. Scusa, ho la gola secca: ______________________ ?

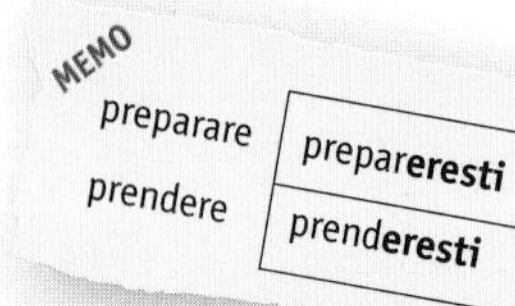

▶ ... a rimproverare

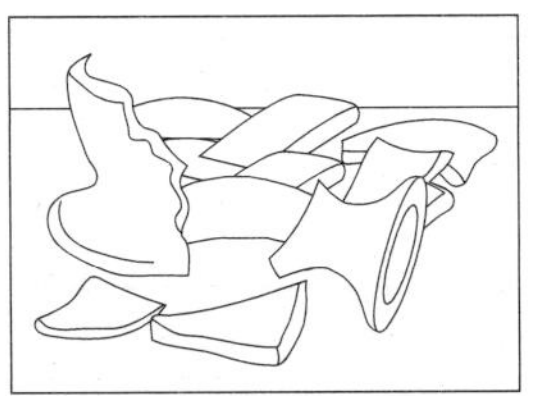

rompere un vaso

tamponare un'auto

bagnarsi

sentire freddo

13 • Lavorate in coppia (A e B). Guardando le immagini, conversate come nel modello, trovando la forma di rimprovero per ciascun caso dato.

A Ieri ho rotto un vaso di cristallo.
B Avresti dovuto stare più attento.

... un mondo di parole

14 • Indicate che cosa potete trovare in farmacia.

1. ☐ una crema da giorno
2. ☐ una pomata per le scottature
3. ☐ una confezione di pasta alimentare
4. ☐ un termometro per misurare la febbre
5. ☐ uno shampoo per capelli
6. ☐ un paio di guanti
7. ☐ uno sciroppo per la tosse
8. ☐ una confezione di aspirina
9. ☐ un olio solare
10. ☐ un deodorante spray
11. ☐ un maglione
12. ☐ una scatola di cerotti

15 • Fra gli oggetti che avete indicato nell'esercizio precedente, quali sono cosmetici e quali sono medicine?

Cosmetici:

____

____

Medicine:

____

____

16 • Trovate nel puzzle otto nomi di parti del corpo.

G	O	L	A	T	S	U	A	Z	P
A	L	M	O	R	I	M	A	N	I
S	R	A	T	E	C	Q	N	C	E
M	S	P	A	L	L	E	T	A	D
B	T	I	E	B	N	U	V	N	I
E	O	R	E	C	C	H	I	E	Z
C	M	A	R	E	Z	L	U	C	E
L	A	R	G	O	T	N	A	S	O
S	C	H	I	E	N	A	B	A	R
P	O	S	T	E	Q	U	E	Z	E

E ORA LA GRAMMATICA...

condizionale semplice: coniugazione regolare

	chiamare	prendere	finire
(io) (tu)	chiam**erei** chiam**eresti**	prend**erei** prend**eresti**	fin**irei** fin**iresti**
(lui) (lei) (Lei)	chiam**erebbe**	prend**erebbe**	fin**irebbe**
(noi) (voi) (loro)	chiam**eremmo** chiam**ereste** chiam**erebbero**	prend**eremmo** prend**ereste** prend**erebbero**	fin**iremmo** fin**ireste** fin**irebbero**

■ Per i verbi in *-care*, *-gare*, *-ciare*, *-giare* valgono le stesse regole già viste nell'unità 11 per il futuro:
- Al posto tuo, cerc**h**erei un altro medico.
- Chissà cosa pag**h**erei per avere un bravo fisioterapista!
- Scusa, quando comin**ce**resti la dieta?
- Alcuni italiani man**ge**rebbero sempre gli spaghetti.

17 • Riformulate le frasi per fare richieste in modo informale.

1. Chiedi a Carlo di accompagnarti dal medico.
   "Scusa, Carlo, ________________________ ?"
2. Chiedi a Pietro di consigliarti un fisioterapista.
   "Scusa, Pietro, ________________________ ?"
3. Chiedi a Laura di comprarti delle pastiglie per la gola.
   "Scusa, Laura, ________________________ ?"
4. Chiedi a Lucio di portarti il termometro.
   "Scusa, Lucio, ________________________ ?"
5. Chiedi a Nadia di cercarti la tessera sanitaria.
   "Scusa, Nadia, ________________________ ?"

condizionale semplice: coniugazione irregolare

avere	av-	**rei**
essere	sa-	
dare	da-	**resti**
dire	di-	
fare	fa-	**rebbe**
stare	sta-	
andare	and-	**remmo**
dovere	dov-	
potere	pot-	**reste**
sapere	sap-	
vedere	ved-	**rebbero**

		rrei
bere	be-	
		rresti
tenere	te-	
		rrebbe
venire	ve-	
		rremmo
volere	vo-	
		rreste
rimanere	rima-	
		rrebbero

18 • Completate i dialoghi secondo il senso.

1. Credi che Marco direbbe quello che pensa?
   Lui non so, ma io ________________________ .
2. Pensi che Franco darebbe lezioni di informatica?
   Lui non so, ma io ________________________ .
3. Secondo te, Piero farebbe la dieta mediterranea?
   Lui non so, ma io ________________________ .

4. Credi che Giorgio starebbe in una clinica come questa?
   Lui non so, ma io ______________________ .
5. Pensi che Aldo andrebbe dal mio medico?
   Lui non so, ma io ______________________ .
6. Secondo te, Giulio berrebbe il latte a colazione?
   Lui non so, ma io ______________________ .
7. Credi che Sergio verrebbe con me dal dentista?
   Lui non so, ma io ______________________ .
8. Pensi che Roberto saprebbe come curare questo disturbo?
   Lui non so, ma io ______________________ .
9. Credi che Ugo vorrebbe un mio consiglio?
   Lui non so, ma io ______________________ .
10. Secondo te, Alberto rimarrebbe con me in ospedale?
   Lui non so, ma io ______________________ .

condizionale composto

ausiliare AVERE

(io) (tu)	**avrei** **avresti**		
(lui) (lei) (Lei)	**avrebbe**	chiamato	il dottore
(noi) (voi) (loro)	**avremmo** **avreste** **avrebbero**		

ausiliare ESSERE

sarei **saresti**		
sarebbe	venuto / a	subito
saremmo **sareste** **sarebbero**	venuti / e	

Al condizionale composto
a. i verbi *pronominali* si coniugano con l'ausiliare *essere*:
   – Laura si **sarebbe** ammalat**a** improvvisamente;
b. i *verbi modali* (*dovere, potere, volere*) prendono l'ausiliare del verbo che accompagnano:
   – Avrebbe chiamato il dottore – Avrebbe dovuto chiamare il dottore
   – Sarebbe venut**a** subito dal dentista – Sarebbe volut**a** venire subito dal dentista
   – Sareste andat**i** subito dal dentista – Sareste potut**i** andare subito dal dentista.

19 • Completate le frasi con la forma corretta del condizionale composto dei verbi indicati fra parentesi.

1. Paolo ____________ con noi, ma non era libero. (venire)
2. Eravamo sicuri che Anna ____________ l'influenza. (prendere)
3. Sapevo che Luisa ____________ la guardia medica. (chiamare)
4. A maggio mio padre ____________ le cure termali, ma non ha potuto. (fare)
5. L'estate passata Rossana ha detto che non ____________ . (prendere il sole)
6. Per quel tipo di disturbo ____________ utile il riposo a letto. (essere)
7. Pensavo che il dottore mi ____________ delle medicine. (prescrivere)
8. Carla ripeteva sempre che ____________ da uno specialista. (andare)

usi del condizionale semplice

a) fare richieste, rispondere, dare consigli in modo gentile

- Scusa, mi **daresti** il nome di un bravo medico?
- **Vorrei** parlare con il dottore.
- **Potresti** chiudere la finestra?
- **Dovresti** telefonare subito.

b) fare supposizioni

- A quest'ora il dottore **dovrebbe** esserci.
- **Potrebbe** essere un'allergia.

c) esprimere incertezza

- Che ha il bambino? – Non **saprei**.
- **Potrebbe** essere un'allergia? – **Direi** di sì.

d) esprimere un'azione voluta e considerata *possibile*

- Il medico è fuori, ma **potrei** chiamare il sostituto.
- Quest'anno **farei** volentieri una cura termale.
- **Mi metterei** a letto, perché ho un po' di febbre.

20 • Completate i dialoghi con le forme del condizionale semplice dei verbi indicari fra parentesi.

1. Le va qualcosa di fresco, signora?
   Sì, grazie, ___________ volentieri dell'acqua. (bere)
2. Carlo ha deciso di rimanere ancora un po'.
   Allora ___________ anch'io. (rimanere)
3. Se non ti senti bene, devi fare qualcosa.
   Sì, ___________ sentire il medico. (volere)
4. Cosa mi consiglia per il mal di schiena?
   ___________ fare dei massaggi. (dovere)
5. Sento che mi sta venendo il raffreddore.
   Allora ___________ subito un'aspirina. (volerci)

21 • Come l'esercizio precedente.

1. Ho delle macchie rosse sulle spalle: che sarà?
   ___________ essere un'allergia. (potere)
2. Marco vuole rimanere a casa?
   No, ___________ volentieri con noi. (venire)
3. Mi fa così male la gola che non posso neppure parlare.
   Al posto tuo, ___________ una sciarpa intorno al collo. (tenere)
4. Dovrò decidermi a fare quella piccola operazione.
   Credo anch'io, Nadia: dopo ___________ molto meglio. (stare)
5. Lei assiste Suo marito anche di notte?
   ___________ farlo, ma i medici non lo permettono. (volere)

▶ usi del condizionale composto

a) esprimere un'azione passata o presente, voluta ma *non realizzata o non possibile*

- Perché non hai chiamato subito il medico?
- L'**avrei chiamato**, ma *sapevo* che non c'era.

- Perché non chiami subito il medico?
- L'**avrei chiamato**, ma *so* che a quest'ora non c'è.

22 • Completate le risposte con la forma appropriata del condizionale per esprimere un'azione non possibile, usando le espressioni indicate fra parentesi.

1. Parti domani, Anna?
   ___________ . (avere un impegno qui)
2. Vieni domani, Marta?
   ___________ . (non stare bene)
3. Torni stasera, Laura?
   ___________ . (lavorare anche domani)
4. Vai via domani mattina, Rita?
   ___________ . (essere troppo stanca)
5. Rimani ancora un po', Patrizia?
   ___________ . (avere tanto da fare)

23 • Completate le risposte con la forma appropriata del condizionale per esprimere un'azione non realizzata, usando le espressioni indicate fra parentesi.

1. Perché non ha chiamato lo stesso medico? Non era bravo?
   ________________ . (essere in ferie)
2. Perché non ha comprato quel pigiama? Non Le piaceva?
   ________________ . (costare troppo)
3. Perché non ha continuato la cura? Non Le andava bene?
   ________________ . (essere troppo forte)
4. Perché non ha misurato la febbre? Era sicuro di non averla?
   ________________ . (non avere il termometro)
5. Perché non ha preso dei tranquillanti? Preferiva evitarli?
   ________________ . (volerci la ricetta)

b) esprimere un'azione posteriore a un'altra passata (*futuro nel passato*)

Ieri la dottoressa	ha detto / diceva	che	sarebbe passata	verso le sette,	e infatti è venuta puntualmente invece non è venuta

Il futuro nel passato si esprime con il condizionale composto o con l'imperfetto indicativo.
Non importa se l'azione è accaduta o no:
- Il signor Negri mi ha detto che *sarebbe andato* (*andava*) dal medico,
  - e infatti ci è andato
  - ma poi non ci è andato
  - ma non so se ci è andato veramente.

24 • Completate le frasi con la forma appropriata del condizionale.

1. Paola ha assicurato che ____________ alle nove, ma sono già le 10 e non ha chiamato.
2. Ugo ripeteva sempre che ____________ una dieta, invece è ancora grasso.
3. Ieri Giorgio ha detto che ____________ dal dentista e infatti l'ho incontrato lì.
4. Il medico ha assicurato che ____________ subito, ma lo stiamo ancora aspettando.
5. Sabato scorso Piero ha detto ____________ oggi, ma non so se è già tornato.

25 • Trasformate le frasi per riferire cosa hanno detto queste persone.

Esempio:
Il mio medico di base ha detto: "Andrò via per una ventina di giorni".
Il mio medico di base ha detto che sarebbe andato via per una ventina di giorni.

1. La signora ha detto: "Mi ricovererò in ospedale per un'operazione".
   ____
   ______________________________ .
2. Gianni ha detto: "Rimarrò in clinica per una decina di giorni".
   ____
   ______________________________ .
3. Carla ha detto: "Farò una serie di analisi al day-hospital".
   ____
   ______________________________ .
4. Lucio ha detto: "Dopo la cura starò molto meglio".
   ____
   ______________________________ .
5. Sara ha detto: "Prenderò un congedo per malattia".
   ____
   ______________________________ .

26 • Completate le frasi con la forma appropriata del condizionale (semplice o composto) dei verbi indicati fra parentesi.

1. Scusi, dottore, ____________ consigliarmi una cura per il mal di testa? (potere)
2. Sono la signora Zanetti. ____________ parlare con il pediatra. (volere)
3. Ti consiglio di andare subito dal medico: a quest'ora ____________ essere in ambulatorio. (dovere)
4. Purtroppo non posso spendere, altrimenti ____________ una cura termale a Ischia. (fare)
5. Gianni ____________ fare un controllo, ma al day-hospital non c'è posto. (volere)
6. Carla ____________ uscire oggi dalla clinica, invece l'hanno trattenuta ancora. (dovere)
7. I medici hanno assicurato che Ugo ____________ in poco tempo. (guarire)
8. Sapevo che Luisa non ____________ la cura. (continuare)
9. Secondo me, tu ____________ perdere un po' di chili. (dovere)
10. Guarda, ____________ la visita del medico, ma devo proprio andare. (aspettare)

plurali irregolari

a) nomi in *-cia* e *-gia*

la cam**icia**	le cam**icie**
la val**igia**	le val**igie**

la farma**cìa**	le farma**cìe**
l'aller**gìa**	le aller**gìe**

la provin**cia**	le provin**ce**
la spiag**gia**	le spiag**ge**

■ Al plurale
- se la "**c**" e la "**g**" sono precedute da consonante, la "**i**" cade;
- se però la "**i**" è tonica, resta al plurale in ogni caso.

b) nomi maschili in *-o* che al plurale diventano femminili e terminano in *-a*

il	paio	→	**le**	**paia**
	centinaio	→		**centinaia**
	migliaio	→		**migliaia**
	dito	→		**dita**
	braccio			**braccia**

ma l'uomo → **gli uomini**

c) nomi invariabili

1. alcuni nomi maschili in *-a*

il cinema	i cinema
il vaglia	i vaglia

2. alcuni nomi femminili in *-o*

la radio	le radio
l'auto	le auto
la foto	le foto

ma la mano — le man**i**

3. i nomi in *-i* e *-ie*

l'analisi	le analisi
la diagnosi	le diagnosi
la serie	le serie

4. i nomi che terminano con vocale accentata	il caffè la città	i caffè le città
5. i nomi che terminano per consonante	il film il bar lo sport	i film i bar gli sport

27 • Completate le frasi secondo il senso.

1. All'interno dell'ospedale c'è un ____________ fornitissimo.
2. Prima dell'operazione devo fare alcune ____________ cliniche.
3. In tutte le ____________ puoi acquistare sia le medicine sia i cosmetici.
4. Alla TV hanno dato una ____________ di film di Fellini.
5. L'Umbria è una regione piccola e ha solo due ____________ .
6. Devo assolutamente comprare un ____________ di jeans nuovi.
7. Mi fanno male le ____________ della mano destra.
8. I medici non hanno ancora fatto una ____________ precisa.
9. Il dottore dice che dovresti fare un po' di ____________ , per esempio il nuoto.
10. All'interno dell'ospedale non possono circolare le ____________ private.
11. Il bagagliaio della mia macchina può contenere quattro ____________ .
12. Lungo le coste dell'Adriatico ci sono delle ____________ bellissime.

formazione dei nomi femminili

a) maschile in *-e*, femminile in *-a*

signor**e** padron**e** infermier**e** camerier**e**	signor**a** padron**a** infermier**a** camerier**a**

b) maschile in *-tore*, femminile in *-trice*

at**tore** scrit**tore** let**tore**	at**trice** scrit**trice** let**trice**

c) maschile in *-e*, femminile in *-essa*

student**e** dottor**e** professor**e**	student**essa** dottor**essa** professor**essa**

d) nomi che hanno un'unica forma per il maschile e il femminile:

singolare

il parente il cantante l'insegnante	la parente la cantante l'insegnante
il pianista il pediatra il collega	la pianista la pediatra la collega

ma

plurale

i parenti i cantanti gli insegnanti	le parenti le cantanti le insegnanti
i pianist**i** i pediatr**i** i collegh**i**	le pianist**e** le pediatr**e** le collegh**e**

nomi indipendenti

padre papà marito fratello genero uomo celibe	madre mamma moglie sorella nuora donna nubile

28 • Completate le seguenti frasi secondo il senso.

1. Per pagarsi gli studi Adele lavora come ____________ in una pizzeria.
2. Agatha Christie è una celebre ____________ di romanzi polizieschi.
3. Da giovane la signora Martini faceva la ____________ in una clinica privata.
4. Serena è una ____________ del secondo anno di Medicina.
5. Il signor Carli è un ____________ di lavoro di Roberto.
6. Tanti ____________ sono maschilisti e non rispettano le donne.
7. La dottoressa Marini è ____________ d'italiano in una università tedesca.
8. Il professor Nardi è un ____________ di matematica.

DITELO IN ITALIANO

ascoltare

29 • Una paziente, la signorina Daniela Scotti, sta parlando con un medico dei suoi problemi di salute. Ascoltate la conversazione (non cercate di capire ogni parola) e scrivete le parti del corpo che vengono nominate.

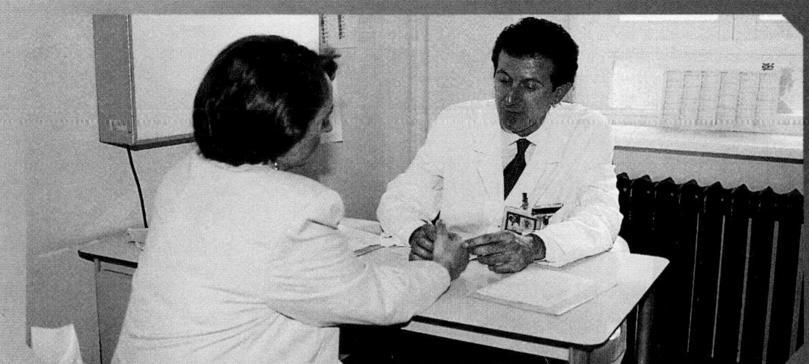

____

____

30 • Riascoltate la cassetta e individuate, per ogni sintomo, le domande che fa il medico per capire la causa.

dolore allo stomaco

____

____

mal di testa

____

____

scrivere

31 • Osservate le immagini e completate i dialoghi come nel modello: il primo personaggio parla dei suoi disturbi, il secondo personaggio replica con consigli e commenti appropriati.

A Oggi ho un mal di stomaco terribile!

B Potresti andare dal medico. Riceve dalle 2 alle 4 del pomeriggio.

1. A ______________________________

______________________________ !

B ______________________________

______________________________ .

2. A ______________________________

______________________________ !

B ______________________________

______________________________ .

▶ parlare

32 • Lavorando in coppia (A e B), drammatizzate le seguenti situazioni.

Situazione 1

Studente A Lei sta parlando con un medico. Dica quali sintomi ha.

Studente B Lei è il medico. Chieda allo studente A da quanto tempo ha quei disturbi. Faccia poi altre domande per capire meglio di che si tratta.

Situazione 2

Studente A Una persona della Sua famiglia sta male e Lei telefona al medico. Gli spieghi perché lo sta chiamando e gli chieda quando potrebbe passare.

Studente B Lei è il medico. Dica perché non può andare subito e quando pensa di passare.

33 • Rispondete alle seguenti domande personali.

1. Lei sta male spesso?
2. Quali disturbi ha in questo periodo?
3. Di solito prende medicine?
4. Nel Suo paese si paga molto per una visita medica?
5. Le piacerebbe fare il medico? Perché?

34 • Domandate al vostro compagno di banco

1. quando è stato l'ultima volta dal medico
2. per quale motivo si è fatto visitare
3. se continua ad avere gli stessi disturbi
4. se da bambino è stato malato spesso
5. se ha mai avuto qualche allergia

ALLA SCOPERTA...

... del sistema sanitario

35 • Leggete attentamente il seguente testo.

In Italia l'assistenza sanitaria è a gestione pubblica. Tutti i cittadini hanno una carta sanitaria, provvista di un codice individuale, che dà diritto all'assistenza di un medico di base, il quale visita gratuitamente gli assistiti e prescrive medicine, visite specialistiche, esami diagnostici e ricoveri ospedalieri.
Il Servizio Sanitario Nazionale (SSN), nato nel 1978 con lo scopo di fornire assistenza medica gratuita alla totalità dei cittadini, ha incontrato enormi difficoltà a causa dei costi eccessivi. Ciò ha portato all'introduzione di quote a carico degli assistiti – chiamate *ticket* – su farmaci e analisi, il cui importo può arrivare fino al 50% del loro costo.
Dal pagamento del ticket sono esonerati i cittadini con reddito minimo.
I lavoratori dipendenti con reddito medio-alto pagano il *ticket* in aggiunta al contributo fisso mensile che viene trattenuto dal loro stipendio. I ricoveri in ospedale sono a carico del SSN e gli assistiti sono tenuti a pagare solo le spese extra, come la degenza in camera singola.
I cittadini degli altri paesi dell'Unione Europea che soggiornano in Italia hanno diritto all'assistenza medica gratuita, a condizione che siano forniti di un apposito modulo, il modello E 111, che attesta la loro iscrizione al servizio sanitario nazionale del paese di origine.
L'assistenza medica è garantita anche agli extracomunitari, purché abbiano un regolare permesso di soggiorno.

36 • Cercate di capire il senso delle seguenti espressioni.

1. L'assistenza sanitaria è *a gestione pubblica*

   ____

2. *reddito* medio-alto

   ____

3. *trattenuto dal loro stipendio*

   ____

4. gli assistiti *sono tenuti a pagare*

   ____

5. la *degenza* in camera singola

   ____

6. a condizione che *siano forniti di...*

   ____

37 • Rileggete attentamente il testo e dite poi

1. quali sono le principali differenze fra il sistema sanitario italiano e quello del vostro paese
2. a quali condizioni i servizi medici sarebbero garantiti in Italia
   a un cittadino del vostro paese
3. quali servizi sarebbero gratuiti per un cittadino straniero nel vostro paese.

FACCIAMO IL PUNTO

▶ comprensione orale

1 • Il signor Melzi sta parlando con il medico di fiducia. Ascoltate attentamente la conversazione (non cercate di capire ogni parola), poi completate la scheda con i dati corretti.

Sig. Melzi

età ______________

statura ______________

peso ______________

2 • Riascoltate la cassetta e scrivete NO accanto ai cibi proibiti e SI accanto ai cibi permessi dal medico.

pane ______	verdura ______	cognac ______
pasta ______	frutta ______	pollo ______
dolci ______	vino ______	latte ______
carne ______	burro ______	
pesce ______	olio ______	

comprensione scritta

3 • Leggete il testo seguente e dite poi

1. quali sono i sette sintomi della sindrome di cui si parla
2. perché non è facile riconoscerla
3. che cosa potrebbe servire per fare una diagnosi esatta

Quando la stanchezza diventa malattia

La sindrome da stanchezza cronica è un raro insieme di sintomi simili a quelli dell'influenza. Riconoscere questa malattia non è semplice, perché i suoi sintomi possono essere scambiati con quelli di altre affezioni, come l'anemia o le malattie polmonari o cardiache. Compaiono all'improvviso mal di gola, febbre, debolezza muscolare. È, insomma una stanchezza senza motivo, con frequenti mali di testa associati a dolori delle braccia e delle gambe, disturbi del sonno e cambiamenti di umore.

Sulle cause di tale sindrome, per ora, si avanzano soltanto ipotesi. Di conseguenza, anche le possibilità di cura sono ancora molto ridotte. Uno strumento prezioso per la diagnosi potrebbe essere un test specifico, messo a punto a San Francisco, che, se risulterà efficace, potrà servire a fare chiarezza sui molti punti oscuri di questa sindrome.

produzione orale

4 • Ecco le risposte: fate le domande!

1. ______________________________
   Ha detto che sarebbe venuto alle sette.
2. ______________________________
   Attenda un attimo: glielo passo subito.
3. ______________________________
   Poca. Ho trentasette e tre.
4. ______________________________
   Sì, infatti ho delle macchie rosse sulle braccia e sulle mani.

produzione scritta

5 • Combinate in modo appropriato le parole della colonna A con quelle della colonna B.

A	B
1. ☐ A quest'ora tuo fratello	a. che sarebbero venuti stasera.
2. ☐ Mia moglie ha detto	b. ma la farmacia era chiusa.
3. ☐ Avrei comprato le medicine	c. che avrebbe fatto una dieta.
4. ☐ Dai sintomi	d. sembrerebbe l'influenza.
5. ☐ Mi hanno assicurato	e. dovrebbe essere arrivato.

al ristorante

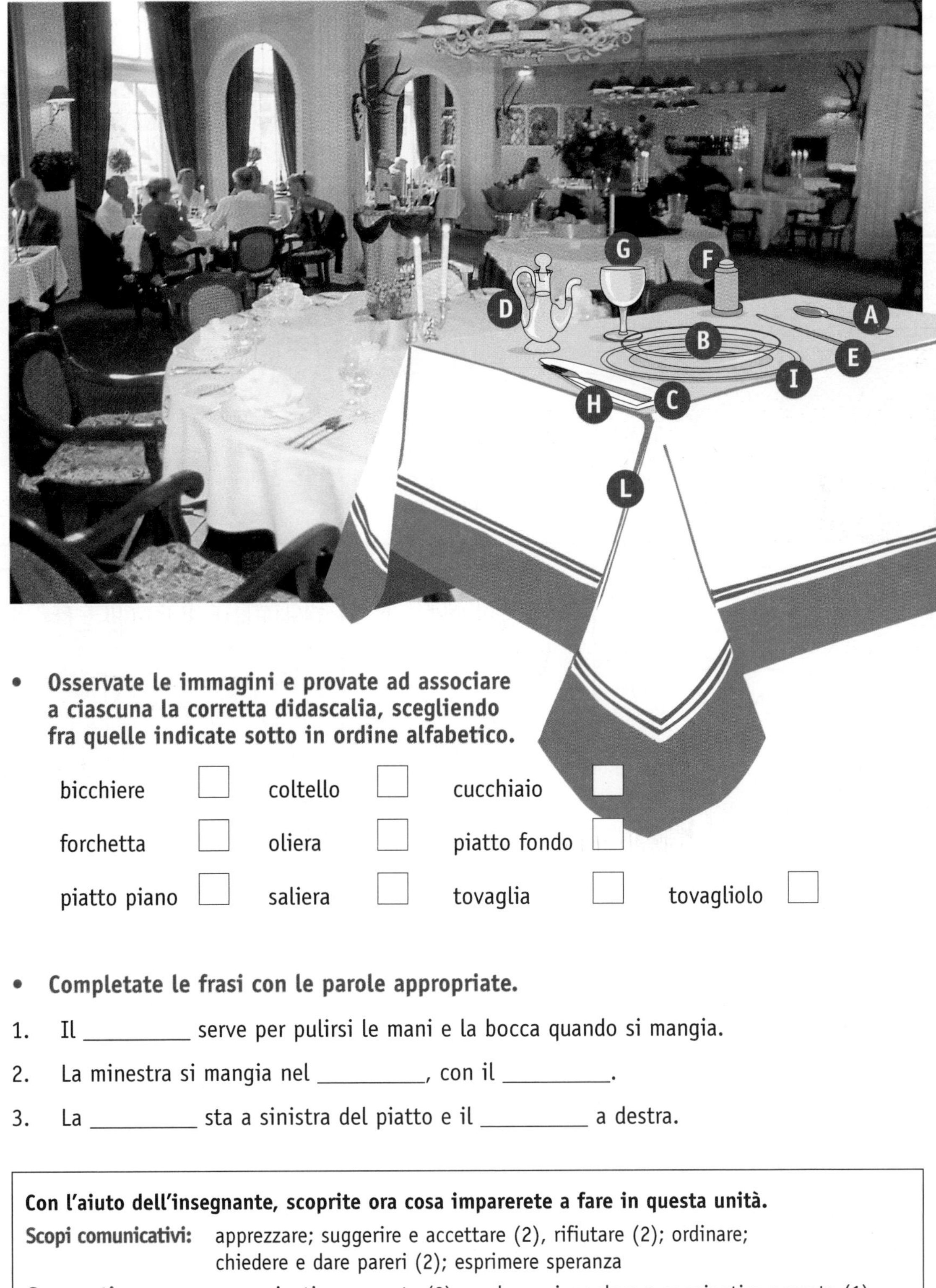

- **Osservate le immagini e provate ad associare a ciascuna la corretta didascalia, scegliendo fra quelle indicate sotto in ordine alfabetico.**

bicchiere	☐	coltello	☐	cucchiaio	☐		
forchetta	☐	oliera	☐	piatto fondo	☐		
piatto piano	☐	saliera	☐	tovaglia	☐	tovagliolo	☐

- **Completate le frasi con le parole appropriate.**

1. Il _________ serve per pulirsi le mani e la bocca quando si mangia.
2. La minestra si mangia nel _________, con il _________.
3. La _________ sta a sinistra del piatto e il _________ a destra.

Con l'aiuto dell'insegnante, scoprite ora cosa imparerete a fare in questa unità.

Scopi comunicativi: apprezzare; suggerire e accettare (2), rifiutare (2); ordinare; chiedere e dare pareri (2); esprimere speranza

Grammatica: • congiuntivo presente (2) regolare e irregolare • congiuntivo passato (1) • usi del congiuntivo (2) • uso dei modi (4): congiuntivo/infinito (1) • concordanza dei tempi e dei modi (1) • indefiniti • pronomi combinati (1) • misure di peso

Area lessicale: specialità; ricette e ingredienti; qualità dei cibi

COSA SUCCEDE...

... al ristorante Centanni

• Ascoltate il dialogo tra Susanna e Antonio e dite che cosa prendono da mangiare e da bere i due amici.

1 • Riascoltate il dialogo e decidete se le seguenti affermazioni sono vere (V) o false (F).

1. Antonio è già stato al ristorante "Centanni" V F
2. Susanna spera che la cucina sia buona V F
3. L'antipasto assortito della casa è a base di verdure V F
4. I due bevono vino bianco e acqua minerale gassata V F
5. A Susanna non piacciono i telefonini V F

2 • Riascoltate il dialogo leggendo il testo, poi indicate qual è lo scopo comunicativo nei seguenti casi.

1. Antonio chiede a Susanna "Ti va una grigliata di carne?"
   a. per sapere se le piace la carne ☐
   b. per sapere se le piace la carne alla griglia ☐
   c. per suggerirle di prendere una grigliata di carne ☐

2. Susanna esclama "Ecco un altro con il telefonino!"
   a. per attirare l'attenzione di Antonio ☐
   b. per dire che ci sono tante persone con il telefonino ☐
   c. per dire che non sopporta chi lo tiene sempre acceso ☐

3. Antonio commenta "Uhm... niente male." per far capire che gli antipasti
   a. sembrano ottimi ☐
   b. sembrano abbastanza buoni ☐
   c. non hanno un bell'aspetto ☐

3 • Per la pronuncia e l'intonazione, ascoltate e ripetete.

4 • Ora riascoltate la cassetta e parlate voi con Susanna e con il cameriere.

IMPARIAMO...

▶ ... ad apprezzare

ANTIPASTI

antipasti misti	salami assortiti	prosciutto crudo con fichi	bruschetta

PRIMI

minestra di verdure	risotto allo zafferano	tagliatelle al ragù	spaghetti al pomodoro	gnocchi ai 4 formaggi	tortellini in brodo

SECONDI

pesce al forno	pesce alla griglia	cotoletta alla milanese	bistecca ai ferri	pollo arrosto

CONTORNI

insalata di stagione	verdure cotte	verdure alla griglia	patate fritte

DOLCI

budino al cioccolato	torta di noci	torta di carote	panna cotta	crostata di frutta

5 • Ascoltate i dialoghi guardando il menu, poi, per ognuno, dite

- di quale cibo si parla
- quali parole sono usate per apprezzarne la qualità
- quali parole esprimono un commento negativo

... a suggerire e accettare, rifiutare

6 • Lavorate in coppia (A e B). Guardando il menu dell'esercizio 5, A suggerisce un piatto a B, che replica commentando in modo informale o formale, come nei modelli.

Vocaboli utili: squisito - gustoso - pesante - indigesto

A Ti va una minestra di verdure?
B Sì, credo che sia squisita.

A Le va una minestra di verdure?
B No, grazie, ho paura che sia indigesta.

... a ordinare

7 • Lavorate in gruppi di quattro. Guardando il menu dell'esercizio 5, ordinate il vostro piatto preferito.

A Vorrei degli spaghetti al pomodoro.
B Io, invece, vorrei delle tagliatelle al ragù.
C Io prenderei dei tortellini in brodo.
D Per me, invece, risotto allo zafferano.

... a chiedere e dare pareri

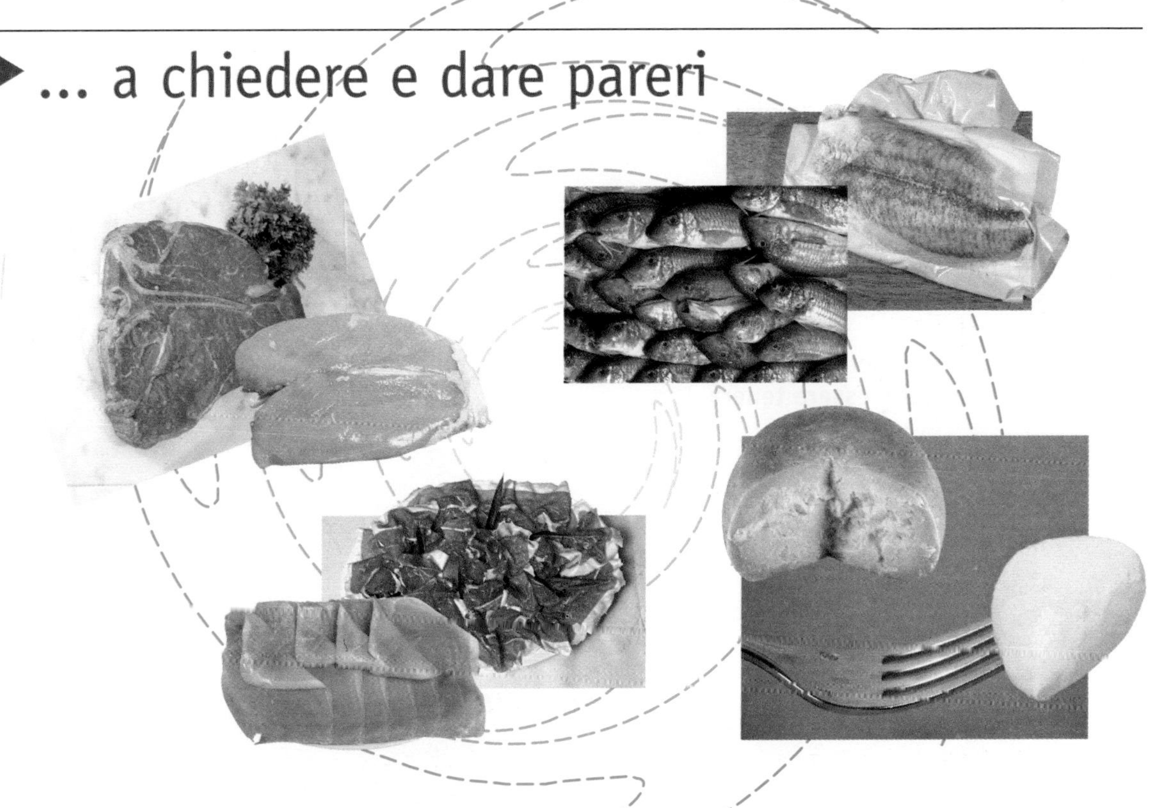

8 • Lavorate in coppia (A e B). Guardando le immagini e scegliendo fra le parole date, conversate come nel modello.

nutriente - saporito - digeribile - leggero - gustoso

A Pensi che sia migliore la carne bianca o quella rossa?
B A me pare che sia più nutriente quella rossa.

... a esprimere speranza

9 • Lavorate in gruppi di cinque. Leggendo le battute, a turno replicate secondo il senso, utilizzando le parole date.

alti • fissi • nuovi • elaborati • scarsi • leggeri

A Speriamo che i prezzi siano ragionevoli.
B Ho paura, invece, che siano alti.

1. Speriamo che gli antipasti siano semplici.

A. ______________________________.
____

2. Speriamo che i primi siano abbondanti.

B. ______________________________.
____

3. Speriamo che i secondi siano sostanziosi.

C. ______________________________..
____

4. Speriamo che i contorni siano a scelta.

D. ______________________________..
____

5. Speriamo che i vini siano d'annata.

E. ______________________________..
____

10 • Lavorate in coppia (A e B). Guardando le immagini e scegliendo fra le parole date, conversate come nel modello.

al dente • al sangue • ben cotto • cotto • crudo • dolce • duro • piccante • scotto • tenero

A Ho ordinato della carne, speriamo che non sia dura.
B No, dovrebbe essere tenera.

della carne

un risotto

del formaggio

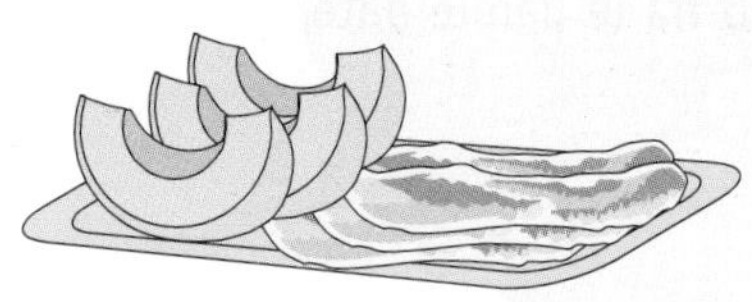

un antipasto

della verdura

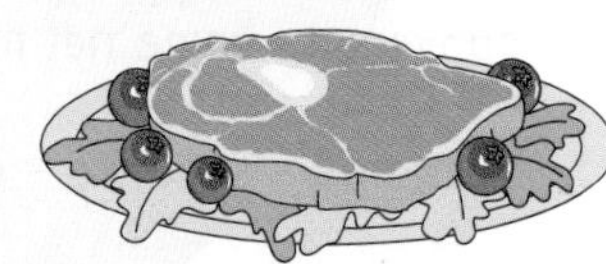

una bistecca

... un mondo di parole

11 • Completate le didascalie con le parole mancanti, scegliendo fra quelle date.

ai ferri - al tegamino - 4 stagioni - arrosto

pizza ______________ pollo ______________ uova ______________ bistecca ______________

12 • Associate le parole alle immagini di cinque erbe usate per cucinare vari piatti.

sedano ☐ prezzemolo ☐ salvia ☐ basilico ☐ rosmarino ☐

A

B

C

D

E

13 • Trovate le parole corrispondenti alle definizioni, scegliendo fra quelle date.

posata - conto - contorno - mancia - aceto

1. Si paga al ristorante alla fine del pasto. ______________
2. Ogni cameriere l'aspetta dai clienti che ha servito. ______________
3. Di solito accompagna il secondo piatto. ______________
4. Si trova sulla tavola insieme all'olio. ______________
5. Nome generico per indicare il cucchiaio, la forchetta o il coltello. ______________

14 • Scrivete accanto a ogni parola il suo contrario.

pesante ______________
elaborato ______________
piccante ______________
digeribile ______________
scarso ______________
crudo ______________
surgelato ______________

E ORA LA GRAMMATICA...

congiuntivo presente regolare

			provare	prendere	sentire	
È meglio	che	io tu lui lei Lei	provi	prenda	senta	le specialità del ristorante
		(noi) (voi) (loro)	prov**iamo** prov**iate** prov**ino**	prend**iamo** prend**iate** prend**ano**	sent**iamo** sent**iate** sent**ano**	

- Poiché le forme delle prime tre persone coincidono, il pronome personale è necessario per chiarire chi fa l'azione.
- I verbi in *-isc-* si comportano come all'indicativo presente (*finire* - fin*isco* - fin*isca*).

15 • Completate le frasi con le forme appropriate del congiuntivo presente dei verbi indicati fra parentesi.

1. Credo che questo ristorante __________ più tardi degli altri. (chiudere)
2. Peccato che loro non __________ volentieri il pesce. (mangiare)
3. Può darsi che Anna __________ un ristorante meno caro. (conoscere)
4. Sono contenta che voi __________ i miei piatti preferiti. (apprezzare)
5. Mi pare che Giulio __________ la carne ai ferri. (preferire)
6. È meglio che io oggi __________ solo verdure cotte. (prendere)
7. Non è giusto che __________ sempre voi il conto. (pagare)
8. È impossibile che tu __________ da solo tutto quel vino. (finire)
9. Speriamo che il cameriere ci __________ bene. (consigliare)
10. Immagino che voi __________ molto per mangiare fuori. (spendere)

congiuntivo presente irregolare

infinito	indicativo	congiuntivo presente			
	io	io/tu/lui/lei/Lei	noi	voi	loro
AVERE	**ho**	**abbia**	**abbiamo**	**abbiate**	**abbiano**
ESSERE	**sono**	**sia**	**siamo**	**siate**	**siano**
andare	**vado**	**vada**	**andiamo**	**andiate**	**vadano**
bere	**bevo**	**beva**	**beviamo**	**beviate**	**bevano**
dare	**do**	**dia**	**diamo**	**diate**	**diano**
stare	**sto**	**stia**	**stiamo**	**stiate**	**stiano**
dovere	**devo**	**debba**	**dobbiamo**	**dobbiate**	**debbano**
potere	**posso**	**possa**	**possiamo**	**possiate**	**possano**
fare	**faccio**	**faccia**	**facciamo**	**facciate**	**facciano**
piacere	**piaccio**	**piaccia**	**piacciamo**	**piacciate**	**piacciano**
sapere	**so**	**sappia**	**sappiamo**	**sappiate**	**sappiano**
dire	**dico**	**dica**	**diciamo**	**diciate**	**dicano**
uscire	**esco**	**esca**	**usciamo**	**usciate**	**escano**
salire	**salgo**	**salga**	**saliamo**	**saliate**	**salgano**
scegliere	**scelgo**	**scelga**	**scegliamo**	**scegliate**	**scelgano**
tenere	**tengo**	**tenga**	**teniamo**	**teniate**	**tengano**
venire	**vengo**	**venga**	**veniamo**	**veniate**	**vengano**
volere	**voglio**	**voglia**	**vogliamo**	**vogliate**	**vogliano**

16 • Completate le frasi con le forme appropriate del congiuntivo presente dei verbi irregolari indicati fra parentesi.

1. Speriamo che a loro ________ la cucina vegetariana. (piacere)
2. Mi pare che Giulio ________ solo vino rosso. (bere)
3. È probabile che Pietro ________ offrire la cena a tutti noi. (volere)
4. Credo che Paola ________ a dieta perché ha perso due chili. (stare)
5. È difficile che tu ________ cucinare il pesce meglio di Anna. (sapere)
6. Pare che molti ________ il menu a prezzo fisso. (scegliere)
7. Non è detto che la cucina elaborata ________ sempre male. (fare)
8. Direi che ________ meglio prenotare subito un tavolo per sei. (essere)
9. È meglio che ________ al cameriere di portarci il conto. (dire)
10. Sembra che questo ristorante ________ molti clienti fissi. (avere)

17 • Come l'esercizio precedente.

1. Mi pare che Carlo e Sara ________ spesso a mangiare in questo locale. (venire)
2. Penso che Lei ________ prendere qualcosa di leggero. (dovere)
3. Ho paura che quel ragazzo ________ il telefonino acceso anche qui. (tenere)
4. Prima di ordinare, aspettiamo che il cameriere ci ________ il menu. (dare)
5. Non è giusto che voi due ________ tanto prima di mangiare. (bere)
6. Si dice che a questo ristorante gli affari ________ molto bene. (andare)
7. Non è detto che Andrea ________ un primo sostanzioso. (scegliere)
8. Peccato che tu non ________ mangiare i frutti di mare! (potere)
9. È probabile che lui ________ al cameriere che siamo stanchi di aspettare. (dire)
10. Speriamo che i vini ________ buoni e non troppo cari. (essere)

congiuntivo passato

			ausiliare AVERE	
Antonio pensa	che	io tu lui lei Lei	**abbia**	mangiato
		(noi) (voi) (loro)	**abbiamo** **abbiate** **abbiano**	

ausiliare ESSERE		
sia	**venuto / a**	qui altre volte
siamo **siate** **siano**	**venuti / e**	

■ Per la scelta dell'ausiliare e per l'accordo del participio passato vedi quanto indicato nell'unità 10.

18 • Completate le frasi con le forme appropriate del congiuntivo passato dei verbi indicati fra parentesi.

1. Mi pare che voi ________ a mangiare qui altre volte, vero? (venire)
2. Credo che tutti noi ________ le specialità di questo ristorantino. (apprezzare)
3. Ho paura che a Marco ________ male il vino. (fare)
4. È incredibile che tu ________ così poco per un pranzo completo. (pagare)
5. Spero che la cena di ieri vi ________. (piacere)
6. Peccato che tu ________ aspettare tanto fra il primo e il secondo. (dovere)
7. Mi sembra che a pranzo Lei ________ davvero poco. (mangiare)
8. Non è giusto che tu non ________ una bella mancia al cameriere. (dare)
9. Immagino che Luisa ________ solo un secondo e un contorno. (prendere)
10. Se eravate in quattro, credo che ________ un po' troppo. (spendere)

usi del congiuntivo

a) in dipendenza da verbi
che esprimono:

opinione	**Credo / penso / immagino / direi**	che	qui **si mangi** bene
speranza	**Spero / mi aspetto**		la cucina **sia** buona
desiderio	**Voglio / preferisco**		voi **siate** miei ospiti
dubbio	**Dubito**		**si paghi** poco
emozione	**Ho paura / sono contento**		**costi** molto/poco mangiare qui

b) con alcune locuzioni o verbi impersonali

È	**meglio** **facile / difficile** **necessario / inutile** **possibile / impossibile**	che	lui **vada** via
Non è	**giusto** **sicuro** **detto**		
	Può darsi **Sembra** **Si dice** **Peccato**		

c) con alcune congiunzioni come

sebbene / benché / nonostante che
a meno che
se / a patto che / purché
perché / affinché
prima che
senza che

19 • Completate le frasi secondo il senso, utilizzando i verbi, le locuzioni o le congiunzioni appropriate.

Espressioni utili: è necessario - sembra - spero - a patto che - mi aspetto - a meno che - senza che - è possibile - preferisco - prima che

1. _______________ proprio che oggi quel ristorante non sia chiuso per turno.
2. Vengo anch'io a cena fuori, _______________ ognuno paghi per sé.
3. Se vogliamo trovare posto, _______________ che qualcuno prenoti per tempo.
4. _______________ che qui si possa mangiare pesce fresco ogni giorno.
5. _______________ voi prendiate altri impegni, vi annuncio che sabato sera siamo a cena "Da Peppino".
6. _______________ io glielo dica, Marta si ricorderà di invitare a pranzo anche Luca e Sergio.
7. _______________ che Carlo beva solo vino d'annata.
8. Andremo a mangiare "da Angelina", _______________ tu non ci suggerisca un altro posto carino.
9. _______________ che a Laura non piaccia questo tipo di pasta: è meglio chiederglielo.
10. _______________ che scegliate voi il locale: per me va bene qualunque ristorante.

uso dei modi: congiuntivo / infinito

frase principale **frase dipendente**

(io)	Penso Aspetto Non sono sicuro	**che**	Antonio	**mangi** **beva** **finisca**

(io)	Penso Aspetto Non sono sicuro	**di**	**mangiare** **bere** **finire**

■ Il congiuntivo si trova nella frase dipendente che *non ha* lo stesso soggetto della frase principale.
Se il soggetto delle due frasi è lo stesso, nella dipendente non si usa il congiuntivo, ma l'infinito.

20 • Completate le frasi basandovi su quanto detto nella frase principale.

1. Pino sta diventando grasso. Credo ______________________. (mangiare troppo)
2. Non ho ancora ordinato il secondo. Aspetto ______________________. (finire il primo)
3. Laura non ha prenotato un tavolo. Pensa ______________________. (non essere necessario)
4. Sara non prende gli gnocchi. Non è sicura ______________________. (piacerle)
5. Giulio sta bevendo di meno. Spera ______________________. (smettere del tutto)
6. Il risotto sembra ottimo. Voglio ______________________. (provarlo)
7. La minestra è troppo calda. Aspetto ______________________. (diventare tiepida)
8. A pranzo non prendo mai il vino. Preferisco ______________________. (bere solo acqua)
9. Non m'intendo di vini. Preferisco ______________________. (sceglierlo tu)
10. Questa bistecca è enorme. Spero ______________________. (finirla)

▶ concordanza dei tempi e dei modi

frase principale	**frase dipendente**				
Sono sicuro	che	Giulio	domani oggi ieri	andrà va è andato	a mangiare fuori
Non sono sicuro			domani oggi ieri	vada vada sia andato	

■ Nella frase dipendente si ha
– l'*indicativo*, se la principale esprime *certezza*;
– il *congiuntivo*, se la principale esprime *incertezza*.

21 • Completate le frasi con il tempo e il modo corretto dei verbi indicati fra parentesi.

1. Carlo è sicuro che stasera noi ______________________ bene senza spendere troppo. (mangiare)
2. Non è detto che in questo posto i prezzi ______________________ alti. (essere)
3. Siamo certi che ieri Patrizia ______________________ a cena in pizzeria. (andare)
4. Sono sicura che domani Giorgio ______________________ pagare per tutti. (volere)
5. Credo che ieri mio figlio ______________________ proprio qui con gli amici. (venire)
6. Dubito che la specialità di questo locale ______________________ il pesce. (essere)
7. È sicuro che di sera questo piatto ______________________ troppo pesante. (essere)
8. Può darsi che sabato Luisa e Giulio ______________________ a cena fuori con noi. (venire)
9. Sembra che molti italiani ______________________ la dieta mediterranea. (seguire)
10. È possibile che ieri sera i miei genitori ______________________ questo film alla TV. (vedere)

indefiniti

maschile	femminile
uno	una
ognuno	ognuna
nessuno	nessuna
qualcuno	qualcuna
altro	altra
molto	molta
tanto	tanta
troppo	troppa
tutto	tutta

maschile e femminile
ogni
chiunque
qualunque
qualsiasi

neutro
tutto
niente, nulla
qualcosa

- In funzione di aggettivo, l'indefinito *tutto* (*tutta/i/e*) è seguito dall'articolo determinativo:
  Lavoro *tutto il* giorno. Studio *tutti i* giorni.
- L'indefinito *tutto* (*tutta/i/e*) non può precedere direttamente il pronome relativo *che*: Mangio *tutto quello* che mi piace.
- Gli indefiniti *qualcosa e niente* (*nulla*) sono di solito seguiti dalle preposizioni *di* e *da*:
  Vorrei *qualcosa di* buono. C'è *qualcosa da* mangiare? In casa non c'è *niente da* bere.
- Gli indefiniti *niente* (*nulla*) e *nessuno*:
  – seguono il verbo preceduto da *non*: *Non* viene *nessuno* a mangiare in questo posto. *Non* mi piace *niente* di questo locale.
  – precedono il verbo alla forma affermativa: *Nessuno* viene a mangiare in questo posto. *Niente* mi piace di questo locale.

22 • Completate le frasi secondo il senso, usando l'indefinito appropriato.

1. Cerco ____________ che sappia dirmi dov'è il ristorante "Al convento".
2. Non conosco ____________ che non apprezzi la cucina italiana.
3. Vorrei ____________ di leggero, forse una minestra.
4. Solo ____________ ristorante ha anche un menu vegetariano.
5. ____________ regione italiana ha i suoi piatti tipici.
6. Non abbiamo mangiato ____________ di speciale.
7. Purtroppo non c'è ____________ di fresco da bere.
8. ____________ gente non mangia mai il pesce.
9. ____________ crede che agli adulti la carne faccia male.
10. ____________ volta Piero ripete che non può mangiare i cibi troppo piccanti.

pronomi combinati

Prendi	il pesce,	te	**lo**	consiglio
	la pasta,		**la**	
Prendete	gli antipasti,	ve	**li**	
	le verdure al forno,		**le**	
Prendo	il pesce, se proprio	**me**	**lo**	consigli
Prendiamo	la pasta, se proprio	**ce**	**la**	

Se	Marco Anna Lei	vuole	il riso, la pasta, gli antipasti,	**glie**	**lo** **la** **li**	preparo
	loro	vogliono	le verdure,		**le**	

- I pronomi indiretti di terza persona (*gli/le/Le*) si uniscono al pronome diretto prendendo una "e" e formando con esso una sola parola (*glielo*, *gliela* ecc.).

Hai preso	l'antipasto? la grigliata di carne? i taglierini? le tagliatelle?

Sì,	**me**	**l'** **l'** **li** **le**	ha consigliat	**o** **a** **i** **e**	Ugo

Ci	metti	il sale? la cipolla?
		i pomodori? le verdure?

	Sì,	**ce**	**lo** **la**	metto
No,	non		**li** **le**	

Sì,	**ce**	**ne**	metto	un po'

Combinandosi con i pronomi diretti o con la particella *ne*, i pronomi indiretti e riflessivi e la particella *ci* cambiano la *i* in *e*.
Carlo *mi* prepara spesso *la carne*. *Me la* fa alla griglia.
Mario *si* porta sempre dietro *il telefonino*. *Se lo* porta anche al ristorante.
Se *questo vino ti* piace, *te ne* regalo qualche bottiglia.

---

23 • Completate le frasi con i pronomi combinati e la prima persona dell'indicativo presente dei verbi indicati fra parentesi.

1. Se Ugo preferisce la birra, __________ . (ordinare)
2. Se Franca vuole il pesce __________ . (preparare)
3. Se Pietro preferisce il vino, __________ . (comprare)
4. Se Franca vuole la pasta, __________ . (dare)
5. Se Matteo vuole le verdure, __________ . (cucinare)

---

24 • Completate i dialoghi con i corretti pronomi combinati.

1. Anna, mi daresti la ricetta del risotto che hai fatto?
   Sì, __________ do volentieri.
2. Nel sugo metti anche la cipolla?
   Sì, __________ metto.
3. Come avete scoperto questo posto?
   __________ ha suggerito Angelo.
4. Gli antipasti sono buoni?
   Sì, __________ consiglio, ragazzi.
5. Ha preso anche il dolce, signora?
   No, ma mio marito __________ ha fatto provare un po' del suo.
6. Come sono i tortellini?
   Se vuoi, __________ faccio assaggiare.
7. Ha chiesto a Sua moglie se vuole il vino?
   __________ ho chiesto, ma ha detto di no.
8. Scusi, può portarmi un'altra forchetta?
   __________ porto subito, signore.
9. Lei mette l'aceto nell'insalata?
   Sì, ma __________ metto pochissimo.
10. I signori desiderano il caffè?
    Sì, grazie, __________ porti due.

---

misure di peso

g = grammo	hg = etto	kg = chilo

La confezione di spaghetti Il pacchetto di burro La cassetta di pomodori	pesa	500 grammi (gr 500), cioè mezzo chilo 2 etti e mezzo (hg 2,5) 5 chili (kg 5)

DITELO IN ITALIANO

▶ ascoltare

25 • Ascoltate attentamente il dialogo (non cercate di capire ogni parola) guardando i disegni, e cancellate con una croce gli ingredienti che non sono compresi nella ricetta.

- riso 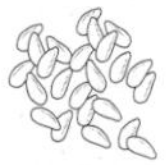
- olio 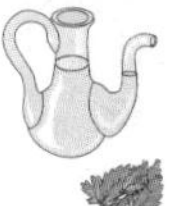
- aglio 
- cipolla 
- brodo 
- sedano
- vino
- prezzemolo
- burro
- pomodori 
- basilico 
- carote 
- acciughe 
- sale 
- pepe 

▶ parlare

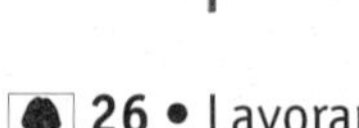

26 • Lavorando in coppia (A e B), drammatizzate la seguente situazione (il menu dell'esercizio 5 a pag. 242 può esservi di aiuto).

Studente A
Lei è al ristorante con un amico che Le chiede di indicargli un secondo leggero. Cerchi nel menu il piatto giusto e glielo consigli.

Studente B
Lei non è sicuro che quel piatto sia veramente leggero. Spieghi perché e ne cerchi un altro.

27 • Nella ricetta che segue le istruzioni vengono date con la forma imperativa del verbo. Sostituite a ogni imperativo l'infinito corrispondente.

ingredienti

3 POMODORI ROTONDI
1 CIPOLLA
1 CETRIOLO
1 PEPERONCINO VERDE PICCANTE
6 CUCCHIAI DI OLIO EXTRAVERGINE DI OLIVA
ABBONDANTE ORIGANO
SALE

1. Lavate e asciugate i pomodori, tagliateli a pezzi. Poneteli in un'insalatiera insieme alla cipolla sbucciata e tagliata.
2. Pelate il cetriolo, affettatelo e unitelo, insieme al peperoncino ridotto a pezzettini, agli ingredienti già preparati.
3. Mescolate bene il tutto e condite con sale, abbondante origano e olio extravergine di oliva.
4. Lasciate riposare l'insalata per un'ora in frigorifero. Rimescolate al momento di servire in tavola.

ALLA SCOPERTA...

... della cucina italiana

28 • Leggete il seguente testo, facendo attenzione alle parole evidenziate.

La cucina italiana è considerata una delle migliori del mondo, nonostante si caratterizzi per la sua relativa semplicità rispetto, per esempio, alla francese. Varia a seconda dei prodotti tipici delle diverse zone climatiche: nella fascia alpina prevalgono i piatti a base di polenta e formaggi; nella valle Padana i risotti; nelle zone collinari le carni e gli insaccati; lungo la costa il pesce.

Nel centro-sud e nelle isole è predominante l'uso dell'olio d'oliva e di salse piccanti soprattutto a base di peperoncino, mentre al nord si consumano in abbondanza grassi animali, burro e sughi di carne.

Un posto di primo piano nel panorama gastronomico dell'Italia occupa certamente la pizza, nata a Napoli, ma ormai diffusa in tutto il mondo.

Piatto tipico della cucina italiana è tuttavia la pastasciutta che, originariamente diffusa solo nel Meridione (spaghetti, bucatini, maccheroni), si è in seguito imposta anche nel Settentrione (lasagne, tagliatelle, ravioli) soppiantando in parte i tradizionali brodi e zuppe. Altri primi conosciutissimi sono il risotto alla milanese, gli gnocchi di patate, la ribollita toscana.

Tra i secondi spiccano la cotoletta alla milanese, la bistecca alla fiorentina, l'abbacchio romano, oltre ai vari piatti di pesce – zuppe e brodetti – fra cui il cacciucco livornese, fatto con almeno tredici qualità di pesce.

Tra i dolci vanno ricordati il panettone milanese, il pandoro di Verona, il panforte di Siena, il torrone di Cremona, i gianduiotti del Piemonte e, nel Mezzogiorno, vari dolci con mandorle e frutti canditi.

Oltre alla cucina caratteristica, ogni regione può vantare i suoi vini tipici, molti dei quali sono conosciuti in tutto il mondo.

Tra i liquori, il più noto anche all'estero è certamente la grappa, che viene prodotta in Piemonte, Lombardia e Veneto.

(Adattato da *Enciclopedia italiana Grolier*, vol. 9)

29 • Leggete ancora una volta il testo, poi associate le definizioni alle parole indicate.

1. ☐ ABBACCHIO	a. alimento liquido, ottenuto facendo bollire in acqua salata , carne, verdure o altro
2. ☐ ZUPPA	b. pasta all'uovo con ripieno di ricotta e verdura oppure di carne
3. ☐ INSACCATO	c. cucina a base di pesce, tipica delle coste adriatiche
4. ☐ BRODO	d. cibo preparato con farina di mais cotta a lungo in acqua
5. ☐ RIBOLLITA	e. minestra di brodo di pesce o verdure, spesso accompagnata da pane affettato
6. ☐ BRODETTO	f. agnello giovane cucinato al forno, piatto tipico della cucina romana
7. ☐ RAVIOLO	g. ogni tipo di salume, prodotto con carne di maiale
8. ☐ POLENTA	h. zuppa a base di cipolla e altre verdure, bollita una seconda volta dopo la prima cottura

30 • Dite ora

- quali cibi italiani sono diffusi nel vostro paese
- quale tipo di grassi (olio, burro, grassi animali) si usa prevalentemente nel vostro paese
- se, come in Italia, nel vostro paese il pranzo prevede un primo, un secondo e un contorno
- in che cosa consiste il vostro pranzo abituale
- quale piatto vi piace cucinare

31 • La dieta mediterranea è basata in prevalenza su cereali, pane, pasta, grassi di origine vegetale e verdure. Riferendovi al testo letto, dite

- in quale parte d'Italia si segue maggiormente tale dieta
- quali sono i cibi citati che ne fanno parte

FACCIAMO IL PUNTO

▶ comprensione orale

1 • Paolo e Grazia sono seduti a tavola. Ascoltate la conversazione e scegliete poi la corretta alternativa.

1. Paolo ha mangiato
   - a. solo il primo ☐
   - b. solo il secondo ☐
   - c. il primo e il secondo ☐

2. Grazia ha preparato
   - a. il pollo ☐
   - b. una bistecca ☐
   - c. due uova al tegamino ☐

3. Paolo ha preso il pollo
   - a. perché gli piaceva ☐
   - b. perché aveva appetito ☐
   - c. per fare contenta sua moglie ☐

▶ comprensione scritta

2 • Ecco una ricetta semplice, utile per chi vuole seguire la *dieta mediterranea*. Le operazioni da fare, però, non sono date nell'ordine giusto. Provate a ricostruire la sequenza corretta.

SPAGHETTI ALLA NAPOLETANA

INGREDIENTI PER 4 PERSONE

400 gr di spaghetti
mezzo bicchiere d'olio
4 litri di acqua
sale
pepe
500 gr di pomodori ben maturi
basilico o prezzemolo

[1] PELATE I POMODORI DOPO AVERLI TENUTI QUALCHE MINUTO IN ACQUA CALDA.

[ ] CUOCETE LA PASTA IN ABBONDANTE ACQUA BOLLENTE SALATA.

[ ] PASSATELI AL SETACCIO E RACCOGLIETENE LA POLPA IN UNA TERRINA. CONDITELI CON SALE E PEPE E IMMERGETEVI QUALCHE FOGLIA DI BASILICO FRESCO O DI PREZZEMOLO, FINCHÉ IL PASSATO È ANCORA CALDO, IN MODO CHE NE ASSORBA L'AROMA.

[ ] RAGGIUNTA LA COTTURA AL DENTE, SCOLATE GLI SPAGHETTI E DIVIDETELI IN PORZIONI NEI PIATTI.

[ ] LASCIATE CHE OGNI COMMENSALE MESCOLI DA SÉ IL PROPRIO PIATTO DI SPAGHETTI, AGGIUNGENDOVI, SE VUOLE, DEL PARMIGIANO.

[ ] CONDITELI PRIMA CON UNA CUCCHIAIATA D'OLIO E POI AGGIUNGETE IL PASSATO DI POMODORO, DOPO AVER TOLTO LE FOGLIOLINE DI BASILICO O DI PREZZEMOLO.

3 • Leggete il testo alla pagina seguente, poi dite

1. come era diversa la cucina degli antichi romani da quella del Medioevo
2. in che cosa consiste la regola cristiana del digiuno
3. in che tempo si è diffuso l'uso delle spezie in Italia
4. su che cosa si basa la cucina moderna
5. quali sono le origini del sugo di pomodoro

LA CUCINA ITALIANA DEL PASSATO

LA CUCINA DEGLI ANTICHI ROMANI ERA SEMPLICISSIMA. IL POPOLO MANGIAVA CEREALI, LATTICINI E RARAMENTE CARNE O PESCE.
NEL MEDIOEVO, INVECE, L'ALIMENTAZIONE ERA SOPRATTUTTO A BASE DI CARNE, TANTO CHE LA REGOLA CRISTIANA DEL DIGIUNO DEL VENERDÌ E DELLA QUARESIMA SEMBRA SUGGERITA ANCHE DA RAGIONI DI SALUTE. L'USO DI FRUTTA, VERDURA E ALTRI CIBI ERA SCARSO; IL LATTE SERVIVA PER FARE IL FORMAGGIO. SOLO VERSO IL XIV SECOLO (1300) SI DIFFONDE L'USO DELLE PASTE ALIMENTARI, CONOSCIUTE DA SECOLI IN CINA. IL RE DELLA CUCINA È LO SPIEDO, CHE GIRA NELLA STANZA CENTRALE DEL PALAZZO, PERCHÉ NON ESISTE ANCORA UNA STANZA DESTINATA A SALA DA PRANZO. NELLO STESSO TEMPO SI DIFFONDE L'USO DI SPEZIE, IMPORTATE DALL'ORIENTE DALLE REPUBBLICHE MARINARE E SOPRATTUTTO DA QUELLA DI VENEZIA.
PROPRIO DA VENEZIA COMINCIA IL RINNOVAMENTO DELLA CUCINA RINASCIMENTALE, BASE DI QUELLA MODERNA.
MA LA VERA RIVOLUZIONE NELLA CUCINA AVVIENE NEL XVII SECOLO (1600) CON L'ARRIVO DEI POMODORI DAL MESSICO E DAL PERÙ. NASCONO COSÌ GLI SPAGHETTI "CA' PUMMAROLA 'N COPPA" (CON SOPRA I POMODORI), DEI QUALI NAPOLI È DA ALLORA LA CAPITALE INDISCUSSA.

▶ produzione orale

4 • Parlate di una cena al ristorante. Dite quando, con chi, in quale occasione ci siete andati. Raccontare poi cosa avete mangiato e bevuto.

5 • Parlate di un ristorante che conoscete bene per consigliarlo o sconsigliarlo ad amici che hanno intenzione di andarci.

▶ produzione scritta

6 • Aiutandovi con il vocabolario, scrivete in italiano la ricetta di un piatto tipico del vostro paese.

7 • Completate il dialogo con le battute mancanti.

Aldo Oggi ho ricevuto una bella lettera.
Sara ______________________________________ ?
Aldo Indovina!
Sara ______________________________________ .
Aldo No, non da Luisa.
Sara ______________________________________ .
Aldo Sì, proprio da Marta.
Sara ______________________________________ .
Aldo No, non posso. Forse lei non è contenta che io la legga ad altri. Mi parla di fatti privati.
Sara ______________________________________ ?
Aldo Non me ne parla. Dice solo che aspetta che io vada a trovarla.

unità 16

al telefono

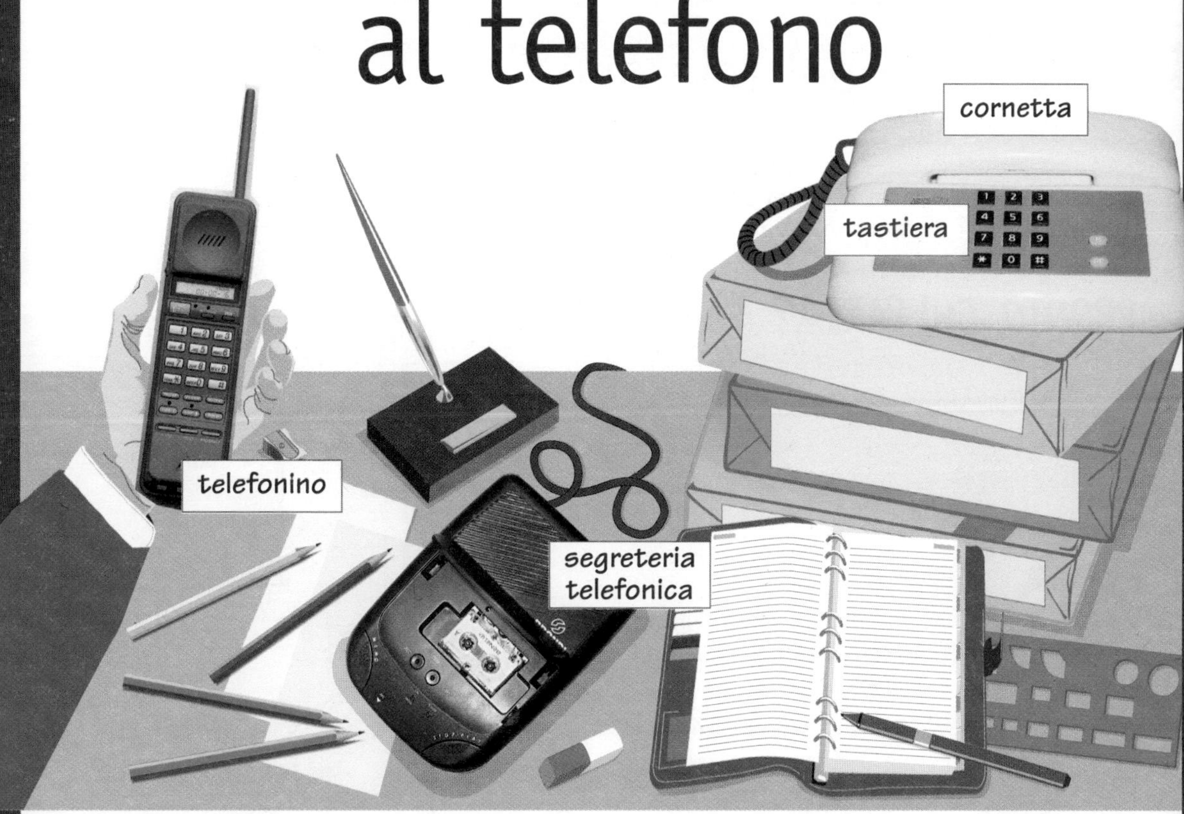

- **Guardando le immagini, associate le domande alle risposte.**

1. ☐ Come si risponde al telefono?
2. ☐ Come si usa la tastiera?
3. ☐ Come si inserisce la segreteria telefonica?
4. ☐ Come si attiva il telefonino?

a. Pigiando un tasto rosso
b. Usando un codice personale
c. Alzando la cornetta
d. Digitando i numeri di telefono

- **Associate le frasi della colonna A a quelle della colonna B.**

A	B
1. ☐ Pronto, casa Fabbri?	a. Non bene; per favore rifaccia il numero.
2. ☐ Scusi, c'è la signora Rossi?	b. No, ha sbagliato numero.
3. ☐ Pronto? Mi sente?	c. Resti in linea: glielo dico subito.
4. ☐ Vorrei il numero di un abbonato di Pisa che si chiama Finzi.	d. Attenda un momento, che gliela passo.

- **Ora ascoltate la cassetta e verificate le vostre risposte.**

Con l'aiuto dell'insegnante, scoprite ora cosa imparerete a fare in questa unità.

Scopi comunicativi: chiedere informazioni; richiedere servizi (1); fare richieste (2); confermare / disdire una prenotazione

Grammatica: • pronomi combinati (2) con l'imperativo • gerundio presente regolare e irregolare • usi del gerundio presente • particella *ci* (5) e pronomi diretti (6) con il gerundio • particella *ci* (6) con i verbi *pensare*, *credere*, *riuscire* • infinito passato • infinito sostantivato • infinito preceduto da preposizioni improprie • usi del condizionale (2) • formazione dell'avverbio

Area lessicale: comunicazioni telefoniche; professioni (2) e mestieri

COSA SUCCEDE...

▶ ... sul filo del telefono

A • Ascoltate il dialogo fra il signor Sarti e l'impiegata dell'Alitalia, poi dite se il signor Sarti può partite per Milano con il volo delle otto.

PRONTO, CHI PARLA?

PRONTO, ALITALIA?

SÌ, MI DICA!

VORREI PRENOTARE UN VOLO PER MILANO PER LUNEDÌ 15. DEVO ESSERE LÌ ASSOLUTAMENTE PRIMA DELLE DIECI. MI PARE CHE CI SIA UN VOLO ALLE OTTO, NO?

TROVARE POSTO SUL VOLO DELLE OTTO NON È FACILE, COMUNQUE VEDIAMO... GLIELO DICO SUBITO. SÌ, FORTUNATAMENTE C'È ANCORA UN POSTO LIBERO.

MENO MALE! ME LO RISERVI, PER FAVORE.

A CHE NOME?

STEFANO SARTI.

B • Ascoltate il dialogo fra Marco e Gianni, poi dite se Marco esce con Gianni.

C • Ascoltate il dialogo fra Susanna e l'operatore, poi dite se Susanna riesce ad avere il numero di telefono che cerca.

D • Ascoltate il dialogo fra il dottor Vinti e l'addetto dell'hotel Diana, poi dite se il dottor Vinti può disdire la camera.

1 • Riascoltate i quattro dialoghi e decidete se le seguenti affermazioni sono vere (V) o false (F).

1. Stefano Sarti vuole andare a Milano in aereo. V F
2. Marco telefona a Gianni per confermare l'appuntamento che ha con lui. V F
3. Susanna chiede all'operatore se il numero di telefono di un abbonato è esatto. V F
4. Il dottor Vinti telefona all'albergo per cambiare la prenotazione. V F

2 • Riascoltate i quattro dialoghi leggendo il testo (pagine 258-259), poi indicate qual è lo scopo comunicativo nei seguenti casi.

1. Il signor Sarti esclama "Meno male!" per dire
   a. che ha avuto fortuna a trovare un posto ☐
   b. che poteva andare peggio ☐
   c. che accetta di prendere quel posto ☐

2. Marco dice "... potrei parlare un momento con Gianni?"
   a. per chiedere scusa del disturbo ☐
   b. per annunciare che non ha molto tempo ☐
   c. per chiedere in modo educato di passargli l'amico ☐

3. Susanna dice all'operatore "... me lo potrebbe ripetere più lentamente?"
   a. per pregarlo di darle il tempo di scrivere il numero ☐
   b. per fargli capire che gliel'ha dettato troppo in fretta ☐
   c. per chiedergli scusa di non averlo capito ☐

4. Parlando al telefono con l'addetto, il dottor Vinti dice "Telefono per la camera... ecco..."
   a. per fargli capire che sta cercando le parole giuste per esprimersi ☐
   b. per prendere tempo prima di chiedere il favore ☐
   c. per formulare più chiaramente la sua richiesta ☐

3 • Per la pronuncia e l'intonazione, ascoltate e ripetete.

4 • Ora riascoltate la cassetta e, a turno, parlate voi con l'impiegata dell'Alitalia, con Gianni e la madre, con l'operatore del telefono e con l'addetto dell'Hotel Diana.

IMPARIAMO...

▶ ... a chiedere informazioni

5 • Ascoltate la cassetta e associate ogni dialogo alla rispettiva immagine, contrassegnandola con il numero progressivo di ascolto (1-4).

A ☐

B ☐

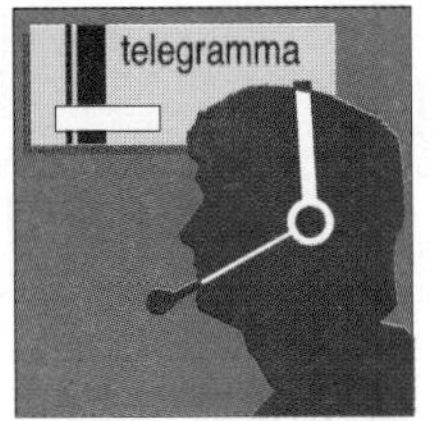

C ☐

D ☐

6 • Lavorate in coppia (A e B). Guardando le immagini dell'esercizio 5, A chiede come può utilizzare quei servizi. B va in fondo al libro, alla sezione "Attività", e risponde in modo informale, come nel modello.

A Che numero devo fare per dettare un telegramma?
B Te lo dico subito: devi fare il centottantasei.

Verbi utili: avere - chiamare - sapere

7 • Lavorate in coppia (A e B).
A è un turista straniero in Italia: non conosce i numeri telefonici per
- fare una chiamata internazionale tramite l'operatore
- sapere l'orario di apertura dei musei
- sapere l'orario dei treni per Roma
- sapere il numero di telefono di una persona che non vive in Italia.

Chiede informazioni a B che va in fondo al libro, alla sezione "Attività", e risponde in modo formale, come nel modello.

A Che numero devo fare per una chiamata internazionale tramite operatore?
B Glielo dico subito: deve fare il centosettanta.

▶ ... a richiedere servizi

8 • Ascoltate le conversazioni telefoniche e associate ognuna alla rispettiva immagine, contrassegnandola con il numero progressivo di ascolto (1-4).

A ☐

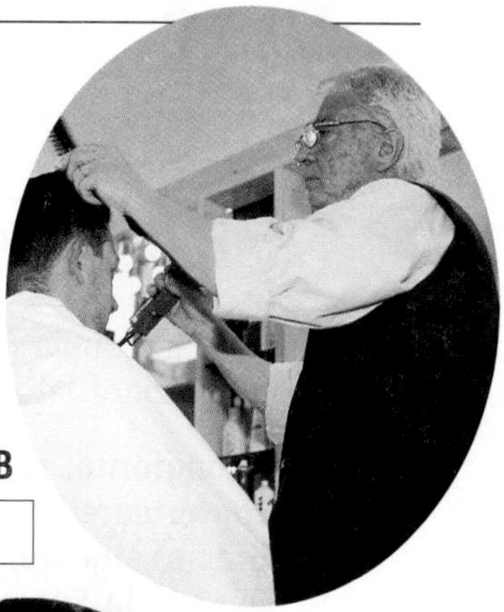

B ☐

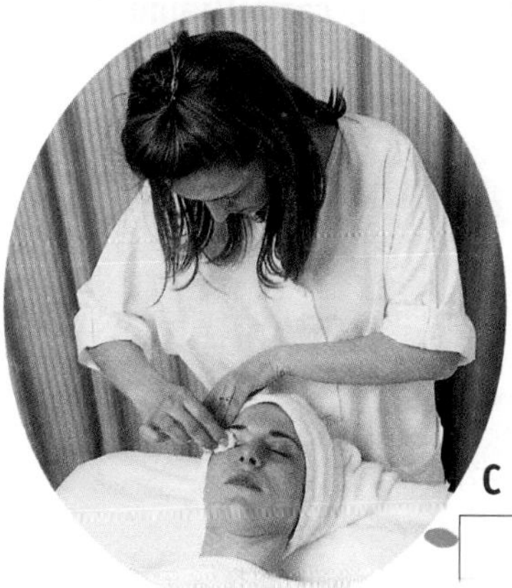

C ☐

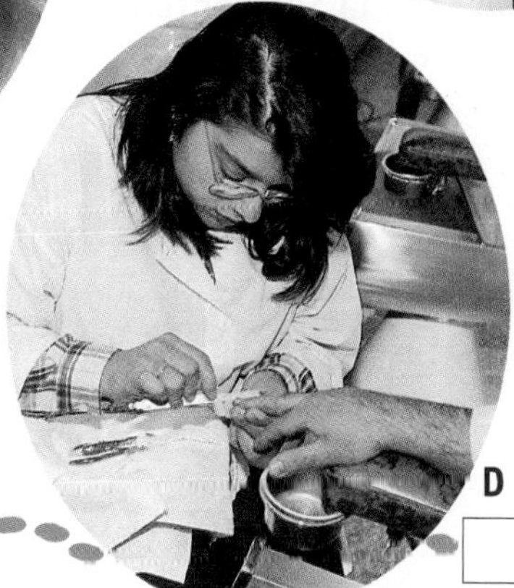

D ☐

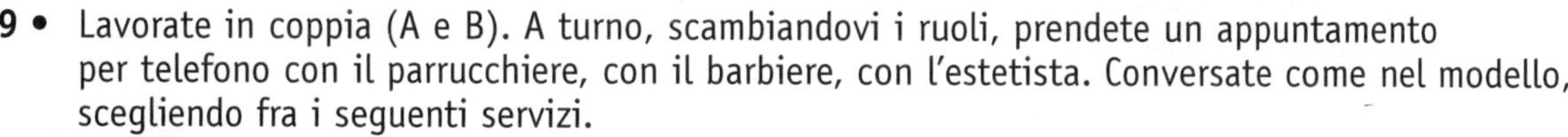

9 • Lavorate in coppia (A e B). A turno, scambiandovi i ruoli, prendete un appuntamento per telefono con il parrucchiere, con il barbiere, con l'estetista. Conversate come nel modello, scegliendo fra i seguenti servizi.

tagliare i capelli - fare la barba - fare la messa in piega - fare la pulizia del viso

A Dovrei tagliare i capelli. A che ora potrei venire?
B Va bene alle undici o sarebbe meglio un po' prima?
A Va benissimo alle undici, grazie.

▶ ... a fare richieste

10 • Lavorate in coppia (A e B). Guardando le immagini, conversate in modo formale, come nel modello.

A Scusi, ci sono due posti sul volo per Madrid?
B Sì, sono gli ultimi.
A Allora me li riservi, per favore.
B A che nome?
A Marco e Sara Petrini.

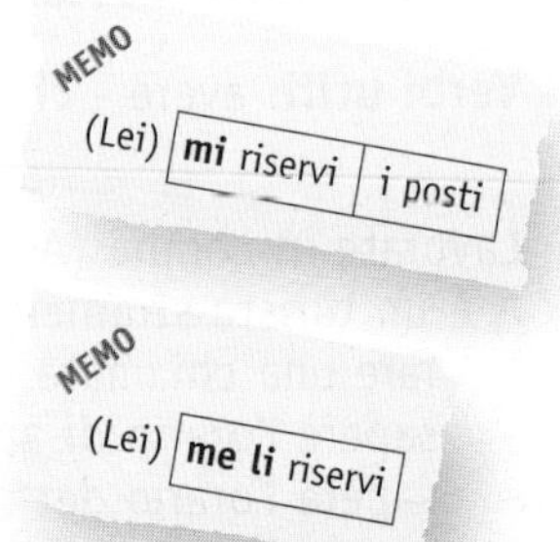

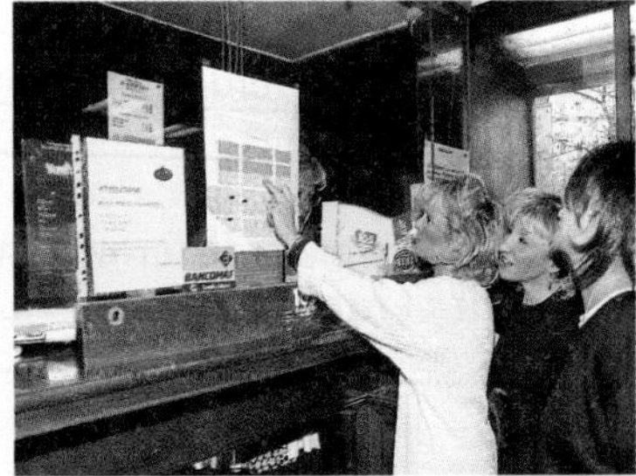

▶ ... a confermare / disdire una prenotazione

11 • Lavorate in coppia (A e B). Guardando le immagini, A telefona per confermare o disdire le prenotazioni fatte qualche tempo fa. B replica in modo formale, come nei modelli.

A Buongiorno, sono... Telefono per confermare la camera per lunedì 12.
B Grazie, signore/signora. Avendo la Sua conferma, gliela teniamo sicuramente.

A Buongiorno, sono... Telefono per disdire la camera prenotata per lunedì 12. Mi dispiace, ma avendo dei problemi...
B Non si preoccupi, cancelliamo la prenotazione.

... un mondo di parole

12 • Associate alle immagini i seguenti nomi di mestieri.

calzolaio ☐ • carrozziere ☐ • falegname ☐ • idraulico ☐ • meccanico ☐ • vetraio ☐

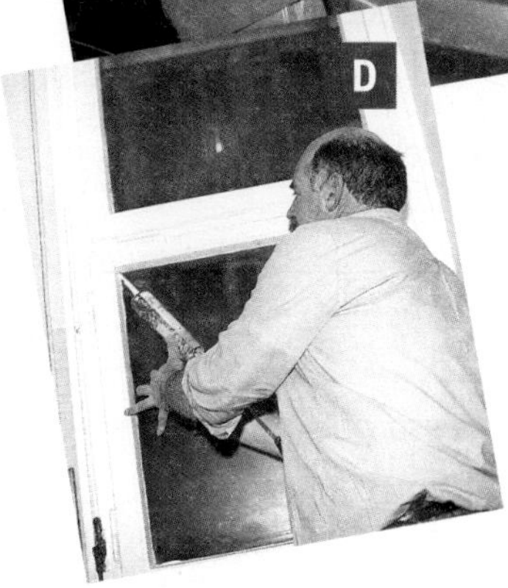

13 • Scrivete a fianco di ogni definizione la parola corrispondente.

1. Rimette a nuovo le auto rovinate. ____________
2. Costruisce mobili e altri oggetti in legno. ____________
3. Ripara le scarpe o le fa nuove. ____________
4. Si chiama quando c'è un problema con il lavello o con la doccia. ____________
5. Si occupa del motore e di altre parti dell'automobile. ____________

14 • Trovate nel *puzzle* quattro nomi di professioni.

15 • Ora associate le parole seguenti alle quattro che avete trovato nel *puzzle*.

1. pulizia ____________
2. capelli ____________
3. barba ____________
4. unghie ____________

A	N	C	Z	P	E	Q	R	L	U	Z	M
T	E	S	T	E	T	I	S	T	A	S	F
U	F	A	G	B	N	L	C	F	U	R	N
P	M	R	S	T	U	O	T	S	G	A	I
P	A	R	R	U	C	C	H	I	E	R	E
D	N	L	L	U	C	I	A	T	F	B	B
G	I	A	N	C	E	T	N	I	Z	I	L
P	C	T	L	A	R	N	A	G	L	E	B
Z	U	A	E	D	U	S	T	C	H	R	O
C	R	V	R	G	H	L	E	M	F	E	A
B	E	T	D	R	P	Q	U	V	D	S	P
T	I	L	O	S	A	B	G	T	U	V	I

E ORA LA GRAMMATICA...

pronomi combinati con l'imperativo

Ti	prenoto	l'albergo?	Sì,	prenota**melo**,	per favore
Vi				prenota**celo**,	
Le				**me lo** prenoti,	

■ Il pronome che accompagna l'imperativo
- segue il verbo, formando un'unica parola, con le persone *tu*, *voi*, *noi* (prenota*melo*, prenotate*celo*, prenotiamo*glielo*);
- precede il verbo, restando separato, con la terza persona *Lei* (*me lo* / *glielo* prenoti).

16 • Completate le risposte con le forme appropriate dell'imperativo e del pronome combinato.

1. Ti devo prendere un appuntamento con l'estetista?
   Sì, ____________ per le nove.
2. Vuoi che ti cerchi il numero sull'elenco telefonico?
   Sì, ____________ , per favore.
3. Le devo chiamare la manicure, dottore?
   Sì, grazie, ____________ subito.
4. Vi devo confermare i posti a teatro?
   Sì, ____________ quanto prima.
5. Hai già preso il biglietto per Milano?
   No, ____________ tu, per piacere.
6. Ha già trovato un idraulico, signora?
   No, per favore ____________ Lei, signor Sassi.
7. Ecco le bollette del telefono e del gas: dove gliele lascio?
   Grazie, signorina, ____________ sul tavolo.
8. Volete che vi presenti la mia amica inglese?
   Sì, bene, ____________ .
9. Scusi, quando Le posso portare le scarpe da riparare?
   ____________ fra un paio di giorni.
10. Ha proprio deciso di tagliare i capelli, signorina?
    Sì, ____________ cortissimi, per favore.

gerundio presente

regolare

prenotare	prenot**ando**
ricevere	ricev**endo**
sentire	sent**endo**

-are	**-a**ndo
-ere	**-e**ndo
-ire	**-e**ndo

irregolare

avere	**avendo**
essere	**essendo**

fare	**facendo**
dire	**dicendo**

verbi pronominali

informar*si*	inform**ando***si*

17 • Completate le risposte con il gerundio dei verbi indicati tra parentesi.

1. Non siamo sicuri di trovare un appartamento al mare.
   ____________ su "Cerco & Trovo", ci riuscirete. (guardare)
2. Come posso fare per sapere il numero di un abbonato?
   ____________ al 12. (telefonare)
3. È comodo vivere in una città piccola, non ti pare?
   Sì, ____________ , ci vivrei anch'io. (potere)
4. Tu vai spesso dal parrucchiere?
   Eh, sì; ____________ i capelli corti, devo andarci spesso. (avere)
5. Vedo che Lei ora sta bene, signora.
   Sì, ____________ delle cure, il dolore è passato. (fare)
6. Devo assolutamente perdere almeno due chili.
   Ce la farai solo ____________ la dieta giusta. (seguire)
7. Ho prenotato l'albergo per giovedì,

ma devo rimandare la partenza.
__________ la camera per tempo,
non ci sono problemi. (disdire)

8. Dovremmo essere a Monaco entro le nove.
__________ a prendere il volo delle sei
e mezza, ce la faremmo. (riuscire)

usi del gerundio presente

valore

temporale	**Andando** in ufficio, (= *mentre* vado) (= *mentre* andavo)	incontro spesso / ho incontrato	Paolo
causale	**Abitando** in centro, (= *poiché/siccome/dato che* abito)	non uso mai la macchina	
modale	**Insistendo,** (= *con l'*insistere/*a forza di* insistere)	riusciremo / siamo riusciti	a prendere la linea

- Il gerundio presente esprime un'azione *contemporanea* a quella del verbo principale (*andando* in centro, *incontro / ho incontrato / incontrerò* Paolo.)
- Di solito il soggetto del gerundio è lo stesso del verbo principale.
  Attenzione! A. Ho visto Mario *andando* all'agenzia di viaggi (io-io)
  B. Ho visto Mario *che andava* all'agenzia di viaggi. (io-lui)

18 • Riformulate le frasi usando il gerundio.

1. Siccome abito vicino all'ufficio,
posso uscire di casa poco prima delle nove.
__________ .

2. A forza di cercare da tutte le parti,
alla fine ho trovato la chiave della valigia.
__________ .

3. Siccome hanno un numero verde,
le Ferrovie danno informazioni per telefono
a tutte le ore.
__________ .

4. Mentre andavamo verso Firenze, abbiamo
scoperto che il telefonino non funzionava.
__________ .

5. Dato che viaggia spesso per lavoro,
Giorgio ha bisogno di una macchina comoda.
__________ .

6. Siccome ho i capelli grassi,
devo lavarli ogni due giorni.
__________ .

7. A forza di fare ginnastica tutti i giorni,
Cinzia ha perduto tre chili.
__________ .

8. Dato che conosciamo il proprietario
di un'agenzia di viaggi, ci faremo
consigliare da lui.
__________ .

9. Mentre aspettavo il falegname, ho passato
il tempo a controllare le misure della libreria.
__________ .

10. Siccome va in ferie, il dentista non prende
appuntamenti per tutto il mese di agosto.
__________ .

particella **ci** e pronomi diretti con il gerundio

Conosci / Conosce	bene	Parigi?

Sì,	andando**ci**	spesso,	la	conosco	bene

Trovando**lo**,	prendo / prenderò	il volo diretto

- Anche il gerundio, come l'infinito e l'imperativo (*tu*, *voi*, *noi*), si lega direttamente alla particella *ci* e ai pronomi personali, formando con essi un'unica parola.

19 • Completate le risposte usando il gerundio dei verbi indicati fra parentesi e la forma appropriata dei pronomi diretti o la particella *ci*.

1. Sara conosce bene Milano?
   ____________ da cinque anni, dovrebbe conoscerla bene. (abitare)
2. Sandra ha intenzione di restare ancora in Irlanda?
   Sì, ____________ per più tempo, spera d'imparare bene l'inglese. (stare)
3. Andrea comprerà il telefonino?
   ____________ bene, credo che non rinuncerà a comprarlo. (conoscere)
4. Lei sa le lingue?
   Purtroppo no: ____________ , farei un altro lavoro. (sapere)
5. Faremo in tempo a prendere il rapido?
   Speriamo di sì; ____________ risparmiamo almeno due ore. (prendere)
6. Rimini è molto distante da qui?
   No, ____________ in macchina ci vogliono due ore. (andare)
7. Come fai a dire che la matematica è interessante?
   ____________ con un bravo insegnante, cambieresti idea. (studiare)
8. Il messaggio dice che il numero è sbagliato: chissà perché?
   ____________ in fretta, a volte succede; riprova! (fare)
9. Vi è piaciuto il Brasile?
   Sì, moltissimo; ____________ tornare, partiremmo anche subito. (potere)
10. Dovrei fare un telegramma urgente: hai per caso un modulo?
    No, ma ____________ per telefono, il modulo non serve. (dettare)

particella **ci** con i verbi **pensare**, **credere**, **riuscire**

Pensi tu **a prenotare il volo**?	Sì, **ci** penso io / No, per favore pensa**ci** tu
Credi **a quello che ti dico**?	No, non **ci** credo
Riesci **a trovare un posto** all'ultimo minuto?	Sì, di solito **ci** riesco

Avete pensato **a prenotare il volo**?	Sì, **ci** ha pensato Marco
Anna ha creduto **alle tue parole**?	No, non **ci** ha creduto
Siete riusciti **a rimandare l'appuntamento**?	Sì, per fortuna **ci** siamo riusciti

20 • Completate le frasi secondo il senso, usando i verbi *pensare*, *credere*, *riuscire* e la particella appropriata.

1. All'agenzia dicono che il volo non avrà ritardi, ma io non ____________ .
2. Sto provando a parlare con il dentista, ma non ____________ : è sempre occupato.
3. Non ho avuto tempo di occuparmi anche dei biglietti: ____________ mio marito.
4. Volevamo trovare una pensione a buon mercato, ma non ____________ .
5. Marco ha detto a Sara che non poteva uscire, ma lei non ____________ .

infinito passato

ausiliare AVERE	
prenotare	**avere prenotato**
ricevere	**avere ricevuto**
sentire	**avere sentito**

ausiliare ESSERE				
andare	**essere andato/a/i/e**	scusa**rsi**	esse**rsi**	**scusato/a/i/e**
stare	**essere stato/a/i/e**			
partire	**essere partito/a/i/e**			

■ Nell'infinito passato l'ausiliare *avere* può perdere la *e* finale (aver prenotato / ricevuto / sentito).

21 • Completate le risposte con l'infinito passato dei verbi indicati fra parentesi.

1. Qual è stata la cosa più utile per te?
   ______________ le lingue. (studiare)
2. Qual è stata la cosa peggiore per Lei?
   ______________ gli studi. (abbandonare)
3. Qual è stata la cosa più bella per loro?
   ______________ da giovani. (conoscersi)
4. Qual è stata la cosa più giusta che hai fatto?
   ______________ sempre la verità. (dire)
5. Qual è stata la cosa più triste per voi?
   ______________ presto i nonni. (perdere)

▶ infinito sostantivato

presente

Trovare casa in centro **Vivere** con un solo stipendio **Dormire** con questo rumore	è impossibile

passato

È stata una vera fortuna	**aver trovato** posto sul volo delle 8 **essere arrivati** in tempo

22 • Completate le frasi con la forma appropriata (infinito presente o infinito passato) dei verbi indicati tra parentesi.

1. In questo periodo è difficile ______________ un albergo a Milano. (trovare)
2. È stato un vero errore ______________ i biglietti di seconda classe. (fare)
3. È facile ______________ il telegramma per telefono. (spedire)
4. Il nostro errore è stato ______________ in ritardo senza avvertire. (arrivare)
5. Il loro problema è ______________ indietro con il programma. (rimanere)

▶ infinito preceduto da preposizioni improprie

Ho telefonato a Ugo	**senza** aspettare la sua chiamata **dopo** aver parlato con Luigi **prima di** andare in ufficio **invece di** parlare con Franco

■ *Attenzione!*	Vorrei vederti prima di *partire*. Vorrei vederti prima che tu *parta*.	(*infinito*: io-io) (*congiuntivo*: io-tu)

23 • Completate le frasi secondo il senso, facendo attenzione alle eventuali preposizioni che precedono l'infinito.

1. Ho potuto spedire un telegramma senza ______________ all'ufficio postale.
2. Prenderemo una decisione dopo ______________ quanto costa il viaggio "tutto compreso".
3. Invece ______________ l'autobus ho preferito chiamare un taxi.
4. Prima ______________ i posti a teatro, dobbiamo sapere se vuole venirci anche Luca.
5. L'impiegata dell'agenzia ha accettato la nostra richiesta senza ______________ storie.

▶ usi del condizionale

chiedere consigli, esprimere incertezza

Tu	cosa	**faresti**	al posto mio?
		avresti fatto	

Mah, **non saprei...**

esprimere un'azione posteriore a un'altra passata (*futuro nel passato*)

Due giorni fa Sabato scorso Ieri	Lucia	**ha detto**	che	**avrebbe telefonato** **sarebbe venuta**	oggi

■ Per gli altri usi del condizionale, vedi l'unità 14.

24 • Completate le risposte con la corretta forma del condizionale semplice o composto e gli eventuali pronomi.

1. Sai quando parte Rita?
   A me ha detto che ____________ oggi.
2. Perché non aspetti le dieci per telefonare?
   Sì, se tu sei d'accordo a uscire più tardi ____________ .
3. Sei sicuro che l'impiegato dell'agenzia ti troverà una buona occasione?
   Speriamo di sì. Mi ha assicurato che ____________ .
4. Secondo me, non è il caso di andare dal parrucchiere di sabato.
   È vero, ma tu ____________ a cena fuori con questa testa?
5. Sai che Marco ha comprato il telefonino?
   Davvero? Eppure diceva a tutti che non ____________ mai.
6. È vero che andrà in vacanza da sola, signorina?
   Purtroppo sì. La mia amica diceva che ____________ con me, invece non può.
7. Siete proprio sicuri di voler andare in albergo e non da Carlo?
   Senti, tu conosci la sua casa: cosa ____________ al posto nostro?
8. Luisa non esce neppure stasera?
   Credo di sì: stamattina ha detto a Sergio che ____________ .

▶ formazione dell'avverbio

vero certo chiaro	ver**amente** cert**amente** chiar**amente**

grande veloce semplice	grand**emente** veloc**emente** semplic**emente**

facile difficile probabile	facil**mente** difficil**mente** probabil**mente**

ma

altro	**altrimenti**

■ La maggior parte degli avverbi si forma aggiungendo il suffisso *-mente*
– alla forma femminile degli aggettivi (ver*a*-mente, cert*a*-mente);
– all'unica forma singolare degli aggettivi in *-e* (grand*e*-mente, veloc*e*-mente). Se però l'ultima sillaba dell'aggettivo contiene una *l* o una *r*, la *e* cade: facile facilmente, particolare particolarmente.

25 • Completate le risposte con l'avverbio appropriato.

1. Sei per sette fa quarantadue, esatto?
   Sì, fa ____________ 42.
2. È una copia perfetta, non Le pare?
   Sì, è ____________ uguale all'originale.
3. È stato un fatto improvviso, vero?
   Sì, è accaduto ____________ .
4. È evidente che Giulio non è contento.
   Sì, ____________ non vuole partire.
5. Siete stati chiari con l'impiegato?
   Sì, abbiamo parlato ____________ .
6. Anna conduce una vita molto semplice.
   Sì, le è sempre piaciuto vivere ____________ .
7. Il nostro parrucchiere ha un modo particolare di trattare i capelli.
   Sì, mi sembra ____________ bravo.
8. Quanto spendete in media per la bolletta del telefono?
   Spendiamo ____________ 207 euro al mese.
9. Le tariffe delle ore di punta sono terribili...
   Sì, sono ____________ care.
10. È probabile che Piero arrivi in ritardo.
    Sì, ____________ non sarà puntuale.

DITELO IN ITALIANO

▶ ascoltare

26 • Ascoltate le registrazioni relative a tre servizi telefonici e abbinate ogni messaggio registrato al simbolo e numero telefonico corrispondenti.

▶ parlare

27 • Lavorando in coppia (A e B), drammatizzate la seguente situazione.

A

Lei telefona a B, un amico, per disdire un appuntamento che aveva con lui. Gli spieghi i motivi per cui deve rimandarlo. Si metta poi d'accordo con lui per un altro giorno.

B

Lei è l'amico. Risponda ad A, facendogli capire che per Lei non è un problema rimandare l'appuntamento. Gli proponga poi un'altra data e gli chieda se va bene anche per lui.

28 • Rispondete alle seguenti domande personali.

1. Lei usa più spesso il telefono per motivi privati o per motivi di lavoro?
2. Le piace conversare al telefono con una persona amica o preferisce incontrarla?
3. Racconti un disguido telefonico che Le è capitato.

29 • Domandate al vostro compagno di banco

- quanto spende mediamente al mese per il telefono
- che cosa pensa dei telefonini
- se ad una persona amica preferisce telefonare o scrivere, e perché

ALLA SCOPERTA...

▶ ... dei servizi telefonici

30 • Leggete i seguenti testi, relativi ad alcuni servizi telefonici.

I telefoni a disposizione del pubblico si trovano, oltre che nelle apposite nicchie o cabine, anche in numerosi esercizi commerciali.
Esistono apparecchi abilitati esclusivamente all'utilizzo di schede telefoniche e di carte di credito telefoniche e apparecchi abilitati all'uso sia di schede e carte di credito sia di monete.

A

Tariffe dai telefoni pubblici

Anche per i telefoni pubblici vige la tariffa urbana a tempo (TUT), che prevede il costo di 0,10 euro alla risposta del numero chiamato e di ulteriori 0,10 euro per ogni scatto successivo.
Per le comunicazioni in teleselezione è previsto l'addebito di 0,20 euro alla risposta e di ulteriori 0,10 euro per ogni scatto successivo.

31 • Rileggete i testi e associate ogni parola alla definizione corrispondente.

1. ☐ addebito	a. negozi di vario genere
2. ☐ codice identificativo	b. varia secondo la fascia oraria e la distanza
3. ☐ esercizi commerciali	c. servizio telefonico interurbano mediante prefisso
4. ☐ scatto	d. prefisso di paese
5. ☐ teleselezione	e. somma da pagare

B

Le schede telefoniche prepagate

La scheda telefonica prepagata è il mezzo di pagamento più diffuso per chiamare dai telefoni pubblici. Sostituisce gettoni e monete ed è particolarmente comoda per le conversazioni di lunga durata.
Inoltre, attraverso l'apposito ***display*** presente sull'apparecchio, è possibile tenere sotto controllo il livello di spesa.
La scheda telefonica prepagata è in vendita presso le tabaccherie, le edicole, i bar, gli uffici postali e i distributori automatici situati nelle stazioni ferroviarie, negli aeroporti e negli ospedali.
Si possono acquistare schede prepagate del valore di 2,58, 5,16 e 7,75 euro.

C

Dall'Italia verso l'estero: "Country Direct"

Gli stranieri ospiti del nostro paese hanno la possibilità, attraverso il servizio "Country Direct", di telefonare facilmente dall'Italia con assistenza nella propria lingua e pagamento a carico del destinatario. Il vantaggio offerto dal servizio consiste nell'evitare l'uso di denaro contante e nel superare problemi linguistici.
Si accede al servizio da apparecchi telefonici pubblici o privati italiani, selezionando il numero 172, seguito da codice identificativo (a 4 cifre) del paese estero che si vuole raggiungere. Risponderà un operatore del paese stesso, o una guida vocale automatica in lingua locale, che fornirà le necessarie istruzioni per il collegamento con il numero richiesto.

32 • Dite quali sono le differenze e le somiglianze fra il servizio telefonico italiano e quello del vostro paese riguardo ai seguenti aspetti.

	in Italia	nel vostro paese
1. tipologie di telefoni pubblici		
2. tariffa urbana a tempo (TUT)		
3. chiamate a carico del destinatario		
4. facilitazioni per stranieri		

FACCIAMO IL PUNTO

▶ comprensione orale

1 • Ascoltate il dialogo fra Marco e la signora che risponde al telefono (non cercate di capire ogni parola), poi dite:

1. perché il numero fatto da Marco è sbagliato
2. perché Marco non crede di aver fatto male il numero dell'agenzia di viaggi
3. come spiega l'errore la signora che gli ha risposto
4. perché Marco alla fine decide di andare all'agenzia

▶ comprensione scritta

2 • Leggete attentamente le istruzioni e scrivete nella corretta sequenza i numeri indicati.

SVEGLIA AUTOMATICA 114

Il servizio può essere richiesto soltanto dall'apparecchio telefonico con il quale si desidera essere svegliati. Il servizio si attiva nel modo seguente:

- formando il 114 l'abbonato è invitato a comporre, senza riagganciare, le cifre dell'ora alla quale desidera essere svegliato (sempre quattro cifre; per esempio: per le ore 5 del mattino comporre zero cinque zero zero)
- un secondo messaggio invita l'abbonato a comporre, senza riagganciare, il proprio numero telefonico
- un terzo e ultimo messaggio conferma che la prenotazione è stata registrata.

Solo in questo momento si può riagganciare.
Ogni servizio dà luogo all'addebito di cinque scatti.

NUMERO DELL'APPARECCHIO: 763 89 15   ORA DELLA SVEGLIA: 6 del mattino

▶ produzione orale

3 • Raccontate quando e perché avete dovuto rimandare un appuntamento al quale tenevate molto e che cosa avete detto alla persona interessata per scusarvi di dover disdire l'appuntamento.

▶ produzione scritta

4 • Scrivete un messaggio per un amico che non potete raggiungere telefonicamente e al quale volete dire che non vi sarà possibile andare a cena da lui.

unità 17

una vita straordinaria

▲ *Michelangelo Buonarroti*

▶ *Giacomo Manzù*

▲ *Sergio Leone*

- **Ascoltate i tre testi e abbinate ciascuno al nome della professione corrispondente.**

  regista ☐

  scultore ☐

  pittore, scultore, architetto ☐

Con l'aiuto dell'insegnante, scoprite ora cosa imparerete a fare in questa unità.

Scopi comunicativi:	raccontare; parlare della propria vita; chiedere e dare spiegazioni (1); fare paragoni (2); confermare
Grammatica:	• passato remoto regolare e irregolare • uso dei tempi (3): passato remoto e passato prossimo • trapassato prossimo • uso dei tempi (4): perfetto e imperfetto • gradi dell'aggettivo e dell'avverbio: quadro generale • forme organiche di comparativo e superlativo • *tenerci*
Area lessicale:	professioni (3), attività commerciali

COSA SUCCEDE...

▶ ... sulla via del successo

- Ascoltate il dialogo fra il presentatore e il signor Lo Santo e dite che attività commerciale ha il signor Lo Santo.

1 • Riascoltate il dialogo e decidete se le seguenti affermazioni sono vere (V) o false (F).

1. Il signor Lo Santo partì per l'America insieme al padre. V F
2. Il signor Lo Santo fu contento di trovare lavoro come cameriere. V F
3. Insieme al padre il signor Lo Santo mise su un ristorantino. V F
4. A trent'anni il signor Lo Santo aveva tanti soldi e non desiderava altro. V F
5. Il ssignor ig. Lo Santo fu senatore per un breve periodo. V F

2 • Riascoltate il dialogo leggendo il testo, poi indicate qual è lo scopo comunicativo nei seguenti casi.

1. Il signor Lo Santo dice "Ero il maggiore di dodici figli", per sottolineare
   - a. che lui era il primo figlio ☐
   - b. che la famiglia era numerosa ☐
   - c. che la condizione della famiglia non era buona ☐

2. Il signor Lo Santo dice "All'inizio non fu facile, anche per via della lingua", per spiegare
   a. che il fatto di non conoscere l'inglese rendeva le cose più difficili ☐
   b. che cambiare paese e abitudini non era facile ☐
   c. che per trovare lavoro era necessario conoscere l'inglese ☐

3. Il signor Lo Santo precisa "ci tengo a dire che presi il massimo dei voti", per chiarire
   a. che ha faticato molto a laurearsi a pieni voti ☐
   b. che si è laureato a pieni voti pur essendo straniero ☐
   c. che è orgoglioso di essersi laureato a pieni voti ☐

3 • Per la pronuncia e l'intonazione, ascoltate e ripetete.

4 • Ora riascoltate la cassetta e parlate voi con il presentatore.

IMPARIAMO...

▶ ... a raccontare

Enrico Fermi, *fisico*

Nasce a Roma nel 1901. Fa importanti esperimenti sulla radioattività e nel 1938 riceve il premio Nobel per la fisica. Nello stesso anno emigra negli Stati Uniti e insegna alla Columbia University. Dal 1944, assunta la cittadinanza americana, è docente all'Università di Chicago. Mette a punto la prima pila atomica a uranio e grafite e collabora con Hoppenheimer alla realizzazione della bomba atomica.
Muore a Chicago nel 1954.

Arturo Toscanini, *direttore d'orchestra*

Nasce a Parma nel 1867. Nel 1885 si diploma con lode al Conservatorio di Parma e nel 1886 dirige senza partitura l'*Aida* di Verdi durante una tournée in Brasile. Considerato uno dei maggiori direttori d'orchestra del mondo, nel 1898 diventa primo direttore del teatro alla Scala di Milano e dal 1928 al 1936 è primo direttore della New York Philharmonic.
Muore a New York nel 1957.

MEMO

nascere	nacque
fare	fece
essere	fu
dirigere	diresse
mettere	mise

5 • Ciascuno sceglie un personaggio e legge la relativa scheda biografica. Poi ciascuno parla del personaggio prescelto, utilizzando il tempo passato al posto del "presente storico", come nell'esempio.

Dante *nasce* a Firenze nel 1265, ...
Dante *nacque* a Firenze nel 1265, ...

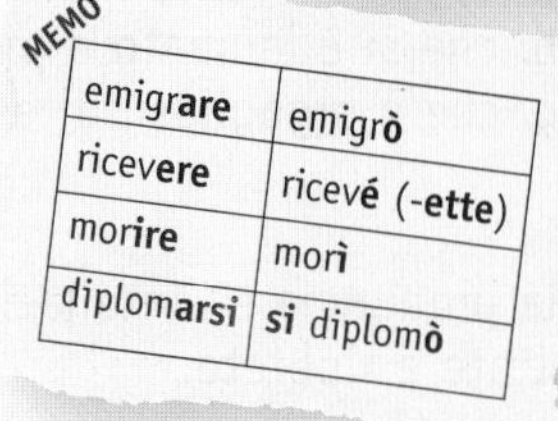

MEMO

emigrare	emigrò
ricevere	ricevé (-ette)
morire	morì
diplomarsi	si diplomò

6 • Ora ascoltate la cassetta e verificate le vostre risposte.

▶ ... a parlare della nostra vita, a chiedere e dare spiegazioni

MEMO

avere	essere
ebbi	**fui**
avesti	**fosti**
ebbe	**fu**

7 • Lavorate in coppia (A e B). A è un giornalista e intervista B. A pone domande per conoscere i fatti più importanti della vita di B. B risponde alle domande, come nel modello.

	A		B
A	**In che anno finì la scuola?**	**B**	**La finii nel 1950.**
	Che fece dopo?		**Andai ...**
	Perché decise di ...?		**Perché volli ...**
	A che età si sposò?		**...**
	Come conobbe ...?		**...**
	Quanti figli ebbe?		**...**
	...		**...**

MEMO

andare	ricevere	finire
andai	ricevei (-etti)	finii
andasti	ricevesti	finisti
andò	ricevé (-ette)	finì

MEMO

prendere	*decidere*	*conoscere*	*volere*	*stare*
presi	**decisi**	**conobbi**	**volli**	**stetti**
prendesti	decidesti	conoscesti	volesti	**stesti**
prese	**decise**	**conobbe**	**volle**	**stette**

▶ ... a fare paragoni

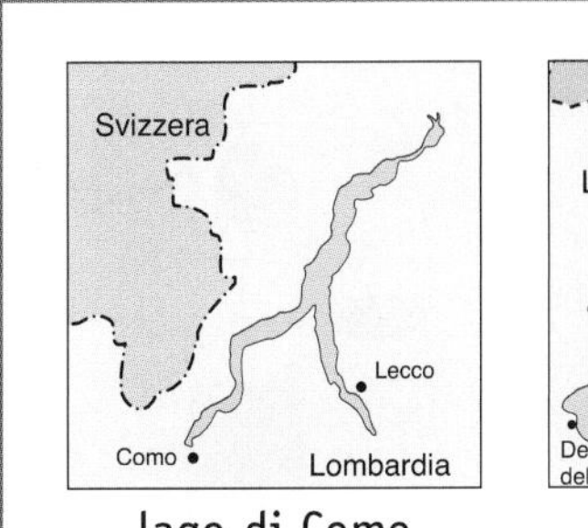

lago di Como — lago di Garda

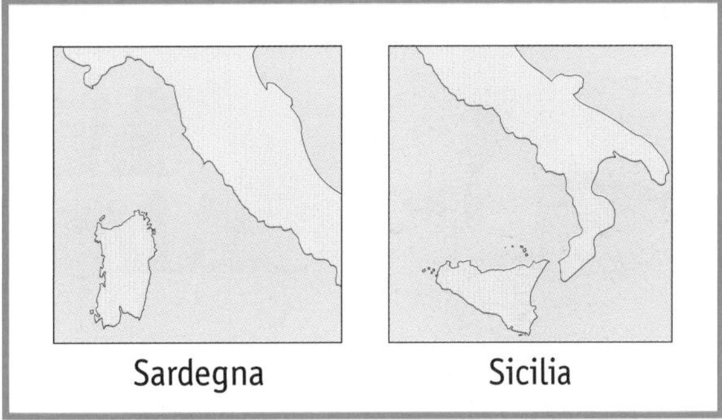

Sardegna — Sicilia

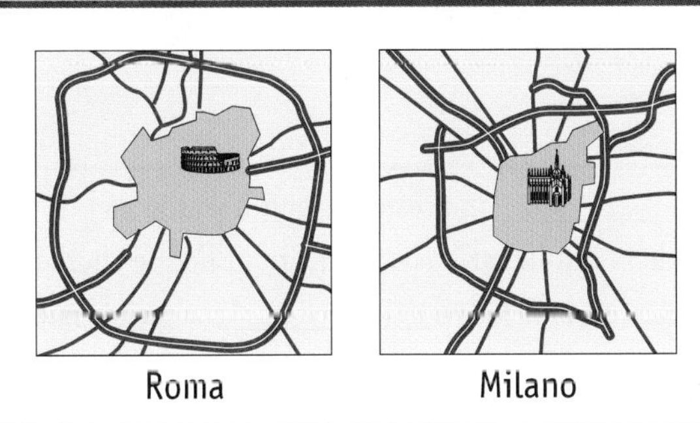

Roma — Milano

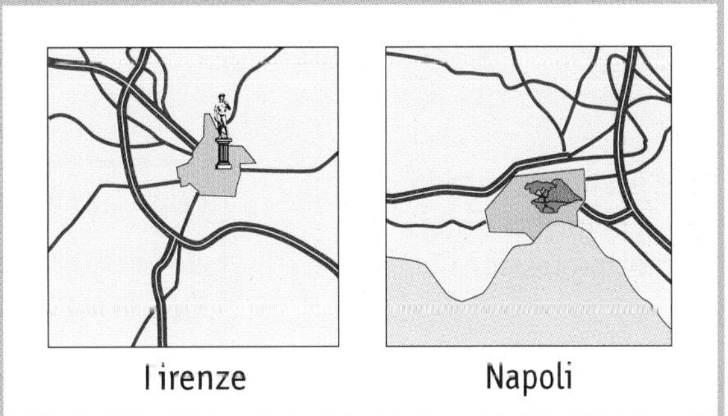

Firenze — Napoli

8 • Ciascuno sceglie una coppia di immagini e, utilizzando i vocaboli dati, confronta i due elementi rappresentati, come nel modello.

Il lago di Garda è più vasto del lago di Como.

VOCABOLI UTILI: vasto - grande - popoloso - piccolo

9 • Seguendo il modello dell'esercizio precedente, fate paragoni in riferimento alla realtà del vostro paese.

... a confermare

cadere
sciando

subire
un furto

vincere
al Totocalcio

10 • Lavorate in coppia (A e B). Guardando le immagini, A chiede conferma dei fatti rappresentati. B replica in modo appropriato utilizzando gli elementi dati, come nel modello.

A Se non sbaglio, tanti anni fa Lei cadde sciando...
B Esatto. Mi ruppi una gamba, ma ci tengo a dire che me la cavai in 20 giorni.

MEMO

cadere	*fare*	*rompersi*	*vincere*	*subire*
caddi	**feci**	mi **ruppi**	**vinsi**	**subii**
cadesti	facesti	ti rompesti	vincesti	subisti
cadde	**fece**	si **ruppe**	**vinse**	subì

Elementi utili per B
rompersi una gamba • cavarsela in 20 giorni • trovare la casa sottosopra • far arrestare il ladro • fare 13 • regalare dei soldi agli amici

... un mondo di parole

11 • Associate alle immagini i seguenti nomi di professioni.

- marinaio
- pittore
- scrittore
- scultore

12 • Ora completate il testo con i nomi delle professioni raffigurate nell'esercizio 11.

Paul Gauguin, famoso _________ francese, nacque a Parigi nel 1848. Trascorse quattro anni della sua infanzia con la madre in Perù e ritornò in Francia nel 1855. A diciassette anni fece il ___________ compiendo numerosi viaggi attraverso l'oceano. Nel 1871, a ventitré anni, diventò agente di cambio, raggiungendo una certa ricchezza. Due anni dopo sposò una danese, dalla quale ebbe cinque figli. Durante questo periodo fu essenzialmente un pittore dilettante. Con il crollo finanziario del 1882-83 rimase senza lavoro e poté dedicarsi completamente alla sua vocazione, ma senza successo. Spinto dal desiderio di evasione, nel 1885 Gauguin lasciò la famiglia per seguire una vita avventurosa. All'inizio del 1891 partì per Tahiti, dove dipinse i suoi quadri più belli. Più tardi divenne ________ per raccontare il suo soggiorno in quell'isola. Negli ultimi anni fu anche ________. Morì nel maggio del 1903.

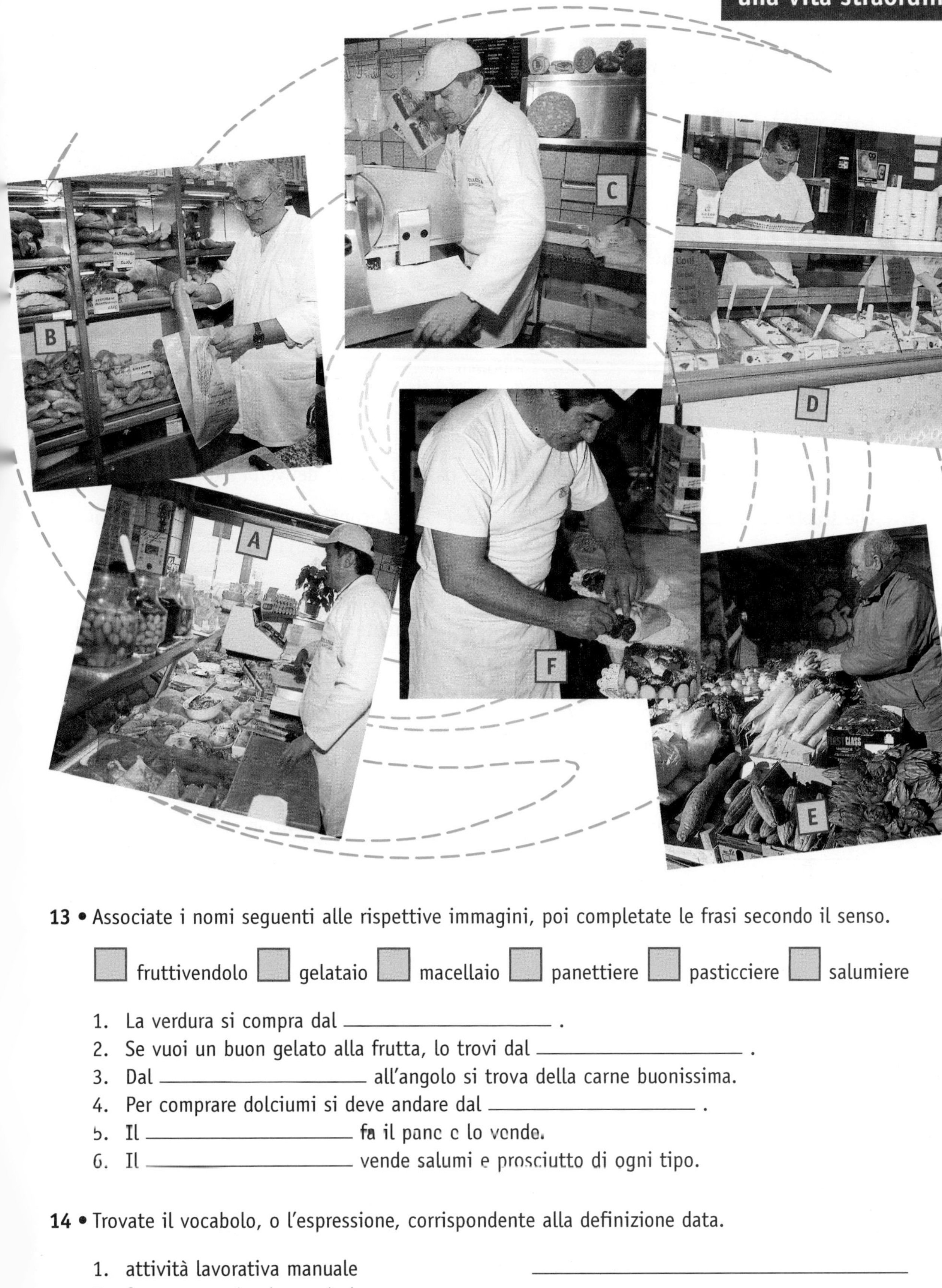

13 • Associate i nomi seguenti alle rispettive immagini, poi completate le frasi secondo il senso.

☐ fruttivendolo ☐ gelataio ☐ macellaio ☐ panettiere ☐ pasticciere ☐ salumiere

1. La verdura si compra dal ________________ .
2. Se vuoi un buon gelato alla frutta, lo trovi dal ________________ .
3. Dal ________________ all'angolo si trova della carne buonissima.
4. Per comprare dolciumi si deve andare dal ________________ .
5. Il ________________ fa il pane e lo vende.
6. Il ________________ vende salumi e prosciutto di ogni tipo.

14 • Trovate il vocabolo, o l'espressione, corrispondente alla definizione data.

1. attività lavorativa manuale ________________
2. fare progressi nel proprio lavoro ________________
3. persona che serve a tavola nei ristoranti ________________
4. trasferirsi in un altro paese in cerca di lavoro ________________
5. mestiere di chi costruisce case, muri ecc. ________________
6. gruppo di negozi, ristoranti, alberghi, che fa capo a un unico proprietario ________________

E ORA LA GRAMMATICA...

passato remoto

coniugazione regolare

	cerc**are**	ricev**ere**	fin**ire**			laure**arsi**	
(io) (tu)	cerc**ai** cerc**asti**	ricev**ei** (-**etti**) ricev**esti**	fin**ii** fin**isti**		**mi** **ti**	laure**ai** laure**asti**	
(lui) (lei) (Lei)	cerc**ò**	ricev**é** (-**ette**)	fin**ì**	un lavoro	**si**	laure**ò**	a pieni voti
(noi) (voi) (loro)	cerc**ammo** cerc**aste** cerc**arono**	ricev**emmo** ricev**este** ricev**erono** (-**ettero**)	fin**immo** fin**iste** fin**irono**		**ci** **vi** **si**	laure**ammo** laure**aste** laure**arono**	

15 • Completate le frasi con la forma appropriata del passato remoto dei verbi indicati fra parentesi.

1. Che scuola ____________ , signor Fabbri? (frequentare)
   ____________ il liceo classico.
2. In che anno ____________ dalla Francia, signora? (tornare)
   ____________ nel 1980.
3. Voi ____________ per l'estero nel 1970, vero? (partire)
   No, ____________ un anno dopo.
4. Quando ____________ la casa al mare, signor Carli? (vendere)
   La ____________ molti anni fa, nel 1975.
5. ____________ molto per quel lavoro, Piero? (ricevere)
   No, ____________ solo pochi soldi.
6. ____________ subito la coincidenza per Ancona, Sara? (trovare)
   Sì, per fortuna la ____________ dopo pochi minuti.
7. Tu in che anno ____________ il conto corrente? (aprire)
   Lo ____________ circa quindici anni fa.
8. Tu e Luca ____________ in tempo all'appuntamento? (arrivare)
   No, ____________ con diversi minuti di ritardo.
9. ____________ in albergo o a casa dei vostri amici? (dormire)
   ____________ in un alberghetto vicino a casa loro.
10. Tu ____________ alla storia raccontata da Marisa? (credere)
    Sì, ci ____________ , perché mi sembrava vera.

coniugazione irregolare

	avere	**essere**	**fare**	**stare**	**dare**
(io) (tu)	**ebbi** avesti	**fui** **fosti**	**feci** facesti	**stetti** **stesti**	**diedi (detti)** **desti**
(lui) (lei) (Lei)	**ebbe**	**fu**	**fece**	**stette**	**diede (dette)**
(noi) (voi) (loro)	avemmo aveste **ebbero**	**fummo** **foste** **furono**	facemmo faceste **fecero**	**stemmo** **steste** **stettero**	**demmo** **deste** **diedero (dettero)**

chiudere	**mettere**	**correre**	**rispondere**	**leggere**
chiusi	**misi**	**corsi**	**risposi**	**lessi**
chiudesti	mettesti	corresti	rispondesti	leggesti
chiuse	**mise**	**corse**	**rispose**	**lesse**
chiudemmo	mettemmo	corremmo	rispondemmo	leggemmo
chiudeste	metteste	correste	rispondeste	leggeste
chiusero	**misero**	**corsero**	**risposero**	**lessero**

dire	leggere	bere	venire
dissi	**lessi**	**bevvi**	**venni**
dicesti	leggesti	bevesti	venisti
disse	**lesse**	**bevve**	**venne**
dicemmo	leggemmo	bevemmo	venimmo
diceste	leggeste	beveste	veniste
dissero	**lessero**	**bevvero**	**vennero**

- I verbi *dire*, *fare* e *bere* derivano il passato remoto dalle rispettive forme latine *di*c*ere*, *fa*c*ere*, *be*v*ere*.
- *Attenzione!*
  Moltissimi verbi italiani (specie della 2ª coniugazione) formano il passato remoto in modo irregolare, ma solo alla 1ª e 3ª persona singolare, e alla 3ª plurale. Le altre tre persone sono regolari e si formano con la radice dell'infinito (cioè l'infinito senza *-are*, *-ere*, *-ire*). È quindi sufficiente memorizzare la forma del passato remoto della 1ª persona singolare per ottenere la coniugazione completa.

  Ecco la prima persona di altri verbi irregolari di uso frequente:

chiedere	**chiesi**	prendere	**presi**	conoscere	**conobbi**	scrivere	**scrissi**
decidere	**decisi**	scendere	**scesi**	nascere	**nacqui**	vivere	**vissi**
perdere	**persi**	spendere	**spesi**	sapere	**seppi**	volere	**volli**

16 • Completate i dialoghi con la forma appropriata del passato remoto dei verbi indicati fra parentesi.

1. In Germania che lavoro ____________ , signor Melzi? (fare)
   ____________ l'idraulico.
2. In che anno ____________ il primo stipendio, Giulio? (prendere)
   Lo ____________ nel 1980.
3. Quanto tempo ____________ in Svizzera i tuoi nonni? (rimanere)
   Il nonno ci ____________ vent'anni e la nonna diciotto.
4. A che età ____________ il primo figlio, signora? (avere)
   Lo ____________ a ventidue anni.
5. A chi ____________ per primo che volevi andare all'estero? (dire)
   Lo ____________ a mio padre e poi a mia madre.
6. ____________ il permesso per motivi di salute, signor Luzi? (chiedere)
   No, lo ____________ per motivi di famiglia.
7. ____________ subito di cambiare lavoro, Guido? (decidere)
   No, lo ____________ dopo aver riflettuto bene.
8. Quanti chili ____________ con quella cura dimagrante, Marisa? (perdere)
   Ne ____________ cinque, ma poco dopo ingrassai di nuovo.
9. Come ____________ la Sua futura moglie, dottore? (conoscere)
   La ____________ a una festa di amici.
10. Tu dove ____________ Rosanna l'ultima volta? (vedere)
    La ____________ a Milano il febbraio scorso.

17 • Completate il seguente testo con la forma corretta dei verbi indicati fra parentesi.

Cristoforo Colombo ____________ (nascere) a Genova nel 1451. Come molti genovesi, ____________ marinaio (divenire) e ____________ nel Mediterraneo. (viaggiare) Nel 1476, dopo un naufragio, ____________ le coste del (raggiungere) Portogallo. Nel 1485 ____________ (recarsi) in Spagna, dove ____________ (trascorrere) quasi sette anni.

Nel 1492, con l'aiuto della regina Isabella I di Castiglia, ____________ (potere) salpare da Palos, alla ricerca di una via marittima verso l'Asia.
Non ____________ a trovare (riuscire) la rotta, ma le scoperte che ____________ (fare) ____________ più importanti (essere) e significative.

uso dei tempi: passato prossimo (pp) e passato remoto (pr)

pp	Oggi Stamattina Stasera Stanotte Quest'anno Questo mese Questa settimana	ho lavorato	molto

pp	L'anno scorso	ho lavorato	molto
pr	Il mese passato La settimana scorsa	**lavorai**	

- Il *passato prossimo* si usa per un fatto accaduto in un passato che ha ancora effetti sul presente.
- Il *passato remoto* si usa per un fatto accaduto in un passato che non ha più effetti, obiettivi o psicologici, sul presente.
- La distanza temporale di un fatto rispetto al momento in cui si parla non è sempre un criterio rigido nella scelta dei due tempi passati. Spesso prevale l'atteggiamento del parlante verso i fatti narrati: distacco dai fatti *passato remoto;* coinvolgimento emotivo *passato prossimo.*
- Al nord e in parte dell'Italia centrale si tende a non usare mai il *passato remoto;* nelle regioni meridionali, viceversa, si usa quasi esclusivamente il *passato remoto.*
- Nella lingua scritta di tipo letterario o giornalistico è comunemente usato il *passato remoto.*

18 • Completate le frasi secondo il senso, scegliendo fra il passato prossimo e il passato remoto dei verbi indicati fra parentesi.

1. Ieri sera Antonio e Luca __________ in discoteca. (andare)
2. I nonni di Fabio __________ in Australia negli anni settanta. (emigrare)
3. Quell'uomo __________ molti lavori e ora è disoccupato. (cambiare)
4. La notte scorsa __________ pochissimo e ora mi sento stanca. (dormire)
5. Negli ultimi anni l'Italia __________ paese d'immigrazione. (diventare)
6. __________ mio marito tanti anni fa, quando avevo vent'anni. (conoscere)
7. Oggi non __________ vedere il mio programma preferito alla tv. (potere)
8. I miei amici __________ da Londra la settimana scorsa. (tornare)

trapassato prossimo

	ausiliare AVERE			ausiliare ESSERE		
(io) (tu)	**avevo** **avevi**			**ero** **eri**		
(lui) (lei) (Lei)	**aveva**	**dormito**	poco, perché	**era**	**andato / a**	a letto tardi
(noi) (voi) (loro)	**avevamo** **avevate** **avevano**			**eravamo** **eravate** **erano**	**andati / e**	

- Il *trapassato prossimo* si usa quando si parla di un fatto passato, precedente ad altri fatti passati. Può essere in relazione con ogni tipo di passato, perfetto o imperfetto.
- Si costruisce con *avere* o *essere*, come il passato prossimo.

19 • Completate le frasi con la forma del passato remoto e del trapassato prossimo dei verbi indicati fra parentesi, facendo attenzione all'ausiliare appropriato.

1. Quell'anno Giulio __________ lavoro perché __________ un posto migliore. (cambiare/trovare)
2. Quel giorno io __________ a Piero perché __________ che stava male. (telefonare/sapere)

3. Quella volta noi ____________ tardi perché ____________ il treno. (arrivare/perdere)
4. Quella sera Marta ____________ più volte il mio telefonino perché ____________ a casa il suo. (usare/lasciare)
5. Quella notte Sergio ____________ a dormire da amici perché non ____________ in tempo l'albergo. (andare/prenotare)
6. Quella mattina noi ____________ alle undici perché ____________ a letto tardissimo. (alzarsi/andare)
7. Quella sera loro ____________ un ristorante dove non ____________ mai prima. (scegliere/mangiare)
8. Quel mese io ____________ al lavoro che ____________ nel periodo precedente. (dedicarsi/trascurare)
9. Quel giorno io ____________ una ragazza che ____________ molti anni prima. (rivedere/conoscere)
10. Venendo in Italia, Fred ____________ visitare i luoghi dove ____________ i suoi nonni. (volere/nascere)

uso dei tempi: perfetto (p) e imperfetto (i)

p			i
Lasciai Ho lasciato Avevo lasciato	il lavoro	perché	**ero** stanco **preferivo** studiare **guadagnavo** poco

i		p	
Ero stanco **Preferivo** studiare **Guadagnavo** poco	quindi perciò	lasciai ho lasciato avevo lasciato	il lavoro

■ L'*imperfetto* si usa in relazione a ogni tipo di perfetto (*passato remoto, passato prossimo, trapassato prossimo*) per esprimere un'azione che accadeva nello stesso tempo.

20 • Completate le frasi mettendo i verbi tra parentesi al tempo passato appropriato (perfetto e imperfetto).

1. Stamattina (io) ____________ il medico perché ____________ dei dolori al petto. (chiamare/sentire)
2. L'anno scorso Alessia ____________ di cambiare lavoro perché ____________ troppo poco. (decidere/guadagnare)
3. La sera prima i ragazzi ____________ tardi, perciò la mattina ____________ ancora sonno. (fare/avere)
4. In quella situazione (io) non ____________ cosa fare, quindi ____________ di chiedere aiuto a un amico. (sapere/decidere)
5. Quel lunedì Franco ____________ a casa perché ____________ lavorare in pace. (rimanere/preferire)

21 • Come l'esercizio 20.

1. Il signor Marini ____________ per anni il pasticciere, poi ____________ andare in pensione per motivi di salute. (fare/dovere)
2. Purtroppo (io) ____________ quasi tutti i soldi, quindi non ____________ comprare nient'altro durante le vacanze. (spendere/potere)
3. Angela non ____________ l'inglese, perciò in Australia ____________ problemi anche con la lingua. (studiare/avere)
4. In quel periodo (io) ____________ il lavoro e ne ____________ disperatamente un altro. (perdere/cercare)
5. Quel giorno Marco ____________ triste perché la ragazza lo ____________ . (essere/lasciare)

gradi dell'aggettivo e dell'avverbio: quadro generale

comparativo di maggioranza e minoranza

fra nomi e pronomi

Il pesce	è	**più**	buono	**della**	carne
Lui		**meno**	bravo	**di**	lei

fra aggettivi o verbi all'infinito

Il mio lavoro	è	**più**	faticoso	**che**	difficile
Lavorare		**meno**			studiare

seguito da un verbo coniugato

Lavorare	è	**più**	faticoso	**di quello che**	pensavo
L'italiano		**meno**	facile		

comparativo di quantità

Bevo	**più**	caffè	**che**	tè
Ci sono	**meno**	ragazze		ragazzi

■ Per l'uso della congiunzione *che* e della preposizione *di* vedi l'unità 8.

comparativo di uguaglianza

Il pesce	è	buono	**quanto / come**	la carne
Lui		bravo		lei
Il mio lavoro		faticoso		difficile
Lavorare		impegnativo		studiare

22 • Completate le frasi con la forma appropriata del comparativo.

1. La pizza alla mozzarella è più buona ____________ quella al pomodoro.
2. Il marito della signora Bassi è molto più vecchio ____________ lei.
3. Il lavoro che faccio è più interessante ____________ conveniente.
4. Stirare è più faticoso ____________ lavare.
5. Lo spagnolo è meno simile all'italiano ____________ pensavo.
6. La matematica è difficile ____________ la chimica.
7. Gianni è meno gentile ____________ Ugo.
8. In questo paese gli immigrati sono meno ____________ emigrati.
9. Fra gli insegnanti ci sono meno uomini ____________ donne.
10. Il tuo albergo è più vicino al centro ____________ mio.
11. In città, il motorino è più pratico ____________ macchina.
12. Mi piace di più leggere ____________ guardare la TV.

superlativo relativo

Giorgio	è	**il**	**più**	bravo	**di**	tutti
Questa città		**la**		cara	**d'**	Italia
					fra	quelle che conosco

■ È possibile anche la forma "Questa è **la** città **più** cara **d'**Italia".

23 • Completate le frasi formando il superlativo relativo degli aggettivi fra parentesi.

1. Vittorio Gassman è ____________ gli attori italiani. (famoso)
2. Il Chianti è ____________ i vini italiani. (buono)
3. Venezia è ____________ le città italiane. (caratteristica)
4. Andrea è ____________ nostri figli. (giovane)
5. Febbraio è ____________ mesi dell'anno. (corto)
6. Questa macchina è ____________ tutte. (economica)
7. Paolo Conte è ____________ i cantanti italiani. (bravo)
8. Roberto è ____________ tutti i miei amici. (caro)

superlativo assoluto

aggettivi

bello	bell**issimo**
bravo	brav**issimo**
facile	facil**issimo**

avverbi

presto	prest**issimo**
tardi	tard**issimo**
spesso	spess**issimo**

24 • Completate le risposte con la forma del superlativo assoluto equivalente a quella delle domande.

1. La casa del signor Rosi è molto bella, vero?
   Sì, è ____________ .
2. Non trovi che qui la vita sia molto cara?
   Sì, è ____________ .
3. È vero che tuo padre è stato molto male?
   Sì, è stato ____________ .
4. Anna viene spesso a trovarti?
   Sì, viene ____________ .

▶ forme organiche di comparativo e superlativo

aggettivi

	comparativo	superlativo	
		relativo	assoluto
buono	**migliore**	**il migliore**	**ottimo**
cattivo	**peggiore**	**il peggiore**	**pessimo**
grande	**maggiore**	**il maggiore** **il massimo**	**massimo**
piccolo	**minore**	**il minore** **il minimo**	**minimo**

avverbi

	comparativo	superlativo assoluto
bene	**meglio**	**ottimamente** o **benissimo**
male	**peggio**	**pessimamente** o **malissimo**
poco	**meno**	**pochissimo**
molto	**più**	**moltissimo**

25 • Completate le risposte con la forma del comparativo equivalente a quella delle domande.

1. Per Lei è più buono il vino bianco o quello rosso?
   Per me è ____________ il vino bianco.
2. Tu sei più grande di tuo fratello?
   Sì, sono ____________ .
3. Domani il tempo sarà più cattivo di oggi, vero?
   Sì, purtroppo sarà ____________ .
4. Chi dei due sta più male?
   Sta ____________ il ragazzo.

26 • Completate le frasi con il superlativo appropriato, scegliendo fra quelli dati.

il peggiore - il migliore - il massimo - il minimo

1. Secondo me, John Lennon era ____________ dei Beatles.
2. Cento euro sono ____________ che posso prestarti.
3. È avaro. Cerca sempre di spendere ____________ .
4. ____________ periodo della mia vita fu quando persi il lavoro.

▶ tenerci

Ti Le	piace	avere dei bei vestiti?
Vi	interessa	vedere quel film?

Sì,	**ci**	**tengo**
No, non		**teniamo**

27 • Completate le frasi secondo il senso.

1. Per me il vestire non è importante.
   Io, invece, ____________ molto a essere elegante.
2. I miei genitori non festeggiano mai l'anniversario del matrimonio.
   I miei, invece, ____________ a festeggiarlo in modo solenne.
3. A Lei interessa vedere l'ultimo film di Benigni?
   Sì, ____________ molto a vederlo.
4. Vi interessa visitare la Galleria degli Uffizi?
   Sì, ____________ moltissimo a visitarla.

DITELO IN ITALIANO

▶ ascoltare

28 • Ascoltate la conversazione che si svolge alla stazione di polizia fra una ragazza che ha subito un'aggressione e un poliziotto. Basandovi sull'uso del passato, cercate di capire in quale parte d'Italia si svolge la conversazione.

Centro-nord ☐ Sud ☐

▶ ascoltare e scrivere

29 • Riascoltate la conversazione e completate il seguente testo con le parole indicate.

dei - ragazza - ordinato - ospedale - terrorizzata - velocità - giovani - antistante - urlare - hanno - consegnare - ma - aiuto - è - due - parcheggiata - era - che - risaliti - donna - sono ripartiti - scesi - ha visto

Ieri due ________ mascherati _______ aggredito una ______ nel piazzale ________ l'Ospedale di Niguarda. Erano circa le _______ del pomeriggio e il piazzale _______ piuttosto affollato. I due giovani sono ______ da una macchina ______ vicino all'________ e hanno __________ alla ragazza di _________ loro la borsetta. La ragazza ha obbedito perché era ______ . Una signora _______ era lì vicino _______ la scena e si è messa a ________ , _______ nessuno _____ numerosi passanti ________ intervenuto in ______ della giovane _______ . I due malviventi sono _______ in macchina e ________ a tutta ________ .

▶ parlare

30 • Ora raccontare voi il fatto, usando la forma di passato più comune nell'Italia del Sud.

31 • Parlate di Leonardo da Vinci, usando i dati indicati nella scheda. Ricordate che nelle biografie si usa il passato remoto, come nel modello:

Leonardo da Vinci nacque nel 1452 a Vinci, in provincia di Firenze...

data e luogo di nascita	1452, Vinci (Firenze)
è allievo di Andrea del Verrocchio	1469-1476
vive presso Ludovico Sforza; realizza grandi opere come: *Vergine delle rocce, Cenacolo, Statua equestre di Francesco Sforza*	1482-1499, Milano
inizia a dipingere *La Gioconda*	1503, Firenze
progetta la chiesetta di Santa Maria della Fontana; studi scientifici: ricerche anatomiche, geofisiche e matematiche	1506, Milano
soggiorno su invito del cardinale Giuliano de' Medici; continuazione degli studi scientifici	1512-1517, Roma
soggiorno su invito di Francesco I	1517, Francia
data e luogo di morte	2 maggio 1519, Cloux (Francia)

ALLA SCOPERTA...

▶... di emigranti e immigrati

32 • Leggete il testo (adattato da *Enciclopedia Italiana Grolier*, vol. 6).

L'emigrazione dall'Italia

Nel periodo compreso fra il 1846 e il 1932 oltre dieci milioni di emigranti hanno lasciato le regioni più povere dell'Italia per stabilirsi negli Stati Uniti e in Canada. Nello stesso periodo, dimensioni altrettanto imponenti ha assunto l'emigrazione italiana versi altri paesi europei (soprattutto Francia, Germania e Svizzera) e verso l'America latina (principalmente Argentina e Brasile). Dal dopoguerra ai giorni nostri, circa un milione di emigranti italiani si è indirizzato verso destinazioni diverse da quelle fin qui ricordate, tra cui, in particolare, l'Australia. Le regioni italiane che sono state particolarmente colpite dal fenomeno sono il Friuli-Venezia Giulia e il Veneto fino agli inizi del Novecento, e le aeree meridionali dal 1904 in poi. Se si analizzano i dati dell'emigrazione transoceanica, cioè di quella definitiva per eccellenza, risulta evidente il prevalere della componente meridionale. Tra la fine degli anni Settanta e l'inizio degli Ottanta il flusso di emigrazione si è invertito, e il numero annuo dei rimpatriati supera quello degli espatriati.

Le migrazioni interne

Dopo la seconda guerra mondiale, negli anni del cosiddetto "miracolo economico", circa due milioni di persone, in prevalenza giovani tra i 20 e i 30 anni, si sono trasferite dal sud all'Italia settentrionale, soprattutto nell'area del "triangolo industriale" Milano-Torino-Genova, ma anche in certe zone di Lazio, Toscana ed Emilia. Questo flusso migratorio, unito allo spostamento di masse contadine nelle città, avvenuto in tutte le regioni d'Italia a partire dal 1962, ha mutato la geografia umana del paese.

L'immigrazione

In anni più recenti l'Italia, come altri paesi europei, è divenuta meta di centinaia di migliaia di immigrati provenienti da paesi economicamente svantaggiati e di solito impegnati nei lavori più umili e faticosi. Le dimensioni attuali di questo nuovo fenomeno rendono difficile la creazione delle condizioni necessarie per un'effettiva integrazione degli immigrati nel tessuto sociale del paese ospitante, premessa indispensabile per la costituzione di una nazione multietnica e multiculturale.

33 • Ora dite se

- nel vostro paese esiste il fenomeno dell'immigrazione o dell'emigrazione;
- qualche vostro familiare o conoscente ha fatto un'esperienza di lavoro all'estero;
- ritenete che la conoscenza delle rispettive lingue sia determinante per l'integrazione fra etnie e culture diverse (argomentate il vostro discorso).

FACCIAMO IL PUNTO

comprensione orale

1 • Il dottor Bellini sta parlando con il professor Andrei. Ascoltate la conversazione (non cercate di capire ogni parola), poi decidete quale delle tre affermazioni è giusta.

1. Il dottor Bellini andò negli Stati Uniti
- a. per motivi di lavoro ☐
- b. per motivi di studio ☐
- c. per sposarsi ☐

2. Il dottor Bellini
- a. ha faticato a trovare lavoro ☐
- b. non ha trovato lavoro perché era straniero ☐
- c. ha avuto un'offerta di lavoro e l'ha accettata ☐

3. Il dottor Bellini non ha mai pensato di tornare in Italia, perché
- a. non voleva perdere il lavoro ☐
- b. gli piaceva vivere negli Stati Uniti ☐
- c. si era sposato negli Stati Uniti ☐

comprensione scritta

2 • Leggete attentamente il testo che narra l'origine di Roma e trascrivete le parole corrispondenti alle definizioni date.

1. contenitore in cui di solito si mette la biancheria da lavare ____________
2. seggio per re e papi ____________
3. per mestiere alleva le pecore ____________
4. prendere possesso di qualcosa in modo non legittimo ____________
5. rimanere sulla superficie dell'acqua ____________
6. nutriti con il latte ____________

SECONDO LA LEGGENDA, ROMOLO E REMO SAREBBERO STATI I FIGLI DEL DIO MARTE E DI REA SILVIA, FIGLIA DI NUMITORE, RE DI ALBA LONGA, AL QUALE IL FRATELLO AMULIO AVEVA USURPATO IL TRONO. SUBITO DOPO LA NASCITA, PER ORDINE DI AMULIO, I DUE GEMELLI FURONO MESSI IN UNA CESTA E ABBANDONATI ALLE ACQUE DEL TEVERE. LA CESTA GALLEGGIÒ FINO ALLA RIVA E I DUE FURONO ALLATTATI DA UNA LUPA, FIN QUANDO IL PASTORE FAUSTOLO E LA MOGLIE LI TROVARONO E LI ALLEVARONO. DIVENTATI GRANDI, I DUE GEMELLI RIMISERO SUL TRONO NUMITORE E NEL 753 A.C. DECISERO DI FONDARE UNA NUOVA CITTÀ. ROMOLO SCELSE COME LUOGO DESTINATO IL COLLE PALATINO, REMO IL COLLE AVENTINO. SI AFFIDARONO AL RESPONSO DEGLI DEI, CHE FU FAVOREVOLE A ROMOLO. QUESTO TRACCIÒ I CONFINI DELLA NUOVA CITTÀ; REMO LI OLTREPASSÒ E ROMOLO LO UCCISE, DIVENENDO COSÌ IL PRIMO DEI SETTE RE DI ROMA. REGNÒ DAL 753 AL 716 A.C.

3 • Rileggete il testo, poi dite

1. chi fondò Roma
2. come si salvarono i gemelli Romolo e Remo
3. chi fu il primo re di Roma

produzione orale

4 • Conoscete qualcuno che ha fatto una carriera straordinaria? Raccontate come è avvenuto.

produzione scritta

5 • Scrivete in breve la vostra storia di lavoro. Se non lavorate, parlate della storia di uno dei vostri genitori.

seguire la moda

A B C

- **Osservate le immagini e associate a ciascuna la didascalia corrispondente.**

1 ☐ negozio di abbigliamento sportivo
2 ☐ negozio di pelletterie
3 ☐ sfilata di moda

- **Ora associate alle immagini le seguenti parole.**

1 ☐ abito da sera
2 ☐ berretto
3 ☐ borsa
4 ☐ borsetta
5 ☐ cintura
6 ☐ giacca a vento
7 ☐ modella
8 ☐ passerella
9 ☐ scarpe basse
10 ☐ scarpe con tacchi alti
11 ☐ scarpe da ginnastica
12 ☐ stilista
13 ☐ tuta da ginnastica
14 ☐ valigia
15 ☐ zainetto

Con l'aiuto dell'insegnante, scoprite ora cosa imparerete a fare in questa unità.

Scopi comunicativi: chiedere e dare consigli; chiedere di fare; riferire affermazioni altrui (2)

Grammatica: • pronomi combinati (3) con l'infinito • imperativo (3) con i pronomi personali e le particelle *ne* e *ci* • imperativo (4): forme tronche (tu) • imperativo (5) negativo • imperativo (6) negativo con i pronomi personali e le particelle *ne* e *ci* • pronomi personali con l'imperativo: quadro generale • *andarsene* • discorso indiretto

Area lessicale: abbigliamento (2); acquisti

COSA SUCCEDE...

... in un negozio di abbigliamento

- Ascoltate la conversazione fra la signora Negri e la commessa e dite di che colore è l'abito che compra la signora Negri.

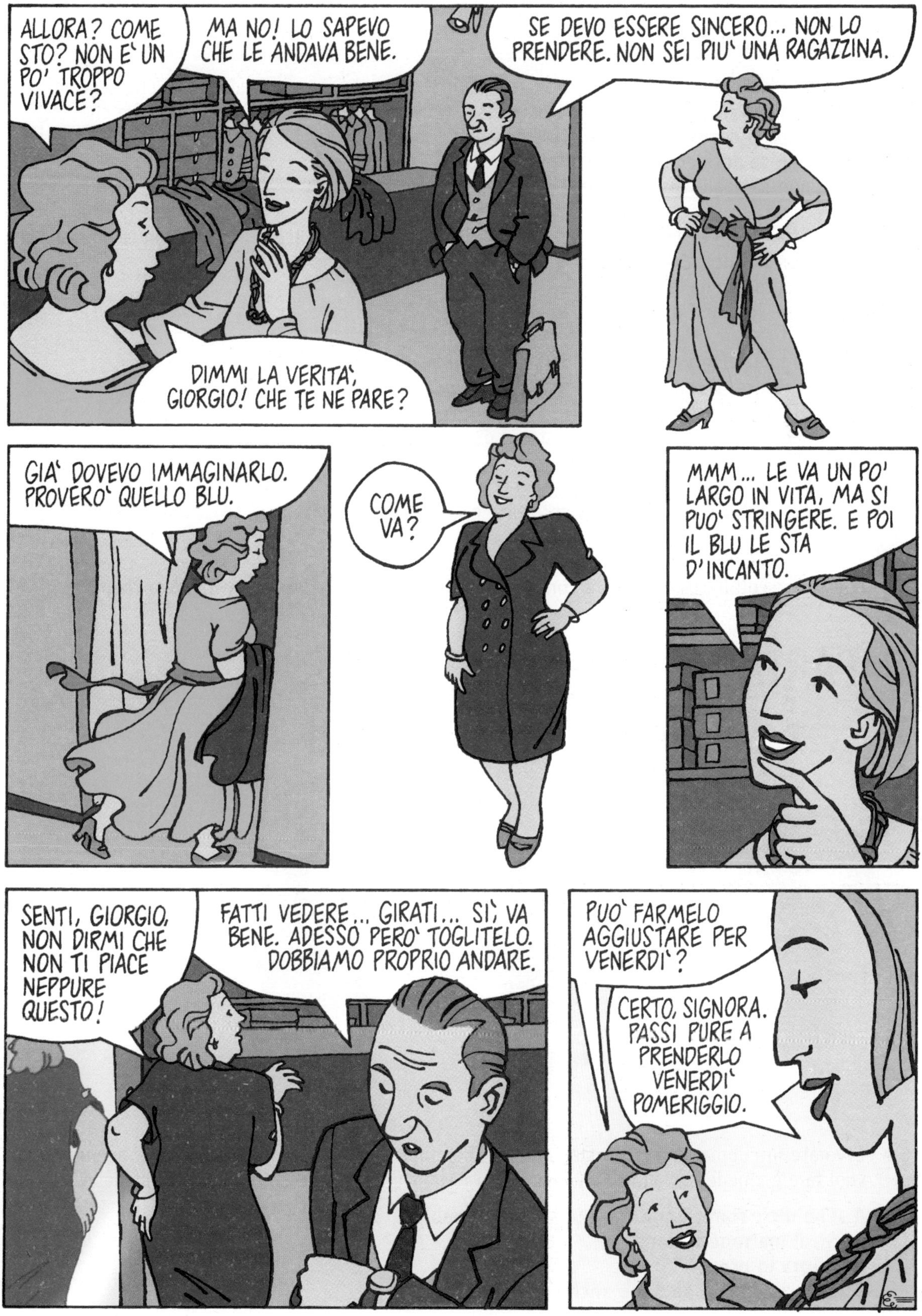

ALLORA? COME STO? NON E' UN PO' TROPPO VIVACE?
MA NO! LO SAPEVO CHE LE ANDAVA BENE.
DIMMI LA VERITA', GIORGIO! CHE TE NE PARE?
SE DEVO ESSERE SINCERO... NON LO PRENDERE. NON SEI PIU' UNA RAGAZZINA.

GIA' DOVEVO IMMAGINARLO. PROVERO' QUELLO BLU.
COME VA?
MMM... LE VA UN PO' LARGO IN VITA, MA SI PUO' STRINGERE. E POI IL BLU LE STA D'INCANTO.

1 • Riascoltate il dialogo e decidete se le seguenti affermazioni sono vere (V) o false (F).

1. La signora Negri ha bisogno di un abito per una cerimonia V F
2. La signora Negri vuole scegliere senza fretta V F
3. La commessa le fa vedere diversi modelli V F
4. Secondo il signor Negri alla moglie stanno bene i colori vivaci V F
5. L'abito che la signora Negri ha scelto non piace al marito V F

2 • Riascoltate la conversazione leggendo il testo, poi indicate qual è lo scopo comunicativo nei seguenti casi.

1. La signora Negri risponde alla commessa "Non saprei. Mi consigli Lei", per dire che
   - a. non ha deciso che tipo di vestito vuole comprare ☐
   - b. non sa decidersi fra i vari tipi di vestiti ☐
   - c. non sa quale vestito sia più adatto per una cerimonia ☐

2. Il signor Negri esclama "Tutti quei modelli? E vuoi provarteli tutti?", per far capire alla moglie che
   - a. non ha intenzione di restare troppo tempo nel negozio ☐
   - b. è sorpreso dalla quantità dei modelli ☐
   - c. deve limitarsi a sceglierne uno solo ☐

3. La signora Negri commenta "Già, dovevo immaginarlo", per dire al marito che
   - a. è stanca di sentirsi ripetere che non è più giovane ☐
   - b. è stata sciocca a chiedere la sua approvazione ☐
   - c. sapeva che lui avrebbe risposto in quel modo ☐

3 • Per la pronuncia e l'intonazione, ascoltate e ripetete.

4 • Adesso riascoltate la cassetta e conversate voi con la commessa e con il signor Negri.

IMPARIAMO...

▶ ... a chiedere e dare consigli

5 • Lavorate in coppia (A e B). A sta facendo shopping insieme a B. È indeciso sugli acquisti che vuol fare e chiede consiglio a B. Guardando le immagini, conversate come nel modello.

A Che dici, starei bene con quest'impermeabile?
B Sì, il marrone ti dona.
A Allora lo prendo?
B Sì, prendilo: ti va bene anche il modello.

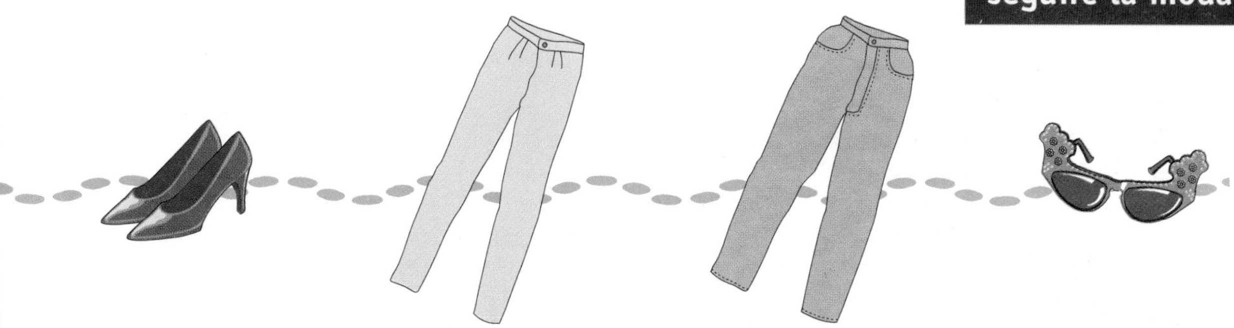

6 • Lavorate in coppia (A e B). A sta provando alcune cose che vorrebbe acquistare, ma non è sicuro di fare la scelta giusta e chiede consiglio a B. Guardando le immagini e utilizzando le espressioni date, conversate come nel modello.

piuttosto scomode • comode • con il tacco basso
un po' troppo attillati • larghi • con la piega
un po' troppo stretti in vita • larghi • con la vita bassa
piuttosto vistosi • eleganti • con le stanghette sottili

A Come mi stanno queste scarpe?
B Non male, ma sembrano piuttosto scomode.
A Sì, in effetti non sono comode.
B Allora non prenderle. Prova quelle con il tacco basso.

7 • Abbinate gli aggettivi ai verbi con cui sono in relazione.

1. ☐ sporco
2. ☐ lungo
3. ☐ macchiato
4. ☐ largo
5. ☐ stretto
6. ☐ corto
7. ☐ gualcito
8. ☐ impolverato

a. stringere
b. lavare
c. accorciare
d. allungare
e. spolverare
f. smacchiare
g. allargare
h. stirare

▶ ... a chiedere di fare

8 • Lavorate in coppia (A e B). Immaginate di essere in un albergo. Guardando le immagini, conversate in modo formale come nel modello.

Vocaboli utili: sporco - gualcito - largo in vita - troppo lungo - impolverato - macchiato accorciare - lavare - pulire - smacchiare - stirare - stringere

A Questa camicia è sporca: potrebbe farmela lavare?
B Sì, me la dia: gliela faccio lavare senz'altro.

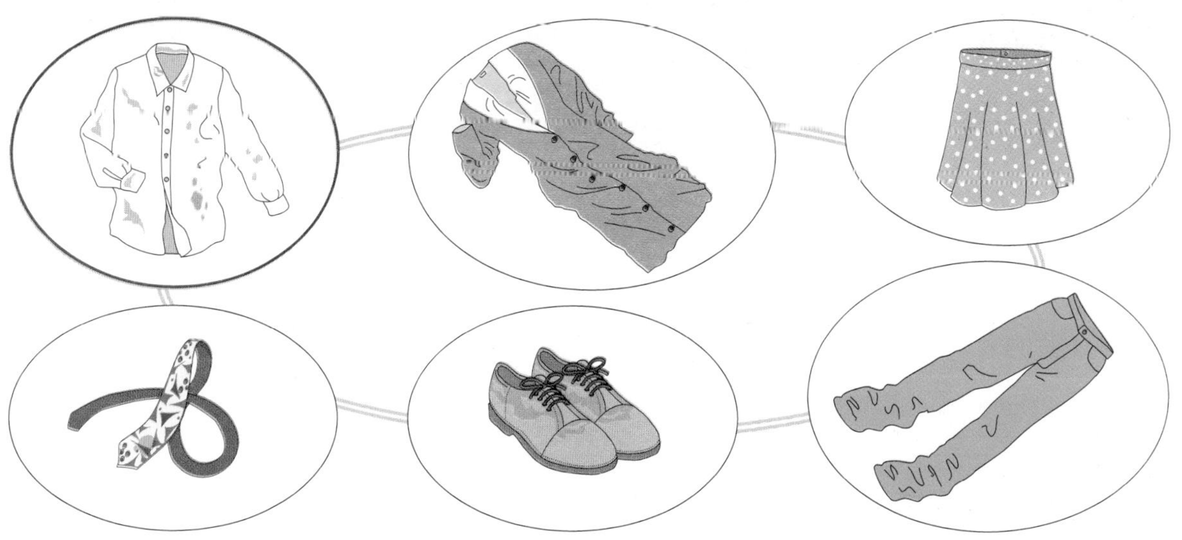

9 • Lavorate in coppia (A e B). Guardando le immagini dell'esercizio 8, conversate in modo informale come nel modello.

A Questa camicia è sporca: potresti farmela lavare?
B Sì, dammela: ci penso io.

▶ ... a riferire affermazioni altrui

A *signora Massi*

B *Anna*

C *signor Radi*

D *signora Bondi*

10 • Ascoltate la cassetta e, seguendo il modello, riferite cosa dice ciascun personaggio.

A La signora Massi dice che porta volentieri i colori scuri.
B ______________________________
C ______________________________
D ______________________________

▶ ... un mondo di parole

DONNA

	I	F	D	E	GB	USA	CH
Camicette e maglie	38	38	40	12	32	32	38
	40	40	42	14	34	34	40
	42	42	44	16	36	36	42
	44	44	46	18	38	38	44
	46	46	48	20	40	40	46
	48	48	50	22	42	42	48
Abiti e tailleurs	40	38	40	30	32	10	36
	42	40	42	32	34	12	38
	44	42	44	34	36	14	40
	46	44	46	36	38	16	42
	48	46	48	38	40	18	44
	50	48	50	40	42	20	46
Calze	8	0	8	6	8	8	8
	8½	1	8½	6½	8½	8½	8½
	9	2	9	7	9	9	9
	9½	3	9½	7½	9½	9½	9½
	10	4	10	8	10	10	10
	10½	5	10½	8½	10½	10½	10½
Scarpe	38/39	37	38/39	38/39	4½	6	38/39
	39/40	38½	39/40	39/40	5	6½	39/40
	40/41	39	40/41	40/41	5½	7	40/41
	41/42	39½	41/42	41/42	6	7½	41/42
	42/43	40	42/43	42/43	6½	8	42/43
	43/44	40½	43/44	43/44	7	8½	43/44
	44/45	41	44/45	44/45	7½	9	44/45

UOMO

	I	F	D	E	GB	USA	CH
Camicie	36	36	36	36	14	14	36
	37	37	37	37	14½	14½	37
	38	38	38	38	15	15	38
	39	39	39	39	15½	15½	39
	40	40	40	40	16	16	40
	41½	41½	41½	41½	16½	16½	41½
Maglie	44	44	36/38	36/38	34	Small	44
	46/48	46/48	39	39	36/38	Medium	46/48
	50	50	40/41	40/41	40	Large	50
	52/54	52/54	42/44	42/44	42/44	Extra-L	52/54
Vestiti e soprabiti	46	46	46	36	36	36	46
	48	48	48	38	38	38	48
	50	50	50	40	40	40	50
	52	52	52	42	42	42	52
	54	54	54	44	44	44	54
	56	56	56	46	46	46	56
Calze	37/38	37/38	37/38	9	9	9	11
	38/39	38/39	38/39	9½	9½	9½	11½
	39/40	39/40	39/40	10	10	10	11½
	40/41	40/41	40/41	10½	10½	10½	12
	41/42	41/42	41/42	11	11	11	12
	42/43	42/43	42/43	11½	11½	11½	12½
Scarpe	40	7	7	7	7	7	40
	41	8	8	8	8	8	41
	42	9	9	9	9	9	42
	43	10	10	10	10	10	43
	44	10½	10½	10½	10½	10½	44
	45	11	11	11	11	11	45

LEGENDA I Italia · F Francia · D Germania · E Spagna · GB Gran Bretagna · USA Stati Uniti · CH Svizzera

11 • Associate le parole alle parti indicate dell'abito e della giacca.

bottone	☐	manica	☐	piega	☐	tasca	☐
scollatura	☐	colletto	☐	polsino	☐	cintura	☐

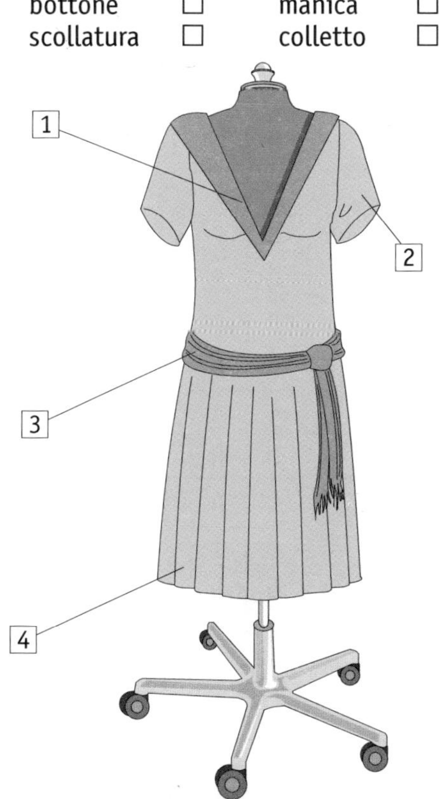

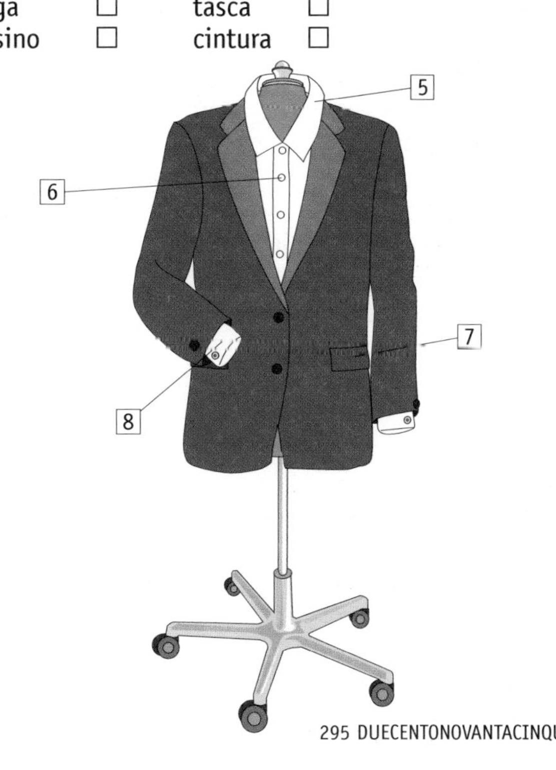

camicetta

abito

SALDI

gonna

giubbotto

pantaloni

camicia

SALDI

12 • A turno scegliete un capo di abbigliamento fra quelli illustrati e dite perché è conveniente comprarlo.

Vocaboli utili: seta - cotone - lino - velluto - lana - pelle
regalato - scontatissimo - convenientissimo - un affare - una vera occasione

A Prendo quella camicetta di seta. È regalata.
B ______________________________
C ______________________________
D ______________________________
E ______________________________
F ______________________________

13 • Trovate nel *puzzle* dieci nomi di oggetti che fanno parte dell'abbigliamento.

R	S	C	A	R	P	E	T	S	A	C	M
A	F	M	B	E	R	R	E	T	T	O	L
G	C	L	H	S	B	Q	E	D	G	L	A
U	B	N	C	A	P	P	E	L	L	O	R
A	M	C	L	F	Z	Q	D	M	A	T	G
N	V	A	B	S	C	I	A	R	P	A	H
T	B	P	N	M	A	Q	R	G	L	F	T
I	M	P	E	R	M	E	A	B	I	L	E
N	P	O	H	Q	B	R	T	S	S	E	T
D	I	T	Z	M	A	G	L	I	O	N	E
E	L	T	U	B	O	R	S	E	T	T	A
R	Z	O	T	G	R	C	A	L	Z	E	S

E ORA LA GRAMMATICA...

pronomi combinati con l'infinito

Quel vestito	mi piace
Quella giacca	
Quei pantaloni	mi piacciono
Quelle scarpe	

Potrei	**provar-**	**me**lo?
		mela?
		meli?
		mele?

Marco	vuole	il vestito blu?
Luisa		la gonna rossa?
Lei		altri modelli?
Ugo e Lisa	vogliono	le scarpe nere?

Vado a	**prender-**	**glie-**	**lo**
			la
			li
			le

- Quando i pronomi personali si legano a un verbo all'infinito, la vocale finale (-*e*) di questo cade.
- Se l'infinito è preceduto da un verbo modale, i pronomi personali possono trovarsi davanti a questo o legarsi all'infinito: *Me lo* potrei provare? / Potrei provar*melo*? (vedi anche unità 5).

14 • Completate le risposte con i verbi indicati tra parentesi e con i pronomi appropriati.

1. Perché non ti metti le scarpe senza tacchi?
   Sì, dovrei __________ per stare più comoda. (mettersi)
2. Non hai un impermeabile?
   No, ma ho deciso di __________ . (comprarsi)
3. I pantaloni di Marco sono gualciti.
   Eh, sì, dovrò __________ io. (stirare)
4. La cravatta di Mario è macchiata.
   È vero: gli dico subito di __________ . (cambiare)
5. Quell'abito bianco dovrebbe starmi bene.
   Non saprei; dovresti __________ . (provarsi)
6. A Carla piace molto l'abito bianco che è in vetrina.
   Perché non chiede a suo marito di __________ ? (regalare)
7. I miei genitori non sanno che ho una ragazza.
   Che aspetti a __________ conoscere? (fare)
8. Scusi, sono arrivati i nuovi modelli?
   Sì, se volete posso __________ . (mostrare)

imperativo con i pronomi personali e le particelle **ne** e **ci**

(tu)	prova**lo**!	prendi**lo**!	finisci**lo**!
(voi)	provate**lo**!	prendete**lo**!	finite**lo**!
(noi)	proviamo**lo**!	prendiamo**lo**!	finiamo**lo**!

(Lei)	**lo** provi!	**lo** prenda!	**lo** finisca!

(tu)	prova-	**telo!**	
(voi)	provate-	**tela!**	
(noi)	proviamo-	**veli!**	
		cele!	
		ne	un paio!

(Lei)	**se lo**	provi!	
	se la		
	se li		
	se le		
	se ne	provi	due!

Ugo	non riesce ad aprire la porta

Provaci	tu!
Provateci	voi!
Proviamoci	noi!

Ci	provi	Lei!

- I pronomi personali e le particelle *ne* e *ci* si legano al verbo all'imperativo con le persone *tu, voi, noi*; lo precedono, restando separate, con la terza persona *Lei* (vedi anche unità 16).

15 • Completate le risposte con la forma dell'imperativo dei verbi indicati tra parentesi e con il pronome appropriato.

1. Senti, la camicetta a quadretti mi piace molto.
   Allora ____________ ! (prendere)
2. Quel cappotto mi piace, ma ne ho già due...
   ____________ lo stesso, Anna, è una vera occasione. (comprare)
3. Guarda, mi è caduto un bottone della giacca.
   ____________ subito, se no lo perdi. (attaccare)
4. Secondo te, questi pantaloni si possono lavare in casa?
   No, ____________ in tintoria: è meglio lavarli a secco. (portare)
5. Che dici, metto le scarpe da ginnastica?
   Sì, ____________ , perché dobbiamo camminare molto. (mettere)
6. Secondo te, il maglione grigio è della mia taglia?
   Mi pare di sì, comunque ____________ ! (provarsi)
7. Hai deciso quale camicia prendere?
   No, per favore ____________ tu ! (scegliere)
8. Credo che la gonna blu sia troppo stretta per me.
   Prima di dirlo, ____________ ! (misurarsi)
9. Sai dov'è finito il mio impermeabile?
   Non so, ____________ nell'armadio. (cercare)
10. Vedi quanto sono sporche queste scarpe?
    Sì, non puoi metterle così:
    ____________ ! (pulire)

16 • Come l'esercizio precedente.

1. Crede che questo modello possa andarmi bene?
   Penso di sì, comunque ______________ , signora. (provarsi)
2. La gonna mi sembra un po' lunga, signorina.
   Allora ______________ un po', per favore! (accorciare)
3. Questi guanti non Le vanno bene?
   No, per favore ______________ : sono troppo grandi. (cambiare)
4. Non so se questa cravatta piacerà a mio marito.
   ______________ , signora; vedrà che sarà contento. (prendere)
5. I pantaloni Le vanno un po' larghi in vita.
   Sì, vedo; ______________ , ma non troppo! (stringere)
6. Vorrei vedere una giacca sportiva, a quadri.
   Guardi quanto è bella questa:
   ______________ ! (mettersi)

imperativo: forme tronche (tu)

andare	**va'** o **vai**	va**cc**i!
dare	**da'** o **dai**	da**mm**i!
fare	**fa'** o **fai**	fa**tt**i!
stare	**sta'** o **stai**	sta**cc**i!
dire	**di'**	di**cc**i!

va**mm**elo	a prendere!
da**mm**eli	subito!
fa**tt**ela	aggiustare!
sta**ll**o	a sentire!
di**cc**elo	chiaramente!

ma

vaglielo	a portare!
dagliene	un po'!
fagliele	vedere!
stagli	vicino!
diglielo	tu!

- Le forme tronche dell'imperativo riguardano solo la 2ª persona singolare.
- I verbi riportati in tabella possono avere, a eccezione di *dire*, una doppia forma di imperativo. La forma senza apostrofo è la stessa dell'indicativo presente.
- In presenza di pronomi, la combinazione avviene con le forme tronche e i pronomi raddoppiano la consonante; unica eccezione il pronome *gli* e i suoi composti.

17 • Come l'esercizio 15.

1. Questi pantaloni non ti sembrano un po' lunghi?
   Sì, ____________ accorciare. (fare)
2. Ti porto il cappotto?
   No, ____________ solo la giacca. (dare)
3. Ti piace la mia nuova borsa?
   Sì, è bella, ma ____________ quanto costa. (dire)
4. Puoi prestarmi il tuo ombrello?
   Sì, ____________ a prendere dalla mia borsa. (andare)
5. Sai che ho comprato anch'io una gonna a pieghe?
   Ah, bene, ____________ vedere! (fare)
6. Carla mi ha chiesto in prestito il cappotto nero.
   Se è solo per una sera, ____________ ! (dare)
7. La commessa insiste che il rosso mi dona.
   E tu ____________ che preferisci i colori scuri. (dire)
8. Ti metti anche la sciarpa?
   Sì, ____________ , per favore! (dare)
9. Secondo te, è giusto che io vada a fare spese con Sara?
   Sì, ____________ : a lei fa piacere. (andare)
10. Hanno telefonato dal negozio che i pantaloni sono pronti.
    Oggi io non ho tempo; ____________ a prendere tu! (andare)

imperativo negativo

	tu	Lei	noi	voi
girare prendere aprire	**non girare!** **non prendere!** **non aprire!**	non giri! non prenda! non apra!	non giriamo! non prendiamo! non apriamo!	non girate! non prendete! non aprite!

L'imperativo negativo di *Lei, noi, voi* si costruisce così: *non* + imperativo affermativo.
L'imperativo negativo di *tu*, invece, si costruisce così: *non* + infinito presente.

18 • Completate i dialoghi con la forma appropriata dell'imperativo negativo dei verbi indicati tra parentesi.

1. Secondo te è il momento buono per fare delle spese?
   No, ____________ niente adesso: aspetta i saldi! (comprare)
2. Come sto con questa giacca, Francesca?
   Bene, ma ____________ i bottoni. (allacciare)
3. Non Le sembra che queste scarpe siano un po' troppo care?
   ____________ di trovarle a meno in un altro negozio! (credere)
4. Avrei bisogno di una borsetta nuova...
   ____________ che te la regali io! (aspettare)
5. Dobbiamo cercare uno zainetto da regalare a Marisa.
   ____________ a spese, vi prego! (guardare)
6. Mi serve un abito nero, da sera.
   No, Laura, ____________ niente di nero: non ti dona. (mettere)
7. Questo modello Le sta d'incanto, signorina.
   ____________ , La prego; ho già deciso per l'altro. (insistere)
8. Si è fatto freddo, vero?
   Sì, ____________ senza cappotto e prendi anche l'ombrello! (uscire)
9. Posso chiederti quanto hai pagato questo vestito?
   ____________ subito di prezzi: prima voglio sapere se ti piace. (parlare)
10. Queste scarpe sono scomode e mi fanno male i piedi...
    ____________ le scarpe con i tacchi se hai problemi con i piedi! (portare)

▶ imperativo negativo con i pronomi personali e le particelle **ne** e **ci**

tu		noi		voi		Lei	
	girar**lo**! **lo** girare!		giriamo**lo**! **lo** giriamo!		girate**lo**! **lo** girate!		**lo** giri!
non	parlar**ne**! **ne** parlare!	non	parliamo**ne**! **ne** parliamo!	non	parlate**ne**! **ne** parlate!	non	**ne** parli!
	andar**ci**! **ci** andare!		andiamo**ci**! **ci** andiamo!		andate**ci**! **ci** andate!		**ci** vada!

■ Con le persone *tu*, *noi*, *voi* il pronome può precedere o seguire il verbo all'imperativo negativo.

19 • Completate le risposte usando l'imperativo negativo dei verbi utilizzati nelle domande e il pronome appropriato.

1. Che dici, lo compro questo giubbotto?
   No, ____________ , non ti sta bene.
2. Dobbiamo prendere i guanti?
   No, ____________ , non fa freddo.
3. Scusi, posso togliere questi pantaloni?
   No, ____________ , signora: devo aggiustare la lunghezza.
4. Vorrei andare a Roma per fare delle spese.
   No, ____________ ! Quello che cerchi puoi trovarlo anche qui.
5. Posso mettere le scarpe chiuse con questo vestito?
   Sì, ma ____________ senza calze!
6. Un'amica mi ha detto di andare alla boutique Mirella. Lei me la consiglia?
   No, ____________ : in questo momento non ha niente di bello.

▶ pronomi personali con l'imperativo: quadro generale

forma affermativa

tu	Lei
fa'! fa**llo**! fa**mmi** fa**mmelo** fa**glielo**	faccia! **lo** faccia! **mi** faccia! **me lo** faccia! **glielo** faccia!

forma negativa

tu		Lei
non fare! non far**lo**! non far**mi**! non far**melo** non far**glielo**!	 non **lo** fare! non **mi** fare! non **me lo** fare! non **glielo** fare!	non faccia! non **lo** faccia! non **mi** faccia! non **me lo** faccia! non **glielo** faccia!

20 • Completate i dialoghi con la forma dell'imperativo dei verbi indicati tra parentesi e con il pronome appropriato (semplice o combinato).

1. Queste scarpe mi stanno strette; che mi consiglia di fare?
   ____________ allargare dal calzolaio. (farsi)
2. Ti devo stirare il vestito di lino?
   No, ____________ , tanto appena lo metto si gualcisce di nuovo. (stirare)
3. Guardi, la giacca mi va larga di spalle.
   ____________ vedere, forse è una taglia troppo grande per Lei. (fare)
4. Queste scarpe non mi sembrano tanto comode.
   Aspetti, ____________ con le calze: vedrà che ci sta meglio. (provarsi)
5. Secondo te questa camicetta va bene con la gonna grigia?
   No, ____________ con quella blu. (mettere)
6. Dovrei comprarmi un cappotto nuovo, ma non so dove cercarlo.
   ____________ quando vai a Firenze: lì trovi modelli più nuovi. (comprare)
7. Crede che quei guanti possano andar bene per me?
   Penso di sì, comunque ____________ ! (provare)
8. Secondo Lei i pantaloni di pelle sono comodi?
   ____________ a me, perché io porto solo gonne. (chiedere)

andarsene

		tu	Lei
Me ne vado?	Sì,	va**ttene**!	**se ne** vada!
	No,	non andar**tene**! non **te ne** andare!	non **se ne** vada!

		noi	voi
Ce ne andiamo?	Sì,	andiamo**cene**!	andate**vene**!
	No,	non andiamo**cene**! non **ce ne** andiamo!	non andate**vene**! non **ve ne** andate!

21 • Completate le frasi con le forme appropriate del verbo *andarsene*.

1. Quando __________ , per favore avvertimi!
2. Se Carlo __________ , dobbiamo tornare a casa a piedi.
3. Noi __________ perché siamo stanchi.
4. Se non hai nient'altro da dirmi, io __________ .
5. Ragazzi, state facendo troppo rumore; __________ !
6. Se domani deve alzarsi presto, __________ pure, dottore.
7. Se hai tanta fretta, __________ pure!
8. Voi due non __________ : ho una cosa da dirvi.
9. In questo negozio non troviamo niente di bello: __________ !
10. Ti prego, Luca, non __________ così presto!

discorso indiretto

a) introdotto da un verbo al presente

discorso diretto	discorso indiretto
La signora **dice**:	La signora **dice** che
"**Ho** bisogno di un àbito elegante".	**ha** bisogno di un abito elegante.
"Quel colore **è** troppo vivace".	quel colore **è** troppo vivace.
""**Ho capito**".	**ha capito**.
"**Proverei** l'abito blu".	**proverebbe** l'abito blu.
"**Proverò** anche l'altro".	**proverà** anche l'altro.

b) introdotto da un verbo al passato

discorso diretto	discorso indiretto
La signora **disse**:	La signora **disse** che
"**Ho** bisogno di un abito elegante".	**aveva** bisogno di un abito elegante.
"Quel colore **è** troppo vivace".	quel colore **era** troppo vivace.
"**Ho capito**".	**aveva capito**.
"**Proverei** l'abito blu".	**avrebbe provato** l'abito blu.
"**Proverò** anche l'altro".	**avrebbe provato** anche l'altro.

■ Se il discorso diretto è introdotto da un verbo al passato *non legato al presente*, nel discorso indiretto si verificano i seguenti cambiamenti nei tempi e modi verbali:
presente → imperfetto;
passato (prossimo o remoto) → trapassato prossimo;
futuro e condizionale semplice → condizionale composto.

c) introdotto da un verbo al presente o al passato

discorso diretto	discorso indiretto
La signora **dice/disse**:	La signora **dice/disse** che
"**Dovevo** immaginarlo".	**doveva** immaginarlo.

■ Nel passaggio dal discorso diretto al discorso indiretto l'imperfetto non cambia.

d) introdotto da un verbo al presente o al passato

discorso diretto	discorso indiretto
La commessa **dice/disse** alla signora:	La commessa **dice/disse** alla signora
"**Attenda** un attimo!" "**Mi dia** retta!" "**Se lo provi**!"	**di attendere** un attimo. **di darle** retta. **di provarselo.**
Il marito **dice/disse** alla moglie:	Il marito **dice/disse** alla moglie
"**Girati**!" "**Toglitelo**!"	**di girarsi.** **di toglierselo.**
La moglie **dice/disse** al marito:	La moglie **dice/disse** al marito
"**Non mettermi** fretta!"	**di non metterle** fretta.

■ Nel discorso indiretto l'imperativo diventa solitamente *di* + infinito. Questa struttura può essere sostituita da *che* + presente o imperfetto del verbo *dovere*.
- Lei dice: "Non mettermi fretta". Dice *che non deve* metterle fretta.
- Lui disse: "Toglitelo". Disse *che doveva* toglierselo.

---

22 • Trasformate il discorso diretto in discorso indiretto.

1. La signorina Carli dice:
"Non so quale abito scegliere".
____
2. Il signor Zanchi dice:
"Proverò un modello diverso".
____
3. La signora Fabbri dice:
"Dovrei essere più magra".
____
4. La signora Negri dice al marito:
"Dimmi la verità!"
____
5. La signora dice alla commessa:
"Mi passi l'abito verde!"
____
6. Paola dice: "Preferirei un abito blu, di lana".
____

---

23 • Come l'esercizio precedente.

1. La signorina Fedi disse: "Questo vestito mi va un po' stretto".
____
2. La signora Giri disse: "Questo modello mi piace più dell'altro".
____
3. Il signor Martini disse: "Vorrei vedere un abito elegante".
____
4. Giulio disse: "Con questa giacca non mi vedo bene".
____
5. La signora Bassi disse: "Vorrei essere più magra".
____
6. La commessa disse alla signora:
"Provi anche l'abito di seta".
____
7. La signora Parini disse: "Aspetterò il periodo dei saldi".
____
8. Paolo disse alla commessa: "Mi aiuti a scegliere una cravatta".
____

DITELO IN ITALIANO

▶ ascoltare e parlare

24 • Il signor Rattazzi sta cercando la moglie, che è scomparsa da dieci giorni. Ascoltate l'appello e, guardando i tre disegni, dite quale potrebbe essere la signora Rattazzi.

▶ scrivere

25 • Ascoltate di nuovo la cassetta e completate la scheda con i dati relativi alle caratteristiche fisiche della signora Rattazzi.

età ____________
altezza ____________
corporatura ____________
colore dei capelli ____________
colore degli occhi ____________

▶ parlare

26 • Lavorando in coppia, drammatizzate le seguenti situazioni.

Situazione 1

A Lei è in un negozio di abbigliamento con un'amica che vuole comprare un vestito. Risponda alle sue domande ed esprima il Suo parere sui vari vestiti e su come le stanno.

B Lei è l'amica. Guardi le figure e chieda ad A di darLe dei consigli.

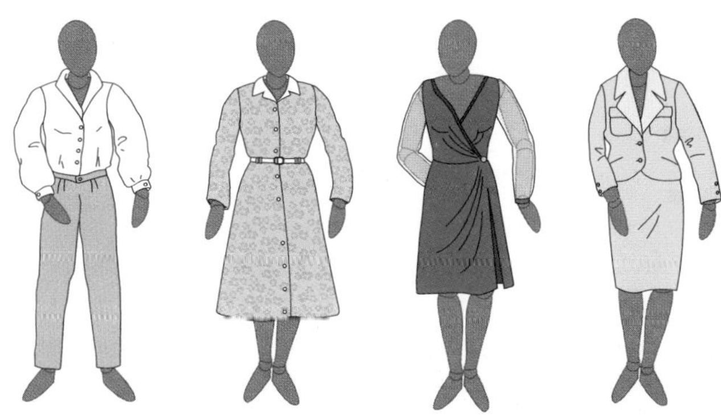

Situazione 2

A Lei è in un negozio di abbigliamento da uomo per comprare un paio di pantaloni per sé. Dica al commesso che tipo di pantaloni vuole e quale colore preferisce.

B Lei è il commesso. Domandi ad A che taglia ha e gli consigli un tipo di pantaloni diverso da quello che chiede.

ALLA SCOPERTA...

... di modi e mode

27 • Leggete il testo (non cercate di capire ogni parola) e assegnate un titolo a ciascun paragrafo, scegliendo fra quelli indicati.

Spostamento di masse contadine nelle città

La moda italiana conquista il mondo

Lavorazione a mano per pochi privilegiati

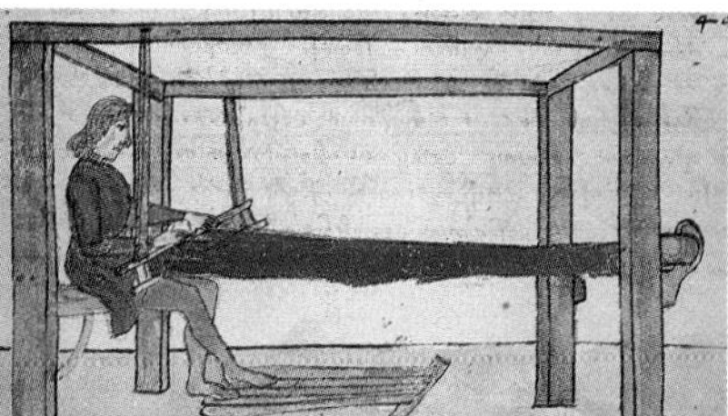

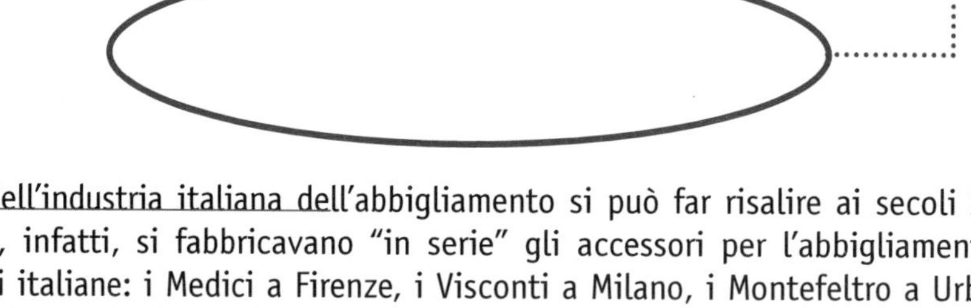

La nascita dell'industria italiana dell'abbigliamento si può far risalire ai secoli XV e XVI. Già in quell'epoca, infatti, si fabbricavano "in serie" gli accessori per l'abbigliamento destinati alle grandi corti italiane: i Medici a Firenze, i Visconti a Milano, i Montefeltro a Urbino, gli Orsini e i Colonna a Roma. La lavorazione della biancheria, delle scarpe e dei bottoni era affidata a piccole "botteghe" con una decina di persone, ciascuna con una propria mansione specifica, che costituivano una specie di *catena di montaggio* con tempi di esecuzione abbastanza veloci. Questo sistema di lavorazione a mano durò fino alla metà dell'Ottocento, quando fu introdotta in Italia la macchina per cucire a pedale di Singer.

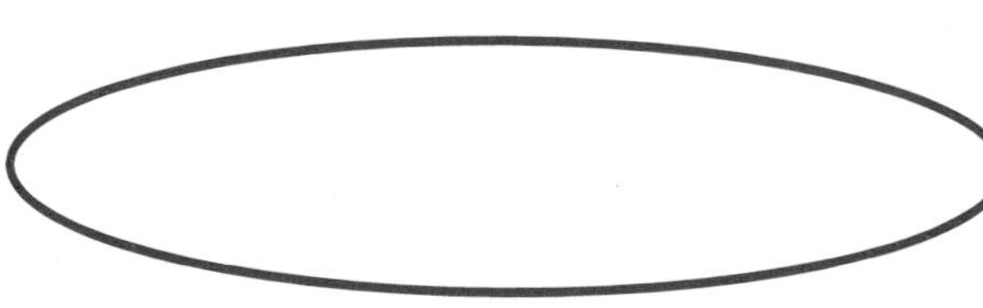

Fino all'inizio del Novecento l'industria delle *confezioni* ebbe uno sviluppo piuttosto lento a causa del basso *tenore di vita* della popolazione e della *manodopera* prevalentemente impegnata nell'agricoltura.

Negli anni Cinquanta e Sessanta l'afflusso di masse contadine nei centri urbani rese disponibile per le fabbriche un gran numero di operai pronti ad accettare salari bassi e condizioni di lavoro pesanti pur di lavorare in città.

Le prime grandi industrie di abbigliamento sorsero in quegli anni al nord, molto spesso vicino alle grandi filande della lana e della seta, come in Lombardia, in Piemonte, in Toscana.

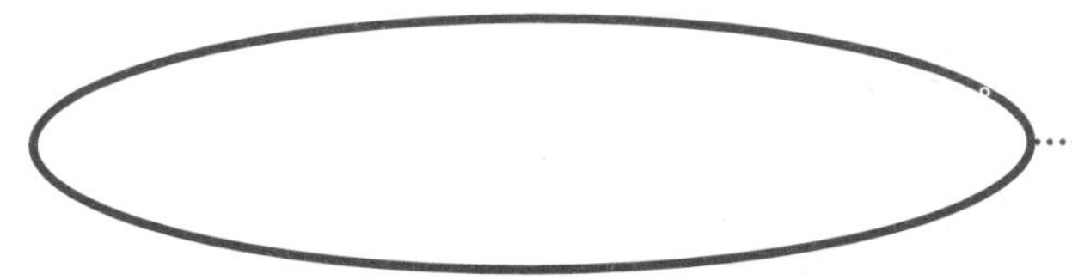

La moda italiana debutta ufficialmente nel 1952 a Firenze con una sfilata collettiva a Palazzo Pitti. Nel 1957, nella stessa sede, Valentino Garavani viene accolto come una rivelazione. La sua linea a "V" diventerà il manifesto della moda italiana oltreoceano. Tra gli anni 70 e 80 l'Italia si afferma come vera regina della moda, grazie alla fantasia e all'ingegno di stilisti come Versace, con i suoi abiti di gusto neoclassico; Missoni, con le sue creazioni in maglia con effetti di gusto pittorico; Armani, lo stilista che ha reinventato la giacca; Gianfranco Ferrè, l'architetto della moda; Krizia, con la sua voglia di stupire; Moschino con i suoi abbinamenti stravaganti come il cappello da cowboy con l'abito da cocktail.

(adattato da *Enciclopedia Italiana Grolier*, voll. 1 e 12)

28 • Dite ora quali sono gli accessori per l'abbigliamento citati nel testo.

__________ __________ __________

29 • Spiegate con parole vostre cosa significano le espressioni "tenore di vita" e "catena di montaggio".

30 • Trovate nel testo i sinonimi delle seguenti parole:

confezioni __________ manodopera__________

31 • Se il vostro paese ha una tradizione nell'industria dell'abbigliamento, raccontate la storia delle imprese più importanti in questo settore.

FACCIAMO IL PUNTO

▶ comprensione orale

1 • Anna è in un negozio di abbigliamento. Ascoltate la conversazione con la commessa (non cercate di capire ogni parola) e indicate poi i capi comprati e il prezzo totale degli acquisti.

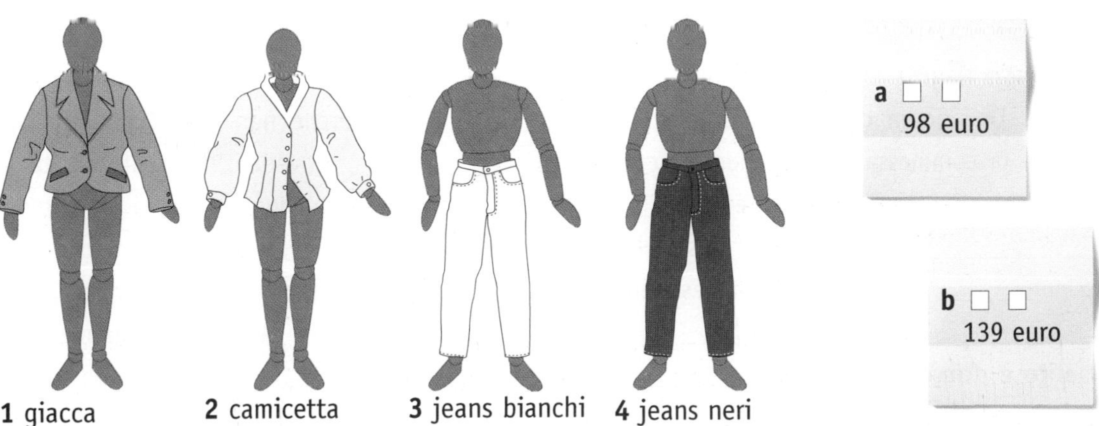

a ☐ ☐ 98 euro

b ☐ ☐ 139 euro

comprensione scritta

2 • Completate il testo inserendo correttamente le parole indicate.

occasioni - note - simili - firmati - acquisti - spendere - camicia - uomini - tengono - prezzi - dipendere - senso - raro - comprare - colori - magazzini

Alta moda e prêt-à-porter

Solo poche donne fortunate possono permettersi un capo di alta moda. Molte altre, in grado di ______________ abbastanza ma non troppo per vestire, fanno i loro ______________ nelle boutique dove si vende il prêt-à-porter firmato da grandi sarti[1], a ______________ decisamente più bassi di quelli dei capi esclusivi. Altre ancora, e sono la maggioranza, si accontentano di ____________ i vestiti in normali negozi di abbigliamento, o nei grandi ______________. Anche le ditte di abbigliamento meno ______________ seguono, infatti, le tendenze della moda e cercano di creare capi in tutto e per tutto ______________ a quelli usciti da celebri sartorie[2]. Per le italiane, in generale, essere eleganti è molto importante. Ciò vale non solo per le grandi ______________ ma anche per la vita di ogni giorno. Per tale motivo è abbastanza ______________ vedere donne vestite male o con addosso ______________ che non vanno bene insieme. Il buon gusto sembra essere, insomma, una caratteristica comune alle donne italiane, ma non solo a loro. Anche gli ______________ italiani, infatti, hanno un notevole ______________ dell'eleganza e ci ______________ ad essere vestiti in modo appropriato alle varie circostanze, perché sanno che spesso il loro successo può ______________ dall'abito perfettamente stirato e dalla ______________ all'ultima moda, o anche dai costosissimi jeans firmati[3].

1. grandi sarti: *stilisti famosi* **2. sartorie:** *case di moda* **3. firmati:** *di marca famosa*

produzione orale

3 • Rispondete alle seguenti domande personali.

1. Le piace seguire la moda?
2. Preferisce gli abiti eleganti o sportivi?
3. Quanto spende mediamente per l'abbigliamento?
4. Le stanno bene i colori vivaci?
5. Accompagna volentieri un'altra persona a comprare dei vestiti?

produzione scritta

4 • Completate il racconto (ogni spazio può corrispondere a più parole; vedi il dialogo alle pagine 290-291).

La signora Negri e il marito sono in un negozio di abbigliamento per scegliere un abito da cerimonia. La signora chiede alla commessa ______________, perché non ha un'idea precisa. Mentre la commessa va a prendere alcuni vestiti ______________ vedere, il marito invita la moglie ______________ perché ______________. La commessa torna con tre vestiti, uno verde, ____________ blu e il _______ rosso. La signora dice ______________, perché i colori vivaci non ______________. La commessa insiste e allora la signora lo prova, ma il marito dice che ______________, perché ______________, quindi la signora prova l'abito blu. Finalmente il marito è d'accordo e le dice ________________, così possono ______________ in tempo all'appuntamento che lui ha.

calcio, che passione!

- **Abbinate i seguenti nomi alle lettere corrispondenti.**

1. ☐ arbitro
2. ☐ portiere
3. ☐ tifoso
4. ☐ pallone
5. ☐ squadra
6. ☐ rete

- **Scrivete a fianco di ogni definizione la parola corrispondente, scegliendo fra quelle date nell'esercizio precedente.**

1. È composta da 11 giocatori. ____________
2. Ha il compito di difendere la porta della propria squadra. ____________
3. Solo il portiere può toccarlo con le mani. ____________
4. È incaricato di far rispettare le regole del gioco. ____________
5. Nel gioco del calcio è sinonimo di porta o di goal. ____________
6. Sostiene la squadra del cuore. ____________

Con l'aiuto dell'insegnante, scoprite ora cosa imparerete a fare in questa unità.

Scopi comunicativi: esprimere delusione; esprimere sollievo; informare e informarsi; chiedere e dare spiegazioni (2); parlare di azioni imminenti

Grammatica:
- dalla forma attiva alla forma passiva • forma passiva (1)
- forma passiva (2) con i verbi modali • *si* passivante (2)
- forma perifrastica (2): *stare per + infinito*
- pronomi relativi (2): *cui, il quale, chi*

Area lessicale: sport; giochi di squadra

COSA SUCCEDE...

... una domenica allo stadio

- Ascoltate il dialogo fra Giulio e Pietro e dite quale squadra ha vinto la partita.

1 • Riascoltate il dialogo e decidete se le seguenti affermazioni sono vere (V) o false (F).

1. Giulio ha visto la partita allo stadio ☐V ☐F
2. Pietro sa già chi ha vinto ☐V ☐F
3. Il portiere del Lecce è stato colpito mentre stava per parare un goal ☐V ☐F
4. Pietro e Giulio sono tifosi della Roma ☐V ☐F
5. La Roma ha segnato in tutto quattro goal ☐V ☐F

2 • Riascoltate il dialogo leggendo il testo, poi indicate qual è lo scopo comunicativo nei seguenti casi.

1. Giulio dice a Pietro "Ieri non ti ho visto allo stadio", per
   a. esprimere delusione ☐
   b. chiedergli spiegazioni ☐
   c. informarsi ☐

SE IL GOAL E' STATO SEGNATO IN QUESTO MODO, ANDAVA ANNULLATO... E BASTA.
INFATTI E' STATO ANNULLATO, MA POI LA ROMA NE HA SEGNATO UN ALTRO.
ORMAI SI SA: OGNI VOLTA CHE SI GIOCA UNA PARTITA DALLA QUALE DIPENDE LO SCUDETTO, LA PROMOZIONE O LA RETROCESSIONE, SUCCEDONO INCIDENTI TRA I TIFOSI DELLE DUE SQUADRE.
BEH, GLI INCIDENTI VENGONO PROVOCATI DA CHI CONTESTA IL RISULTATO.

2. Pietro esclama “Beh, meno male!”, per esprimere
   a. sollievo ☐
   b. delusione ☐
   c. speranza ☐

3. Giulio commenta “Guarda, è successo di tutto”, per dire che la partita è stata
   a. bellissima ☐
   b. giocata male ☐
   c. contestata ☐

3 • Per la pronuncia e l'intonazione, ascoltate e ripetete.

4 • Adesso riascoltate la cassetta e conversate voi con Giulio.

IMPARIAMO...

... a esprimere delusione

5 • Lavorate in coppia (A e B). Guardando le immagini, conversate in modo informale come nel modello.

A La partita è stata bellissima. L'hai vista anche tu?
B Purtroppo no. E pensare che ci tenevo tanto a vederla!
A Peccato! Non dovevi perderla.

vedere la partita

sentire
l'intervista all'allenatore

seguire
la trasmissione sportiva

sentire
la cronaca in diretta

... a esprimere sollievo

◀ andare alla partita

▲ vedere il film

▲ andare al concerto

◀ assistere allo spettacolo

6 • Lavorate in coppia (A e B). A guarda le immagini su questa pagina e conversa come nel modello. B va in fondo al libro, alla sezione "Attività", dove trova gli elementi utili per replicare.

A Purtroppo non posso andare alla partita Roma-Milan.
B Credo che comunque sarà trasmessa da RAI 1.
A Meno male, così potrò vederla almeno alla TV.

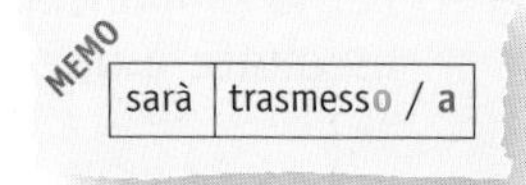

MEMO

si	terrà
sarà / verrà	rappresentato
	tenuta

▶ ... a informare e informarci

7 • Lavorate in coppia (A e B). Guardando il programma su questa pagina, A si informa su alcuni eventi culturali a cui vorrebbe assistere, come nel modello. B va in fondo al libro, alla sezione "Attività", e dà le informazioni richieste da A.

A **Scusi, quando si terrà il concerto del Quartetto Emerson?**

B **Sarà tenuto sabato 21, alle ore 20.30.**

è stato	colpito espulso invaso
è stata	retrocessa

▶ ... a chiedere e dare spiegazioni

8 • Abbinate in modo appropriato le domande della colonna A alle risposte della colonna B.

A	B
1. □ Perché il goal è stato annullato?	a. Perché la squadra è stata retrocessa.
2. □ Perché l'arbitro è stato contestato?	b. Perché il campo è stato invaso dai tifosi.
3. □ Perché l'allenatore è stato sostituito?	c. Perché il portiere è stato colpito a una gamba.
4. □ Perché la partita è stata sospesa?	d. Perché un giocatore è stato espulso ingiustamente.

▶ ... a parlare di azioni imminenti

9 • Osservate l'immagine e dite cosa stanno per fare i diversi personaggi raffigurati.

La signora con il cappello sta per sedersi al tavolino.

1. Il signore anziano ______________________________ .
2. La signorina ______________________________ .
3. Il ragazzo ______________________________ .
4. I due signori ______________________________ .
5. I bambini ______________________________ .

10 • Ora dite, a turno, cosa state per fare voi nella vita privata o in altri campi.

Sono felice / sono triste perché ______________________________ .
Sto per ______________________________ , perché ______________________________ .

▶ ... un mondo di parole

11 • Associate alle immagini le parole date.

1. equitazione ☐
2. ginnastica ☐
3. pattinaggio ☐
4. pallacanestro ☐
5. vela ☐
6. pallavolo ☐

12 • Completate le frasi scegliendo fra i nomi dati nell'esercizio 11.

1. Il ________________ è praticato anche su ghiaccio.
2. La ________________ per i minori di 14 anni è chiamata *minivolley*.
3. La ________________ è lo sport di squadra più diffuso dopo il calcio.
4. Con la ________________ si esercitano tutti i muscoli.
5. La ______________ è lo sport praticato da chi ama il mare.
6. La pratica dell'andare a cavallo si chiama ______________.

13 • Trovate nel puzzle cinque nomi di altri sport.

M	Z	R	T	A	Q	S	G	P	E
T	S	L	S	C	I	V	A	Q	R
E	N	T	A	L	G	A	I	S	G
N	M	C	I	C	L	I	S	M	O
Ñ	V	G	B	A	Z	P	O	S	C
I	N	R	L	V	U	G	O	L	F
S	U	I	M	R	P	S	D	A	Z
F	M	A	C	R	B	A	Z	P	E
H	S	N	U	O	T	O	B	F	S
D	L	Z	N	D	E	R	L	C	F

E ORA LA GRAMMATICA...

dalla forma attiva alla forma passiva

forma attiva

Del Piero	**segna**	il primo goal
L'arbitro	**fischia**	i falli

forma passiva

Il primo goal	**è** / **viene**	**segnato**	**da** Del Piero
I falli	**sono** / **vengono**	**fischiati**	**dall'**arbitro

14 • Mettete le frasi in una delle forme passive possibili.

1. Il macellaio vende la carne.

____

____

2. Il vetraio lavora il vetro.

____

____

3. Il salumiere vende i salumi.

____

____

4. Il calzolaio ripara le scarpe.

____

____

5. Il panettiere fa il pane.

____

____

6. Il fruttivendolo vende la frutta.

____

____

7. Il pasticciere fa i dolci.

____

____

8. Il gelataio fa i gelati.

____

____

9. Il medico cura i malati.

____

____

10. Ogni tifoso legge i giornali sportivi.

____

____

forma passiva

La partita	è viene sarà verrà fu venne è stata	trasmessa	**alla** tv **da** RAI 2 **in** diretta

I campionati	sono vengono saranno verranno furono vennero sono stati	seguiti	**da** moltissimi tifosi

Il significato di una frase di forma passiva non è sempre uguale a quello della corrispondente frase di forma attiva. Si sceglie la forma passiva quando si vuole mettere in primo piano l'elemento che subisce l'azione:

- forma attiva: **I giocatori** hanno contestato l'arbitro.
- forma passiva: **L'arbitro** è stato contestato **dai** giocatori.

Naturalmente, quando non viene indicato chi fa o ha fatto l'azione, si usa soltanto la forma passiva: "L'arbitro è stato contestato".

15 • Riformulate le frasi usando la forma passiva equivalente.

1. La pallacanestro è considerata lo sport di squadra più diffuso dopo il calcio.
____
____
2. Il pattinaggio è praticato anche su ghiaccio.
____
____
3. La pallavolo per minori di 14 anni è chiamata minivolley.
____
____
4. Il tennis è giudicato uno sport abbastanza completo.
____
____
5. La ginnastica è consigliata a chi fa una vita sedentaria.
____
____

16 • Come l'esercizio precedente.

1. Questa partita sarà vista da molti tifosi.
____
____
2. Questa squadra sarà retrocessa in serie B.
____
____
3. Questa vittoria sarà contestata dai tifosi.
____
____
4. Questa domenica sarà ricordata da molti.
____
____
5. Questa partita sarà trasmessa solo alla radio.
____
____

17 • Mettete le frasi alla forma passiva.

1. La polizia ha fermato alcuni tifosi.
____
____
2. La nostra squadra ha segnato i goal più belli.
____
____
3. L'arbitro ha fischiato due falli contro la nostra squadra.
____
____
4. Il giornale ha riportato tutti i fatti.
____
____

18 • Come l'esercizio precedente.

1. Hanno giocato le partite decisive.
____
____
2. Hanno scritto molte cose false.
____
____
3. Hanno fermato molte persone.
____
____
4. Hanno venduto tutti i biglietti.
____
____

19 • Riformulate le frasi usando la forma passiva.

1. Per comprare dei bravi giocatori si spendono molti soldi.
____
____
2. Qui si accettano tutte le carte di credito.
____
____
3. Le vacanze si fanno soprattutto d'estate.
____
____
4. I campionati del mondo si disputano ogni quattro anni.
____
____

forma passiva con i verbi modali

Il goal	**deve**	**essere**	annullato
La vittoria	**può**		contestata
I tifosi	**devono**	**venire**	controllati
Le squadre	**possono**		retrocesse

Il goal	**deve essere**	annullato
	va	
I tifosi	**devono venire**	controllati
	vanno	

20 • Completate le domande usando la forma passiva che esprime necessità.

1. La lettera ______________________ a macchina?
   No, si può scrivere anche a mano.
2. Il conto ______________________ in contanti?
   No, si può pagare anche con un assegno.
3. La denuncia ______________________ subito?
   No, si può fare anche il giorno dopo.
4. Il lavoro ______________________ per domani?
   No, si può finire anche dopodomani.
5. Il biglietto ______________________ in anticipo?
   No, si può fare direttamente all'entrata.

21 • Come l'esercizio precedente.

1. I francobolli ______________________ all'ufficio postale?
   No, si possono comprare anche dal tabaccaio.
2. Le foto ______________________ solo quando c'è molta luce?
   No, si possono fare anche con poca luce.
3. Queste pillole ______________________ a stomaco pieno?
   No, si possono prendere anche prima dei pasti.
4. I pantaloni stretti ______________________ con le scarpe basse?
   No, si possono mettere anche con i tacchi alti.

si passivante

La partita	**si** gioca	allo Stadio Olimpico
	si giocherà	
	si giocava	
	si giocò	
	si era giocata	

Ogni volta	**si** provocano	incidenti tra i tifosi
	si provocheranno	
	si provocavano	
	si provocarono	
	si erano provocati	

22 • Riformulate le frasi usando il *si* passivante.

1. La vittoria viene decisa in base al numero dei goal.
   ____
   ____
2. La schedina viene giocata normalmente il sabato.
   ____
   ____
3. La data viene scritta in alto a destra.
   ____
   ____
4. In questo albergo la colazione viene pagata a parte.
   ____
   ____
5. La firma viene messa in basso a destra.
   ____
   ____

23 • Come l'esercizio precedente.

1. Con il ciclismo vengono sviluppati i muscoli delle gambe.
   ____
   ____
2. Con la ginnastica vengono esercitati tutti i muscoli.
   ____
   ____
3. Con lo sci vengono rafforzate soprattutto le gambe.
   ____
   ____
4. Nell'atletica leggera vengono praticate diverse discipline sportive.
   ____
   ____
5. Con il nuoto vengono impegnate le braccia e le gambe.
   ____
   ____

▶ forma perifrastica: **stare per** + infinito

presente

La partita è già cominciata?	Non ancora, ma	**sta per cominciare**
		i giocatori **stanno per scendere** in campo

imperfetto

La partita	**stava per finire**,	quando la Roma ha segnato un altro goal

La polizia è intervenuta, perché i tifosi	**stavano per invadere** il campo

24 • Completate le risposte con la forma perifrastica del verbo usato nelle domande.

1. È già cominciato il secondo tempo?
   Non ancora, ma ____________________ .
2. È già arrivata Anna?
   Non ancora, ma ____________________ .
3. È già partito Luigi?
   Non ancora, ma ____________________ .
4. È già uscita Daniela?
   Non ancora, ma ____________________ .
5. È già tornato Luca?
   Non ancora, ma ____________________ .

25 • Come l'esercizio precedente.

1. I tifosi hanno invaso il campo?
   No, ____________________ ,
   ma è intervenuta la polizia.
2. La Roma ha vinto lo scudetto?
   No, ____________________ ,
   ma ha perso gli ultimi incontri.
3. Marco ha comprato un altro computer?
   No, ____________________ ,
   ma ha cambiato idea.
3. I Rossi hanno venduto l'appartamento?
   No, ____________________ ,
   ma hanno deciso di affittarlo.
4. Franco ha prenotato l'albergo?
   No, ____________________ ,
   ma ha preferito aspettare.
5. Alessia ha cominciato la dieta dimagrante?
   No, ____________________ ,
   ma il medico l'ha sconsigliata.

pronomi relativi: **cui, il quale**

È lo sport	**a cui** **al quale**	gli italiani tengono di più
È la partita	**di cui** **della quale**	verrà trasmessa una sintesi
Sono i giocatori	**da cui** **dai quali**	dipende la vittoria
Sono squadre	**su cui** **sulle quali**	tutti contano molto

a	da	su	di
in	con	per	tra

cui =

al alla	dal dalla	sul sulla	del della	**quale**
nel nella	con il con la	per il per la	–	

ai alle	dai dalle	sui sulle	dei delle	**quali**
nei nelle	con i con le	per i per le	tra i tra le	

- Il pronome relativo *cui* è invariabile. Normalmente è preceduto da una preposizione semplice. Fanno eccezione due casi:
  a) quando la preposizione che lo precede è "a", si può omettere: "È una partita cui (a cui) tengo molto."
  b) quando assume il significato di "del/della quale, dei/delle quali"), *cui* è preceduto dall'articolo determinativo, che si accorda con il nome che lo segue: "Ho conosciuto un signore, *la* **cui** *moglie* è parente di Franco". "Le persone *i* **cui** *stipendi* sono troppo bassi per vivere, devono per forza fare altri lavori".
- Il pronome relativo *il quale* è variabile. È sempre preceduto dall'articolo determinativo o da una preposizione articolata.
- Sebbene l'uso del pronome *cui* sia più frequente, in certi casi è preferibile usare *il quale* per motivi di chiarezza. Per esempio, la frase "Siamo andati alla partita con il figlio della signora Rossi **da cui** abitiamo" può avere due significati:
  Siamo andati alla partita con **il figlio** della *signora Rossi,* **dal quale** / *dalla quale* abitiamo.

26 • Completate le risposte con il pronome relativo appropriato.

1. Non ricordo chi sia Paolo Fabbri.
   È il ragazzo ____________ ho presentato Lucia.
2. Sai chi è Claudia Fanti?
   Sì, è la ragazza ____________ esce Carlo.
3. Ha chiamato un certo Marco Parini.
   Ah, sì, è il ragioniere ____________ ho chiesto un appuntamento.
3. Non ricordo chi sia Federico Rossi.
   È il collega ____________ ho prestato la macchina.
4. Conosci per caso un certo Giulio Zanetti?
   Credo che sia l'architetto ____________ mi ha parlato Pietro.
5. Scusi, Lei conosce una certa Laura Forti?
   Dovrebbe essere la signora ____________ va a lezione Sara.
6. Dove è andato Franco?
   Dalla ragazza ____________ sta preparando l'esame di francese.
7. Paola è a casa?
   No, è andata dalla signorina ____________ fa pratica d'inglese.
8. Da chi è andato Roberto?
   È andato dall'amico ____________ gioca a tennis.
9. Con chi è uscita Angela?
   Con la collega ____________ esce di solito.
10. Hai notato che Sergio non va più allo stadio?
    Sì, e vorrei sapere il motivo ____________ non ci va.

27 • Completate le frasi con il pronome relativo appropriato.

1. Venga, che Le presento i signori ________ Le ho parlato.
2. Ho conosciuto due ragazze ________ non ricordo più il nome.
3. Sciascia e Moravia sono gli scrittori ________ ho letto tutte le opere.
4. Questi sono fatti privati ________ preferirei non parlare.
5. Queste sono le partite ________ si conoscono già i risultati.

pronomi relativi: **chi**

Le persone che **Chi**	non hanno non **ha**	il biglietto	non possono non **può**	entrare

Non sopporto	le persone che **chi**	parlano **parla**	ad alta voce

Ci sono	alcuni che	giocano	la schedina
C'è	**chi**	**gioca**	tutte le settimane

Regalo questi guanti	**a chi**	li vuole
Fatti consigliare	**da chi**	ha più esperienza di te
Parlate di questo	**con chi**	vi può capire
Vorrei fare qualcosa	**per chi**	ha bisogno di aiuto

■ Il pronome *chi* è invariabile e richiede il verbo al singolare. Può essere preceduto da una preposizione semplice.

28 • Riformulate le frasi usando il pronome relativo *chi*.

1. Le persone che arrivano in ritardo non possono entrare.
____
2. Le persone che abitano in questa zona sono fortunate.
____
3. Le persone che praticano qualche sport restano giovani più a lungo.
____
4. Le persone che hanno molti soldi fanno una bella vita.
____
5. Le persone che giocano spesso hanno più probabilità di vincere.
____

29 • Trasformate le frasi utilizzando il pronome relativo *chi* preceduto dalla corretta preposizione.

1. Dobbiamo pensare alle persone povere.
____
2. Dobbiamo preoccuparci delle persone malate.
____
3. Dobbiamo parlare con le persone esperte.
____
4. Dobbiamo stare lontani dalle persone false.
____
5. Dobbiamo fare qualcosa per le persone bisognose.
____

DITELO IN ITALIANO

▶ ascoltare e scrivere

30 • Ascoltate attentamente le tre notizie trasmesse dalla radio e completate poi lo schema con i dati corretti.

	che cosa è successo	*quando*	*dove*
1ª notizia			
2ª notizia			
3ª notizia			

▶ parlare e scrivere

Lascia o raddoppia?

31 • Gli studenti si dividono in due squadre di giocatori. Ogni squadra prepara una serie di almeno 10 domande (usando la forma passiva), alle quali i membri dell'altra squadra devono saper rispondere, come nel modello:

Da chi è stato inventato il telefono?
Quando è stato ucciso il Presidente Kennedy?
Da chi è detenuto il record mondiale di salto in alto?

Se un giocatore risponde correttamente alle prime due domande, totalizza 10 punti. Allora deve decidere se rinunciare (cioè passare il gioco a uno della squadra avversaria) o raddoppiare il punteggio rispondendo a una terza domanda. Ma in questo caso, se sbaglia, perde tutto. Vince la squadra che totalizza per prima 30 punti.

32 • Rispondete alle seguenti domande personali.

1. Nel Suo paese è possibile vedere la TV italiana?
2. Conosce il nome di alcuni giocatori italiani? Se sì, quali?
3. Le piace vedere dal vivo gli spettacoli sportivi?
4. In quale giorno della settimana si gioca nel Suo paese?
5. In Italia esiste il Totocalcio, un gioco che permette di vincere molti soldi. C'è qualcosa di simile nel Suo paese? Se sì, come funziona?

33 • Domandate al vostro compagno di banco

1. chi è il suo giocatore favorito
2. se sa da quanti giocatori è formata una squadra di pallacanestro
3. se sa quanti punti si devono fare per vincere al Totocalcio
4. dove sono stati giocati gli ultimi Campionati mondiali
5. se pratica qualche sport

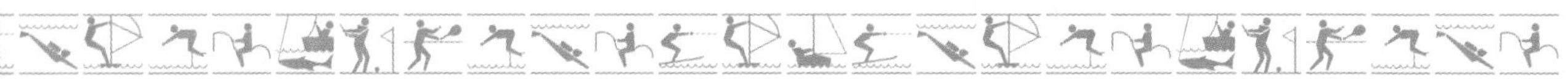

ALLA SCOPERTA...

▶ ... di sportivi e tifosi

34 • Leggete attentamente il testo (non cercate di capire tutte le parole).

Moltissimi tifosi ogni sabato giocano una schedina del Totocalcio, nella speranza di fare 13 e di diventare ricchi.

"La Gazzetta dello Sport" e "Tuttosport" sono tra i più diffusi quotidiani interamente dedicati agli avvenimenti sportivi.

Il gioco della palla era conosciuto già al tempo dei romani e dei greci e fu ripreso poi dai fiorentini nel secolo XV. Il gioco del calcio, così come è nella sua attuale regolamentazione, nacque in Inghilterra nel 1863 e da lì fu esportato in tutta Europa e, più tardi, in America latina. In Italia fu introdotto da Edoardo Bosio, un commerciante che per ragioni di lavoro aveva frequenti contatti con gli inglesi. Già nel 1863 il numero di giocatori fu fissato in undici. Nessuno di loro poteva però toccare il pallone con le mani. Questa possibilità fu concessa otto anni più tardi al solo portiere, limitatamente a quando il pallone si trovava nella sua area. Durante il corso degli anni il gioco del calcio ha mantenuto inalterata gran parte delle regole iniziali. L'unica vera "rivoluzione" dal 1863 ad oggi è stata la regola del *fuorigioco*, introdotta nel 1925, che prevede un'infrazione se al momento in cui viene giocata la palla non c'è almeno un avversario, oltre al portiere, tra il giocatore e la linea di fondo. Il calcio è la grande passione degli italiani: più di mezzo milione lo praticano direttamente e, in numero molto maggiore, lo seguono dal vivo o alla televisione. L'attività agonistica è articolata in diverse serie professionistiche (A e B), semiprofessionistiche (C e D) e dilettantistiche. Il passaggio da una serie all'altra (*promozione o retrocessione*) è stabilito in base alla classifica finale del campionato, che si disputa con una formula basata su una doppia serie di incontri (*girone* di andata e di ritorno) di ciascuna squadra contro tutte le altre. Il primo campionato italiano si disputò in un solo giorno, l'8 maggio 1898, e vi presero parte quattro squadre. La prima squadra campione d'Italia fu il Genoa, che superò in finale per 2 a 1 l'Internazionale Football Club di Torino.

35 • Rileggete il testo, poi rispondete alle seguenti domande.

1. A quando risale la nascita del gioco del calcio nella sua versione attuale?
2. In che anno fu concesso al portiere di toccare il pallone con le mani?
3. In che cosa consiste la regola del *fuorigioco*?
4. Come viene definita ogni serie di incontri fra squadre avversarie?
5. La maggior parte degli italiani interessati al calcio possono essere definiti sportivi o tifosi?

36 • Dite ora se nel vostro paese

- il gioco del calcio è più seguito negli stadi che praticato
- ci sono tifosi che provocano incidenti
- è possibile vedere alla TV le partite giocate in Italia
- sono conosciuti i calciatori italiani
- i calciatori guadagnano molto

FACCIAMO IL PUNTO

▶ comprensione orale

1 • Ascoltate attentamente il dialogo fra Marco e Sergio, poi indicate le corrette alternative.

1. Marco
   A. ha visto solo la parte finale della partita alla tv
   B. non ha potuto guardare la partita alla tv
   C. ha guardato la partita con i suoi parenti

2. Il dialogo si svolge
   A. a casa di Marco
   B. a casa dei parenti di Marco
   C. a casa di Sergio

3. Il portiere
   A. non ha parato il tiro
   B. ha parato il tiro
   C. ha fatto una parata eccezionale

▶ comprensione scritta

2 • Leggete attentamente il seguente articolo di giornale, poi dite

1 qual è il fatto centrale ______________________________
2 cosa significa "febbre del gioco" ____________ "paghetta" ____________
"lettori accaniti" ____________, "indovinare" ____________
"scommettitori in erba", ____________ "decuplicare" ____________
3 qual è il contrario di vittoria/____________; in casa/____________

La febbre del gioco ha contagiato i giovanissimi. No, niente Lotto, Superenalotto o Totogol, ma la puntata a quota fissa nelle vecchie sale corse dove ormai è possibile scommettere, proprio come in Inghilterra, sul calcio. Chiusi nei cassetti i videogame, l'ultima passione degli studenti è investire parte della paghetta negli incontri delle squadre di serie A, B e C.
Quando c'è stata la possibilità di misurarsi con la fortuna e l'abilità di indovinare vittorie, pareggi e sconfitte di Milan, Inter, Parma o Venezia, è comparsa questa nuova categoria di scommettitori: giovani di non più di 15, 16 anni, soprattutto studenti. La puntata preferita è indovinare tre, quattro, cinque, perfino sei pronostici, senza sbagliarne uno. Lettori accaniti dei giornali sportivi, questi scommettitori in erba dimostrano di avere fortuna e competenza. Sabato scorso a Milano, appena uscito da scuola, in una sala a due passi da piazza della Repubblica, è entrato, zainetto in spalla, un ragazzino il quale ha scelto una scommessa tripla data a 10 contro 1: vittoria di Juve in casa e vittorie in trasferta di Milan e Udinese.
Il giorno dopo, lo studente aveva decuplicato la paghetta.

R.I.

(adattato da *Il Corriere della Sera*, 23 settembre 1998)

▶ produzione orale

3 • Raccontate uno spettacolo sportivo al quale avete assistito dal vivo o alla TV, dicendo:

1. di che sport si trattava
2. chi ha vinto
3. se ci sono stati incidenti

▶ produzione scritta

4 • Fate un ritratto del vostro campione preferito descrivendo le sue caratteristiche fisiche e le sue qualità sportive.

unità 20

in autostrada

- **Abbinate le seguenti azioni alle immagini corrispondenti.**

1. fare benzina ☐
2. sostituire il filtro dell'olio ☐
3. pulire i vetri ☐
4. fare acquisti ☐

- **Tovate le parole corrispondenti alle definizioni.**

1. Si deve cambiare subito se si buca ____________
2. Si chiama così chi lavora in un'officina ____________
3. Si sporcano soprattutto quando piove ____________
4. Si sostituisce quando è sporco ____________

Con l'aiuto dell'insegnante, scoprite ora cosa imparerete a fare in questa unità.

Scopi comunicativi:	proporre; richiedere servizi (2); suggerire (2); esprimere sorpresa; formulare ipotesi (3)
Grammatica:	• congiuntivo imperfetto regolare e irregolare • usi del congiuntivo imperfetto • periodo ipotetico (3) con il congiuntivo imperfetto • congiuntivo trapassato • usi del congiuntivo imperfetto e trapassato • periodo ipotetico (4) con il congiuntivo trapassato • periodo ipotetico (5): quadro generale • forma impersonale (3) • uso dei modi (2): congiuntivo e infinito (2) • concordanza dei tempi e dei modi (2)
Area lessicale:	servizi autostradali; viaggiare in auto

COSA SUCCEDE...

▶ ... all'autogrill

• Ascoltate la conversazione fra Mario, Anna e l'addetto e dite perché Mario è sorpreso.

1 • Riascoltate il dialogo e decidete se le seguenti affermazioni sono vere (V) o false (F).

1. Mario decide di fermarsi per fare contenta Anna — V F
2. Anna è stanca di stare seduta — V F
3. Mario fa controllare la pressione delle gomme — V F
4. Mario chiede all'addetto di pulire il filtro dell'olio — V F
5. Mario e Anna hanno fatto moltissimi chilometri — V F

2 • Riascoltate il dialogo leggendo il testo, poi indicate qual è lo scopo comunicativo nei seguenti casi.

1. Mario chiede ad Anna "Che ne dici, ci fermiamo?", per
   a. proporle di fare una sosta ☐
   b. sapere se ha voglia di fermarsi ☐
   c. farle sapere che deve fare benzina ☐

2. Mario esclama "Com'è possibile?" per far capire all'addetto che
   a. non crede che l'olio sia al minimo ☐
   b. è sorpreso che l'olio sia al minimo ☐
   c. non è possibile che l'olio sia al minimo ☐

3. Anna chiede a Mario "E se intanto ci mangiassimo un panino?", per
   a. comunicare che ha un grande appetito ☐
   b. sapere se è il caso di mangiare qualcosa mentre aspettano ☐
   c. proporgli di andare insieme a mangiare qualcosa ☐

3 • Per la pronuncia e l'intonazione, ascoltate e ripetete.

4 • Riascoltate la cassetta e conversate voi con Anna e con l'addetto.

IMPARIAMO...

... a proporre

5 • Lavorate in coppia (A e B). Guardando le immagini, proponete di fare e accettate come nel modello.

A Fra pochi chilometri c'è un bar.
Che ne dici, ci fermiamo a bere qualcosa?

B Sì, è una buona idea.
Vorrei prendere un caffè.

bar

mercatino

trattoria

distributore

6 • Lavorate in coppia (A e B). Guardando le immagini, proponete di fare e rifiutate come nel modello.

A E se ci mangiassimo un panino?

B Veramente io non ho appetito.

MEMO

-Are	-assimo
-Ere	-essimo
-Ire	-issimo

MEMO

e se..	ci mangiassimo... ci bevessimo... ci facessimo... ci prendessimo...

7 • Ora, a turno, proponete a un compagno di fare qualcosa insieme dopo la lezione.

... a richiedere servizi

8 • Guardando le immagini, formulate richieste appropriate alle situazioni rappresentate, come nel modello.

Per favore, potrebbe controllarmi la pressione delle gomme?

... a suggerire

9 • Associate a ciascuna domanda della colonna A il suggerimento appropriato della colonna B.

A

1. Mi pare che le gomme vadano ancora bene, vero?
2. Il livello dell'olio va bene, vero?
3. La pressione delle gomme va bene così?
4. I fari sono giusti così, vero?
5. Il portabagagli è a posto così?

B

a. No, sono un po' troppo alti; sarebbe meglio che li regolasse.
b. No, è un po' lento; sarebbe bene che lo fissasse meglio.
c. No, sono lisce; sarebbe necessario che le cambiasse.
d. Mi sembra un po' bassa; sarebbe bene che le facesse controllare.
e. No, è basso; sarebbe bene che ne aggiungesse un po'.

... a esprimere sorpresa

10 • Ascoltate la conversazione e individuate le frasi in cui si esprime sorpresa.

____

____

____

____

11 • Ascoltate ancora la conversazione e dite quali regali riceveranno per Natale.

MEMO

Credevo	che	lui/lei	detest- ador- disprezz- odi-	**asse**

Alessia ______________________________

Francesco ______________________________

Giorgio ______________________________

Claudia ______________________________

▶ ... a formulare ipotesi

12 • Seguendo il modello, dite cosa succederebbe, secondo voi, se si realizzassero le ipotesi espresse nei balloons.

Secondo me, se i ragazzi studiassero bene le lingue, troverebbero più facilmente un lavoro.

13 • Completate le frasi in modo logico:

1. Se tu conoscessi meglio l'Italia, ______________________________
2. Se io avessi i soldi che ha lui, ______________________________
3. Se la gente rispettasse la natura, ______________________________
4. Se ci fosse più solidarietà fra le persone ______________________________

14 • Replicate alle affermazioni costruendo un periodo ipotetico, come nel modello

Anche se faccio una buona colazione, a pranzo ho molto appetito.
Se io facessi una buona colazione, a pranzo non avrei molto appetito.

1. Anche se prendo il caffè di sera, non faccio fatica ad addormentarmi.
2. Anche se vado a letto tardi, la mattina mi sveglio alla stessa ora.
3. Anche se ceno tardi e vado subito a dormire, la notte riposo bene.

▶ ... un mondo di parole

15 • Abbinate le seguenti parole alle immagini.

☐ 1. corsia ☐ 2. area di sosta ☐ 3. soccorso autostradale ☐ 4. casello

16 • Trovate il vocabolo, o l'espressione, corrispondente alla definizione data.

1. ciascuna delle zone in cui è divisa la carreggiata stradale ________________
2. è lì che si paga il pedaggio autostradale ________________
3. si utilizza quando si hanno problemi con la macchina ________________
4. vi si fermano gli automobilisti per riposarsi un po' ________________

17 • Trovate nel *puzzle* sei verbi relativi ad azioni che si fanno quando si viaggia in auto.

C	V	B	A	N	D	I	Q	R	M	L
A	G	G	I	U	N	G	E	R	E	I
G	F	B	H	L	A	Z	M	E	T	P
T	U	I	L	G	D	M	F	L	T	Z
S	O	S	T	I	I	U	I	R	E	B
O	G	H	D	S	R	T	V	B	R	N
S	Z	C	A	M	B	I	A	R	E	Q
T	F	G	S	R	T	Q	C	N	C	N
A	B	M	A	U	E	G	R	T	Z	L
R	F	A	F	E	R	M	A	R	S	I
E	N	B	E	M	O	I	S	Z	Q	E

18 • Indicate ora le coppie di sinonimi tra i verbi trovati nel *puzzle*.

__________/__________

__________/__________

__________/__________

E ORA LA GRAMMATICA...

congiuntivo imperfetto: coniugazione regolare

		cambiare	mettere	pulire	
Marco vorrebbe che	(io) (tu)	**cambiassi**	**mettessi**	**pulissi**	il filtro
	(lui) (lei) (Lei)	**cambiasse**	**mettesse**	**pulisse**	
	(noi) (voi) (loro)	**cambiassimo** **cambiaste** **cambiassero**	**mettessimo** **metteste** **mettessero**	**pulissimo** **puliste** **pulissero**	

avere

Loro credevano che	(io) (tu)	**avessi**	problemi con la macchina
	(lui) (lei) (Lei)	**avesse**	
	(noi) (voi) (loro)	**avessimo** **aveste** **avessero**	

- Poiché le forme delle prime due persone coincidono, il pronome personale è necessario per chiarire chi fa l'azione (Era meglio che io/tu cambiassi il filtro).
- Il congiuntivo imperfetto si usa in dipendenza da un verbo al passato o al condizionale ed esprime un'azione *contemporanea* o *posteriore* a questo.

19 • Completate le frasi con le forme appropriate del congiuntivo dei verbi tra parentesi.

1. Credevo che Marco ____________ poco volentieri di notte. (guidare)
2. I miei genitori vorrebbero che io ____________ di meno. (spendere)
3. Non sapevamo che tu ____________ un macchina nuova. (avere)
4. Carla credeva che noi l'____________ sotto casa sua. (aspettare)
5. Con questo tempo sarebbe meglio che Lei ____________ in treno. (viaggiare)
6. Non immaginavo che voi ____________ tutte le sere con gli amici. (uscire)
7. Sarebbe necessario che voi ____________ le gomme da neve. (mettere)
8. Non era giusto che Andrea ____________ da solo. (partire)
9. Non eravamo sicuri che Patrizia ____________ l'esame di guida. (superare)
10. Pensavo che Lei ____________ darmi un consiglio. (potere)

20 • Completate le risposte con la forma appropriata del congiuntivo dei verbi usati nelle domande.

1. È contento che Sua figlia parta in macchina?
   Sì, ma avrei preferito che ____________ in treno.
2. È contento che Sua moglie lavori in banca?
   Sì, ma sarebbe meglio che ____________ solo di mattina.
3. Siete contenti che vostro figlio giochi a calcio?
   No, preferiremmo che ____________ a tennis.
4. È contento che Suo nipote abbia la moto?
   No, preferivo che ____________ la macchina.
5. Sei contento che tuo padre compri un'Alfa Romeo?
   Sì, ma avrei preferito che ____________ una Lancia.

congiuntivo imperfetto: coniugazione irregolare

Infinito	Congiuntivo imperfetto				
	io / tu	**lui/lei/Lei**	**noi**	**voi**	**loro**
ESSERE	**fossi**	**fosse**	**fossimo**	**foste**	**fossero**
dare stare	**dessi** **stessi**	**desse** **stesse**	**dessimo** **stessimo**	**deste** **steste**	**dessero** **stessero**
bere dire fare	**bevessi** **dicessi** **facessi**	**bevesse** **dicesse** **facesse**	**bevessimo** **dicessimo** **facessimo**	**beveste** **diceste** **faceste**	**bevessero** **dicessero** **facessero**

21 • Completate le risposte con la forma appropriata del verbo usato nelle affermazioni.

1. Quel ragazzo è svizzero.
   Ah, io credevo che __________ francese.
2. Darò l'esame di filosofia a febbraio.
   Ah, sì? Io pensavo che tu lo __________ a giugno.
3. Stasera bevo anch'io un po' di vino.
   Non sapevo che Lei __________ alcolici.
4. Sergio fa le vacanze in montagna.
   Ah, sì? Io immaginavo che le __________ al mare.
5. Franco ha detto quello che pensava.
   Sì, però non era giusto che lo __________ in quel modo.

usi del congiuntivo imperfetto

a) in dipendenza da verbi che esprimono

opinione	**Credevo / pensavo / immaginavo**	che	lui **arrivasse** prima di me
speranza	**Speravo / mi aspettavo**		
desiderio	**Volevo / preferivo / vorrei**		
dubbio	**Dubitavo/ non avrei detto**		
emozione	**Avevo paura / ero contento**		

b) con alcune locuzioni o verbi impersonali

Sarebbe	**meglio** **necessario** **inutile**	che	Lei **cambiasse** il filtro
Non era	**giusto** **sicuro** **facile**		lui **guidasse** per tante ore
Poteva darsi **Sembrava**			che il filtro **fosse** sporco

c) con alcune congiunzioni

Mi chiedevo	**perché**	**si mettessero**	in viaggio di sabato
Ha guidato sempre lui,	**nonostante** **sebbene** **benché**	**fosse**	stanco
Dovevate partire	**prima che**	**cominciasse**	a fare troppo caldo
Accettai di dargli la macchina,	**a patto che**	**andasse**	piano

d) con gli indefiniti

Cercavo	**qualcuno**	che	**potesse**	sostituire il filtro
Non c'era	**nessuno**			

22 • Completate le risposte usando gli elementi tra parentesi.

1. Non sei ancora pronta, Laura?
   Scusami, non sapevo che ________________
   ________________ (stare aspettando me)
2. Non vedi che sono occupato, Giulia?
   Scusami, non sapevo che ________________
   ________________ (parlare al telefono)
3. Non ti sembra troppo alto il volume della radio, Piero?
   Scusami, non pensavo che ________________
   ________________ (a quest'ora riposare)
4. Non potevi venire un po' più tardi, Marta?
   Scusami, non immaginavo che ________________
   ________________. (dormire ancora)

23 • Completate le frasi con le forme appropriate del congiuntivo imperfetto dei verbi tra parentesi.

1. Ha visto quanta birra ha bevuto Aldo?
   Incredibile! Non immaginavo proprio
   che ________________ tanta. (berne)
2. Non so se dire ai miei che partirò in moto.
   Secondo me, sarebbe meglio che
   ________________ (dirglielo)
3. Da un po' di tempo Luisa gioca a tennis.
   Ah, sì? Io credevo che ________________
   fare dello sport. (non piacerle)
4. Leggo anch'io la rivista "Quattroruote".
   Ah, non sapevo che Lei ________________
   di macchine. (interessarsi)
5. Sembra che Carlo abbia deciso
   di non andare via.
   Magari ________________ !
   Saremmo tutti contenti. (rimanere)
6. Sai che il signor Martini parla tre lingue?
   Ah, io pensavo che ________________
   solo l'inglese. (sapere)
7. Purtroppo Giovanna non è a casa.
   Era difficile che tu ________________
   a casa a quest'ora. (trovarla)
8. Perché ti sei fermato, Gianni?
   Mi pareva che una gomma ________________
   a terra. (essere)
9. Come mai Andrea gridava tanto?
   Perché voleva che io ________________
   ad ascoltarlo (stare)

24 • Come l'esercizio precedente.

1. Sebbene ________________ stanchissimo, Marco
   è andato lo stesso in palestra. (essere)
2. Ho prestato cinquanta euro a Carla,
   a patto che me li ________________ entro dieci
   giorni. (restituire)
3. Prima che me la ________________,
   ho detto a Giulio che la macchina
   serviva a me. (chiedere)
4. La signora Marchi parlava in fretta,
   come se ________________ tante cose
   da dire. (avere)
5. Lia chiamò il medico perché ________________
   il bambino che aveva la febbre alta.
   (visitare)

25 • Completate le frasi, scegliendo l'espressione appropriata tra le seguenti.

benché - senza che - come se - affinché - a meno che

1. Ho fatto tutto da me, ________________
   nessuno mi aiutasse.
2. Mario scrisse a sua madre ________________
   gli mandasse altri soldi.
3. Carlo continuava a guardarsi intorno,
   ________________ cercasse qualcuno.
4. In quel periodo Anna non usciva mai,
   ________________ non avesse impegni urgenti.
5. ________________ non fosse sicuro di farcela,
   Antonio è riuscito a finire tutto da solo.
6. È andato via ________________ nessuno
   lo vedesse.
7. ________________ prendesse le medicine,
   continuava a stare male.
8. Portai la macchina in officina
   ________________ controllassero il motore.
9. Andrea è rimasto fuori fino a tardi
   ________________ non dovesse studiare per
   l'esame.
10. All'inizio Marisa non guidava di notte,
    ________________ non fosse proprio
    necessario.

▶ periodo ipotetico con il congiuntivo imperfetto

ipotesi / **conseguenza**

	(io)	**bucassi**	una gomma	non **saprei**	cambiarla
Se	(tu)	**andassi**	più piano,	**potresti**	vedere il paesaggio
	Giulia	**prendesse**	la patente,	**sarebbe**	indipendente

■ Il *periodo ipotetico* con il *congiuntivo imperfetto* esprime ipotesi possibili o irreali.
La conseguenza viene espressa dal condizionale semplice.
Oltre che per formulare ipotesi, questa costruzione serve per
a. dare *suggerimenti* ("Se *fossi* in te, *prenderei* la patente". "Se *facesse* l'autostrada, *risparmierebbe* tempo").
b. muovere *critiche o rimproveri* ("Se tu *parlassi* un po' di meno, *sarebbe* meglio per tutti".
"Se tu *andassi* più piano, *sarei* più tranquilla".)

26 • Completate i periodi ipotetici con gli elementi tra parentesi.

1. ____________ di meno, (Anna/mangiare) potrebbe mantenersi in forma.
2. ____________ a cena stasera, (tu/venire) potremmo parlare del nostro progetto.
3. ____________ (Marco e Luigi/prendere) l'autostrada, potrebbero arrivare in mattinata.
4. ____________ una casa (noi/avere) al mare, potremmo invitare gli amici.
5. ____________ pigro, (tu/non essere) ti alzeresti prima la mattina.

27 • Replicate utilizzando i verbi tra parentesi per formulare ipotesi.

1. Forse Paolo va in campagna.
Se ci ______________________________
______________________________. (riposarsi)
2. Forse Carlo viene in discoteca.
Se ci ______________________________
______________________________. (divertirsi)
3. Forse Anna rimane a casa dei nonni.
Se ci ______________________________
______________________________. (annoiarsi)
4. Forse Marisa va in palestra.
Se ci ______________________________
______________________________.(sentirsi meglio)

28 • Riformulate le frasi per costruire periodi ipotetici.

1. Paola non esce con noi perché non è libera.
Se ____________, ____________.
2. Laura non va a lavorare perché non sta bene.
Se ____________, ____________.
3. Paolo è scontento perché non ha un buon lavoro.
Se ____________, ____________.
4. Franco non guida perché non ha con sé la patente.
Se ____________, ____________.
5. Giulio non si ferma perché non deve fare benzina.
Se ____________, ____________.

▶ congiuntivo trapassato

ausiliare AVERE

Marco credeva che	(io) (tu)	**avessi**	**finito**
	(lui) (lei) (Lei)	**avesse**	
	(noi) (voi) (loro)	**avessimo** **aveste** **avessero**	

e

ausiliare ESSERE

fossi	andato / **a**	via
fosse		
fossimo **foste** **fossero**	andati / **e**	

■ Il congiuntivo trapassato si usa in dipendenza da un verbo al passato o al condizionale ed esprime un'azione *anteriore* a questo.

29 • Completate le risposte con le forme appropriate del congiuntivo trapassato del verbo usato nelle domande, facendo attenzione all'uso del pronome diretto.

1. Hai comprato il giornale?
   No, credevo che __________ tu andando in ufficio.
2. Hai preso il pane?
   No, pensavo che __________ voi tornando a casa.
3. Ha preso Lei le chiavi dell'ufficio?
   No, immaginavo che __________ il signor Ghini.
4. Hai ritirato i documenti?
   No, pensavo che __________ tu, mamma.
5. Hai aggiunto l'acqua?
   No, immaginavo che __________ tu facendo il pieno.

30 • Completate le frasi secondo il senso, usando la forma del congiuntivo imperfetto e l'avverbio appropriati.

1. Maria è già uscita.
   Peccato! Speravo che __________ .
2. Sara è già partita.
   Io credevo che __________ .
3. Antonio è già andato via.
   Peccato! Mi auguravo che __________ .
4. Angelo è già passato.
   Davvero? Dubitavo che __________ .

usi del congiuntivo imperfetto e trapassato

frase principale | **frase dipendente**

		congiuntivo imperfetto azione contemporanea o futura	congiuntivo trapassato azione anteriore
Credevo	che	**partissero** prima di me	**fossero partiti / e** prima di me
Speravo		**viaggiassero** senza problemi	**avessero viaggiato** senza problemi
Mi è sembrato		**corressero** troppo	**avessero corso** troppo
Mi chiesi	perché	**si fermassero** proprio lì	**si fossero fermati / e** proprio lì

■ Alcune particolarità:
a. dopo *come se* e *magari* si usa il congiuntivo imperfetto o trapassato anche in dipendenza di un verbo al presente:
"Luigi corre come se la benzina non *costasse* niente."
"Anna racconta le cose, come se *fosse stata* presente ai fatti."
"Allora vai in vacanza?" " *Magari* potessi andarci!"
b. dopo *anche se*, che ha lo stesso significato di *sebbene/ benché/ nonostante che,* si usa l'indicativo e non il congiuntivo:

Oggi Franco viene da noi	**anche se ha** *sebbene abbia*	molto da fare.
Ieri Franco è venuto da noi	**anche se aveva** *sebbene avesse*	molto da fare

31 • Completate i dialoghi con i verbi tra parentesi, scegliendo fra il congiuntivo imperfetto e trapassato.

1. Peter ha imparato da solo l'italiano e lo parla già bene.
   Davvero, io pensavo che __________ un corso. (frequentare)
2. Lucia è stata al mare e ha preso un bel colore.
   Ah, non sapevo che __________ al mare. (andare)
3. Carlo ha fatto un bel viaggio con meno di mille euro.
   Ah, non immaginavo che __________ così poco. (spendere)
4. Marisa non esce da qualche giorno perché è malata.
   Non sapevo che __________ male. (stare)
5. Chi ha aperto questa lettera?
   È stato Giulio: credeva che __________ per lui. (essere)

6. Credo che mi stia venendo il raffreddore.
   Allora sarebbe meglio che ___________ subito un'aspirina, Ugo. (prendere)
7. Sono appena tornata da Parigi: è una città splendida.
   È stata a Parigi? Io credevo che ___________ Ginevra. (stare)
8. Luigi non ha ancora trovato lavoro.
   Peccato! Speravo tanto che ___________ gia a lavorare. (cominciare)

▶ periodo ipotetico con il congiuntivo trapassato

ipotesi				conseguenza	
	(io)	**avessi bucato**	una gomma,	non **avrei saputo**	cambiarla
Se	(tu)	**fossi andato**	più piano,	non **avresti avuto**	incidenti
	Giulia	**avesse preso**	l'autostrada,	**sarebbe arrivata**	prima

■ Il periodo ipotetico con il congiuntivo trapassato esprime ipotesi *irreali* e ormai *irrealizzabili* perché relative al passato. La conseguenza viene espressa dal condizionale composto.

32 • Formulate delle ipotesi sulla base delle affermazioni, scegliendo la forma appropriata dei verbi tra parentesi.

1. Laura è andata via proprio ora.
   Se ___________ ancora un po', ___________ io. (rimanere/accompagnarla)
2. Daniela è stata tutto il giorno a casa.
   Se ___________ da noi, ___________ una bella giornata. (venire/passare)
3. Marta non è ancora pronta.
   Se ___________ in tempo, adesso ___________ . (alzarsi/uscire con noi)
4. Giovanna ha avuto un incidente d'auto.
   Se ___________ più attenta, forse ___________ . (stare/evitarlo)
5. Peccato che Claudia non abbia dato l'esame.
   Se ___________ , ___________ certamente. (darlo/superarlo)

▶ periodo ipotetico: quadro generale

ipotesi			conseguenza	
a) Se	**viaggi**	di giorno	**ti stanchi**	di meno
b) Se	**viaggerai**		**ti stancherai**	
c) Se	**viaggiassi**		**ti stancheresti**	
d) Se	**io fossi**	in te,	**viaggerei**	di giorno
e) Se	**io fossi stato/a**	al tuo posto	**avrei viaggiato**	di giorno

■ Il periodo ipotetico è di due tipi: riferito al presente/futuro; riferito al passato.
– Quando è riferito al presente/futuro può esprimere realtà (*a-b*); possibilità effettiva (*c*); possibilità immaginaria (d).
– Quando è riferito al passato, si costruisce solo con il congiuntivo trapassato e il condizionale composto (*e*). Nell'italiano parlato e scritto non formale il periodo ipotetico riferito al passato viene espresso anche con l'indicativo imperfetto, sia nell'ipotesi sia nella conseguenza:
"Se *ero* (fossi stato/a) al tuo posto, *viaggiavo* (avrei viaggiato) di giorno."

33 • Partendo dalle affermazioni, formulate delle ipotesi facendo attenzione all'uso dei tempi.

1. Luca spende tanto perché guadagna bene.
   Certo, se ___________________ .
2. Marta dorme tanto perché è molto stanca.
   Beh, se ___________________ .
3. Lucio lavora tanto perché pensa alla carriera.
   Sono convinto anch'io che se ___________________ .
4. Gianni corre tanto perché conosce bene la strada.
   È ovvio che se ___________________ .

5. Per arrivare prima dovevate prendere l'autostrada.
Sì, siamo convinti che
_______________________ .

6. Per trovare un buon albergo, Lei doveva prenotare per tempo.
Non c'è dubbio che se
_______________________ .

7. Marco non cambia la macchina perché non ha i mezzi.
Immagino anch'io che se
_______________________ .

8. Carla ha due gatti e un cane perché ama molto gli animali.
È chiaro che se
_______________________ .

forma impersonale

Tempi semplici

1. Verbi *non riflessivi*

Con una macchina come questa	**uno**	**viaggia**	comodamente
	si	**spende**	molto

2. Verbi *riflessivi*

Con una macchina come questa	**uno**	**si stanca**	a viaggiare
	ci	**si mette**	in viaggio volentieri

3. Verbi *essere, stare, andare, rimanere,* seguiti da un aggettivo

Con una macchina come questa	**si**	**è** **sta** **va**	sicuri comodi veloci

- La forma impersonale più comune dei verbi non riflessivi si ottiene premettendo la particella *si* alla terza persona singolare di ogni tempo.
- Con i verbi riflessivi il *si* impersonale diventa *ci* per evitare la ripetizione della stessa particella.
- Il verbo è sempre alla 3ª persona singolare e l'aggettivo che lo segue ha sempre la terminazione plurale.

34 • Completa le frasi con la forma impersonale più comune dei verbi tra parentesi e con le terminazioni mancanti.

1. In quest'albergo ____________ bene e ____________ poco. (mangiare/spendere)
2. In quel club ____________ sempre. (divertirsi)
3. Con Alberto non ____________ mai. (annoiarsi)
4. Purtroppo non ____________ fare sempre ciò che ____________ . (potere/volere)
5. Con questo rumore non ____________ a dormire. (riuscire)
6. In una poltrona così ____________ comod_ . (stare)
7. Scusi, come ____________ il Suo nome? (scrivere)
8. Per il centro ____________ in quella direzione. (andare)
9. L'influenza ____________ con il riposo a letto. (curare)
10. Quando ____________ un lavoro che piace ____________ soddisfatt_ . (fare/essere)

uso dei modi: congiuntivo e infinito

(Io)	pensavo	che	Luigi	andasse	in macchina
	aspettavo			facesse	una sosta
	avevo paura			avesse sbagliato	strada
	volevo			ascoltasse	le notizie del traffico

(Io)	pensavo	di	andare	in macchina
	aspettavo		fare	una sosta
	avevo paura		aver sbagliato	strada
	volevo	ascoltare le notizie del traffico		

■ Il congiuntivo si trova nella frase dipendente che *non ha* lo stesso soggetto della frase principale. Se il soggetto delle due frasi è lo stesso, nella dipendente non si usa il congiuntivo, ma l'infinito.

35 • Completate le frasi secondo il senso, scegliendo fra il congiuntivo e l'infinito.

1. Chi è andato a Roma, tu o Luigi?
   Pensavo __________ io, invece ci è andato lui.
2. Per chi erano i fiori che ha portato Marco?
   Credevo __________ per Marisa, invece erano per sua sorella.
3. Ieri Andrea era molto nervoso. Come mai?
   Aveva paura __________ poco preparato per l'esame.
4. Quando è arrivato Piero?
   Mi aspettavo __________ ieri sera, invece alle due era già qui.
5. Avete notato quanto è avaro l'amico di Gianni?
   Sì, non immaginavamo __________ tanto avaro.

▶ concordanza dei tempi e dei modi

frase principale		frase dipendente		
Sono sicuro So Ho saputo	che	domani oggi ieri	arriverà / arriva arriva è arrivato	Giulio
Ero sicuro Sapevo Seppi Avevo saputo		il giorno dopo quel giorno il giorno prima	sarebbe arrivato arrivava era arrivato	

frase principale		frase dipendente		
Credo Penso	che	domani oggi	arrivi / arriverà arrivi	Giulio
Non so	se	ieri	sia arrivato	
Credevo Pensavo	che	il giorno dopo quel giorno	sarebbe arrivato arrivasse	
Non sapevo	se	il giorno prima	fosse arrivato	

■ Nella frase dipendente si ha l'indicativo se la principale esprime certezza e il congiuntivo se la principale esprime incertezza.

36 • Completate liberamente le seguenti frasi, facendo attenzione alla concordanza dei tempi e dei modi.

1. Sapevo che prima o poi
   ________________________ .
2. Non era giusto che quelle persone
   ________________________ .
3. Penso che quel ragazzo
   ________________________ .
4. Credevamo che il giorno dopo loro
   ________________________ .
5. Anna aveva immaginato che
   ________________________ .
6. Il giorno prima avevo saputo che
   ________________________ .
7. Non credo proprio che
   ________________________ .
8. Vorrei che tu
   ________________________ .

DITELO IN ITALIANO

ascoltare e parlare

37 • Ascoltate attentamente la conversazione fra Mario e Anna e dite poi:

1. di quali oggetti parlano
2. qual è l'atteggiamento di Mario
3. che cosa vuole comprare

parlare

Villa progettata da Palladio

Castello in Trentino

Barca a vela

Ferrari

38 • Guardate queste immagini e dite cosa fareste se il vostro sogno si avverasse.

Se avessi... Se potessi comprare... Se fossi...

39 • Vi trovate nell'area di servizio di un'autostrada. Lavorando in coppia (A e B), fate proposte, esprimete desideri e perplessità rispetto ai servizi e ai prodotti offerti.

40 • Rispondete alle seguenti domande personali.

1. Ci sono molte autostrade nel Suo paese?
2. Ogni quanti chilometri si trova mediamente una stazione di servizio?
3. L'uso delle autostrade è gratuito o si paga?

ALLA SCOPERTA...

▶ ... dell'automobile, croce e delizia

41 • Leggete attentamente il testo (non cercate di capire tutte le parole).

Gabriele D'Annunzio aveva deciso: "L'auto è donna", e da allora per chiamare una macchina si usa sempre il femminile. Salvo rare eccezioni dialettali. A Roma, per esempio, non c'è "la" Bmw, ma "il" Bmw, non c'è "la Porsche", ma "il" Porsche", e via discorrendo.

Ma il nome di una macchina è un affare complicato: dal nome stesso di un'auto può dipendere il suo successo commerciale, e sbagliare il modo di battezzare la propria novità può significare perdere moltissimi soldi. La prima cosa alla quale badano le case automobilistiche è che la macchina abbia un nome che richiami immediatamente ai clienti la marca. Ad esempio, la strategia del gruppo torinese per differenziare i tre marchi Alfa Romeo, Fiat e Lancia consiste nel chiamare le prime con numeri a tre cifre (delle quali la prima deve essere sempre 1), le seconde con parole di fantasia (esempio: Punto, Bravo, Croma, Panda, Multipla) e le Lancia con lettere greche.

Ma identificare il nome della macchina con la marca è solo il primo passo. La macchina deve avere un nome il cui suono sia anche piacevole e poi che in qualche modo ispiri simpatia.

Il campione del mondo di questo complicatissimo lavoro si chiama Manfred Gotta, un tedesco che vive nella Foresta Nera e che per ogni soluzione trovata guadagna più di 50 000 euro. Euro che le case automobilistiche di tutto il mondo sono ben felici di spendere perché con lui si va sempre sul sicuro. A lui si devono infatti nomi di grande successo. Il suo capolavoro comunque è Twingo, nato dall'incrocio di due balli, Twist e Tango, per un effetto davvero piacevole. Ma c'è anche chi cerca di evitare il tedesco della Foresta Nera: i giapponesi, ad esempio, hanno registrato quasi tutti i nomi delle città italiane, che "funzionano" meravigliosamente in tutte le lingue e hanno per giunta un bel suono.

(adattato da Vincenzo Borgomeo, *Auto, "battesimo" di fuoco*. La Repubblica - Affari & Finanza, 16.11.1998)

42 • Rileggete il testo e rispondete alle domande.

1. Qual è il tema centrale del testo?
2. Quali caratteristiche deve avere il nome di una macchina?
3. Perché è importante scegliere un bel nome per una nuova macchina?
4. Di dov'è l'inventore dei nomi di maggiore successo?

43 • Ora, riferendovi al vostro paese, dite

- se ci sono case automobilistiche e, in caso affermativo, quali sono i loro nomi;
- qual è la marca di automobili italiana più diffusa;
- se il nome di un'auto può determinare il suo successo;
- ogni quanti anni, in media, la gente cambia macchina;
- se per parlare di auto si usa il maschile o il femminile.

44 • Descrivete le caratteristiche dell'auto che possedete o che vi piacerebbe avere.

FACCIAMO IL PUNTO

▶ comprensione orale

1 • Ascoltate attentamente la conversazione tra Francesca e Gianna e scegliete, tra le ipotesi presentate sotto, quella fatta da Francesca.

Secondo Francesca, probabilmente Marco...
1. ha deciso di fermarsi a Roma un altro giorno ☐
2. ha avuto un incidente in autostrada ☐
3. ha telefonato quando Gianna non era in casa ☐

▶ comprensione scritta

2 • Leggete attentamente il testo che segue e completate poi le tre frasi.

1. Le prime autostrade erano diverse da quelle attuali, perché ________________
2. Le autostrade a due corsie di marcia si cominciarono a costruire nel ________________
3. Il pedaggio è ________________ che si paga in base ________________

Autostrade ieri e oggi

La prima autostrada del mondo fu costruita in Italia tra il 1923 e il 1925. Lunga circa 80 chilometri, collegava Milano a Varese, a Como e a Sesto Calende sul Lago Maggiore. Altre tratte di autostrada furono realizzate tra il 1927 e il 1935. Le autostrade di allora erano a un' unica corsia della larghezza totale di soli 10-11 metri. Dopo una pausa di vent'anni, dovuta a vari motivi, fra cui la guerra, i lavori ripresero e, nel 1956, fu inaugurata l'autostrada Genova-Savona, la prima a due carreggiate a senso unico, separate da spartitraffico, e ciascuna con due corsie di marcia, più una di emergenza. Nel 1966 fu aperta al traffico l'autostrada del Sole (Milano-Roma-Napoli, 755 km). Oggi la penisola è percorsa da 5600 chilometri di autostrade, per usufruire delle quali è necessario pagare un pedaggio, cioè un diritto di transito fissato in base alla potenza del motore o al peso del veicolo.

▶ produzione orale

3 • Raccontate un vostro viaggio in autostrada, dicendo

1. dove eravate diretti
2. se avete guidato solo voi
3. se è accaduto qualcosa d'imprevisto
4. se vi siete fermati a una stazione di servizio
5. quanto è durato il viaggio
6. com'è stato complessivamente il viaggio

▶ produzione scritta

4 • Abbinate le parole della colonna A a quelle della colonna B (le combinazioni possono essere più di una).

A	B
1. Non sapevo	a. che mi avvertiste prima.
2. Temevo	b. prima che uscisse.
3. Ho voluto parlargli	c. che avrebbero vinto gli stessi.
4. Si sapeva già	d. che il problema si fosse risolto.
5. Avrei preferito	e. di aver perduto il passaporto.
6. Eravamo contenti	f. quale fosse la sede del governo.

SEZIONE

"Attività"

Unità 1 — Italiani e no — pag. 23

Esercizio 10
pagina 27

Informazioni per il ruolo di B.

David

Dong Mei

Francesco

Pierre

Victoria

Unità 5 — In giro per la città — pag. 79

Esercizio 9
pagina 82

Informazioni per il ruolo di A.

A
cerca:

una banca

un supermercato

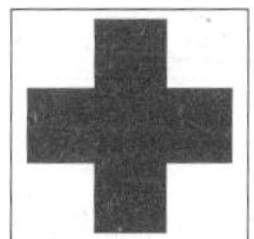
una farmacia

un'edicola

Esercizio 10
pagina 83

Informazioni per il ruolo di A e B.

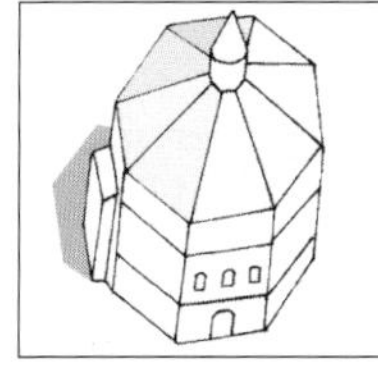
A
vuole
andare
a vedere
il Battistero

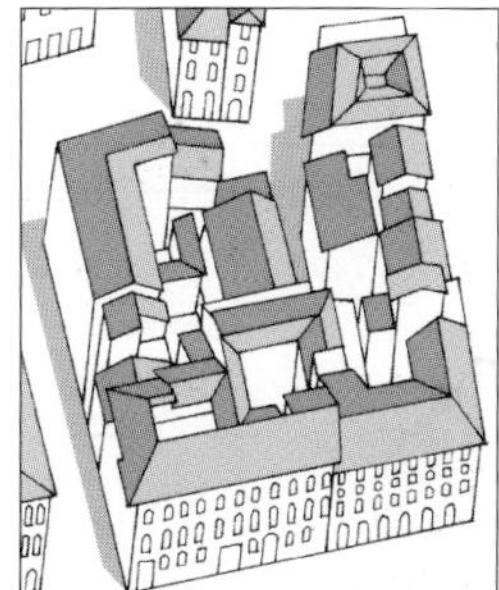
B
vuole
andare
a vedere
Palazzo Salviati

Esercizio 11
pagina 97

Informazioni per il ruolo di B.

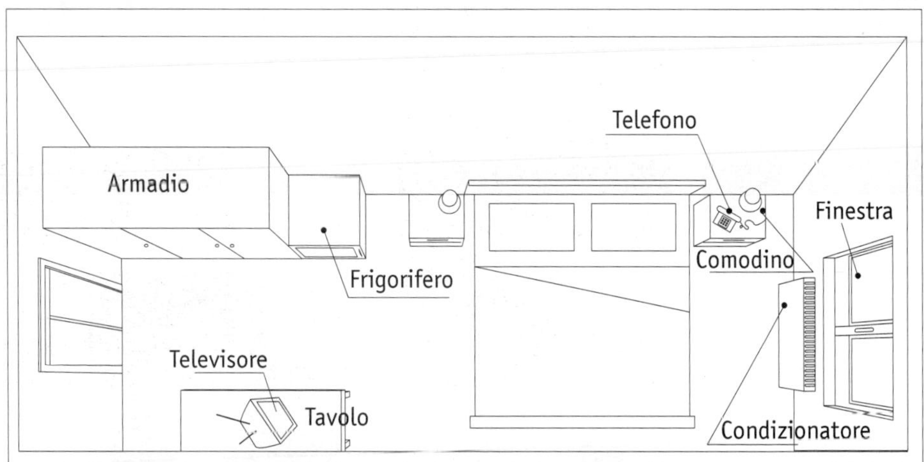

Esercizio 13
pagina 98

Informazioni per il ruolo di B.

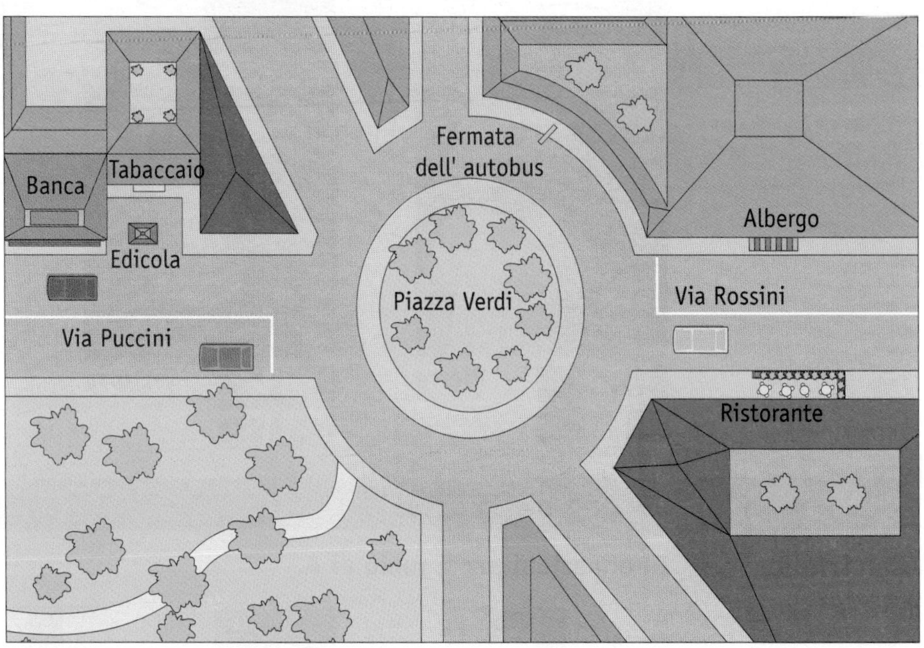

Esercizio 14
pagina 98

Informazioni per il ruolo di B.

Albergo Milano

Camera singola con bagno e prima colazione	77 euro
Camera doppia con bagno e prima colazione	______

Albergo Roma

Camera singola con bagno e prima colazione	90 euro
Camera doppia con bagno e prima colazione	______

Albergo Venezia

Camera singola con bagno e prima colazione	76 euro
Camera doppia con bagno e prima colazione	______

Albergo Napoli

Camera singola con bagno e prima colazione	94 euro
Camera doppia con bagno e prima colazione	______

Esercizio 7
pagina 115

Informazioni per il ruolo di B.

ORARIO DELLO SPETTACOLO TEATRALE: **21.30-24.00**

ORARIO DEL PRIMO SPETTACOLO DEL CINEMA:

15.45-18.00

ORARIO DI APERTURA DEL BAR: **7.30-23.30**

ORARIO DI APERTURA DELLA BANCA: **8.15-13.20**

ORARIO DI APERTURA DEL SUPERMERCATO: **9.00-19.00**

Esercizio 8
pagina 116

Informazioni per il ruolo di B.

	ORARI DEGLI AUTOBUS		DURATA DEL VIAGGIO
Pisa-Firenze	partenza ore 12	arrivo ore 13.10	1 ora e 10 minuti
Pisa-Siena	partenza ore 9.30	arrivo ore 10.45	1 ora e 15 minuti
Pisa-Lucca	partenza ore 18	arrivo ore 18.50	50 minuti
Pisa-Arezzo	partenza ore 8.15	arrivo ore 10.30	2 ore e 15 minuti

Esercizio 27
pagina 122

Ruolo di B.

Lei è a Roma e vuole partire per Venezia viaggiando di notte. Chieda ad A informazioni su tipi di treno, orari, disponibilità cuccette e carrozza ristorante o servizi di ristoro.

Unità 8 — In banca — pag. 125

Esercizio 5
pagina 128

Informazioni per il ruolo di B.

Valute estere	per Euro	Variazione
Corona danese	7,462	-
Corona norvegese	8,072	+0,006
Corona svedese	9,001	-0,011
Corona ceca	34,450	-0,270
Dollaro USA	0,885	+0,001
Dollaro canadese	1,379	+0,002
Dollaro australiano	1,742	-0,021
Dollaro neozelandese	2,178	-0,007
Franco svizzero	1,518	-0,004
Sterlina UK	0,617	-0,001
Tallero sloveno	216,398	+0,065
Fiorino ungherese	266,980	+0,020
Zloty polacco	3,561	-0,017
Yen giapponese	109,000	-0,800

Unità 10 — Festa di compleanno — pag. 157

Esercizio 9
pagina 162

Informazioni per il ruolo di B.

Marco
Sandro ✓
signor Donati
Guido ✓
Elena ✓
signor Bianchi
signora Grey
signore e signora Rossi ✓

Unità 11 — Presto arriverà l'estate — pag. 173

Esercizi 5 e 6
pagina 176

Informazioni per il ruolo di B.

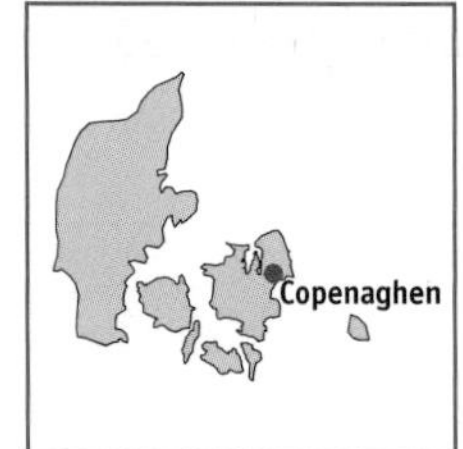

Danimarca

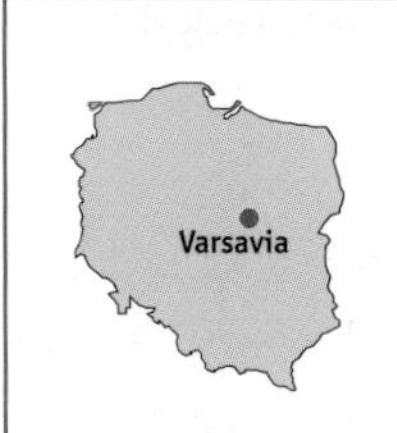

Polonia

Irlanda

Austria

Esercizio 7
pagina 176

Informazioni per il ruolo di B.

dieci giorni a Parigi

due settimane a Londra

una settimana a Vienna

dodici giorni a Madrid

Unità 12 — La casa — pag. 189

Esercizio 5
pagina 192

Informazioni per il ruolo di B.

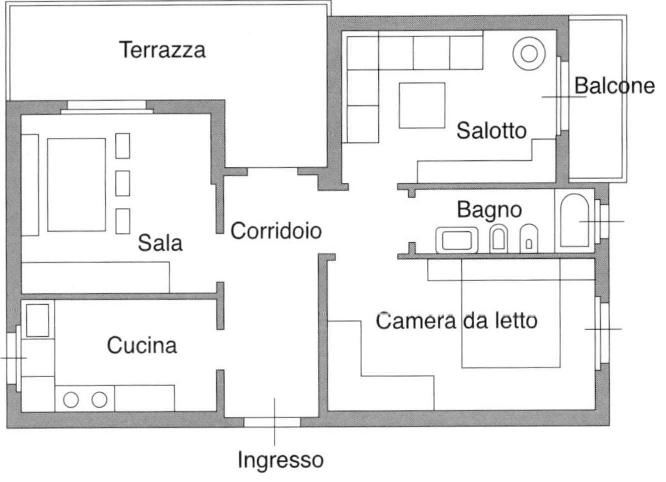

Unità 14 — Come va la salute? — pag. 221

Esercizio 10
pagina 225

Informazioni per il ruolo di B.

MAL DI TESTA → prendere un'aspirina
MAL DI GOLA → prendere delle pastiglie
MAL DI STOMACO → andare dal dottore
MAL DI DENTI → andare dal dentista
MAL DI SCHIENA → andare dal fisioterapista

Esercizio 6
pagina 261

Informazioni per il ruolo di B.

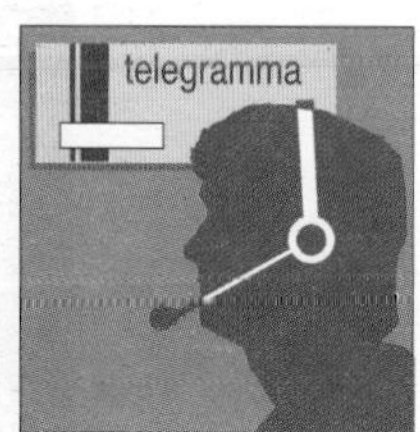

DETTATURA TELEGRAMMI 186

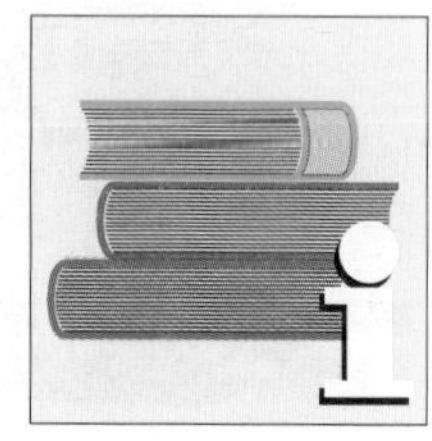

INFORMAZIONE ABBONATI 12

SOCCORSO STRADALE 116

SVEGLIA AUTOMATICA 114

Esercizio 7
pagina 261

Informazioni per il ruolo di B.

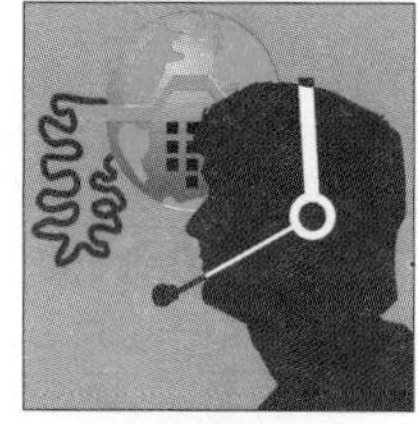

PRENOTAZIONI 170

Per chiamate internazionali tramite operatore

FERROVIE DELLO STATO 1478-88088

F.S. informa (orario 7,00 - 21,00)

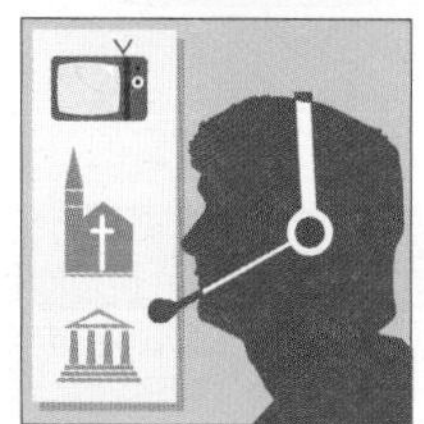

SEGRETERIA TELEFONICA 110

Vengono fornite informazioni di vario genere, quali, per esempio: orari di musei e gallerie, programmi TV e spettacoli

INFORMAZIONI INTERNAZIONALI 176

Il servizio fornisce informazioni sui seguenti argomenti: prefissi internazionali, elenco abbonati esteri

Esercizio 6
pagina 310

Informazioni per il ruolo di B.

RAI 1
partita Roma-Milan

RAI 2
concerto di Niccolò Fabi

INVITO
A TEATRO

RAI 3
film di Roberto Benigni

CANALE 5
spettacolo teatrale

Esercizio 7
pagina 311

Informazioni per il ruolo di B.

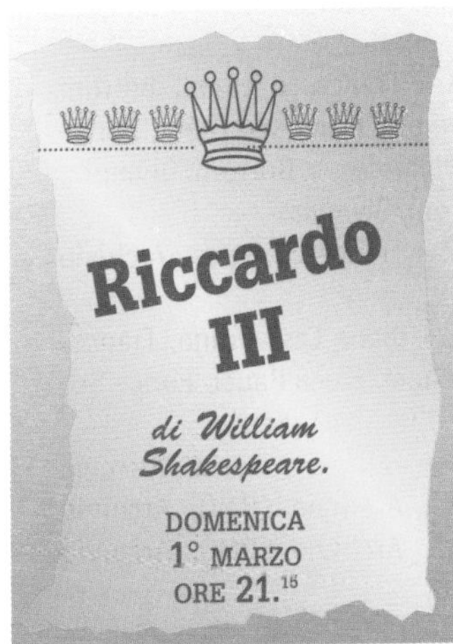

Concerto
del Quartetto Emerson

SABATO 21
ORE 20.30

per l' associazione
Amici della musica

Rassegna
antiquaria

Città di Perugia
dal 24 ottobre
al 1° novembre

Referenze iconografiche

L'Editore è a disposizione degli aventi diritto che non si sono potuti reperire, nonché per eventuali omissioni o errori di attribuzione.

UNITÀ 0
Da sinistra a destra,
dall'alto in basso:

pag. 14 = Archivio EBMO, Archivio EBMO, Archivio EBMO, Archivio EBMO, Archivio EBMO, Borroni /Olympia.
pag. 15 = Francesco Laera, Archivio Ferrari, Francesco Laera, Francesco Laera, Elena Bauer, Francesco Laera, Elena Bauer, Elena Bauer.
pag. 16 = tutte (9) di Archivio EBMO.
pag. 18 = Archivio EBMO.
pag. 19 = Archivio EBMO.
pag. 21 = Archivio EBMO.
pag. 22 = Francesco Laera, Francesco Laera, Archivio EBMO.

UNITÀ 1
Da sinistra a destra,
dall'alto in basso:

pag. 23 = Francesco Laera, Borroni /Olympia, Francesco Laera, Borroni/Olympia, Borroni/Olympia, Borroni/Olympia.
pag. 26 = Francesco Laera, Archivio EBMO.
pag. 27 = Diana Castagnino, Francesco Laera, Elena Bauer, Enrica Bologni, Cecilia Lazzeri.
pag. 28 = Francesco Laera, Archivio EBMO, Archivio EBMO, Archivio EBMO, Archivio EBMO, Archivio EBMO.
pag. 29 = Diana Castagnino, Renata Cortese, Cecilia Lazzeri, Cecilia Lazzeri, Renata Cortese, Cecilia Lazzeri.
pag. 33 = Archivio SEA, Francesco Laera, Borroni/Olympia, Borroni /Olympia, Francesco Laera.
pag. 34 = Borroni/Olympia, Borroni /Olympia, Archivio EBMO, Borroni/Olympia, Borroni/Olympia, Borroni/Olympia.
pag. 35 = Gianni Silvera, Gianni Silvera, Tony Nicolini, Francesco Laera.

UNITÀ 2
Da sinistra a destra,
dall'alto in basso:

pag. 37 = Francesco Laera, Francesco Laera, Archivio EBMO, Francesco Laera.
pag. 40 = Archivio EBMO
pag. 41 = Francesco Laera, Francesco Laera, Archivio EBMO, Francesco Laera, Francesco Laera, Francesco Laera.
pag. 42 = Archivio EBMO.
pag. 43 = Archivio EBMO.
pag. 48 = Elena Bauer, Francesco Laera, Archivio EBMO, Cecilia Lazzeri, Cecilia Lazzeri, Cecilia Lazzeri.
pag. 49 = Francesco Laera, Archivio Missoni, Archivio Moschino, Archivio Laura Biagiotti, Archivi Ferré, Archivio Superga.

UNITÀ 3
Da sinistra a destra,
dall'alto in basso:

pag. 51 = Francesco Laera, Francesco Laera.
pag. 54 = Francesco Laera.
pag. 55 = tutte (12) di Francesco Laera.
pag. 56 = Francesco Laera, Francesco Laera, Archivio EBMO, Francesco Laera, Archivio EBMO, Francesco Laera, Archivio EBMO, Archivio EBMO.
pag. 60 = Francesco Laera.
pag. 61 = Francesco Laera.
pag. 62 = tutte (5) di Francesco Laera.
pag. 63 = tutte (4) di Archivio EBMO.

UNITÀ 4
Da sinistra a destra,
dall'alto in basso:

pag. 65 = tutte (6) di Francesco Laera.
pag. 68 = Francesco Laera, Francesco Laera, Francesco Laera, Francesco Laera, Francesco Laera, Archivio EBMO.
pag. 69 = in alto, tutte Archivio EBMO; in basso: Francesco Laera, Francesco Laera, Francesco Laera, Borroni/Olympia, Francesco Laera, Francesco Laera, Borroni /Olympia.
pag. 70 = Archivio EBMO
pag. 71 = Archivio EBMO, Archivio EBMO, Francesco Laera, Archivio EBMO, Archivio EBMO, Archivio EBMO, Francesco Laera, Archivio EBMO.
pag. 77 = Archivio EBMO, Francesco Laera.

UNITÀ 5
Da sinistra a destra,
dall'alto in basso:

pag. 79 = Francesco Laera, Archivio EBMO, Francesco Laera, Francesco Laera, Francesco Laera.
pag. 82 = Francesco Laera.
pag. 83 = Francesco Laera, Francesco Laera, ATM Milano, Francesco Laera, Francesco Laera, ATM Milano.
pag. 84 = ATM Milano, Francesco Laera, Archivio EBMO, Francesco Laera, Francesco Laera, Francesco Laera.
pag. 90 = Archivio Vigili Urbani, Roma.
pag. 91 = Francesco Laera, tutte le altre (8) di Archivio EBMO.

UNITÀ 6
Da sinistra a destra,
dall'alto in basso:

pag. 93 = Francesco Laera, Francesco Laera.
pag. 96 = tutte (5) di Francesco Laera.
pag. 97 = APT di Rimini.
pag. 99 = Archivio EBMO.
pag. 104 = Francesco Laera, Archivio EBMO.
pag. 105 = APT Perugia, Fabio Carrara, APT Cortina, Elena Bauer.
pag. 106 = Elena Bauer, Elena Bauer, Archivio Studio Editoriale Ratti.

UNITÀ 7
Da sinistra a destra,
dall'alto in basso:

pag. 109 = Archivio Sea, Archivio EBMO,Francesco Laera, Archivio EBMO, Archivio EBMO, Archivio Sea.
pagg.112-113 = Laura Ronchi/Tony Stone.
pag. 115 = Roberto Favini,Roberto Favini Francesco Laera, Archivio EBMO, Roberto Favini.
pag. 116 = Francesco Laera, Archivio

FS (Bruno Di Giulio)
pag. 118 = Archivio EBMO.
pag. 123 = Archivio EBMO, Francesco Laera, Francesco Laera, Francesco Laera, Francesco Laera.

UNITÀ 8
Da sinistra a destra,
dall'alto in basso:

pag. 125 = tutte (4) di Francesco Laera.
pag. 128 = Francesco Laera, Archivio EBMO, Rosella Troian, Carla Bardini.
pag. 129 = Archivio FS, Francesco Laera, Archivio EBMO, Francesco Laera, Francesco Laera, Francesco Laera, Francesco Laera, Francesco Laera.
pag. 136 = Archivio BNL, Francesco Laera.
pag. 137 = Carla Bardini, Rosella Troian, Francesco Laera, Borroni/Olympia, Archivio EBMO, Ansa Roma, Francesco Laera.
pag. 138 = Francesco Laera.
pag. 139 = Francesco Laera.

UNITÀ 9
Da sinistra a destra,
dall'alto in basso:

pag. 141 = Francesco Laera.
pag. 144 = Carla Bardini, Francesco Laera, Francesco Laera, Francesco Laera, Francesco Laera.
pag. 145 = Archivio EBMO.
pag. 147 = Archivio EBMO, Archivio EBMO, APT Bologna, Archivio EBMO, Archivio EBMO.
pag. 148 = tutte (5) di Francesco Laera.
pag. 155 = tutte (2) di Archivio EBMO.

UNITÀ 10
Da sinistra a destra,
dall'alto in basso:

pag. 157 = Francesco Laera.
pag. 160 = Archivio EBMO, Archivio EBMO, Archivio EBMO, Archivio EBMO, Rosella Troian, Francesco Laera, Francesco Laera, Archivio EBMO.
pag. 161 = Francesco Laera, Archivio EBMO, Archivio EBMO, Francesco Laera, Francesco Laera, Francesco Laera, Archivio EBMO, Archivio EBMO, Archivio EBMO, Archivio EBMO, Francesco Laera, Francesco Laera, Francesco Laera, Francesco Laera.
pag. 162 = Borroni/Olympia, Francesco Laera, Borroni/Olympia, Borroni/Olympia.
pag. 163 = Borroni/Olympia, Borroni/Olympia.
pag. 164 = Francesco Laera, Francesco Laera, Francesco Laera, Archivio EBMO, Francesco Laera, Archivio EBMO.
pag. 170 = APT Marostica.
pag. 171 = APT Siena, APT Gubbio.

UNITÀ 11
Da sinistra a destra,
dall'alto in basso:

pag. 173 = Francesco Laera, Archivio EBMO, Beatrice Valli, Diana Castagnino.
pag. 176 = Archivio EBMO.
pag. 178 = Francesco Laera, Archivio EBMO, Diana Castagnino, Archivio EBMO.
pag. 179 = Archivio EBMO.
pag. 185 = Archivio EBMO, Francesco Laera, APT Canazei, Rosella Troian, Archivio EBMO.
pag. 186 = Francesco Laera.
pag. 187 = Gianni Silvera, Diana Castagnino.

UNITÀ 12
Da sinistra a destra,
dall'alto in basso:

pag. 189 = Archivio EBMO, Archivio EBMO, Archivio EBMO, Francesco Laera, Rosella Troian, Francesco Laera, Carla Bardini.
pag. 192 = tutte (8) di Francesco Laera.
pag. 194 = Francesco Laera.
pag. 195 = Archivio cucine Alno.
pag. 202 = Francesco Laera, Francesco Laera.
pag. 203 = APT San Gimignano, Archivio EBMO, Sovrintendenza ai Beni Culturali di Palermo, APT Martina Franca.
pag. 204 = Archivio EBMO.

UNITÀ 13
Da sinistra a destra,
dall'alto in basso:

pag. 205 = Francesco Laera, Francesco Laera.
pag. 208 = Archivio EBMO, Archivio EBMO, Enrica Bologni, Archivio EBMO.
pag. 210 = tutte (4) di Francesco Laera.
pag. 218 = Francesco Laera.
pag. 219 = ACI Varese.

UNITÀ 14
Da sinistra a destra,
dall'alto in basso:

pag. 221 = Francesco Laera, Francesco Laera, Carla Bardini, Carla Bardini.
pag. 225 = tutte (5) di Francesco Laera.
pag. 227 = Francesco Laera, Archivio EBMO.
pag. 234 = Francesco Laera.
pag. 236 = Beatrice Valli, Francesco Laera.
pag. 238 = Archivio EBMO.

UNITÀ 15
Da sinistra a destra,
dall'alto in basso:

pag. 239 = Francesco Laera.
pag. 242 = Archivio EBMO.
pag. 243 = Archivio EBMO, tutte le altre (7) di Francesco Laera.
pag. 244 = Francesco Laera
pag. 245 = Francesco Laera, Francesco Laera, Francesco Laera, Francesco Laera, Francesco Laera, Archivio EBMO.
pag. 252 = Francesco Laera.
pag. 253 = Archivio EBMO, Francesco Laera, Archivio EBMO, Francesco Laera, Archivio EBMO, Francesco Laera, Francesco Laera.

UNITÀ 16
Da sinistra a destra,
dall'alto in basso:

pag. 257 = Archivio EBMO, Francesco Laera, Archivio EBMO.
pag. 261 = Archivio EBMO, Francesco Laera, Francesco Laera, Francesco Laera.
pag. 262 = Francesco Laera, France-

sco Laera, Francesco Laera, Francesco Laera, Francesco Laera, Archivio EBMO, Archivio EBMO, Francesco Laera.

pag. 263 = Francesco Laera, Francesco Laera, Archivio EBMO, Francesco Laera, Francesco Laera, Francesco Laera.

pag. 270 = Francesco Laera, Beatrice Valli.

pag. 271 = tutte (3) di Francesco Laera.

pag. 272 = Beatrice Valli.

UNITÀ 17
Da sinistra a destra,
dall'alto in basso:

pag. 275 = Archivio EBMO, Fototeca Storica Nazionale Ando Gilardi, Agenzia Grazia Neri.

pag. 276 = Fototeca Storica Nazionale Ando Gilardi, Fototeca Storica Nazionale Ando Gilardi.

pag. 279 = tutte (6)di Francesco Laera.

pag. 286 = Archivio EBMO.

pag. 287 = Archivio EBMO, Francesco Laera.

UNITÀ 18
Da sinistra a destra,
dall'alto in basso:

pag. 289 = Francesco Laera, Francesco Laera, Laura Ronchi/Tony Stone.

pag. 294 = tutte (4) di Francesco Laera.

pag. 296 = tutte (6) di Francesco Laera.

pag. 304 = tutte (2) di Archivio EBMO.

pag. 305 = Archivio Missoni.

UNITÀ 19
Da sinistra a destra,
dall'alto in basso:

pag. 307 = Laura Ronchi/Tony Stone.

pag. 310 = tutte (8) di Francesco Laera.

pag. 311 = tutte (3) di Archivio EBMO.

pag. 313 = Francesco Laera, Francesco Laera, Francesco Laera, Francesco Laera, Francesco Laera, Diana Castagnino.

pag. 320 = Francesco Laera

pag. 321 = Archivio EBMO, Francesco Laera, Francesco Laera.

UNITÀ 20
Da sinistra a destra,
dall'alto in basso:

pag. 325 = Francesco Laera, Francesco Laera, Francesco Laera.

pag. 326 = Carla Bardini, Francesco Laera, Francesco Laera, Francesco Laera, Francesco Laera, Francesco Laera, Francesco Laera, Archivio EBMO.

pag. 328 = Archivio EBMO.

pag. 329 = Francesco Laera, Francesco Laera, Francesco Laera, Francesco Laera, Archivio EBMO.

pag. 338 = APT Vicenza, Flavio Faganello/APT Rovereto, Diana Castagnino, Archivio Ferrari

pag. 339 = tutte (3) Archivio Fiat.